4 第四版

球类运动

篮球

"十二五"普通高等教育
本科国家级规划教材
国家级精品资源共享课教材
普通高等学校体育教育专业课教材
本教材第三版曾获首届
全国教材建设奖全国优秀教材二等奖

U0771991

王家宏 主编

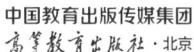
中国教育出版传媒集团
高等教育出版社·北京

内容简介

　　本书紧密围绕普通高等学校体育教育专业培养目标,结合新时代高校体育教学工作实际,全面地介绍了篮球运动的基本知识、基本技术与基本战术,注重基本能力与实践能力的培养,融入篮球运动文化,广泛吸收当代体育科学新理论和篮球运动科学研究的新成果,充分体现篮球运动的理念,以及教学与训练的新方法。全书升级了数字资源,丰富了学习素材,进一步体现了教材的思想性、科学性、创新性、先进性等。

　　本书既可作为全国普通高等学校体育教育专业本、专科篮球普修课教材,也可作为从事篮球教学、训练指导工作者的使用手册和广大篮球爱好者的自学用书。

图书在版编目(CIP)数据

球类运动. 篮球 / 王家宏主编. -- 4版. -- 北京 :
高等教育出版社, 2025.8. -- ISBN 978-7-04-064365-7

I. G84
中国国家版本馆CIP数据核字第2025TJ2439号

球类运动——篮球
Qiulei Yundong——Lanqiu

策划编辑	易星辛	责任编辑	易星辛	封面设计	张申申	版式设计	董思含 于 婕
责任绘图	黄云燕	责任校对	吕红颖	责任印制	高 峰		

出版发行	高等教育出版社	网　　址	http://www.hep.edu.cn
社　　址	北京市西城区德外大街4号		http://www.hep.com.cn
邮政编码	100120	网上订购	http://www.hepmall.com.cn
印　　刷	山东新华印务有限公司		http://www.hepmall.com
开　　本	787mm×1092mm　1/16		http://www.hepmall.cn
印　　张	27	版　　次	2005年7月第1版
字　　数	540千字		2025年8月第4版
购书热线	010-58581118	印　　次	2025年8月第1次印刷
咨询电话	400-810-0598	定　　价	55.00元

编写说明

党的二十届三中全会指出，教育、科技、人才是中国式现代化的基础性、战略性支撑，深入实施科教兴国战略、人才强国战略，加快建设高质量教育体系，完善立德树人机制。党的二十大报告明确提出"加强教材建设和管理"。教材建设是育人育才的重要依托，是事关未来的战略工程、基础工程。

在教育部全国高等学校体育教学指导委员会的指导下，由高等教育出版社组织，苏州大学作为召集单位，组织全国15所高校成立了《球类运动——篮球》（第四版）编写组。面对新时代人才培养的需要，服务国家发展、社会需求，本书编写组在对前三版教材使用效果进行客观总结的基础上，根据当前学校篮球课程教学、训练、比赛需要，以及当前世界篮球运动的发展趋势，结合《"十四五"普通高等教育本科国家级规划教材建设实施方案》的推进思路，立足"坚持思想价值为引领、坚持需求培养为导向、坚持科学规范为原则"，对教材内容从系统化、专业化、特色化、数字化等视角进行继承发展、创新提高、完善升级，修订版的特点突出体现在以下三方面：

第一，凸显思想性。本教材坚持落实立德树人根本任务，铸牢"为党育人、为国育才"的编写立场。在编写过程中，注重凝练篮球运动精神内涵、挖掘中国篮球运动思政元素、讲好中国篮球故事，努力做到在专业学习中使学生的兴趣得到激发、能力得到提升、情感得到滋养、素养得以提高。

第二，强调系统性。在编写过程中，全书紧密围绕普通高等学校体育教育专业培养目标，结合新时代学校体育教学工作实际，强调体现新理念、新成果、新技术，全面系统地介绍了篮球运动的文化内容、基本技术与战术、篮球教学、青少年校园篮球训练与比赛指导、篮球科研、篮球游戏、篮球裁判、小篮球运动等内容，构建了教会、勤练、常赛"三位一体"的内容体系。

第三，体现创新性。在呈现方式上，适应教育数字化的发展趋势，通过二维码关联大量技术视频、战术演练视频和拓展知识内容，对于重点技术采用精讲与分析，包括技术的完整动作示范，慢动作示范，技术动作关键环节，解析球、身体的运动学分析，身体骨骼分析等内容。真人实景展示战术的配合方法、移动路线，同时配以解说、字幕，直观、生动地呈现技战术内容，使教材可视可听可练可学。此外，在教材的版式设计上，采用了大开本、双色印刷的方式以更好地展现教材内容。

本教材由国务院学位委员会第五、第六、第七届体育学科评议组成员、全国高等学校体育教学指导委员会技术学科组组长、苏州大学王家宏教授任主编，首都体育学院于振峰教授、天津体育学院赵晶教授、苏州大学陶玉流教授任副主编，参加编写人员及分工如下：

第一章　苏州大学王家宏、李燕领、刘艳

第二章　苏州大学陶玉流，东北师范大学范尧，天津体育学院赵晶

第三章　首都体育学院于振峰、高瞻

第四章　首都体育学院高瞻，杭州师范大学刘洋

第五、六章　深圳大学王东，杭州师范大学刘洋、贵州师范大学黄伟明

第七章　福建师范大学徐建华，东北师范大学范尧

第八章　首都体育学院于振峰、高瞻

第九章　东北师范大学范尧，福建师范大学徐建华

第十、十一章　苏州大学陶玉流，河南大学张凡涛，巢湖学院苏家本

第十二、十三章　福建师范大学徐建华，山东师范大学葛书林

第十四章　北京师范大学李笋南，青海师范大学郭永峰、福建师范大学徐建华

第十五章　苏州大学王家宏、李燕领

第十六章　首都体育学院于振峰，巢湖学院苏家本

第十七章　天津体育学院赵晶，广东白云学院闫育东

第十八章　上海师范大学张元文，苏州大学刘艳

本教材篮球技战术视频教学内容由徐建华、王东负责，重要篮球赛事介绍视频由刘洋负责，篮球课程思政案例教学视频由赵晶负责。全书最后由王家宏、赵晶、陶玉流、徐建华、高瞻、刘广飞统稿。

在本教材编写过程中，得到了高等教育出版社、苏州大学、福建师范大学、天津体育学院的鼎力支持，在此表示衷心的感谢。

树立精品意识，打造精品教材，是本书编写组的共同目标。书中若有不妥之处，恳请广大读者批评指正，编写组将以精益求精的精神，不断打磨锤炼，为读者奉献高质量、高规格、高标准的篮球教学用书。

编写组

2025 年 5 月

目录

第一章 篮球运动概述

本章提要

　　本章介绍了篮球运动的起源、演进和世界竞技篮球运动的格局，对中国篮球运动的发展历程进行梳理，总结凝练了现代篮球运动的特点、规律与发展趋势，并对重要篮球赛事进行介绍。

篮球运动既是一项集体运动，又是一项综合性运动。现代篮球运动深受世界各国人民的喜爱，已成为世界上单项体育人口最多的运动项目之一。国际奥林匹克运动会篮球比赛、世界杯篮球比赛和美国职业篮球联赛三大赛事被誉为世界最高层次的篮球竞赛，它们汇集了世界最强的篮球队伍和最著名的篮球明星，成为现代国际体育竞赛中引人注目的全球性赛事。现代篮球运动以其健身、教育、娱乐、社交和经济等价值，在学校教育和人类的社会生活中发挥着积极的作用。篮球是一门多学科交叉的综合学科。

第一节　世界篮球运动概况

一、篮球运动的起源

1891 年，美国马萨诸塞州斯普林菲尔德（春田）市基督教青年会干部训练学校的体育教师詹姆斯·奈史密斯（James Naismith）鉴于当地冬季气候寒冷、不宜在室外活动的情况，将两个盛桃子的篮筐钉在室内运动房两端作为球篮，并在综合美式橄榄球、长柄曲棍球、英式橄榄球及足球等球类项目运动方式与原则的基础上发明了篮球运动，这便是现代篮球运动的起源。最初的篮球游戏是两支队伍运用运球、传球、防守、投篮等技术把球投入篮筐，以投中次数的多少决定胜负，最初的篮球规则只有 13 条。篮球游戏得到了学生们的喜爱并迅速传遍美国，继而传到欧洲、亚洲、大洋洲和非洲，成为世界性体育运动项目。

二、世界篮球运动的演进

现代篮球运动由游戏演进为竞技篮球运动，经历了初创传播、完善推广、普及提高、全面提升、创新融合和快速发展 6 个时期。

（一）初创传播时期（1891—1929 年）

篮球游戏于 1892 年传到加拿大、墨西哥，1893 年传到法国，1895 年传到中国、英国，1896 年传到巴西，1897 年传到捷克，1898 年传到菲律宾，1900 年传到澳大利亚、黎巴嫩等国家和地区，篮球运动基本形成。

20 世纪初，篮球运动陆续传入伊朗（1901 年）、波多黎各（1902 年）、韩国（1903 年）、土耳其（1904 年）、俄国（1905 年）、印度（1905 年）、古巴（1906 年）、意大利（1907 年）、波兰（1908 年）、瑞典（1908 年）、日本（1908 年）。20 世纪 20 年代传入阿根廷、新西兰和埃及等国家和地区，至此，篮球运动传遍世界五大洲。1904 年，在第 3 届奥林匹克运动会上，美国篮球队进行了表演比赛。

初创传播时期，攻守技术简单，以单兵作战为攻守的主要形式，运动员限制在不同的区域活动，攻守战术单一，尚处于初始阶段。1892 年，詹姆斯·奈史密斯制定的篮球最初规则为 13 条。篮球场地的演进过程如图 1-1-1 所示。

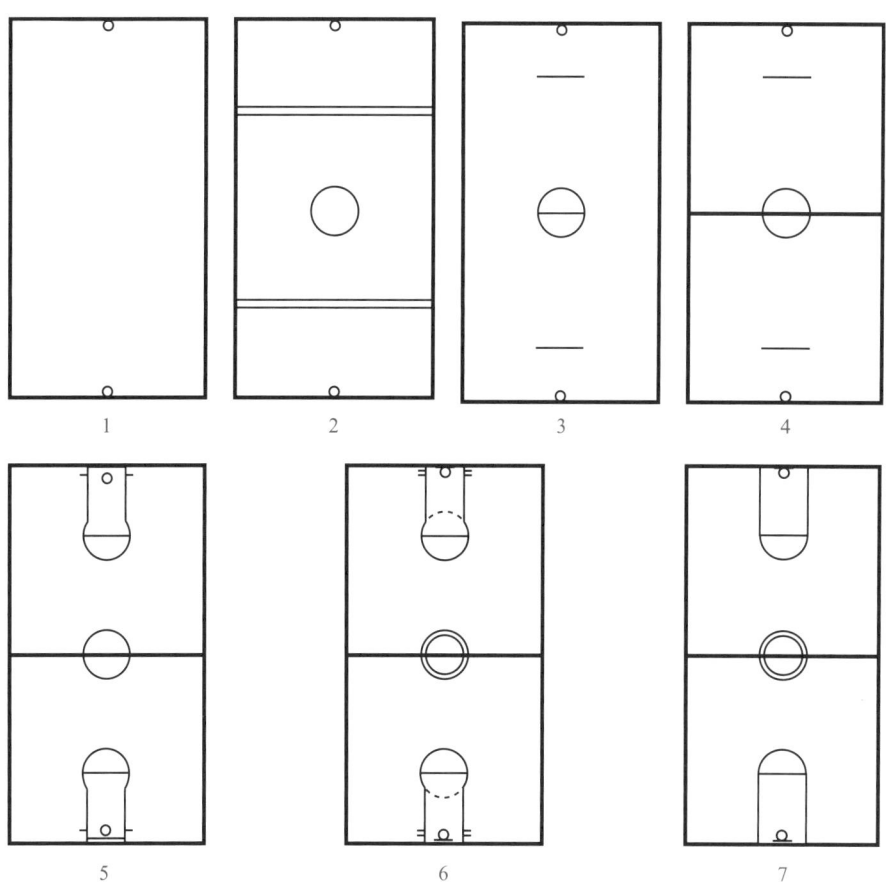

» 图 1-1-1　篮球场地演进

（二）完善推广时期（1930—1949 年）

进入 20 世纪 30 年代，篮球运动迅速传播，逐渐被各国青年所喜爱，比赛规模不断扩大。1932 年，国际业余篮球联合会在日内瓦宣告成立，篮球运动成为世界性运动项目之一。1936 年，男子篮球成为第 11 届奥林匹克运动会正式比赛项目。1939—1945 年，受第二次世界大战的影响，体育发展受到重创，第 12、13 届奥运会停办，篮球运动发展也受到影响。第二次世界大战结束后，世界体育运动迅速恢复。

这一时期，南美洲篮球锦标赛、欧洲篮球锦标赛相继举办，奥林匹克运动会恢复举办（第 14 届），美国国家篮球协会于 1946 年成立，职业篮球运动得到了进一步发展。

在技术、战术方面，出现了单手投篮、行进间技术和组合技术，动作速度加快，对抗性加强。进攻多运用快攻和二三人之间的配合，防守开始强调集体性，人盯人、区域联防和二三人防守配合被广泛使用。1932 年，国际篮球联合会成立后，采纳五人制国际标准。1936 年，柏林奥运会首次将男子篮球列为正式比赛项目，五人制成为全球通用的比赛人数标准。在篮球规则方面，进行了较大的修改，球场面积和比赛时间进一步规范，比赛设置了中线和限制区，增加了 3 秒、5 秒、10 秒和球回后场的规则，取消投中后中圈跳球，改为对方在端线外掷界外球继续比赛等，从而使比赛更加公平，促进世界篮球运动向快速、对抗的方向发展。

（三）普及提高期（1950—1969 年）

这一时期，篮球运动在世界范围内广泛普及，国际业余篮球联合会成员迅速增加，国际大型运动会将篮球列为正式比赛项目。1950 年，第 1 届世界男子篮球锦标赛在阿根廷举行；1953 年，第 1 届世界女子篮球锦标赛在智利举行；开创了世界男、女篮球项目运动会的先河。此后，各大洲的业余篮球联合会先后成立，洲际篮球运动会相继举行，2 米以上的高大运动员大批涌现。

篮球规则进一步修订，限制区面积扩大，增加了一次进攻必须在 30 秒内完成的规定，这是篮球史上具有重大意义的变化，结束了"控制球打法"，提高了攻守转换的速度，使篮球场上的争夺更加激烈，比分大幅度提高，比赛更具观赏性。运动员的技术更加全面，篮球运动在速度与高度、进攻与防守方面的对抗加剧。篮球战术形式更加完善，战术水平不断提高，形成了美洲、欧洲、亚洲不同的风格和打法。

（四）全面提升时期（1970—1989 年）

这一时期，世界篮球运动进入全面提升时期，运动员身体素质和技术水平不断提高。有攻击性、破坏性的集体防守被广泛运用，进攻与防守趋于平衡。运动员个人高度、技术的有机统一，高空战术配合的形成，速度与高度、进攻与防守的对抗日趋激烈，高速度、高技巧、高比分、高智慧和强对抗成为篮球运动发展的新趋势。世界男子篮球运动形成了美国、苏联和南斯拉夫三足鼎立的格局。女子篮球运动快速发展，1976 年，女子篮球被列为第 21 届夏季奥运会正式比赛项目，苏联与美国篮球队两强抗衡的局面继续维持，中国女子篮球运动开始发展。

20 世纪 70 年代，篮球规则进行大幅度修改，如增加了"垂直原则""合法防守""身体接触原则"的规定，球回后场、全队累计 10 次犯规后罚球、对投篮动作犯规追加罚球等。20 世纪 80 年代，进一步扩大了球场面积（28 米 × 15 米），并设立了 3 分投篮区，将全队累计 10 次犯规改为 7 次，等等。这是 30 秒规则设立后竞赛规则的又一次重大修改，推动了篮球运动朝着攻守回合数更多、比赛节奏更快、身体对抗更强的方向积极发展。

（五）创新融合时期（1990—2013 年）

这一时期，世界篮球运动进入创新融合发展时期。国际奥委会和国际业余篮球联合会取消了对职业运动员的限制，允许职业篮球运动员参加奥运会和世界篮球锦标赛，美国"梦之队"在西班牙举行的第 25 届奥运会上展示了世界最高水平的篮球技艺，引起了全世界的关注。国际业余篮球联合会更名为国际篮球联合会，业余篮球与职业篮球融合，职业化、产业化、社会化成为世界篮球运动发展的大趋势，推动了世界篮球运动向更均衡、更高水平发展。

这一时期，优秀的运动员大量涌现，其身体素质、技术水平和战术意识都达到了较高水平；高空技术、高空战术有了新的发展，高空争夺日趋激烈；快速技术和战术有了新的发展，攻守转换速度加快，比分越来越高；进攻技术、战术趋于简单实用，防守更具攻击性、破坏性、集体性；女子技术出现了"男子化"现象；对运动员、教练员、裁判员和管理人员的能力与素质的要求越来越高。

为适应篮球运动发展，篮球规则参考美国职业篮球联赛规则进行多次修改，如比赛时间改为上、下半时，共 4 节，每节 10 分钟，一次进攻必须在 24 秒内完成，球由后场推进入前场须在 8 秒内完成，实行三人裁判制等。

（六）快速发展时期（2014 年至今）

为适应世界体育发展变化，世界男、女篮球锦标赛于 2014 年使用新名称篮球世界杯，更名后的首届男子篮球世界杯比赛在西班牙举行。2014 年第 1 届国际篮联篮球世界杯（FIBA Basketball World Cup），亚洲与非洲球队仅有塞内加尔进入淘汰赛。2023 年国际篮联篮球世界杯决赛，德国队以 83 比 77 击败塞尔维亚队，以全胜战绩首次夺得篮球世界杯冠军，开创了德国男篮的历史，塞尔维亚队获得亚军。从 2023 年篮球世界杯比赛看世界篮球运动发展，世界篮球运动的打法发生很大的变化，更加注重外线投篮和攻防转换，对球队的体能、核心得分手的进攻能力以及攻防两端的团队合作提出了更高的要求。作为国际篮联的核心赛事，篮球世界杯近年来进行了大幅度的改革，参赛球队从以往的 16 支增加到 32 支。综观 2024 巴黎奥运会男子篮球比赛，日本男篮的表现优异、欧洲篮球竞技实力的提升、美洲篮球的快速发展，等等，充分展现了现代篮球运动的发展格局与竞技实力，世界男篮竞争格局现已呈现多元化、动态化的发展趋势，助推世界篮球运动快速发展。为进一步促进世界篮球运动多元化发展，2017 年，国际奥林匹克委员会宣布三人制篮球将作为奥运会正式比赛项目，2020 东京奥运会将三人制篮球首次作为奥运会比赛项目。

三、世界竞技篮球运动的格局

自 1936 年第 11 届奥运会男子篮球被列入正式比赛项目以来，奥运会男篮比赛共举行了 21 届，女子篮球运动自 1976 年被列入第 21 届奥运会比赛项目，至今共举行了 13 届。世界男、女篮球锦标赛分别在 1950 年、1953 年创办，至今已举行了 19 届（含世界杯，男子 3 届，女子 2 届）。

（一）世界男子竞技篮球运动格局

从历届奥运会、世锦赛（世界杯）男子篮球比赛名次分析，世界男子篮球运动竞技格局的演变可分为 6 个时期：美洲篮球强队称雄时期（1936—1955 年）、欧美篮球强队抗衡及四强球队争雄时期（1956—1973 年）、三国篮球强队鼎立时期（1974—1991 年）、美国职业篮球引领发展时期（1992—2001 年）、世界篮球强队抗衡与欧洲球队强势时期（2002—2009 年）、欧美篮球强队全面抗衡时期（2010 年至今）。

1. 美洲篮球强队称雄时期（1936—1955 年）

这一时期，世界篮球运动的格局表现为美洲领先，以美国、巴西、阿根廷等为代表的美洲篮球属于第一层次。欧洲篮球整体水平还不具备与美洲强队抗衡的实力，但竞技水平已明显提升，如苏联、捷克斯洛伐克、保加利亚和法国等都具备了一定的实力。以菲律宾为代表的亚洲篮球多次进入决赛阶段，特别是在1954年第2届世界男子篮球锦标赛上，获得过第3名的好成绩，说明该时期亚洲篮球运动在世界篮球运动中占有一定的地位。但是亚洲篮球运动开展得并不均衡，只在东亚、东南亚地区得到广泛开展。

2. 欧美篮球强队抗衡及四强球队争雄时期（1956—1973年）

这一时期，随着欧洲篮球运动的整体崛起，已经初步形成欧美篮球运动抗衡的局面。这一时期是美国、巴西、苏联、南斯拉夫四个篮球强国相互竞争的时期。这四个国家属于篮球竞技水平的第一层次，欧美其他传统篮球国家处于第二层次，亚洲篮球暂列为第三层次。非洲、大洋洲的篮球运动还处于发展时期，整体篮球竞技水平相对不高，处于较低的层次。

3. 三国篮球强队鼎立时期（1974—1991年）

这一时期的显著特点是美国、苏联、南斯拉夫三国篮球强队鼎立局面的形成，在9届世界大赛中，美国获得3次冠军、1次亚军、3次季军；苏联获得3次冠军、3次亚军和2次季军的成绩；南斯拉夫则获得3次冠军、3次亚军和3次季军。这三个国家获得前三名的总次数为24次，占全部总数的88.9%，且冠军全部被这三个国家包揽，美国、苏联、南斯拉夫在这一时期处于领先地位。

4. 美国职业篮球引领发展时期（1992—2001年）

在此期间，举办了3届奥运会与2次世锦赛，美国夺得4次冠军。由于苏联解体和东欧剧变，欧洲竞技篮球格局发生了很大的改变，欧洲各国篮球水平日趋均衡，整体实力也不断提高，欧洲篮球运动中居世界第二层次的国家从数量上已经超越美洲国家，大洋洲球队仍然保持在第二层次，代表亚洲出战的中国队能够两次在世界大赛中挤进前八名行列，表明中国篮球运动的突破，而亚洲篮球运动整体上还处于第三层次，非洲篮球运动处于世界篮球竞技格局中的最低层次。

5. 世界篮球强队抗衡与欧洲球队强势时期（2002—2009年）

世界篮球运动发展至这一时期，原有的篮球格局已被打破，新的格局正在形成。阿根廷、西班牙等国家的篮球队先后获得世界冠军。美国"梦之队"主导世界篮球竞技格局的时代已不复存在。在美国举行的第14届世界男子篮球锦标赛上，"梦五队"只获得第六名。世界篮坛出现群雄纷争的局面，美国、阿根廷、西班牙、希腊、立陶宛、意大利等国整体实力较强，在国际大赛中都有争夺冠军的实力，处于第一层次；欧美等其他篮球强国占据第二层次；澳大利亚位于第二、第三层次之间；中国居于第三层次，整体实力与欧美强队相比有较大差距；非洲国家虽然历次大赛的比赛成绩不够理想，但从第15届世锦赛的表现看，非洲运动员的体能超群、个人攻击意识强，这些队伍如果能进一步提升比赛经验和战术素养等，竞技实力会有更大的提升。

6. 欧美篮球强队全面抗衡时期（2010年至今）

2012伦敦奥运会，美国队以86比50击败法国队，获得奥运会金牌。2016年，美国男篮以96比66战胜塞尔维亚男篮，获得金牌。2020东京奥运会，美国队在决赛中击败法国队，获得金牌。2024巴黎奥运会，美国队击败东道主法国队，获得金牌。从整体上看，现阶段，依然为欧美篮球强队全面抗衡时期。

（二）世界女子竞技篮球运动格局

女子篮球运动虽然起源较早（1892年），但是由于采用的规则与男子不同，加上受身体条件、社会地位、训练水平等因素制约，相对于男子篮球运动而言，最初发展较为缓慢。直至1948年与男子篮球采用同一比赛规则后，女子篮球运动得以迅速发展。

1. 苏联女篮称雄与东欧女篮强盛时期（1953—1983年）

这一时期，苏联女篮处于领先地位，居于金字塔的顶端；捷克斯洛伐克、保加利亚、南斯拉夫等国女子篮球运动竞技实力虽然无法与苏联抗衡，但也拥有竞争优势，在这一时期的9届世锦赛和2届奥运会上，苏联、捷克斯洛伐克、保加利亚、南斯拉夫共20次进入前3名，占前3名总数的60.1%。

2. 美国女篮称雄时期（1984—1991年）

以1984洛杉矶奥运会为起点，到1990年吉隆坡世锦赛为止，共举行了2届奥运会和2届世锦赛。美国女篮包揽了这一时期奥运会和世锦赛的所有金牌，表明美国女篮已经取代了苏联女篮的地位，成为世界女篮的新领袖。这一时期呈现出美国女篮一家独大的态势，欧美传统劲旅苏联、捷克斯洛伐克、保加利亚、南斯拉夫女篮难以对美国女篮形成威胁，其他国家女篮的实力也没有竞争优势，中国女篮实力增强，具备进入前三名的实力。

3. 美国女篮优势凸显、四国女篮争雄时期（1992—2000年）

这一时期是美国、俄罗斯、巴西、澳大利亚四强争雄的时期。美国女篮虽然仍然处于优势地位，但已无绝对优势。1994—2000年，巴西女篮达到巅峰状态。1996年以来，澳大利亚女篮逐渐取得竞争优势，同时俄罗斯女篮实力也在逐渐恢复，对美国女篮的地位形成了巨大挑战。

4. 美欧女篮竞争格局稳定时期（2001—2008年）

美国、澳大利亚、俄罗斯组成第一集团，实力强大、优势明显；中国女篮等所在的第二集团内竞争激烈，各球队实力相当。2004雅典奥运会美国队决赛对阵澳大利亚队，以86比73击败对手，夺得冠军，澳大利亚获得亚军，俄罗斯获得季军。

2006 年世锦赛，澳大利亚夺冠，并成为历史上第三支世锦赛夺冠的球队。在奥运会赛场上，澳大利亚女篮曾四次登上领奖台，2000 年、2004 年、2008 年三次获得银牌，1996 年则获得铜牌。由于成绩出色，澳大利亚女篮排名世界前列。

5. 美欧女篮争雄与亚洲女篮逐渐崛起时期（2009 年至今）

2010 年女篮世锦赛，美国女篮以 89 比 69 战胜东道主捷克女篮，夺得冠军。2016 里约热内卢奥运会，美国女篮战胜西班牙女篮夺得金牌，实现奥运会六连冠。2018 年女篮世界杯，美国女篮获得冠军，澳大利亚、西班牙和比利时分获第二、三、四名。2020 东京奥运会女篮决赛，由美国女篮对阵日本女篮，最终美国女篮夺得奥运会冠军。日本女篮虽然只拿到银牌，但也创造了参赛最好成绩。女篮铜牌战中，法国女篮击败塞尔维亚女篮，夺得铜牌。2020 东京奥运会女子三人篮球比赛中，中国队击败法国队，历史性地夺得铜牌。2022 年女篮世界杯决赛上，美国女篮以 83 比 61 击败中国女篮获得冠军，中国女篮追平了 1994 年女篮世锦赛的历史最佳战绩，澳大利亚、加拿大女篮分获第三、四名。2024 巴黎奥运会，美国女篮战胜法国女篮，再次卫冕。

第二节　中国篮球运动的发展

1895 年，篮球运动由美国国际基督教青年会协会派任中国天津基督教青年会第一任总干事来会理（David Willard Lyon）传入中国天津。通过对篮球运动在中国发展的社会背景、发展特点和标志性事件等综合考量，中国篮球运动的发展可划分为 3 个阶段 9 个时期：传播推广阶段（1895—1948 年）、发展提高阶段（1949—1994 年）、改革探索阶段（1995 年至今）。

中国篮球运动
课程思政案例
教学

一、传播推广阶段（1895—1948 年）

（一）初始传播时期（1895—1909 年）

1895 年 12 月 8 日，在天津中华基督教青年会成立大会上进行了篮球表演，篮球运动的火种在我国迅速传播。初始传播时期主要在天津、上海及北京等少数城市的基督教青年会组织和某些中等以上学校的少数学生中开展。如当时天津市的南开学校、高等工业学校、省立一中等，北京市的清华学校、汇文学校、协和书院等，上海市的圣约翰大学、南洋大学、沪江大学等，南京的金陵大学、东南大学和苏州的东吴大学等。

（二）局部推广时期（1910—1936 年）

1910 年，南京举行旧中国第一届全运会，篮球运动被列为表演项目；在 1914 年举行的第二届全运会上，男子篮球被列为正式竞赛项目；在 1924 年举行的第三届全运会上，女子篮球被列为正式竞赛项目，此后，篮球运动逐渐在社会上活跃起来，华北、华东、华中等地区性运动会都把篮球列为正式比赛项目。我国男子篮球队参加了 10 次远东运动会篮球比赛，1921 年首次夺得远东运动会冠军，此次胜利是中国在世界大赛篮球项目中第一次获得冠军，也是中国近代篮球运动中第一次在国际比赛取得冠军。1925 年，我国出现了一支以机动、灵活、快速、善变为球风的高校篮球队——南开篮球队，球队在"中国篮球之父"董守义教练指导下参加了 1928 年的华北运动会，一举夺取华北篮球锦标赛冠军，开始在国内崭露头角。1930 年南开篮球队先后斩获天津万国篮球赛冠军、杭州第四届全国运动会篮球冠军，南开篮球队成为"苦干、实干、强干"南开精神的典型代表。1936 年我国曾派队参加了第 11 届奥运会篮球赛，虽未能进入决赛，但对推动我国篮球运动的发展起到了重大作用。1936 年第 11 届奥运会期间，中国加入了国际业余篮球联合会，篮球运动开始被更多人关注，社会篮球竞赛较过去也更加活跃。

（三）艰难发展时期（1937—1948 年）

1938 年初，八路军 120 师在贺龙倡导下组建了战斗篮球队。战斗篮球队通过比赛交流的形式，团结广大军民，宣传抗战意义，激发民族团结精神。在战斗与行军间隙举行的篮球比赛，不仅起到缓冲压力、提高斗志、鼓舞士气的作用，而且更好地激发了八路军战士的大无畏精神，锻炼了一支作风硬、技术精的革命队伍。

1938 年 3 月，中国红十字会组织南京体育专科学校篮球队员组成了中华篮球队赴南洋为抗日募捐，这是我国篮球界的一次壮举。在这一时期，我国共举办了 7 届全国运动会，每届均包含篮球表演和篮球竞赛，随着比赛规模的持续扩大，篮球竞技水平不断提升。如 1948 年在上海举办的第 7 届全国运动会篮球比赛，有 33 支男队和 16 支女队参加。1948 年，我国参加了在伦敦举办的第 14 届奥运会男子篮球比赛，在 23 支参赛队中获第 18 名。抗日战争胜利后，我国篮球氛围逐渐活跃起来，社会篮球竞赛活动愈发频繁，天津、北京、上海以及东北地区涌现出不少新球队，为中华人民共和国成立后我国体育事业的蓬勃发展和群众性篮球运动的普及提高奠定了一定基础。

二、发展提高阶段（1949—1994 年）

（一）普及提高时期（1949—1965 年）

1949 年 8 月，北京、天津两地大学生组队参加了在匈牙利举行的第 10 届世界大学生运动会男子篮球比赛，获第 6 名。中华人民共和国的成立标志着我国篮球运动迈向新的发展阶段。1949 年 10 月，北京市举办了第一届体育大会，当时主管全国体育工作的共青团中央邀请上海市男篮冠军——华联篮球队访问北京，体现了对篮球运动的高度重视，此后，我国篮球运动进入快速发展时期。1950 年，世界强队苏联男子篮球队先后访问我国 8 个城市进行了 33 场比赛，苏联队都以大比分获胜。1952 年，波兰国家男、女篮球队应邀访问我国，在北京、天津、上海等地进行了 13 场比赛，客队亦获全胜。苏联国家男子篮球队和波兰国家男、女篮球队的访问比赛充分暴露了我国篮球竞技水平落后的状况。为了改变中国篮球运动落后的状态，我国体育主管部门积极采取措施，组建专门队伍，更新观念，学习先进经验、先进打法，并积极参加国际比赛，短期内成效显著，战胜了不少欧洲强队。

1957 年，教育部委托上海体育学院（今上海体育大学）举办篮球研究生班，并聘请苏联篮球专家拉古纳维丘斯来华授课，开创了中国篮球研究生教育的先河。1956—1957 年，全国篮球指导员训练班在北京举行，聘请苏联篮球专家波·莫·切特林进行讲学。由于重视现代篮球运动的理论学习与研究，各级篮球队的训练及管理工作走上了正轨。1958 年以后，我国篮球运动水平日新月异、全面提高，逐步形成了自己的独特风格。1959 年，我国篮球界提出了"以投为纲"，发扬快、准、灵的风格和以稳为主、以攻为主、以快为主、以小打大、积极防守的战术指导思想，此后又在总结我国篮球运动发展历程和世界篮球运动现状的基础上，确立了"积极主动、勇猛顽强、快速灵活、全面准确"的训练指导思想。从此，我国篮球运动的思想建设、队伍建设、理论建设、科学研究有了明确的发展方向。随着篮球运动国际交往逐步增多，运动技术水平不断提高，我国篮球运动有了快攻、中投、紧逼防守三大制胜法宝，逐步形成了"快速、准确、灵活"的独特风格。

（二）停滞恢复时期（1966—1976 年）

1966 年前，我国篮球运动已接近世界先进水平，战胜了不少欧洲强队。受"文化大革命"影响，我国篮球运动发展停滞，与国际强队拉大了距离，与世界篮球发展趋势脱轨并转入低谷。直到 1972 年，五项球类运动会才开始逐步恢复。1975 年，中国篮球协会恢复了在亚洲业余篮球联合会中的合法席位。1976 年，国际业余篮球联合会通过决议，恢复了中国篮球协会在该联合会中的合法席位，中国篮球的国际交往逐步恢复。"文化大革命"期间，学校篮球活动曾兴盛一时，知识青年"上山下乡"在某种程度上推动了农村篮球活动的开展。

（三）迅速发展时期（1977—1994 年）

"文化大革命"结束后，体育战线全面拨乱反正，我国篮球运动确立了赶上国际水平的新目标。在总结经验、走自己的发展道路、努力研究国际篮球运动发展趋势、继承传统风格打法的基础上，我国倡导积极创新，强调积极主动、勇猛顽强、快速灵活、全面准确的训练指导思想和"三从一大"训练原则，从而在短时间内使篮球训练得到迅速恢复与发展，我国男、女篮球队开始重新活跃在国际篮坛。1981 年，国家体委在杭州召开全国篮球教练员工作会议，确立了"国内练兵，一致对外"的方针，确立了科学化训练的指导思想，为我国篮球运动攀登世界篮球运动高峰奠定了基础。1982 年，国家体委将全国篮球甲、乙级联赛改为全国篮球联赛，中国篮球协会对全国竞赛制度和竞赛作出新规定。1985 年在沈阳召开的全国篮球训练工作会议上提出了坚持"以小打大""快速、灵活、全面、准确"的训练指导思想。

中国男篮形成的技战术风格和训练指导思想的要求基本一致，也和我国传统的风格接近。1985—1987 年，在全国篮球界进行了"以小打大""以大打大"和我国篮球风格的学术讨论，活跃了篮球学术思想。1987 年提出的"以防守为主"的训练指导思想，是希望通过加强防守训练来促进攻守技战术的全面发展，符合世界竞技篮球运动更加注重防守的趋势，对解决我国篮球运动中长期存在的重攻轻守问题具有重要意义。这一时期，中国男篮处于亚洲领先地位，在 1994 年第 12 届世界男子篮球锦标赛上首次进入世界前八名，表明我国篮球运动竞技水平正向世界最高水平冲击。

中国女篮在 1983 年第 9 届世界女子篮球锦标赛上和 1984 年第 23 届奥运会上均获得了第 3 名，在 1992 年第 25 届奥运会上获得亚军，在 1994 年第 12 届世界锦标赛上获得亚军。中国女篮进入世界女子篮球强队行列，先后涌现出宋晓波、柳青、邱晨、郑海霞、丛学娣等在国际上具有较高声誉的运动员。

三、改革探索阶段（1995 年至今）

（一）改革启动时期（1995—2003 年）

随着我国社会主义市场经济体制的逐步建立，体育改革进一步深化，我国篮球运动也不断更新观念、转变思想，大胆改革创新。一方面，进一步抓好篮球运动的全面普及与全民健身活动的结合；另一方面，针对我国男、女篮先后在竞技水平上出现的滑坡状态，狠抓竞技水平的提高，改革管理体制和竞赛制度，从依靠社会办队着手，进行了大胆的实践。1995 年，中国篮球协会决定进一步对竞赛制度进行改革，以职业化、产业化为导向，并以全国男篮甲级联赛赛制改革为突破口，开始了加速篮球竞赛体制改革的进程。如通过引进外资与外援、举行职业化主客场制联赛等措施，有力促进了我国篮球运动的发展与提高，加快了与国际篮球运动的接轨。

我国篮球界坚持"积极稳妥，健康有序"的改革方针，抓住外商注资的机遇，与国际管理集团等外资合作，在 1996 年举办了由前卫体协、吉林省、北京体育师范学院、上海交通大学等 8 个省市、部队、学校组队参加的男子"职业"篮球联赛（当时称为 CNBA 职业联赛），这是一次大胆的改革尝试。1997 年 11 月，国家体委成立了篮球运动管理中心，在管理体制改革上迈出了重要的一步，通过管理体制的改革实践，市场经济和体育产业化使我国篮球运动发生了深刻变化，带来了新的生机和活力，不仅初步摆脱了困境，而且展现出更为广阔的发展前景。甲 A 联赛的成功举办，吸引了众多篮球爱好者参与和社会的广泛关注，老将、新秀的出色表现有效地扩大了中国篮球运动的影响，王治郅、姚明、巴特尔、孙悦、易建联先后进军美国职业篮球联赛，进一步扩大了中国篮球的影响力。巨大的市场潜力也吸引了众多国内外企业界人士，为他们提供了有利的商机，同时迈出了篮球职业化、产业化的新步伐。

（二）改革推动时期（2004—2016 年）

随着经济体制改革不断深化，我国篮球事业迎来了新的发展机遇。2004 年甲A 联赛取消升降级制，2005 年采取准入制，正式命名为"中国男子篮球职业联赛（CBA）"，这一举措为联赛的健康发展奠定了坚实的基础。准入制的实施，使联赛管理更加规范，各支球队的实力也更为均衡，为球迷们带来更加精彩的比赛。与此同时，中国篮球协会积极引进外籍教练，为球队注入新的活力和战术理念。2004 年，中国男篮聘请了美国达拉斯小牛队教练戴尔·哈里斯（Dell Harris）担任主教练，这是中国男篮历史上首位外籍主教练。哈里斯教练的到来，为中国男篮带来了先进的篮球理念和技术战术，让球队在比赛中更加有章可循，中国男篮在比赛中展现出了更加稳健和成熟的战术风格。在 2004 雅典奥运会、2008 北京奥运会上，中国男篮都获得第 8 名的好成绩，为中国篮球事业发展注入了更多的信心和动力。

我国经济体制改革为篮球运动的发展提供了广阔的空间和机遇，中国篮球协会通过推出系列改革举措，不断推动篮球运动职业化发展，为中国篮球事业的未来发展奠定了坚实的基础。这一时期，中国篮球事业开始同世界篮球运动尝试接轨，立陶宛教练尤纳斯、美国教练邓华德、希腊教练扬纳基斯等多名优秀外籍教练员开始执教中国男篮，世界篮球运动先进发展理念的引入，进一步助力中国篮球适应与学习国际篮球运动的训练体系，进而推动中国篮球事业改革。2016 里约热内卢奥运会后，中国竞技篮球运动成绩呈下滑态势，人们开始认识到，单纯依靠传统的选材和培养模式已经无法满足现代篮球运动的发展需求，因此，CBA 选秀制度的推出被视为中国篮球改革的重要一步。这一制度的实施，不仅打通了职业体育和学校体育之间的晋升通道，还激发了广大高校篮球运动员的积极性，也为职业联赛注入了新鲜血液。

（三）改革深化时期（2017 年至今）

2017 年 2 月，召开了第九届中国篮球协会全国代表大会，会议审议通过《中国篮球协会章程》，姚明当选新一届中国篮球协会主席，同年 3 月，国家体育总局办公厅下发《关于篮球改革试点有关事项的通知》，原来由国家体育总局篮球运动管理中心承担的业务职责移交给中国篮球协会，中国篮球协会成为中国篮球的业务管理机构，中国篮球协会与国家体育总局篮球运动管理中心正式脱钩。

2017 年 6 月，国际奥委会正式宣布三人制篮球进入奥运会，并在第 32 届东京奥运会正式亮相。2017 年 11 月，中国篮球协会正式发布《小篮球发展计划》并推出中国小篮球联赛。"让更多孩子爱上篮球，以此夯实中国篮球塔基"成为中国小篮球开展的根本目标。2018 年 8 月，第十八届雅加达亚运会上，中国代表团包揽了三人制篮球、五人制篮球全部类别的 4 块金牌。2019 年 6 月，在印度班加罗尔举行的亚篮联代表大会上，姚明当选为亚洲篮球联合会主席，为中国篮球开辟了更大的国际市场，为国内球员发展提供了更加多元化的锻炼空间。2022 年 11 月，中国篮协聘请亚历山大·乔尔杰维奇担任中国男篮主教练。

中国男篮在 2019 年男篮世界杯和 2020 东京奥运会男篮资格赛中的失利以及无缘 2024 巴黎奥运会，无疑给我国篮球界带来了打击，在与世界强队的交锋过程中暴露出中国男篮的短板，同时为我国竞技篮球运动的发展指明了方向。中国女篮在 2018 年第一届女篮世界杯比赛中获得第 6 名，说明中国女篮在国际赛场上具有竞争力。2019 年，中国三人女篮在第六届国际篮联三人篮球世界杯上夺得冠军，为中国篮球赢得了第一个世界冠军。2021 年，中国三人女篮在 2020 东京奥运会上再次取得优异成绩，击败法国队夺得了铜牌，这是中国三人篮球的重要突破。

近年来，国家高度重视篮球后备人才培养工作，多措并举，构建后备人才管理体系。充分发挥政府、社会、市场作用，凝聚各方力量，整合国内外优质资源向篮球后备人才汇聚，逐步扩大篮球项目参与人口，使更多青少年喜爱篮球运动，达到以体育人、夯实塔基的目的，形成多元的篮球后备人才训练体系。一是建立篮球国家队、省队与高校高水平运动队建设相衔接的训练体制；二是加强篮球传统特色学校建设；三是建立健全一条龙人才训练体系，由小学、初中、高中直至大学组成对口升学单位，解决篮球项目人才升学断档与训练脱节等问题；四是鼓励青少年篮球俱乐部建立与发展。以体教融合为契机，建立"教""体"资源统筹的篮球项目一体化训练平台，构建校园、专业、职业、社会相互协同的"四位一体"训练体系。

竞赛是篮球项目发展的重要载体，通过深入推进体教融合，逐步打破部门界限和注册限制，建立面向所有适龄青少年、不同年龄阶段相互衔接的全国青少年篮球 U 系列竞赛体系。校园篮球四级（小学—初中—高中—大学）赛事体系已经初步建成，形成以政府主导赛事为主体，社会性赛事和商业性赛事为补充的赛事体系，主要包括：青运会、全运会青年组、中国篮球协会 U 系列赛事、CUBAL（全国大学生篮球联赛原英缩写为 CUBA）、CUBS（中国大学生篮球超级联赛）、CHBL（全国高中生篮球联赛）、CJBL（全国初中篮球联赛）、各省级联赛、公开赛、商业 / 行业体协赛事及三人篮球全国 / 大区 / 省级决赛等。

篮球赛事在我国具有广泛的群众基础，从职业联赛到业余赛事，从职业球员到草根球员，从"三大球"职业联赛到火爆的"村 BA"，为中国式现代化进程中加快体育强国、健康中国建设，繁荣社会文化生活，为乡村振兴、文化传承等注入生机与活力。

总体上看，我国篮球事业在各个阶段经历了起伏与挑战，但中国篮球人始终保持着对篮球运动的热爱和对胜利的渴望。无论在国际赛场上的激烈角逐，还是小篮球运动和乡村篮球赛事的蓬勃发展，无不体现出我国篮球事业的多元化发展，我们有理由相信，在未来，中国篮球运动会在学生篮球、群众篮球、青少年篮球、篮球文化、篮球产业、篮球法治化建设等各领域全面发展，共同促进中国篮球运动健康、科学、全面、可持续发展。

第三节　篮球运动的特点、规律和发展趋势

一、篮球运动的特点

（一）集体性

篮球比赛是以两队攻守对抗、同队队员相互协同的形式进行的竞赛过程。只有集整体的技能和智慧，发挥团队精神、协同配合，才能获得比赛的胜利。

（二）对抗性

篮球比赛是在有限的场地范围内进行的，攻守同场对抗，身体接触频繁，竞争快速激烈。运动员不仅需要良好的体能、高超的技战术能力，而且需要较高的智力和优良的心理素质，因此，篮球运动是一项激烈的全面对抗的运动。

（三）时空性

篮球比赛在一定的时间和空间范围内进行。全场比赛的时间、一次进攻的时间、由后场推进前场的时间、进攻队员在限制区停留的时间等是被严格限制的。运动员的活动限制在一定范围内，但高度一般不限，时间和空间的竞争表现为速度和高度的竞争。在比赛过程中必须有强烈的时间观念和空间意识，运用规则允许的方法和手段去争夺时间，拼抢空间优势，从而取得主动，赢得胜利。

（四）综合性

篮球运动包含跑、跳、投等身体活动，教学与训练涉及体能、技术、战术、心理等方面，它与社会学、管理学、生理学、体育学、军事学、教育学、心理学等密切相关，因此，篮球运动表现出高度综合的特征。

（五）职业性

随着篮球竞技水平的提高以及赛制和规则的完善，现代篮球运动在世界各国蓬勃发展，同时篮球运动职业化在发展。自 20 世纪中期美国率先成立职业篮球俱乐部以来，运动员的体能、技术、战术、心理等水平不断提高，对推动篮球职业化进程起了新的催化作用。20 世纪 80—90 年代，职业篮球俱乐部如雨后春笋般在美洲、欧洲、亚洲、大洋洲建立起来。国际奥委会在 1989 年同意美国职业篮球联赛球员参加国际大赛后，篮球职业化已成为新世纪全球篮球运动发展的一个新特点，同时篮球的商业化、产业化也在加速发展。

二、篮球运动的基本规律

（一）攻守对抗规律

篮球比赛是由两支队伍在规定时间内不断进行攻守转换完成的，进攻与防守作为篮球运动竞赛的一对基本矛盾存在，涉及体能、技术、战术、心理和智能等多方面因素。篮球运动中的进攻与防守构成了篮球比赛的全部，二者相互对立、相互制约并共同呈现出精彩纷呈的篮球技战术表演。篮球运动中的攻守对抗性规律具体体现在两方面：第一，在篮球运动中，球队整体或球员个人需要采用合乎规则要求的手段（身体、技术、战术）占有地面与空间对抗优势，并将其转化为实际效果。篮球竞赛中速度的对抗、高度的对抗、力量的对抗、技术的对抗、战术的对抗、心理的对抗、智慧的对抗、科技的对抗无处无时不在，并贯穿篮球训练、教学与竞赛的始终。第二，在竞赛过程中，双方在同一时间段内非攻即守，攻守交替。攻守双方不断地在制约、干扰、破坏对方的攻守意图与行动，以争取得分或获得球权。一支球队强攻守弱或弱攻强守都不是制胜之道，攻守相辅相成，保持平衡才能确保立于不败之地。篮球运动在攻守平衡的打破与重建过程中推向更高水平发展阶段。

（二）动态转换规律

篮球运动是一项动态性的综合活动，比赛中两支队伍在规定时间内不断进行攻守转换交替，每次进攻后的防守以及防守后的进攻之间相互转化构成了篮球比赛的重要内容，高速对抗下的攻守转换，以及篮球理论与实践的结合发展演化为篮球动态转换的基本规律。动态转换既包括个人技术的综合转换，还包括集体配合的综合转换，由攻转守时，球员个人需要在瞬间做出防守策略选择，结合队伍集体的瞬间行动意识、布局策略、配合办法，力争创造人数优势、位置优势、时间优势的防守布局。由守转攻时，球员个人熟练的运球、传球、投篮等基本技能，结合团队转换意识发起集体行动完成分散落位、相互接应、集体推进的默契配合，实现以多打少、快速得分、增加进攻机会的有利局面。篮球理论的发展同样在动态转换中螺旋上升。技术与战术在运动实践中相互依赖、促进并提高，推动篮球理论科学有效地创新发展。综上所述，篮球运动的动态转换性规律是其独特魅力和生命力的源泉，无论篮球运动发展还是理论体系完善，都需要在动态转换中不断探索和创新，以契合现代篮球的发展趋势。

（三）集体统一规律

篮球的集体统一规律体现于"集体"与"统一"两个基本规律上面。"集体"充分体现在团队精神和协同作风，球场上一切个人行动都要基于全队整体的目的与任务之中，要靠集体力量，倡导团队精神。篮球运动是一项有较强集体性的对抗项目，要求每名运动员在比赛中必须做到齐心协力，密切配合，并要求充分发挥教练员的才华和场下替补队员的作用，将全队作为一个整体来设计战术，制定战略。篮球运动独特的竞赛动态特征决定了篮球运动员的身体素质、心理、技术、战术水平不断提高与创新，同时促进了相应的、不断变化的比赛规则的产生。篮球比赛规则与体能、心理、战术、技术的统一，是篮球运动形成与发展的基本规律。现代篮球已趋向于在对抗中利用规则去比体能、比技战术、比作风、比意识智慧、比心理素质，各方面有机统一才是篮球运动的制胜之道。

三、篮球运动的发展趋势

（一）大众篮球运动广泛普及

进入 21 世纪，篮球运动进一步在全球普及，篮球运动在我国的开展日益广泛。随着"体育赛事进景区、进街区、进商圈"活动的开展，为三人制篮球、小篮球活动创造了更宽广便捷的落地形式，更加深了大众对体育赛事活动的理解。近年来，我国乡村篮球赛事蔚然成风，在线上线下蔓延成"现象级"的全民嘉年华，彰显出篮球比赛的纯粹和体育运动的非凡魅力，篮球运动已然成为社会文化的重要组成部分。

（二）学校篮球运动蓬勃开展

篮球运动起源于学校，其健身、教育、增智、社交功能和价值越来越受到重视，篮球运动已成为增强体质、提高健康水平、活跃校园文化生活、陶冶情操、锤炼意志、培养团队精神和创新精神的特殊教育形式。球场为青少年提供一个自我展示的平台，追逐梦想，同时也激励着更多的青少年积极地参与到体育运动当中，培养健康的生活方式和积极向上的人生态度。

（三）篮球后备人才培养多元化

篮球后备人才培养的多元化是一个复杂且多层次的过程，涉及选拔、培养、培训等多个环节。各国在篮球后备人才培养方面也进行了多方面的探索和创新，以期形成一个科学、全面且高效的培养体系。为进一步提升篮球后备人才的培养效果，国家体育总局推出了"国家篮球雏鹰计划"，旨在联合优质资源，培养具有国际水平的职业篮球人才。在具体实施过程中，我国还鼓励职业俱乐部与当地大中学校、体校和其他社会培训机构共建共享，强化全国篮球高水平后备人才基地建设，为篮球后备人才提供更多的自主和多样的训练平台。

（四）竞技篮球发展步入职业化

20世纪80年代，在美国职业篮球联赛总裁大卫·斯特恩的主导下，美国职业篮球联赛进行了一系列改革，成果显著，影响力遍及全球。1989年，国际奥委会决定取消对职业运动员的限制，允许职业篮球运动员参加奥运会和世界篮球锦标赛。1992年，美国职业运动员组成的"梦之队"参加了第25届奥运会篮球比赛，其高超的技艺震惊了全世界。较高的竞技水平、巨大的经济效益和社会效益，推动了世界篮球职业化的发展，职业篮球俱乐部在全球范围内广泛建立，除美国职业篮球联赛外，欧洲篮球联赛影响力较大，如西班牙、意大利、以色列、德国、俄罗斯等国的职业联赛；亚洲范围内，中国、韩国、日本等国的联赛水平不断提高；大洋洲的澳大利亚有自己的职业联赛，非洲也有不少运动员加入其他国家的职业比赛，篮球运动职业化已成为不可阻挡的发展潮流。

（五）篮球技战术水平特色化

运动员的身高在增长，体能训练得到高度重视，高技术、高空优势和高比分仍在发展，篮球运动朝着身高体壮、凶悍顽强、积极快速、机敏多变、全面准确和智博谋深的方向发展，不同流派、不同风格、多样打法间的竞争仍在继续。比赛规则的不断修订，促进攻守平衡；高度与速度的竞争更加激烈；技术进一步技艺化、实用化，运动员的技术趋于全面；空间与时间的拼争更趋凶悍激烈，从"移动进攻"发展到"机动进攻"，"高空配合"成为常态，对运动员的综合体能、技战术水平和文化素养提出了更高的要求。高水平比赛中的斗智斗勇更加精彩，对教练员的知识结构、职业能力、智力等方面的素质提出了更高的要求。

（六）数智赋能篮球发展

数字技术的飞速发展为各个领域带来了深刻的变革，篮球也不例外。例如，通过人工智能、大数据分析和可穿戴式设备等科技手段和成果，篮球运动员的训练方式和训练效果得到了显著提升，数字化应用使得篮球训练数据化成为可能。传统的篮球训练往往依赖教练的经验和运动员的主观感受，如今许多高科技设备能够实时记录运动员的训练数据，如投篮精度、跑动速度和心率等。智能辅助设备的应用，极大地提升了训练的效果。例如，智能篮球能够监测投篮时的力度、角度和旋转等参数，并将数据传输到手机应用中，供运动员和教练进行分析。虚拟现实技术（VR）和增强现实技术（AR）的引入，为篮球训练带来了全新的体验。运动员可以通过 VR 进行模拟比赛，提高在比赛中的应变能力和决策水平。数智成果辅助篮球训练不仅可以提升运动员的个人能力，还可以促进球队的整体战术水平。通过数据分析，各支球队能够研究对手的比赛风格，制定战术策略，提高比赛的胜率。数智成果的运用为篮球训练、比赛等方面带来了革命性变化。

第四节　重要篮球赛事介绍

一、奥运会篮球比赛（五人篮球）

重要篮球赛事介绍

奥运会是世界体坛最高级别的综合赛事。在 1936 年第 11 届奥运会上，男子篮球被列为正式比赛项目，从此，篮球运动登上了奥运会的竞技舞台。1976 年，女子篮球被列为奥运会正式比赛项目。我国第一次参加奥运会篮球赛（男子），是 1936 年 8 月在德国柏林举行的第 11 届奥运会。历届奥运会男、女篮球比赛成绩如表 1-4-1 所示。

表 1-4-1　历届奥运会男、女篮冠军及中国队参赛情况

届次	时间 / 年	队别	冠军	中国队名次
11	1936	男	美国	—
14	1948	男	美国	—
15	1952	男	美国	—
16	1956	男	美国	—
17	1960	男	美国	—
18	1964	男	美国	—
19	1968	男	美国	—
20	1972	男	苏联	—
21	1976	男	美国	—
		女	苏联	—
22	1980	男	南斯拉夫	—
		女	苏联	—
23	1984	男	美国	10（首次参加）
		女	美国	3（首次参加）
24	1988	男	苏联	11
		女	美国	6
25	1992	男	美国	12
		女	独联体	2
26	1996	男	美国	8
		女	美国	9
27	2000	男	美国	10
		女	美国	—
28	2004	男	阿根廷	8
		女	美国	9

届次	时间 / 年	队别	冠军	中国队名次
29	2008	男	美国	8
		女	美国	4
30	2012	男	美国	12
		女	美国	6
31	2016	男	美国	12
		女	美国	10
32	2020	男	美国	—
		女	美国	前 8
33	2024	男	美国	—
		女	美国	9

二、奥运会篮球比赛（三人篮球）

三人篮球，也称为 3×3 篮球，起源于街头篮球，并在 20 世纪 90 年代逐渐发展成为全球性的运动。1992 年，首届世界三人篮球赛在德国法兰克福举行，标志着三人篮球比赛正式走向全球。2007 年，国际篮联（FIBA）为三人篮球修改了规则，并在 2010 年新加坡青奥会上首次进行了国际大赛展示。2017 年，三人篮球正式被选为 2020 东京奥运会正式比赛项目。这一变化标志着三人篮球从街头文化逐渐进入主流赛事的重大跨越，完成了从街头到奥运会的飞跃。表 1-4-2 列举了历届奥运会男、女三人篮球冠军及中国队参赛情况。

表 1-4-2　历届奥运会男、女三人篮球冠军及中国队参赛情况

届次	时间 / 年	队别	冠军	中国队名次
32	2020	男	拉脱维亚	8
		女	美国	3
33	2024	男	荷兰	8
		女	德国	6

三、世界杯篮球赛（世界篮球锦标赛）

世界篮球锦标赛是国际篮球联合会主办的重要的世界性比赛之一，世界男、女篮球锦标赛一般是每 4 年举行一次。首届男子世锦赛于 1950 年在阿根廷举行，首届女子世锦赛于 1953 年在智利举行。我国男子篮球队最早参加了 1978 年 10 月在菲律宾马尼拉举行的第 8 届世界男子篮球锦标赛。我国女子篮球队首次参加了 1983 年 7 月在巴西举行的第 9 届世界女子篮球锦标赛，取得了第 3 名。2012 年 1 月 28 日，国际篮联正式宣布，世界篮球锦标赛将更名为篮球世界杯，首届男篮世界杯于 2014 年在西班牙举行，首届女篮世界杯于 2018 年在西班牙举行。历届男、女篮球世界杯（世锦赛）冠军及中国队参赛情况如表 1-4-3 和表 1-4-4 所示。

表 1-4-3　历届男篮世界杯（世锦赛）冠军及中国队参赛情况

届次	时间/年	冠军	中国队名次
1	1950	阿根廷	—
2	1954	美国	—
3	1959	巴西	—
4	1963	巴西	—
5	1967	苏联	—
6	1970	南斯拉夫	—
7	1974	苏联	—
8	1978	南斯拉夫	11（首次参赛）
9	1982	苏联	12
10	1986	美国	9
11	1990	南斯拉夫	14
12	1994	美国	8
13	1998	南斯拉夫	11
14	2002	塞黑	12
15	2006	西班牙	15
16	2010	美国	16
17	2014	美国	—
18	2019	西班牙	24
19	2023	德国	29

表1-4-4　历届女篮世界杯（世锦赛）冠军及中国队参赛情况

届次	时间/年	冠军	中国队名次
1	1953	美国	—
2	1957	美国	—
3	1959	苏联	—
4	1963	苏联	—
5	1967	苏联	—
6	1971	苏联	—
7	1975	苏联	—
8	1979	美国	—
9	1983	苏联	3（首次参赛）
10	1986	美国	5
11	1990	美国	9
12	1994	巴西	2
13	1998	美国	12
14	2002	美国	6
15	2006	澳大利亚	15
16	2010	美国	小组未出线
17	2014	美国	6
18	2018	美国	6
19	2022	美国	2

四、美国职业篮球联赛

美国职业篮球联赛是世界上最大的职业篮球联赛之一，代表世界篮球的最高水平。其总共有30支球队，分为东部联盟和西部联盟，每个联盟各15支球队。每个联盟各有3个赛区，每个赛区有5支球队。赛程设置主要包括夏季联赛、季前赛、常规赛、季后赛与全明星赛。

夏季联赛：夏季联赛在美国职业篮球联赛休赛期举办，参赛球员通常为球队的边缘球员、自由球员、G联盟球员、国际球员，这些球员的目标只有一个，就是获取球队信任，不被裁掉。此外，夏季联赛同样是测试美国职业篮球联赛新规则、选拔裁判员、挑选球员、磨合阵容的绝佳机会。

季前赛：由于各支球队在休赛期对球队阵容、战术等均有较大调整，为了使各队磨合阵容，增进队员、教练员间的沟通，通常在 10 月初举办若干场季前赛，以此让各支球队充分调整状态，迎接常规赛的到来。

常规赛：比赛采用主、客场制进行，每个球队在常规赛中参加的比赛场次数都是82 场。不过常规赛中各球队相互间的比赛场数不等。同一联盟且同一赛区的球队之间进行两主、两客，共 4 场比赛；不同联盟间的球队之间进行一主、一客，共 2 场比赛；同一联盟不同赛区的两支球队间进行 3~4 场比赛，这一比赛数目各队不同，但可保证各队参加常规赛的总场次是 82 场比赛。

季后赛：随着附加赛规则的诞生，季后赛晋级规则也发生了改变。根据各队 82 场常规赛战绩，常规赛第 1 至第 6 名球队直接晋级季后赛，而第 7、第 8 名球队则需要与第 9、第 10 名球队进行附加赛，最终决定进入季后赛的两支球队。季后赛采用7 战 4 胜制，具体为 2-2-1-1-1 模式进行，分为八进四、四进二、东西部总决赛和总决赛。

全明星赛：全明星赛始于 1951 年 3 月 2 日，首届全明星赛在波士顿举行，当时的比赛形式相对简单，只有全明星对抗赛一项活动。随着时间的推移，全明星赛演变为全明星周末，包括全明星联欢会、新秀挑战赛、扣篮大赛、三分球大赛、技巧挑战赛和全明星正赛等多个环节。全明星赛已经发展成为一项深受球迷喜爱的年度体育盛事，不仅展示了球星的精彩对决，也成为篮球文化的一部分。

美国国家篮球协会作为国际化的单项体育联盟，为促进美国职业篮球联赛在全球的影响力，其有针对性地引进外籍球员，我国王治郅在 1999 年成为第一名登陆美国职业篮球联赛的亚洲球员，巴特尔在 2001—2002 赛季进入美国职业篮球联赛，成为第一位在美国职业篮球联赛首发的中国球员，并于 2002—2003 赛季在马刺队获得总冠军戒指。姚明在 2002 年以状元秀身份被休斯敦火箭队选中，场均上场 32.5分钟，可以得到 19.0 分 9.2 篮板 1.9 盖帽，并于 2016 年 4 月 9 日正式入选奈史密斯篮球名人堂。此后，易建联、孙悦、周琦先后加入美国职业篮球联赛。

美国国家女子篮球联盟成立于 1996 年，截至 2023 赛季，其球队数量维持在12 支。每年 5—8 月进行常规赛，每队与同属联盟的其中 4 支球队进行三场比赛，与余下的两支球队进行 4 场比赛（共 20 场），每队还需与另一联盟的 7 支球队进行两场比赛（共 14 场），根据各队 34 场常规赛的战绩，各联盟前 4 名进入 9 月举行的季后赛。继我国郑海霞、陈楠、苗立杰、隋菲菲、邵婷后，韩旭、李月汝、杨力维、李梦也通过选秀或训练营登陆美国国家女子联盟赛场。

五、中国职业篮球联赛

中国男子篮球职业联赛（CBA）始于 1995 年，共有 12 支球队参加，是中国篮球职业化的重要里程碑。目前，CBA 联赛共有 20 支球队，比赛分为常规赛与季后赛两个阶段进行，采用全赛季主客场制。CBA 作为我国最高水平和最大规模的篮球赛事，为提升联赛竞争力与影响力经历了多次改革与发展。例如，1996 年的职业化改革、2015 年引入选秀制度、2016 年成立中篮联（北京）体育有限公司，走出 CBA "管办分离" 的历史一步，这些都极大地推动了 CBA 联赛的发展与壮大。CBA 历届冠、亚军如表 1-4-5 所示。

表 1-4-5　CBA 历届冠、亚军一览表

赛季	冠军	亚军
1995—1996	八一双鹿	广东宏远
1996—1997	八一双鹿	辽宁盼盼
1997—1998	八一双鹿	辽宁盼盼
1998—1999	八一双鹿	辽宁盼盼
1999—2000	八一双鹿	上海东方
2000—2001	八一双鹿	上海东方
2001—2002	上海东方	八一双鹿
2002—2003	八一双鹿	广东宏远
2003—2004	广东宏远	八一双鹿
2004—2005	广东宏远	江苏南钢
2005—2006	广东宏远	八一双鹿
2006—2007	八一双鹿	广东宏远
2007—2008	广东宏远	辽宁盼盼
2008—2009	广东宏远	新疆广汇
2009—2010	广东宏远	新疆广汇
2010—2011	广东宏远	新疆广汇
2011—2012	北京金隅	广东宏远
2012—2013	广东宏远	山东黄金

赛季	冠军	亚军
2013—2014	北京金隅	新疆广汇
2014—2015	北京首钢	辽宁药都本溪
2015—2016	四川金强	辽宁药都本溪
2016—2017	新疆喀什古城	广东宏远
2017—2018	辽宁本钢	浙江广厦
2018—2019	广东东莞银行	新疆广汇
2019—2020	广东东莞银行	辽宁本钢
2020—2021	广东东莞大益	辽宁本钢
2021—2022	辽宁本钢	浙江广厦
2022—2023	辽宁本钢	浙江稠州
2023—2024	辽宁本钢	新疆伊力特
2024—2025	浙江方兴渡	北京北汽

目前，CBA 联赛无论在规模、社会影响上，还是在竞赛水平、商业开发等方面，都较以往有了很大提高，已经成为国内重要的体育赛事之一。CBA 联赛中涌现出了许多的优秀球员，如姚明、王治郅、巴特尔、易建联、孙悦都先后走进美国职业篮球联赛赛场。此外，一大批年轻球员在 CBA 中不断崛起，他们具有良好的身体条件和训练基础，成为我国篮球未来的希望。

近几年，CBA 还引进了许多优秀的外籍球员，外籍球员在比赛中以出众的身体素质、娴熟的球技和强烈的表演欲望赢得了观众的喜爱，为 CBA 的整体水平提高和中国篮球事业的发展起到了很大的促进作用。

中国女子篮球联赛（Women's Chinese Basketball Association），创建于 2002 年，是由中国篮球协会主办的跨年度主客场制篮球联赛，在 2014—2015 赛季由中国女子篮球甲级联赛与乙级联赛合并而来。截至 2023—2024 赛季，WCBA 共 19 支球队，比赛分为常规赛和季后赛进行。常规赛进行 38 轮，积分排名前 12 的球队进入季后赛。积分排名前 4 的球队直接进入四分之一决赛，排名第 5 至第 12 名的球队争夺进入四分之一决赛的名额，采用三场两胜制，决赛为五场三胜制。

近年来，WCBA 联赛涌现出了许多优秀的运动员，如韩旭、李月汝、杨力维、李梦四大国手与 WNBA 球队签约，冲出亚洲走向世界。WCBA 还吸引了玛雅·摩尔、布兰妮·格里纳、布里安娜·斯图尔特等美国国家女子篮球联盟名将的加入。在2023—2024赛季外援政策的放宽进一步增强了联赛的竞争力与观赏性，争冠格局也将变得更加具有悬念。历届WCBA联赛冠、亚军如表1-4-6所示。

表1-4-6　历届WCBA联赛冠、亚军表

赛季	冠军	亚军
2003—2004	八一	黑龙江
2004—2005	八一	辽宁
2005—2006	辽宁	沈部
2006—2007	辽宁	八一
2007—2008	八一	辽宁
2008—2009	辽宁	八一
2009—2010	辽宁	河南
2010—2011	沈部	广东
2011—2012	北京	浙江
2012—2013	山西	浙江
2013—2014	山西	北京
2014—2015	山西	北京
2015—2016	北京	新疆
2016—2017	北京	八一
2017—2018	北京	山西
2018—2019	广东	八一
2019—2020	北京	广东
2020—2021	内蒙古	新疆
2021—2022	内蒙古	四川
2022—2023	四川	内蒙古
2023—2024	四川	内蒙古
2024—2025	东莞	四川

六、中国大学生篮球联赛

中国大学生篮球联赛（Chinese University Basketball Asscoiation League，CUBAL）是一个面向高校、面向社会，以培养高素质、高水平篮球人才为目标，采取社会化、产业化运作模式的大学生专项篮球运动联赛，原英文缩写为 CUBA。1996 年开始酝酿，1997 年建章立制，1998 年正式推行，现在该联赛已成为国内篮坛重要赛事之一。其宗旨是"发展高校篮球，培养篮球人才"，坚持"竞技体育不能脱离教育，素质教育不能脱离体育"，从学校体育的功能出发，丰富了传统的篮球人才观，提出了篮球人才应当包括"五种人才"，即高水平的运动员、教练员、裁判员、从事与篮球相关工作的人员和广大球迷。2022 年 11 月 17 日，CUBA 官方社媒发文宣布，自第 25 届开始 CUBA 正式更名为 CUBAL。中国大学生篮球联赛推动了大学篮球运动的发展，带动了中学篮球活动的开展。历届 CUBAL（CUBA）男、女篮球冠、亚军如表 1-4-7 所示。

表 1-4-7　历届 CUBAL（CUBA）男、女篮冠、亚军表

届次	时间/年	队别	冠军	亚军
1	1999	男	电子科技大学	湖南财经学院
		女	天津财经学院	河南大学
2	2000	男	华侨大学	浙江大学
		女	中国矿业大学	河南大学
3	2001	男	东北师范大学	浙江大学
		女	天津财经学院	南京大学
4	2002	男	山东科技大学	华侨大学
		女	天津财经学院	中国矿业大学
5	2003	男	华侨大学	电子科技大学
		女	天津财经学院	青海师范大学
6	2004	男	华中科技大学	西安交通大学
		女	天津财经学院	太原理工大学
7	2005	男	华侨大学	武汉理工大学
		女	天津财经学大学	华中科技大学

届次	时间/年	队别	冠军	亚军
8	2006	男	华侨大学	武汉理工大学
		女	天津财经大学	华中科技大学
9	2007	男	华侨大学	山东科技大学
		女	天津财经大学	青海师范大学
10	2008	男	华侨大学	太原理工大学
		女	天津财经大学	华中科技大学
11	2009	男	中国矿业大学	山东科技大学
		女	北京师范大学	北京大学
12	2010	男	太原理工大学	中国矿业大学
		女	北京师范大学	山东科技大学
13	2011	男	华侨大学	中国民航大学
		女	北京师范大学	北京大学
14	2012	男	太原理工大学	华侨大学
		女	北京师范大学	华中科技大学
15	2013	男	华侨大学	北京大学
		女	北京师范大学	北京大学
16	2014	男	北京大学	太原理工大学
		女	北京大学	北京师范大学
17	2015	男	华侨大学	中国民航大学
		女	天津财经大学	北京大学
18	2016	男	清华大学	太原理工大学
		女	北京师范大学	北京大学
19	2017	男	北京大学	中南大学
		女	清华大学	天津财经大学
20	2018	男	北京大学	中南大学
		女	清华大学	北京大学
21	2019	男	北京大学	清华大学
		女	北京师范大学	北京大学

届次	时间 / 年	队别	冠军	亚军
22	2020	男	清华大学	中南大学
		女	北京师范大学	清华大学
23	2021	男	清华大学	北京大学
		女	北京师范大学	清华大学
24	2022	男	清华大学	广东工业大学
		女	清华大学	北京师范大学
25	2023	男	广东工业大学	清华大学
		女	华中科技大学	北京师范大学
26	2024	男	清华大学	太原理工大学
		女	北京大学	北京师范大学
27	2025	男	北京大学	华侨大学
		女	北京大学	清华大学

CUBAL 联赛在提升学校知名度、促进校际体育文化交流、推动校园文化建设和素质教育实施等方面发挥了积极作用，比赛的规模、影响力、队伍质量、竞技水平和运作水平持续提高。从 1998 年创立至今，CUBAL 联赛在全国高校产生了广泛、深入、持久的影响，在社会上树立起了积极、健康、向上的形象，竞赛体系日趋完善，竞技水平稳步提高，社会影响迅速扩大，优秀人才崭露头角，品牌建设和市场营造初见成效，被誉为中国篮球的"希望工程"。2015 年，中国篮球运动管理中心正式启动面对 CUBAL 联赛的选秀工作，为 CBA、WCBA 从我国大学生篮球联赛中选拔优秀队员打下了基础。近年来，大学生球员更是 CBA 选秀大会的常客。比如，2019 年选秀状元王少杰来自北京大学，此外，还有一些知名球员如韩德君、曾令旭、郭凯、张宁等。2022 年，清华大学的王岚嵚，被南京同曦队在第一轮第 1 顺位选中，成为 CBA 选秀大会状元，王岚嵚成为 CBA 历史上第八位状元秀，CUBAL 已经逐渐成为 CBA 联赛重要的人才选拔基地。

思考题 "

❶ 试述世界篮球运动不同时期、不同阶段的发展概况。

❷ 试述中国篮球运动不同时期、不同阶段的发展概况。

❸ 篮球运动的特点是什么？它有哪些价值？

❹ 谈谈对篮球运动基本规律的认识。

❺ 如何判断分析世界竞技篮球格局的判断。

❻ 请阐述中国男、女篮球运动的发展现状。

❼ 根据现代篮球运动发展的趋势和特点，分析中国怎样才能成为篮球运动
强国？

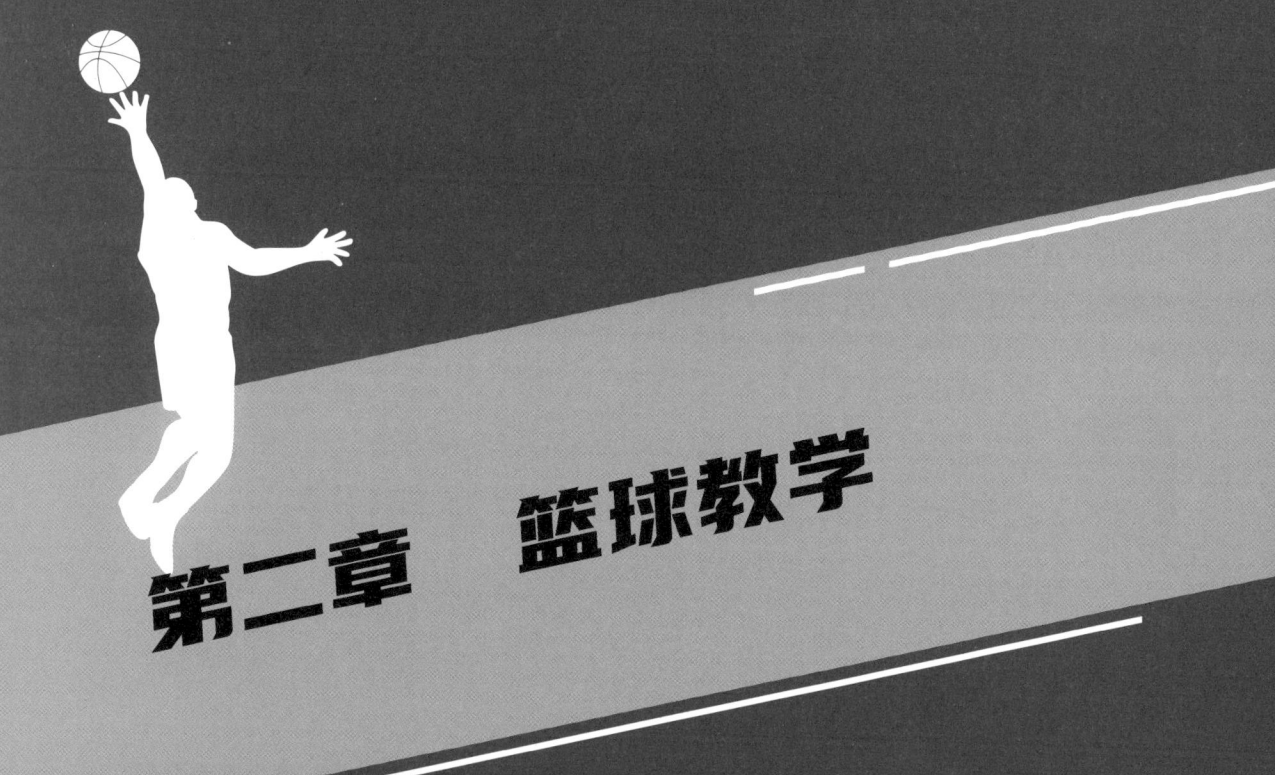

第二章　篮球教学

本章提要

　　本章运用现代体育教学理论，重点阐述篮球教学的目标与任务、篮球教学原则、篮球教学程序、篮球教学方法、篮球教学文件的设计，以及篮球教学课的组织与管理。

篮球教学是指在教师的指导和学生的参与下，按照党和国家教育方针要求，以及篮球教学大纲要求，有目的、有计划地开展体育认知、情感和交往活动。篮球教学是学校体育的重要组成部分，是实现学校体育目标的基本组织形式，是实现篮球教学目的和任务的基本途径，是以篮球课内容为载体的，是体育教师教与学生学的统一。

第一节　篮球教学的目标与任务

一、篮球教学目标

目标是个体对活动预期结果的主观设想，是在人的头脑中形成的一种主观意识形态。篮球教学目标是指在一定时间和范围内，师生经过努力后所要达到的教学效果的标准、规格或状态。篮球教学目标由体育教师根据课程目标、学校特点、学生特点以

及主要教学内容特点等实际情况制定，具有较强的灵活性、实用性和可操作性。它是篮球教学的出发点和归宿，为具体的篮球教学活动提供依据，并决定着篮球教学过程与篮球活动的定向。

《义务教育体育与健康课程标准（2022年版）》篮球项目教学内容

篮球教学目标具有两个特征：第一，详细说明目标的内容，即说明做什么和如何做（知识、方法等）；第二，用特定的术语描述教学后学生应能做以前所不能做的事情，即教学后所要达到的结果的详细规格。根据篮球教学目标的特征，可将篮球教学目标划分为三类，即需要解决特定社会问题的任务目标，以及促进学生个体发展的过程目标和具体目标。

（一）篮球教学的任务目标

篮球教学的任务目标是指在学校体育目标指导下，在一定时期内，篮球教学所要达到的教学成果。它是对篮球教学预期结果的主观设想，在篮球教学系统各要素的组织和维系中发挥核心作用。从内容来看，篮球教学的任务目标是立德树人，促进学生全面发展。

（二）篮球教学的过程目标

篮球教学的过程目标是指在完成篮球教学任务目标的过程中期望学生能够达到的阶段成果。我国基础教育体育与健康课程改革，将发展学生核心素养和增进学生身心健康，作为落实立德树人根本任务的基本措施。因此，篮球教学的过程目标就是发展学生体育学科的核心素养，以培养学生逐步形成正确的价值观、必备品格和关键能力为目标，包括运动能力、健康行为和体育品德三方面。

（三）篮球教学的具体目标

篮球教学的具体目标是在完成篮球教学过程目标的过程中期望学生达成的具体效果。从学生个体发展视角来看，这些具体效果主要包括对学生知、情、意、行的培养，即通过篮球教学有效地增进学生的健康，学生能较为熟练地掌握和应用基本的体育与健康知识和篮球运动技能；培养学生的篮球运动兴趣和坚持锻炼的习惯，培养学生良好的心理品质，提高人际交往的能力与合作精神，提高学生对个人健康和群体健康的责任感，形成健康的生活方式和积极进取、乐观开朗的生活态度，提高学生的篮球运动技术水平。

二、篮球教学任务

篮球教学及课外篮球活动是培养学生终身体育的手段之一，也是贯彻健康第一教育理念和培养篮球爱好者的主要手段。根据学校体育教育的总任务，篮球教学的任务是：遵循健康第一教育理念，运用篮球这一特殊的运动形式来增强学生的体质，促进身心发展，提高健康水平，培养终身体育观念，使学生德智体美劳全面发展，成为社会主义事业的建设者和接班人。

（一）培养和建立终身体育的观念

终身体育观念的形成过程是"兴趣—喜欢—爱好—参与—终身从事"。篮球教学是以篮球技术、战术等内容的习练作为增强学生体质、培养终身体育观念的一种特殊手段。篮球运动本身具有趣味性、集体性、多变性和综合性等特点，通过篮球教学，有助于培养学生进行体育锻炼的兴趣，从而逐步树立终身体育观念。

（二）提高基本活动能力和增强体质

通过篮球实践教学课，提高学生的走、跑、跳、投等基本活动能力，促进速度、力量、耐力、柔韧、灵敏等身体素质不断提高，从而增强体质，提高人体对外界环境变化的适应力和抵御疾病侵袭的能力，为学生顺利完成学业提供身体保证。

（三）学习和掌握篮球基本技术和简单战术配合

通过学习篮球基本技术（如进攻技术、防守技术、攻守转化技术）及建立在技术基础上的一些简单战术，学生初步学会打篮球，体验篮球运动的乐趣和魅力，从而养成通过篮球活动来培养自觉锻炼的习惯和自我锻炼的能力。

（四）培养团队精神、创新精神，提高社会交往能力

社会交往和团队精神是现代社会对人类活动的基本要求。篮球课不仅要教会学生通过身体活动发展人的自然属性，培养学生勇敢顽强、机智果断、胜不骄败不馁等精神品质，而且要通过全队配合活动发展人的社会属性，增强个人与社会交往的能力，形成"任何事业的成功除了个人努力，必须发扬团队精神和创新精神，善于与社会其他成员合作"的观念。

三、篮球教学要求

（一）从实际出发

学校篮球教学受客观条件影响较大，如学生人数、场地器材、学生的篮球技术基础等因素。教师应该根据实际情况安排教学课，积极转变教学观念，改革创新教学方法，大胆运用理解教学法，使学生在比赛中学会篮球技术、战术；还应根据学生的实际情况合理安排教学进度和活动形式，使每一个学生都有活动机会。因此，教师要兼顾全体学生，在教学中不论根据性别、体质、体形、体能、技术水平、兴趣爱好分组，还是混合分组、按性别分组，或是面对身体残疾者等，都要统筹考虑。

（二）课内与课外结合

教师组织教学时要重视课内、课外相结合，课外活动具有较大的灵活性和选择性，可以满足不同学生的兴趣和要求，发挥他们各自的特长，弥补课堂教学的不足，充分利用课外体育活动时间和社会篮球活动机会，增加学生接触篮球的时间，在提高篮球水平的同时不断强化终身体育观念。

（三）处理好教育与教学的关系

学校篮球教学课的任务决定了体育教师必须在工作中处理好培养终身体育观念、坚持健康第一教育理念与掌握技术技能、增强体质、兼顾趣味娱乐、课内与课外安排、教学与竞赛衔接等方面的关系。学校篮球教学中，技术技能的传授既要强调增强体质，也要注意篮球运动的特点，要使两者在练习过程中相统一。

（四）篮球教学对教师的要求

教师完成学校篮球教学的任务，必须具备较高的综合素质，必须符合以下 4 条基本要求：

1. 高尚的职业道德

（1）忠诚体育教育事业：体育教育是我国教育事业的重要组成部分。学校体育教学工作对增进学生健康、提高身体素质和形成终身体育观念起着承上启下的作用。体育教师职业光荣，责任重大。体育教师要立志忠诚党的体育教育事业，把增进学生健康、提高学生素质与贯彻党和国家关于提高全民体质、进行综合素质教育结合起来，并将其视为自己终生奋斗的目标。

（2）为人师表，严以律己：教师是教育者，教师的行为往往会在学生心灵上留下永久的痕迹。因此，教师的身教胜过言教，处处表现出为人师表的风范。体育教师应严于律己，为人正派，遵纪守法，礼貌待人，乐于助人。要杜绝一切有损于教师形象的言行，特别是在篮球教学中，要自觉鲜明地向学生展示出深厚文化素养的形象。体育教师的篮球教学活动涉及面广，联系学生密切，良好的职业形象尤为重要，因此更加需要自尊自爱。

（3）一视同仁，公平待人：教师在教学中必须坚持一视同仁对待学生。爱每个学生是体育教师的基本品质，对生理上有缺陷的学生更要给予真诚的爱。

（4）循循善诱，耐心教育：篮球教学中，学生除了在正常情况下进行有序学习，也会出现注意障碍、思维障碍和破坏纪律等现象，这不仅会直接影响自己的学习，而且会干扰其他同学的学习和教师的教学活动。对此，教师应循循善诱、因材施教、长善救失，要以爱为本，以严为职，以理服人，耐心教育，绝不能体罚学生。

2. 丰富的篮球运动知识

学校体育教学的内容多且复杂，优秀的体育教师应该是多能一专，既是通于多个项目的"通才"，又是精于某一项目的"专才"。篮球教师应掌握世界篮球史、中国篮球史、世界和中国篮球运动的现状以及篮球技战术，熟悉篮球规则和裁判法，具有运动医学常识等。

3. 扎实的篮球技战术基础

篮球教师应具有参加一般篮球比赛的能力，在教学中能完成篮球基本技术、战术内容的正确示范和教学，如各种移动技术、单手肩上投篮技术、行进间投篮技术、传接球技术、变向运球技术、持球突破技术、防守技术、两三人的配合，以及几种攻守技术、战术的组合运用演示等。在组织上述内容实践课教学的同时，篮球教师还应当具有敏锐的观察能力和纠正错误的能力。

4. 全面的篮球教学能力

篮球教师除了要自觉遵守教育、教学规范，还应该做到认真备课，熟悉篮球教学内容；语言表述清楚，突出技术、战术练习的重点和难点；内容安排符合篮球技术、战术的学习规律，教学方法得当；掌握一般运动伤害事故的预防及应急处理；对篮球教学效果作出公正、客观的评价；处处为人师表，虚心听取学生和同事的意见与建议，教学相长。

第二节　篮球教学原则

篮球教学原则是有效进行篮球教学必须遵循的基本要求，反映了篮球教学的一般规律和篮球教学的特点，是人们从长期篮球教学实践中总结出来的。它既指导教师的教学活动，也指导学生的学习活动，应贯穿篮球教学活动的始终。

一、以体育人原则

教育不仅是提高社会生产力的一种方法，也是造就全面发展的人的唯一方法。在篮球教学中贯彻以体育人原则，是指教师根据篮球运动的特点，深入挖掘、提炼、升华篮球运动所蕴含的思想政治教育元素，以篮球教学为载体，提升学生的篮球运动能力，形成健康的生活方式，养成良好的体育品德，实现篮球教学与思想政治教学紧密结合、同向同行的育人格局。

在篮球教学中，教师要有意识地、不断地探索和发现篮球教学过程中的育人价值，找准篮球运动中蕴含的真善美育人教育资源，深度挖掘生动有效的育人元素，根据篮球运动的特点，归纳总结相应的育人元素，融入篮球基本理论、基本技术、基础战术和基本技能的教学之中。如以"南开五虎"爱国主义精神、抗日战争时期篮球红色经典记忆、中国篮球在世界大赛上取得的历史性突破等，诠释中国篮球运动与国家发展同呼吸、共命运的时代精神。

在篮球教学中，教师要将篮球运动的育人元素与课程教学内容相融合，确定课程教学目标和理念，切实做好教学设计，把教学内容（知识点）、育人元素（切入点）、育人的展示形式、体现的育人效果等有机融合在一起，使学生在学习篮球理论知识、技术、战术、技能的基础上，充分认识篮球运动承载的文化底蕴，领略篮球运动的文化魅力，使学生在潜移默化中切身感受篮球运动的人文精神、拼搏精神、协作精神，培养审美情趣，体验生活乐趣，感悟生命意义，不断激发学生精神生命的成长，促进学生健全人格的养成。

二、自觉主动原则

贯彻自觉主动原则，是指教师启发学生的学习自觉性，充分调动学生的学习积极性，使学习效果达到最佳。教学中贯彻自觉主动原则，是由教与学的双边活动中学生是学习的主体这一因素决定的。要充分调动学生的学习主动性，引导他们积极思考，勇于探索，刻苦练习，自觉地掌握篮球理论和篮球技术、战术，提高他们观察问题、分析问题和解决问题的能力。

在篮球教学中，教师要运用设疑、联想、比较、形象等方法，启发学生积极思维，以提高学生的运动能力和思维能力为核心。教师通过对技术动作的生物力学和运动学分析，使学生掌握正确技术动作的概念和动作方法；根据篮球攻守对抗规律，使学生掌握技术运用和战术方法；通过比赛、裁判工作和组织竞赛等实践活动，调动学生的学习积极性，从而最大限度地发展他们的能力。教学中要保护和进一步培养学生对篮球运动的兴趣，采取丰富多样的教学方法，使学生获得正确的篮球理论知识和运动方法，提高他们的运动水平，使学生对篮球运动的兴趣转化为执着的热爱，从而使学习的积极性更高、更持久。

在篮球教学中，建立民主平等的师生关系，创造生动和谐的教学环境十分重要。

教师要成为班级教学活动中具有主导作用的一分子，平等对待学生，坚持正面教育和以表扬为主，发扬教学民主，宽严适度，尤其对篮球运动基础较差的学生要倍加爱护和帮助，使每一个学生的学习潜力都得到发挥。

三、循序渐进原则

循序渐进原则是指按照学科的逻辑系统和学生的认知规律，由简单到复杂，由低级到高级，由单一向综合发展进行教学的原则。在教学中贯彻该原则使学生循序渐进地掌握基本知识、基本技战术和基本技能，形成严密的逻辑思维体系。

在篮球教学中贯彻循序渐进原则，要注意教学内容的系统性。根据篮球教学大纲的要求，安排好教学进度和课时计划，使教学进度符合篮球教学的规律，使课时计划既系统又综合，由易到难、由简到繁、从无对抗到有对抗，运动量逐渐增加。例如，移动是篮球运动的技术基础。在安排基本技术教学时，要先学习进攻移动，后学习防守移动，在此基础上再学习运球、传接球、投篮、持球突破、抢篮板球、防守等基本技术，只有全面掌握了基本技术，才能学习战术基础配合和全队战术。

在篮球教学中贯彻循序渐进原则，要注意教学方法的系统性，根据动作技能形成的规律，从认知定向阶段（泛化阶段）、巩固提高阶段（分化阶段）到熟练阶段（自动化阶段），都要依据动作技能形成的阶段性特点来组织教学。如在技术的初学阶段，要通过讲解、示范和试做，使学生建立动作概念、视觉表象和初步的运动感觉，通过不断练习使正确技术动作巩固下来，然后加大练习难度，使动作达到熟练并能在实战中运用。教学中必须注意教学的阶段性特点，并针对不同阶段采取不同的教学方法。

篮球教学中贯彻循序渐进原则，还要注意合理安排运动负荷。疲劳是运动过程中必然会出现的。疲劳在技术教学和训练中有积极的意义，没有疲劳就没有超量恢复。没有超量恢复就不能提高健康水平和身体素质水平，也难以提高技术水平。但是，过度疲劳不能达到促进健康、提高身体素质和技术水平的目的。因此，应根据学生的身体状况、教学内容、场地、气候等综合因素来合理安排运动负荷。

四、直观性原则

直观性原则是指在篮球教学中利用学生的感官和已有经验，通过视觉、听觉和肌肉本体感觉，获得对篮球技战术的生动表象和感觉，并使之与积极的思维相结合，从而掌握篮球技术、战术和技能，发展思维能力的原则。

篮球教学中经常使用的直观教学方式有动作示范、沙盘演示、电影、录像、技战术图片等。在篮球教学中贯彻直观性原则，首先要有明确的目的和要求。教师要根据教学的任务和教材的特点以及学生的情况，有目的地使用直观教学方法。如对低年级学生进行技术教学时，宜多使用动作示范、技术图片等。可以把学生的动作录像重放，与正确技术进行比较，以纠正学生的错误动作。对高年级学生进行战术教学时，宜用沙盘演示，或用生动形象的语言进行讲解。

教学中贯彻直观性原则有助于使学生形成正确的表象。这种表象只有与积极的思维相结合，与实践相结合，才能取得好的教学效果。因此，教学中贯彻直观性原则要善于启发学生思维，并与技战术练习活动紧密结合起来。

五、实效性原则

在篮球教学中贯彻实效性原则，就是要从学生的实际情况出发，紧紧抓住教学中的主要矛盾和矛盾的主要方面，解决教学中的重点和难点问题；提高教学的艺术性，教法要简单易行，讲求实际效果，在有限的教学时间内，达到既能使学生掌握知识技能，又能增强体质和提高能力的效果。

贯彻实效性原则，就是要注重实际效果，不追求表面效应，力求全面准确地把握教材内容，深入分析技战术内涵，把握事物的本质，抓住关键，解决好难点和重点问题，带动一般性问题的解决。如在移动技术教学中，抓住身体重心的控制和转移、维持身体在移动中平衡的这个关键技术，其他移动方面的问题就迎刃而解了。在投篮技术教学中，抓住投篮手法这个关键技术，可以带动投篮技术的学习。

在篮球教学中贯彻实效性原则，要求教师不断研究改进教学方法。教师要深入研究教材和教法，充分利用现代化的教学手段。在技战术教学中，要精讲多练。"精讲"是在深入分析教材和学生实际的基础上实现的，"多练"就要设计符合篮球运动特点和学生实际水平的练习方法，给学生更多的实践机会。

教学中贯彻实效性原则，要求经常调查研究，不断发现新问题，分析这些问题产生的原因，找出解决问题的方法。在课堂教学过程中，为适应学生的实际情况，临时改变教学方法和练习形式也是允许的。

六、综合性原则

篮球运动具有项目的集体性、技能的综合性、战术的多变性和攻守的对抗性等特点，同时，篮球教学内容的游戏性、竞争性和趣味性也很强。在教学中贯彻综合性原则是符合篮球运动本身特点的。

在教学内容的选择上，要注意单项技术、组合技术与综合技术的结合。在完成单项技术教学后，应立即把这项技术与其他技术结合起来练习，提高技术的综合运用能力。

在教学方法和组织形式上，既要做到简单实用，又要多样化，以提高学生的学习兴趣，使学生掌握更多的练习手段和方法。组织形式上的简单实用和多样化是可以统一起来的。

要把技术、战术和篮球意识的培养结合起来，技战术训练和作风培养结合起来，全面提高学生的身体素质、技术和战术水平，发展智力和心理能力，培养优良的道德品质，为进一步发展打下基础。

要充分利用现代教学手段和技术，如在线课程、电影、电视、多媒体辅助教学手段，使学生直观、形象地掌握动作方法，提高他们的技战术水平和运用技战术的能力。

七、对抗性原则

在篮球教学中贯彻对抗性原则，是由篮球运动的攻守对抗规律决定的。在篮球运动中，进攻与防守的对抗贯穿始终，攻守对抗和攻守转化构成了篮球运动的核心。

在教学中贯彻对抗性原则，要深入研究攻守对抗和转化的规律。进攻和防守是一对矛盾。没有进攻也就无所谓防守，没有防守也就无所谓进攻。进攻和防守相互制约，处在一个统一体中，二者是辩证的统一。在制订教学进度和课时计划时，要恰当处理进攻和防守的关系，使攻守内容尽量同时出现；在设计教学方法时，尽可能在掌握单项技术后使练习方法综合化，用防守制约进攻，并使进攻技术得到提高，或用进攻制约防守，使防守技术得到提高。真正实用的技术是在攻守对抗中掌握的技术。有意识地提高攻守对抗强度，是提高篮球教学质量的重要方面。目前，要注意克服重攻轻守的倾向，贯彻"以防为主"的指导思想，使攻守相对平衡，从整体上提高篮球运动的水平。

上述教学原则都不是孤立的，它们是相互联系的有机整体。因此，在运用这些原则时，要综合考虑，灵活运用。

第三节 篮球教学程序

教学程序是教师为完成教学任务而设计的顺序，是教师引导学生掌握知识、技术、技能，获得身心发展应遵循的路径，也是教学原则的具体运用和体现。篮球教学程序是根据体育教学的一般规律，依据篮球教学原则，结合篮球运动的特点，为完成篮球教学任务而采用的途径和手段。

一、篮球技术的教学程序

篮球技术教学主要有 4 个环节，即讲解、示范、组织练习和纠正错误。根据篮球教学的目的和原则，技术教学通常按照以下三个步骤进行：

（一）建立正确的技术动作概念

1. 讲解

篮球教学中的讲解是教师根据教学目标，说明篮球技术的动作名称（概念）、动作要领、动作方法等，指导学生进行篮球技术学习，掌握篮球基本技术的方法。讲解要明确讲解目的，抓住重点与难点，有目的、有针对性地讲解。讲解的内容要科学准确，正确无误；讲解的广度和方式要考虑学生的体育基础和已有的知识经验，以及学生的接受能力。讲解既要突出重点，简明扼要，注意时机与效果，又要启发思维，语言生动形象，使学生易懂、易记。

2. 示范

篮球教学中的示范是教师或教师指定学生以具体动作为范例，使学生了解篮球基本技术动作形象、结构、要领的方法。示范的目的是让学生建立正确的技术动作表象。示范要有明确的目的，动作要正确、规范。一般可先做一次完整技术的示范，然后根据技术动作的结构和要求，再做重点示范，让学生的注意力集中在技术动作的主要环节上。为了达到示范的目的，增强示范的效果，示范时要根据学生的人数、队形、技术动作的特点来确定示范的位置和方向。在篮球技术教学中，多采用正面和侧面示范。为了达到最佳效果，可利用幻灯片、电影、录像等手段进行技术动作的演示，有利于学生建立完整的动作概念。

示范和讲解往往结合运用，可以先讲解后示范，也可以先示范后讲解再示范，也可以边讲解边示范。采取何种形式，应根据教学内容和教学对象的实际情况来决定。

（二）形成正确的技术动力定型

1. 在简单条件下练习技术动作

根据技术动作的难易程度，可适当降低练习难度，或采用分解与完整练习相结合的方法，或在慢速或无对抗的情况下练习。如学习原地单手肩上投篮技术，可采用两人迎面互投的方法练习投篮的基本姿势和投篮手法，把注意力集中在关键技术上，避免投篮命中与否带来的干扰。在掌握了原地单手肩上投篮的身体姿势和投篮手法后，可对着球篮练习，与球篮的距离可由近到远，保证投篮动作不变形，并逐步加大难度。

2. 掌握组合技术，巩固技术动作

在学生掌握两个或两个以上技术的基础上，要进行组合技术练习，以进一步巩固技术动作的动力定型，为技术的运用奠定基础。

篮球技术在实际运用中大多表现为综合技术，既综合又连贯，前一个动作的结束是后一个动作的准备和开始，如接球与传球、停步与投篮、接球与突破、突破与投篮等。因此，要适时进行组合技术练习。组合技术的衔接要合理，动作要有节奏，讲究协调。在组合技术练习中，可先在慢速中进行，然后加快移动速度和动作速度，并逐渐增加动作组合的数量和变化，以便进一步巩固技术动作，使之更加熟练。

3. 掌握假动作，提高应变能力

在较好地完成组合技术的基础上，可结合假动作的教学，学会运用瞄篮虚晃、跨步等动作迷惑对手，掌握投篮与突破结合。假动作要做得逼真、灵活、实用，不断提高应变能力。

（三）在攻守对抗中提高运用技术的能力

1. 在规定的攻守条件下进行练习

为了给练习设置一定的条件，练习时可以对攻守双方提出要求。学生在这种特定的条件下进行练习，便于掌握技术的运用时机，提高技术的运用能力。例如，练习原地投篮技术时，防守者仅高举手臂而不封盖；持球突破时，防守者在被突破后不继续防守移动；运球时，防守者仅堵路线而不打球等。

2. 在消极对抗条件下进行练习

根据练习的重点，对攻守双方提出一定的要求。例如，在练习进攻技术时，要求

防守消极些；练习防守技术时，要求进攻消极些。这样，便于学生体会和掌握攻防技术动作，更好地选择运用时机，提高技术的运用能力。

3. 在积极对抗条件下进行练习

当学生基本掌握技术动作并逐步达到熟练程度后，应逐步过渡到在积极对抗条件下进行练习，提高攻守难度，增加运动负荷，使学生在接近比赛或在正式比赛的攻守状态下完成技术动作。

在篮球技术教学中，对初学者宜采用简单条件下的练习方法。当技术动作掌握得比较牢固、熟练后，可以逐步增加练习的难度和强度，通过积极对抗，进一步提高技术的运用能力。此外，还要注意"弱手弱脚"的练习，注意在篮球场的左、右侧轮换进行练习。这样，有利于技术动作的迁移，有利于学生全面掌握技术，也有利于学生左、右大脑均衡发展。

二、篮球全队战术的教学程序

篮球战术的教学任务，是使学生掌握战术方法并在比赛中运用。篮球战术是以篮球技术为基础的，因此，战术教学应与技术教学相结合。篮球战术内容丰富，一般按以下教学步骤进行：

（一）建立战术概念，掌握战术方法

1. 建立完整的战术概念

教师首先要对具体战术的概念、特点、运用目的、攻守战术之间的矛盾关系等进行讲解，使学生对该战术有初步的理解。然后对战术的落位阵型、移动路线、主要配合方法、配合顺序、队员职责、同伴协同行动，以及战术的变化规律进行讲解和演示，使学生对所学战术的组织形式和战术方法有基本的了解和认识，以建立完整的战术概念。讲解和演示时，可使用图示、沙盘、视频、幻灯片、电影、录像等方式进行直观教学，也可在球场上假设攻守的方式演示，让学生实际体会战术阵型、位置分工、移动路线和配合方法，启发学生的战术思维，培养战术意识。

2. 掌握局部战术配合方法

全队战术是由局部战术构成的。掌握局部战术是学会全队战术的前提。教学中要根据全队战术发展的一般规律，把全队战术分解为几个阶段或几个部分，有序地进行重点教学。例如，学习快攻战术，把短传快攻分为发动与接应、推进和结束三个阶段，分别进行局部战术教学。这样，既保证了战术的连续性，又解决了战术中的局部

问题，还为掌握全队战术打下了基础。进行局部战术练习时，要注意局部与局部之间的衔接，还要注意适时进行攻守对抗条件下的练习。

3. 掌握全队战术方法

全队战术方法是在局部战术配合的基础上进行的。教学中可按照全队战术的要求进行，从消极的攻守对抗到积极的攻守对抗，熟练掌握全队战术的配合方法。全队战术对学生的个人技术、局部配合能力和战术意识的要求较高，学习中发现问题要及时、有针对性地解决，以提高全队战术的质量。

（二）提高攻守转换和综合运用战术的能力

在篮球战术教学中，当掌握两个或两个以上的全队攻守战术方法后，应结合攻守转换进行战术组合练习，提高攻守转换和综合运用战术的能力。

1. 提高攻守转换能力

在练习中，当进攻结束时，无论对手抢到篮板球或掷界外球，应立即封堵与退守，落位并调整防守阵型，迅速转入全场或半场防守。当防守结束时，获球后应立即转入反击，先发动快攻，如果快攻受阻再转入阵地进攻。攻守转换要迅速、流畅。进行攻守转换练习时，可先组织二攻二守、三攻三守、四攻四守，然后进行全队攻防练习。可采用多种方法，培养学生的攻守转换意识，提高攻守转换的速度。

2. 提高综合运用战术的能力

根据学生掌握战术方法的数量和质量以及攻守转换能力的高低，可逐步要求学生有策略地运用多种战术。如在一个防守回合中，在前场采用全场紧逼，后场改为半场盯人或区域联防；在半场防守时，区域联防可变为对位联防或半场盯人防守。攻守双方根据对手的战术变化相应地改变战术打法，可以提高综合运用战术的能力。

（三）提高战术运用和应变能力

在篮球战术教学中，应通过教学比赛或课外竞赛，让学生在竞赛实践中进一步掌握战术方法，使他们能根据对手情况选择和运用战术，并能在比赛中根据战局变化改变战术打法，提高应变能力。教师应在比赛前提出要求，进行引而不发的指导，帮助进行赛后总结，理论联系实际，提升学生的战术水平和战术意识。

在篮球战术教学中，要注意战术教学与技术教学的结合。在各个战术环节中，应对技术的运用提出具体要求，以保证战术的质量。此外，还要处理好攻守平衡关系，尤其要克服重攻轻守的倾向。在战术教学过程中，始终要注意战术意识、应变能力、竞争、拼搏和协作精神的培养。

一般来说，普修课的战术教学应将重点放在建立战术概念和掌握战术方法上，并结合教学比赛，提高攻守转换和综合运用战术的能力。

三、发现与纠正错误

（一）及时发现错误

发现错误是纠正错误的前提。这就要求教师要有对错误的观察和判断能力。这种观察和判断能力来自对篮球技术、战术的深入研究，来自多学科理论的积累，来自长期教学经验的总结，来自对教学工作的敬业精神。教师应该准确地把握正确技术和战术的结构和表现形式，把握技术和战术的关键，对技术和战术的细节要了如指掌。这样，当学生出现错误时就能立即发现。

（二）分析产生错误的原因

当教师发现学生的错误时，因为学生的个体差异较大，同样的错误可能是由不同原因造成的，所以不一定能立即判断出产生错误的原因。分析产生错误的原因是纠正错误的基础，教师必须运用自己的知识和经验，细致准确地分析，找出产生错误的原因。

一般来说，技术学习中产生错误的原因大致为：教师讲解示范不清楚；学生对技术的概念模糊，对技术动作的内部结构不了解；所学技术的难度过大；身体素质达不到完成某项技术的要求；身体疲劳；受旧技术的影响；学习时无信心；学习时兴奋性过高或过低；恐惧心理；教学环境、教学条件不适宜；教学方法不当等。

战术学习中产生错误的原因大致为：学生对战术的概念不清楚，对战术的特点、阵型、配合方法和规律认识理解不准确；对完成战术的技术掌握不好，运用不恰当；战术意识不强，配合的时机、路线、节奏掌握得不好；没处理好个人行为与全队战术的关系，战术运用和应变能力不强；教师讲解、示范、组织教法不当，教学进度过快等。

教师要对产生错误的原因进行具体分析，对难以找出的原因可以采用录像分析、生物力学分析等方法寻找产生错误的原因。只有正确地分析产生错误的原因，纠正错误才能更有针对性，效果才显著。

（三）纠正错误

纠正错误的方法很多，可以单独使用，也可以结合使用。只有方法具有针对性，才能起到"药到病除"的效果。

1. 讲解示范法

讲解示范法主要用于纠正因概念不清或没有建立正确技术和战术表象而产生的错误。讲解要生动形象，启发学生的思维。示范可以用完整、分解、慢动作、正误对比等方法，示范的位置可采用正面、侧面、背面、镜面等。

2. 诱导法

采用动作结构与正确技术相似，但较为简单的练习手段，帮助学生建立正确技术的运动感觉。诱导法包括语言诱导、模仿诱导和外力诱导等方法。

3. 限制法

采用限制性手段，要求学生按照教师的意图去完成技术或战术配合，以达到纠正错误的目的。例如，可以设置标志，限制学生的行动路线或动作幅度；限定学生完成技术、战术的时间；限制练习时运用技术、战术的种类或方式；用特殊的教具限制学生的动作等。

4. 变换法

对一些难度大的技术或战术，可以改变练习方法，降低练习难度，分解技术动作或改变练习环境，使错误动作得到纠正。

5. 鼓励法

鼓励法主要用于纠正由恐惧心理而产生的错误。鼓励法可以与变换法同时使用，降低练习难度，在学生完成难度较小的动作后予以鼓励和表扬，使其建立完成正确技术的信心，然后逐渐加大难度，使其完成技术或战术。

纠正错误时，要以正面教育为主，要有耐心，要满腔热情地帮助他们，不允许讽刺、挖苦学生。学生在完成某项技术时，可能同时产生多种错误，这时要抓住主要矛盾（即主要错误）进行纠正，直到这个主要错误被纠正以后再纠正其余错误，避免让学生感到错误百出，无所适从，失去纠正错误的信心。在课堂教学中，要分析是普遍性错误还是个别学生的错误。普遍性错误采取集体纠正的办法，个别学生的错误采取单独纠正的办法。教师还要教会学生发现错误，分析产生错误的原因，纠正错误的方法，使学生学会自己或互相纠正错误，提高他们分析和解决问题的能力。

第四节 篮球教学方法

篮球教学方法是指教师在篮球教学过程中，根据体育教学的一般方法和篮球教学原则，结合篮球运动的特点，为实现教学目标，组织学生进行篮球学习活动所采取的教与学相互作用的活动方式的总称。篮球教学方法是完成教学任务的重要手段，也是篮球教学原则的具体运用和体现。教师在选择教学方法时，要重视篮球学科的前沿知识，考虑学生年级、性别的不同，身体素质、技术基础的差异，以及学校的场地、器材与设备等因素，要因材施教、因地制宜地选择教学方法。

一、讲解示范法

讲解与示范是篮球教学中的基本方法，也是体育教学中常用的教学法之一。讲解示范法由讲解法和示范法组成。

（一）讲解法

讲解法是指教师用形象、生动、精练的语言讲述篮球技术动作和战术配合方法，使学生对其有初步的了解，通过实践逐步形成技术、战术的概念。讲解要层次清晰，重点突出，通俗易懂。对学生可运用教学口诀来精练语言，教师清晰的讲解有助于学生对技术动作和动作过程留下深刻的印象，讲解与示范相结合，可缩短技术动作形成的时间。

（二）示范法

示范法主要是教师（或指定的学生）以自身的动作作为教学动作范例，用以指导学生进行学练的方法。它可使学生了解所学动作的形象、结构、技术要领和完成方法，便于建立正确的动作表象。在篮球教学过程中，用正确、轻快、优美、清晰的动作向学生展示篮球技术动作，能激发学生学习的兴趣。示范与讲解相结合，有助于学生理解动作的特点和结构，建立完整的动作概念。

二、表象训练法

表象训练法又称为念动训练或意象训练，指用语词唤起表象，并借助表象进行动作练习的方法。运动表象主要有运动视觉表象和运动动作表象，前者主要反映客体的运动视觉形象，如学生在篮球教学课上观看教师单手肩上投篮示范后，脑中存留或呈现出该动作的形象；后者主要反映学生自身的动觉形象，如学生虽然身体并未做单手肩上投篮，但脑中形成单手肩上投篮时的持球动作、投篮用力顺序，以及最后出手时手腕、手指拨球等一系列用力的动觉形象。学生既观看过又亲自做过的动作形象在脑中重新呈现出来，称为"视—动联合表象"。学生在练习和教学比赛中表现出来的所学习过的动作，是根据头脑中形成的表象完成的。如果学生对已学动作表象唤起失败，就不易做好该动作。

教师在做完示范动作以后，可根据实际情况，要求学生先进行对示范动作的想象，然后开始模仿练习，之后每示范一次新动作，学生都先想象开始动作，让学生形成正确而清晰的运动表象以及通过再造想象，使动作得以巩固、熟练而达到自动化。表象训练法不仅可以用在单个或组合动作的学习中，而且可以结合理解教学法运用于技术教学中，甚至还可以用于培养学生的创造能力。为保证表象训练的有效性，教师必须注意讲解示范的准确性和清晰性。

三、重复练习法

重复练习法是指在相对固定的条件下，按照一定的要求，反复进行某一练习的方法，也是篮球教学中常采用的方法之一。重复练习是在承受一定的运动负荷和运动强度下进行的，其有利于提高机体各器官系统的功能水平，也有助于建立和巩固篮球动作技术定型以及熟练地运用技术。

传统的篮球教学练习法从单个技术练习开始，然后是组合技术练习和对抗练习。无论何种教学法的运用都离不开实际操作练习这一基本教学环节。重复练习法广泛运用于发展学生的身体素质，掌握、改进和提高技战术，培养意志品质等方面。因此，篮球教学应从重复练习入手，启发学生的思维，使学生理解篮球运动中各种技术、战术之间的逻辑关系和必然联系，培养学生浓厚的练习兴趣。

四、游戏教学法

游戏教学法是指在游戏中学习技术、技能的一种教学方法。面对传统教学法中存在的问题，游戏教学法充分发挥了球类项目的特征，加强了技术、战术运用以及能力培养方面的比重，学生在游戏中体会和学习技术、技能，大大提高了学生的学习兴趣和教学效果。

游戏教学法的特点是在教学时，以从易到难的游戏主线安排内容，而不是传统教法中以单个技术为主线安排内容。在每个游戏中，安排学习基本技术、战术，完全取消单个动作的枯燥练习，在游戏中启发和诱导学生主动钻研技术动作和战术配合，教师再因势利导、加以辅导，逐渐提高学生的篮球技术、战术水平。

五、竞赛激励法

争强好胜是青少年的特点，竞赛激励法是充分利用学生的这一特点，在篮球教学中培养与激励学生学习的积极性，以竞赛为形式的教学方法。篮球教学中，竞赛激励法的一般形式有：速度竞赛，如运球比快、传球比快；次数竞赛，如投篮比多、传球比多；准确性竞赛，如传球比准、投篮比准；成功率竞赛，如在一定时间内比投篮命中率。

《关于全面加强和改进新时代学校体育工作的意见》提出了"教会、勤练、常赛"的体育课新模式。教学竞赛是篮球教学大纲中规定的内容之一，也是篮球教学的重要形式。按照篮球教学大纲的规定，篮球教学竞赛有三种形式，即复习提高已学过的基本技术的教学竞赛，结合已学过的基本技术进行简单规则的教学竞赛，运用简单战术进行的教学比赛。这三种形式，可根据不同年级的教学要求，组织不同形式、不同要求的半场或全场教学竞赛。

六、技能迁移法

迁移是一种学习对另一种学习的影响，这种影响既包括积极的促进作用（正迁移），也包括消极的干扰作用（负迁移）。在学习过程中，有效利用和控制这种影响，可以提高学习效率。运用迁移学习法可以从以下4方面入手：

一是应有意识地把某一项目中学到的知识运用到其他项目中去，也可以说，在学习一项内容时可回忆学习过的相关项目经验，借鉴这些经验并将其运用到新项目的学习过程中，这就是横向迁移。例如，篮球与足球传球意识之间的迁移，篮球中助跑起跳与跳高中的助跑起跳。

二是注意简单的知识技能与复杂的知识技能、新与旧的知识技能之间的联系。在学习新的、较复杂的知识技能时，回忆以前学习较简单的相关知识技能时的体会，这就是纵向迁移。例如，在学习双手胸前投篮时，回忆和借鉴双手胸前传球动作的体会。

三是注重学习原理、原则和范例等方面的内容，并把它们运用到学习实践中去。例如，在学习进攻联防的各种阵型时，先掌握进攻联防的原理和原则，再学习各种进攻联防阵型。

四是注意身体两侧迁移，如左手投篮借鉴右手投篮的动作；注意语言到动作的迁移，把听过、看过的一些经验运用到动作学习上；注意动作与动作之间的迁移，单个技术学习时与组合学习时的联系。

七、现代技术教学法

现代技术教学法是指将现代教育媒体运用于学校篮球教学过程之中，并与传统教育媒体恰当结合传递教育信息，以实现教学最优化的方法。

在学校篮球教学中运用多媒体、网络教育等手段，可以影响人们的思维方式，推动篮球教学改革进一步向现代化、科学化、数字化方向发展。体育教师在进行篮球教学时不仅要能熟练地运用教材、粉笔、黑板、照片、篮球、球场、障碍架等传统教育媒体，还要能自如地使用视频、幻灯片、在线课程等现代教育媒体。

教育与科技的融合是我国教学改革与创新的重要途径之一，数字化技术在篮球教学中的运用，既能充分发挥现代篮球教学的优势，挖掘潜力，又能弥补传统篮球教学的不足，补偿技术缺陷，二者取长补短，相互作用。数字化篮球教学突破传统教学媒体束缚，激发学生体育学习的兴趣和爱好，如多媒体数字直播教学平台，是一套集摄像、现场导播切换、网络直播、后期点播、互动评论于一体的教学直播系统，可以将现场的教师画面、学生画面、授课老师的电脑画面进行导播切换操作，即时形成一部像电影一样的带场景变化的教学影片，可以供直播观看或者后期点播。在篮球教学中，对技术动作、运动轨迹等视觉画面进行动态分析时，数字化技术可以把技术动作或运动轨迹分解成若干截面，甚至是每一帧，然后通过图像或视频形式逐一显示，既生动又形象，便于学生直观理解，真切体验，使篮球教学变得更为便捷、有效。

数字化教学是数字时代在篮球教学领域中最具代表性的产物，不仅优化了传统教学结构和模式，也打破了传统教学受限于时空和地域条件的瓶颈，使篮球教学发生了意义深远的变革。体育教师能够从技术困境中解脱出来，不断创新教学组织形式，从而唤起学生进行体育活动的内在需求，激发学习兴趣，使学生喜欢体育运动，主动学习体育知识、掌握体育技能，进而形成终身体育锻炼的习惯与行为。

第五节　篮球教学文件的设计

　　教学活动是教师有目的、有计划、有步骤地进行教学工作的过程。教学质量在一种程度上取决于教学活动的目的是否明确，计划是否科学、周密。因此，在教学活动实施之前，必须进行教学文件的设计。篮球教学文件包括教学大纲、教学进度和教案等。科学地设计教学文件是完成教学任务的决定条件之一，是顺利进行教学工作的保证，也是检查教学工作的重要依据。

一、篮球教学大纲

　　篮球教学大纲是根据课程方案，以纲要的形式制定的教学指导性文件，也是检查教学工作和评定教学质量的重要依据。

（一）制定教学大纲的基本要求

　　从实际出发，体现教学计划中规定的培养目标和要求，准确提出篮球教学的总目标和总任务。

　　根据教学任务精选教材，把主要的、基础的和先进的知识内容列入教学大纲。教学大纲内容要主次分明，具有科学性、系统性和实用性。

　　合理地分配教学时数，注意理论教学与实践教学的比例要适当，以确保教学目标的达成和教学任务的完成。

　　重视考核的内容与方法，合理地确定理论知识与实践考核成绩在总成绩中所占的比例，使考核结果能够有效地衡量学生的学习水平。

（二）教学大纲的主要内容

　　教学大纲的主要内容包括教学目标、教学时数分配、教学基本内容、考核办法、教学基本条件和教学参考书目。

　　1. 教学目标

　　篮球教学目标是篮球教学中师生预期达到的教学结果和标准，主要包括价值目标、知识目标和能力目标。教学目标应结合篮球运动的特点，体现对学生进行思想品德教育，包括培养学生的爱国主义、集体主义、勇猛顽强和遵守法纪等精神品质使思政教育与专业教育有机结合。知识目标和能力目标包括教授篮球运动的基本理论知识、基本技术、基础战术和基本技能，培养具有从事篮球教学活动的组织管理、教学等方面的能力。

2. 教学时数分配

篮球教学总时数是由国家教育行政部门颁发的课程方案确定的。具体教学内容的时数分配应根据具体情况确定，分配要突出重点，保证主要教学内容有足够的时数，使理论课和实践课的时数比例合理。

3. 教学基本内容

篮球普修课的教学内容在《普通高等学校本科体育教育专业各类主干课程教学指导纲要》中已有明确规定。根据篮球运动的发展，可以适当介绍一些新的技术、战术、教学和训练方法等内容。

4. 考核办法

考核内容应包括理论知识、技术、技能。理论知识考核一般采用笔试方式，技术考核采用达标和技评的方式，技能考核采用实习和实际操演的方式。技术、技能的考核项目、办法和评分标准应在教学大纲中详细规定。总成绩的评定应根据学生在学习过程中的思想品德、学习态度、基本理论知识、基本技术和基本技能以及平时考核的情况综合评分。

5. 教学基本条件

为了保证篮球教学活动的正常进行，必须具备教学的基本条件，如场地、器材的数量和规格及比赛的设施用品等要详细列出。

6. 教学参考书目

教师应以篮球教材为基础，不断扩大知识范围，选择权威的篮球图书或其他图书进行参考，这对丰富教学内容和提高教学质量是非常必要的。

二、教学进度

教学进度也称为学期教学计划，是指将教学大纲所规定的本学期的各项教学内容，按照教学时数，合理组成规模和目标不同的教学单元的教学文件，是制定单元或模块教学计划的依据。

（一）制定教学进度的基本要求

教学进度要遵循教学规律和教学原则来编制。教学进度不是教材内容的简单分配，而是教学规律和教学原则的体现，它应达到科学、合理、可操作性强的要求。

制定教学进度是教师业务能力和教学水平的体现。教师应深入研究和掌握篮球运动的基本规律，掌握篮球教学的基本理论，正确处理理论与实践、进攻与防守、重点与一般的关系。安排好理论课与实践课的比例、进攻和防守技战术教学的顺序，突出重点内容，带动一般内容，把能力培养贯彻到教学进度的全过程。

篮球基本理论知识、基本技术与基础战术、基本技能是篮球教学的重点内容，在制定教学进度时应把它们放在突出的位置上，在教学时数上予以保证，在安排上反复出现，确保重点内容的掌握和提高。有些教学任务如竞赛的组织管理、裁判能力的培养，单靠课堂教学无法圆满完成，需与课外教学活动结合，这一点应在教学进度中加以说明。

（二）单元式程序教学进度的编制程序

单元式程序教学进度是根据篮球运动本身的特点和规律，遵循一定的教学原则，将所有的教学内容科学地分成若干较小的分量（即步子），把每个教学内容按照一定的序列，合理地进行编排组合，使每个单元、每次课均有预先的教学任务和要求。单元式程序教学的特点是教材内容的安排由点到面、由浅入深、纵横关系衔接紧密并突出内容的重点；教学过程能明显地体现由易到难、由简单到复杂、由非对抗到对抗的原则。

单元式程序教学进度的制定程序如下：

程序一：将篮球技战术分别分成 4 个不同难度级别，然后根据它们的纵横关系组成彼此相互联系的教材内容系列。限于篇幅，仅以投篮、运球和个人防守三项技术列表说明（表 2-5-1）。

表 2-5-1　篮球教学内容难度分级表

难度等级	投篮技术	运球技术	个人防守技术
一级	1. 原地单手肩上投篮 2. 原地双手胸前投篮 3. 行进间单手肩上投篮 4. 行进间单手低手投篮	1. 高运球 2. 低运球	1. 防守的正确姿势 2. 防守的正确站位 3. 防守动作（滑步、上步、撤步、攻击步等）

难度等级	投篮技术	运球技术	个人防守技术
二级	5. 原地跳起投篮 6. 急停跳起投篮 7. 转身跳起投篮	3. 体前变向换手运球 4. 急停急起运球	4. 防守无球队员（防摆脱、防纵切、防横切等）
三级	8. 行进间反手投篮 9. 勾手投篮 10. 补篮	5. 体前变向不换手运球 6. 运球转身	5. 防守有球队员（防投篮、防突破、防运球、防传球）
四级	在对抗中与各种技术相结合的投篮	在对抗中与各种技术相结合的运球	在对抗中与各种技术相结合的防守技术

程序二：将同一级别难度的内容串联起来，组成整个教学单元（图2-5-1）。

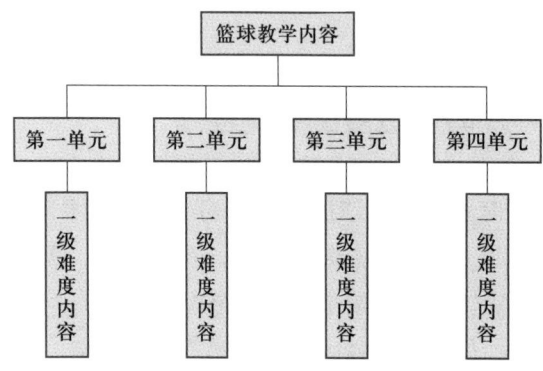

» 图2-5-1 篮球教学内容单元组合

程序三：根据教学大纲规定的教学内容和时数分配，将各单元的技战术按要求和顺序做适当的调整，然后分别排列在单元式程序进度表中（表2-5-2）。

表2-5-2 单元式程序进度表

单元	课次	教学内容			
		一般	重点	复习	作业
第一单元	1				
	…				

程序四：对基本理论知识和能力培养进行技术处理，将它们穿插在各单元中进行，形成一份完整的教学进度表。

执行单元式程序教学进度时，第一，明确各单元的教学目的。每单元开始教学前，要把本单元的教学任务、教学要求向学生交代清楚，使学生对学什么、练什么、掌握什么，做到心中有数，以提高学生的兴趣和自觉性。第二，每一单元教学结束后，教师要进行检查性的小结，肯定成绩，指出不足，明确继续努力的方向。第三，要把握住单元之间的有机联系。在后一单元的教学中，必须用一定的时间，采取适当的方法，复习前一单元的教学内容。第四，根据教学的进展，在各单元教学中，均可组织一定形式的教学比赛，特别是在第四单元中，要重点突出对抗教学内容。具体方法应先简单后复杂，先半场后全场，人数由少到多，直至按规则要求进行正式篮球竞赛。

（三）渐进式教学进度表的编制程序

程序一：首先，把教学内容按一般教学顺序列出，并列出计划教学时数、出现次数。以打"√"的方式把教学内容暂时安排到每次课中，形成教学进度草表（表2-5-3）。

表2-5-3　渐进式教学进度草表

编号	教学内容	教学时数	出现次数	课次										
				1	2	3	4	5	6	7	8	9	10	…
1				√	√	√								
2				√	√	√	√							
3						√	√	√						
4						√	√	√	√	√				
5										√	√	√		
…														

然后，根据教学原则、学生的实际水平，以及编制教学进度的基本要求等，对草表进行调整，使之更科学合理，更具可操作性。

程序二：把草表转换为教学进度表（表2-5-4）。把表2-5-3中每次课的内容依次填入表2-5-4中，在组织教法栏内简要填写该课的重点内容和教法意见，备注栏内可注明该课的类型等。经过这两个步骤，一份教学进度表就制定完成了。

表 2-5-4　渐进式教学进度表

课次	教学内容	组织教法	备注
1			
2			
3			
4			
5			
…			

三、教案

课时教学计划是教师根据教学进度的逻辑顺序分割而成的一节课的教学文件。课时教学计划的设计包括课的设计和教案两部分。教案是教师课堂教学的具体工作计划，是根据教学进度所规定的教学内容、教学对象和教学基本条件设计的，是教师备课和统筹教学的具体教学方案。

（一）教案设计的基本要求

应根据教学进度的安排，规定本次课的重点内容、一般内容和复习内容，并明确提出本课的任务，便于检查和总结。

根据教学进度和课的任务，确定该课的基本类型，并设计学生的运动负荷安排。

根据教学原则，使教学内容之间有机联系，使教学方法和练习形式具有连续性，还要考虑前后课次的联系和影响等因素。

根据学生数量，计算出所需场地、器材、教学辅助用具的种类和数量。

（二）教案的格式

教案的格式有多种。篮球实践课的教案大多采用的是表格式，表 2-5-5、表 2-5-6 是其中的典型表格样式。这两种表格是经过缩略的，使用时可以根据实际情况予以扩展。

表 2-5-5　教案的格式（一）

学习阶段		课型		年级		课时		上课时间	
教材内容									
教学重点					教学难点				
教学目标									
教学过程	教学内容	教师活动		学生活动		组织与要求		运动负荷	
								时间	次数
准备部分									
基本部分									
结束部分									
场地器材									
平均心率		练习密度		运动强度			心理强度		
课后小结									

表 2-5-6　教案的格式（二）

学习阶段		课型		年级		课时		上课时间	
教材内容									
教学重点					教学难点				
教学目标									
教学过程	课的内容	教师活动	学生活动	教学目的		组织与要求		强度	时间
导入主题 激发兴趣 积极探索									
主动参与 认真思考									
勇于实践 感悟辛乐									
顽强拼搏 超越自我									
调节身心									
课外延伸									
课后小结									

篮球课的类型虽然有理论课与实践课、新授课与复习课、教学课与训练课、技术课与战术课等之分，但无论何种类型的课，在课的结构上都采用准备部分、基本部分和结束部分三个阶段。

教学内容和教法措施是教案的重要内容，一般应按课的准备部分、基本部分和结束部分三个阶段有顺序地设计，精确地计划各部分所需时间、练习形式、运动负荷大小等。教学内容前后连贯、教法措施科学合理，是教师教学艺术水平的反映。

教学大纲和教学进度需经教育行政部门和教研室主任批准后方可执行。教学大纲、教学进度和教案需整理存档，以备教学检查评估和教师总结使用。

第六节　篮球教学课的组织与管理

在篮球教学课中，教师根据课的任务，向学生传授篮球基本理论知识，使学生掌握基本技术与基础战术，提高学生的综合能力，并进行思想教育。因此，教师不仅要具有较高的思想水平、一定的专业知识和教学技巧，而且必须具备组织教学和管理学生的能力。这样，教学活动才能按计划有序地进行，圆满完成教学任务，取得理想的教学效果。

一、教学管理的基本要求和手段

（一）基本要求

篮球课的教学由教师、学生、教材和教法手段 4 个要素构成。教师处于教学的主导地位，是课堂教学的主要管理者。因此，教师必须掌握课程教学的基本要求。

教师是管理者、教育者，教书育人工作应贯彻课堂的始终。篮球运动具有集体性、对抗性强等特点，篮球实践课中经常出现个人与个人、个人与集体的矛盾，经常出现技术、战术方面的激烈对抗，可能会引发意外的矛盾和冲突，教师要善于做学生思想工作，化解矛盾，把阻力转化为学习的动力，使课堂教学在团结友爱、奋发向上的氛围中进行。

严格管理，严而不死、活而不乱。一般来说，篮球课容易形成活跃的课堂气氛，容易激发学生的学习兴趣，这是有利于管理的一面。教师要维护教学秩序和课堂常规，使学生自觉积极地在良好的教学环境中学习。

教师要认真备课，深入钻研教材，选择科学合理的教学方法和手段，严密组织教法，充分发挥教法手段在教学中的管理作用。

教师必须为人师表、以身作则。教师具有热爱学生、敬业、治学严谨、诲人不倦等优良职业素养，为学生作出榜样，更使教师具有权威性，有利于做好教学管理工作。

（二）基本手段

课堂教学的管理主要内容包括课堂常规、课堂教学的规律、班干部和技术骨干管理等方面。

课堂常规是课堂管理的主要依据。健全完善的课堂常规，是教学有条不紊进行的保证。教师应高度重视课堂常规的管理功能，对学生的考勤、语言行为规范、着装、安全等方面的要求，必须按规定严格执行，并自始至终贯彻。教师也要严格遵守课堂常规对教师的规定和要求。

遵循课堂教学的规律。在课的准备部分、基本部分和结束部分提出不同的管理要求，按课的结构顺序采取不同的管理措施，不可前后顺序颠倒，以免造成课堂混乱。对突发事件要采取果断有效的措施妥善处理。

充分发挥班干部和技术骨干的作用。班干部和技术骨干是教师进行课堂管理的得力助手，应精心培养他们，创造条件和机会来提高他们的组织与管理能力，树立他们的威信，使其真正起到教师助手的作用。

二、篮球教学的组织形式

篮球教学的组织形式主要是课堂教学，包括实践课、理论课、观摩讨论课和实习课等。实践课的基本手段是实际操作，即通过不同的练习去完成篮球技术、战术等内容的学习；理论课是通过讲授向学生传授篮球运动的基本理论和方法；观摩讨论课是通过对教学、训练课的观察，然后进行讨论来提高学生分析问题和解决问题的能力，一般用于教法、技术、战术和规则裁判法分析等；实习课的目的是提高学生的教学训练能力、裁判水平和组织竞赛能力等。

（一）实践课

实践课由三部分构成，即准备部分、基本部分和结束部分。这三部分又是一个紧密联系的整体。实践课的各部分都有其各自的目的、任务、内容和组织方法。因此，教师必须根据课的任务和学生的实际情况，选择适宜的练习手段，提出明确的要求。以一次 90 分钟的篮球课为例：

1. 准备部分

（1）目的：使学生尽快从生理上、心理上进入教学过程，为顺利地完成基本部分和全课的任务做好准备。

（2）任务：组织学生，使学生明确课的具体任务，集中注意力，使学生的神经系统、内脏器官和各肌肉群迅速进入工作状态，适当兼顾身体素质和机能的发展。

（3）内容：整队，班长或值日生向老师报告出席人数。教师考勤，讲解本课的内容、任务和要求，检查服装，布置见习学生的任务；组织学生集中注意力练习走跑、做徒手体操和活动性游戏，进行篮球的专门性练习等。

（4）组织方法：一般采用集体作业形式，教师要善于引导和鼓动。准备部分练习应全面、具有针对性。准备活动的时间一般为 15 分钟，根据学生的身体情况、气候条件等，可略做增减。

2. 基本部分

（1）目的：使学生形成、改进和巩固篮球技术、战术，提高身体素质，培养意志品质。

（2）任务：根据教学进度安排，使学生改进和掌握规定的篮球技术或战术，提升理论水平和篮球意识，提高身体素质，培养意志品质。

（3）内容：根据教学进度，围绕本课教学目的和任务，选择适宜的练习方法，提高学生的技术、战术水平和实战能力等。

（4）组织方法：集体或分组作业。一般来讲，先学习新内容，然后复习旧内容。也可以根据教学进度，先安排复习内容，然后引入新内容。教学比赛或发展身体的练习应安排在基本部分的最后。组织教法要注意课与课、练习与练习之间的联系，循序渐进，由简到繁，逐渐增加完成技术动作或战术行动的数量、速度、难度和对抗条件等。教师要善于观察，用改变练习形式、增减练习次数、讲解示范与练习结合等方式来提高或降低练习的密度和强度，从而调整学生的运动负荷。基本部分是课的主要部分，时间应在 70 分钟左右。

3. 结束部分

（1）目的：有组织地结束教学活动。

（2）任务：使学生逐渐地恢复到相对安静状态，简要地进行课的小结，布置课外作业等。

（3）内容：根据最后一个教学的内容，选择一些逐步降低运动负荷的练习，如放松活动、按摩肌肉。然后进行课的小结与评价、布置课外作业、预告下次课的内容等。

（4）组织方法：一般采用集体形式。讲评时，要求队伍整齐，表扬与批评相结合，恰当地评价课堂学习情况，激发学生学习的积极性，也可以重点指出练习中普遍存在的错误及纠正方法，以利于学生课后练习。结束部分的时间一般为5分钟。

（二）理论课

理论课一般在教室进行。在篮球教学中，理论课的比例虽然小于实践课，但是系统的理论讲授，可以使学生在实践中获得的感性认识上升到理论层次，促进对技术、战术等内容的理解，从而提高学生的实践应用能力。理论课要根据课的内容，除了传授基本理论知识，还要对学生进行素质教育，如爱国主义教育、遵纪守法教育、集体主义教育、艰苦奋斗教育，促进学生综合素质的提高。

教师要认真编写讲授提纲和讲稿，安排好每一个讲课步骤，通过讲授、提问、讨论、答疑等形式，使理论课上得生动活泼。

（三）观摩讨论课

观摩讨论课多在进行篮球教法、技战术分析、规则裁判法等教学时采用。这种形式比较自由，可以发展学生的观察、分析能力，激发学生的创造性思维，提高学生的表达能力。

观摩讨论课前，教师要对学生宣布观摩的内容、观察的重点、要解决的问题以及纪律方面的要求等。观摩对象可以是某次篮球课或篮球比赛，也可以是篮球方面的纪录片等。观摩中，要求学生做好笔记，及时记下自己的感想、体会、疑问等。

观摩结束后，要及时组织讨论，一般先由教师做引导性发言，然后学生围绕议题进行发言。讨论应在民主气氛中进行，鼓励不同意见的发表，也可以展开讨论。教师应在讨论结束时做总结性发言，对讨论的问题和学生的讨论情况进行评述，未能得出结论的问题可以待课后继续探讨。

（四）实习课

课前教师要确定实习学生人数，并指导学生做好充分的准备工作。对实习过程要做好观察记录，实习结束时要及时进行讲评，尤其要鼓励其他学生参与讲评和讨论。实习生要写出实习总结，这样有利于学生能力的提高。

三、学习成绩考核

学习成绩考核是教学工作的组成部分，也是教学管理的重要内容。根据教学大纲所规定的考核内容和办法，在教学结束时要进行考核。

（一）考核内容

篮球学习成绩的考核内容，主要根据教学大纲所规定的考核范围和方式，参照不同年级、不同教学阶段的要求，选择基本的理论知识、基本技术和基本战术等内容作为考核内容。除此之外，还要分别考核组织教学训练、组织竞赛和裁判等方面的能力。

（二）考核方法

1. 技术、战术考核的方法

（1）达标测试：根据学生完成技术动作的速度和准确性，运用统计学原理制定评分标准，可以采用十分制或百分制。如对投篮技术的考核，以投中数量打分，投中次数多者则得分高。对行进间运球投篮等综合技术，可以用完成技术的时间长短评分，时间越短分值越高。达标测试可以用于单个技术动作考核，也可用于组合技术考核。下面列出的是半场运球往返投篮技术测试的达标评分（表 2-6-1）。

表 2-6-1　半场运球往返投篮技术测试达标评分参考表

成绩 /s		得分
男生	女生	
29	34	10
30	35	9
31	36	8
32	37	7
33	38	6
34	40	5
37	42	4
39	45	3

成绩 /s		得分
男生	女生	
41	47	2
43	49	1

（2）技术评定：根据学生完成技术动作的质量进行评分。考核前，把要考核的技术、战术按动作结构、配合过程分为若干环节，根据各环节完成情况予以评分。评分标准可以用十分制或百分制，也可用等级制，最后转为具体分数。表 2-6-2 列出的是对原地跳起投篮技术的评定。

表 2-6-2 原地跳起投篮评分表

动作完成情况	等级	得分
动作正确、连贯、协调，用力精确，起跳有力	优	9~10
动作正确，比较连贯、协调，用力较精确	良	8~8.9
动作基本正确，不够连贯，不够协调	中	6~7.9
动作不正确，协调性差	差	6 分以下

（3）比赛评定：主要通过比赛的方法考核学生技术、战术的运用能力。比赛可在全场或半场进行，可全队比赛，也可以采用半场二对二、半场三对三的形式进行比赛。为了客观地反映学生的实践能力和技术、战术水平，可以进行常规技术统计，根据统计数据加以评定。

考核可采用上述三种方法中的一种方法，也可采用达标和技评相结合的方法，或同时采用上述三种方法评定成绩。采用何种方法，要根据考核对象、考核目的的不同而有所区别。

2. 理论考核的方法

（1）笔试：笔试可分为闭卷和开卷两种方式。闭卷主要用于考核需记忆的基本理论知识，开卷主要用于考查学生分析和解决问题的能力。

（2）口试：通过专题答辩的形式进行，考查学生对理论知识掌握的深度和广度，考查学生分析问题和解决问题的能力，以及学生的语言表达能力等。

3. 基本技能的考核方法

学生基本技能考核主要通过实践来进行，如通过教学实习考核学生的教学组织能力，通过训练实习考核学生的训练能力，通过组织篮球竞赛考核学生的组织竞赛、编排和裁判能力。根据学生的实际工作表现来评定成绩，可以采用百分制或等级制。

思考题"

❶ 简述篮球教学中应贯彻的教学原则。

❷ 篮球教学中如何贯彻循序渐进原则？

❸ 简述篮球技术教学的步骤和顺序。

❹ 篮球教学中教师如何发现和纠正错误？

❺ 篮球课各部分的内容、任务和要求是什么？

❻ 简述篮球战术教学的步骤和顺序。

❼ 篮球教学的基本教学方法有哪些？

❽ 如何制定篮球课教学大纲？

❾ 根据已学知识，尝试编写一份篮球课教案。

❿ 如何根据篮球课外活动的特点和组织形式来安排篮球课外活动？

第三章　移动技术

📑 **本章提要**

　　本章主要介绍了移动技术的分类、分析、动作方法、教学步骤、练习方法等内容。

移动技术是篮球运动中队员为了改变速度、方向、位置和争取高度、空间所采用的各种脚步动作的统称。移动技术不仅是学习和掌握各项篮球攻防技术的基础，是运用技术组成战术的核心技能，还是篮球技战术体系中的重要组成部分，而且是篮球技术体系中唯一的一项不间断技术。所以，在篮球比赛中，移动技术十分重要。

第一节　移动技术分类与分析

一、移动技术分类

移动技术是完成各项技术动作的基础，也是实现篮球战术目的的重要支撑手段。根据篮球场上的攻守情况，移动技术可分为进攻移动和防守移动，具体如图 3-1-1 所示。

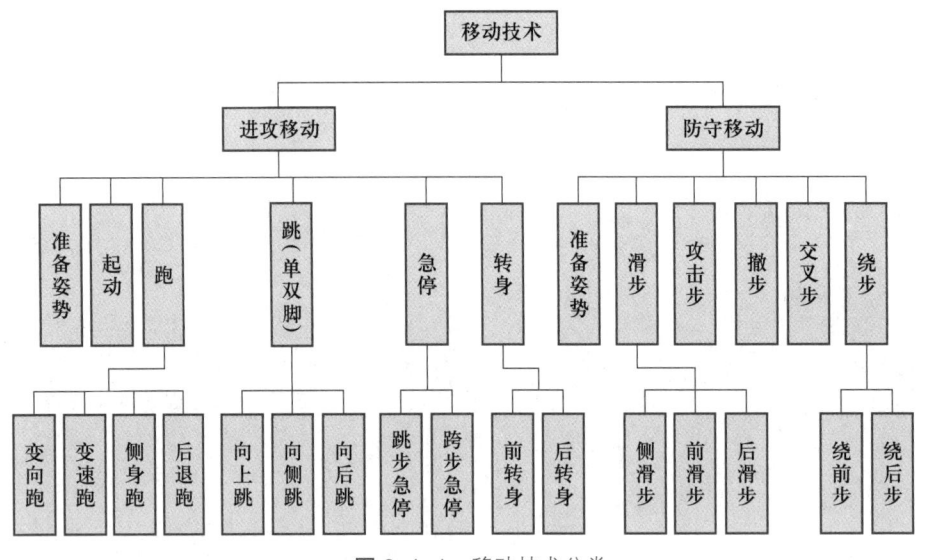

》 图 3-1-1　移动技术分类

二、移动技术分析

移动技术是篮球运动的基础技术，没有移动技术，其他技术和战术几乎无法进行。移动技术的优劣在一定程度上反映了一名篮球运动员的技术水平。移动技术的核心是对身体重心的控制和对身体平衡的维持。

人体相对于地面所做的任何移动，都取决于人体对地面的作用力，以及地面对人体的反作用力。人体对地面施加力的时间、大小、方向不同，地面对人体的反作用力的时间、大小、方向也不同，而正是不同的作用时间、大小、方向的作用力和反作用力的合力，产生了不同的移动效果。

移动中对身体重心的控制和转移是很重要的。快速有力的腿部蹬跨能力和维持身体平衡的能力，是掌握移动技术的根本因素。这两种能力发挥得如何，决定移动技术动作速度、稳定和变化的程度。移动的动作主要是以身体不同部位的动作协调完成的。为了保证以上两种能力得以充分发挥，更好地掌握移动技术，必须掌握以下两点：

（一）合理的准备姿势

队员在场上需要有一个既稳定又机动的准备姿势，用来保持身体平衡和有较大的应变性，以便迅速、协调地在移动中完成各种动作。合理的进攻准备姿势为：两脚左右（或前后）开立，略比肩宽，两膝弯曲，大、小腿之间的角度约为135°；脚掌着地，两臂屈肘，置于身体两侧，上体微向前倾；两眼平视（图3-1-2）。合理的防守准备姿势为：两脚平行站立，两膝弯曲较深，上体保持正直，身体重心的投影置于两脚之间，两臂侧伸呈半伸展状态并保持一定的紧张度，两眼平视。这样的姿势既能维持身体平衡，又能快速转移重心，迅速移动。

» 图3-1-2　进攻准备姿势

（二）身体协调用力

脚步移动是通过前脚掌的蹬地、踩地或脚跟先着地后的抵地制动等动作，使力作用于地面和地面的反作用力来实现的。而脚对地面的作用力和来自腿部的伸展力是分不开的，即踝、膝、髋预先弯曲到一定的角度，然后主动伸展，使力通过脚步动作施加于地面，与此同时，腰、胯协调用力，配合或加大对地面的作用力，并利用地面支撑反作用力来克服人体重力和惯性，以保持身体平衡、重心的控制和转移，从而使人体获得起动、奔跑、起跳、旋转、滑动、制动等能力。各种脚步动作虽然主要是下肢踝、膝、髋和肌肉合理的动作过程，但也离不开身体其他部位的协调配合，特别是腰、髋用力的配合，对带动上体使动作协调配合，调整或转移身体重心，以及保证人体诸力集中并与地面的反作用力很好地结合起着重要作用。同时，上肢的协同动作，能更好地保证各种脚步动作的协调性、快速性和实效性，并有利于维持身体的平衡。

第二节　移动技术动作方法

一、起动

起动是队员在球场上由静止状态变为运动状态的一种动作，是获得位移速度的方法。进攻时，突然快速地起动，是摆脱防守的有效手段之一。防守时，突然快速地起动，可以抢占有利位置，有效防守对手。

（一）动作方法

从基本站立姿势开始，向前起动时以后脚、向侧起动时以异侧脚的前脚掌短促有力地蹬地，同时上体迅速前倾或侧转向跑的方向移动重心，手臂协调摆动，充分利用蹬地的反作用力，迅速向跑的方向迈出。

（二）动作要点

移重心，猛蹬地，快跨步，快频率。

二、跑

跑是为了完成攻守任务而争取时间的脚步动作。比赛中，经常运用的跑有以下几种：

（一）变向跑

变向跑是队员在跑动中利用突然改变方向完成攻守任务的一种跑动方法。

1. 动作方法

从右向左变向时，最后一步（身体重心在右脚上）用右脚前脚掌内侧用力蹬地，同时脚尖稍内扣，迅速屈膝，头部、腰部随之左转，上体向左前倾，移重心，左脚向左前方跨出，然后加速前进。

2. 动作要点

变向时，前脚掌内侧用力蹬地，另一脚迅速朝变向方向迈出第一步。

（二）变速跑

变速跑是队员在跑动中改变速度，摆脱防守时的一种跑动方法。

1. 动作方法

跑动中加速时要降低重心，用力蹬地，用力加速摆臂；减速时要重心升高并后移，控制并降低摆臂速度。

2. 动作要点

全身协调用力，控制身体重心的平衡。

（三）侧身跑

侧身跑是指队员在跑动中为了摆脱防守，占据有利接球位置，准备接侧向或侧后方传来的球而采用的一种跑动方法。

1. 动作方法

跑动时，头部和上体转向侧面或有球的一侧，脚尖朝着跑动方向。跑动时，既要保持奔跑速度，又要保持身体平衡，密切观察场上情况。

2. 动作要点

上体自然侧内转，脚尖朝前。

（四）后退跑

后退跑是在进攻或防守时背向跑动方向的一种跑动方法。

1. 动作方法

脚跟提起，前脚掌向前蹬地，重心后移，双臂摆动维持身体平衡。

2. 动作要点

后退时，脚跟一定要提起，以避免摔倒。上体后倾，后倾角度（在可能的范围内）越大，获得的后退速度越大。

三、急停

急停

急停是指队员在快速移动中突然制动速度的一种方法，是各种脚步动作衔接和变化的过渡动作。比赛中，急停多与其他技术结合在一起使用。急停分跳步急停（一步急停）和跨步急停（两步急停）两种。

（一）跳步急停（一步急停）

1. 动作方法

跑动中用单脚或双脚起跳，使双脚稍有腾空，上体稍后仰，身体重心置后，两脚脚跟着地过渡到全脚掌着地，落地时两脚平行（略宽于肩），形成进攻基本站立姿势（图3-2-1）。

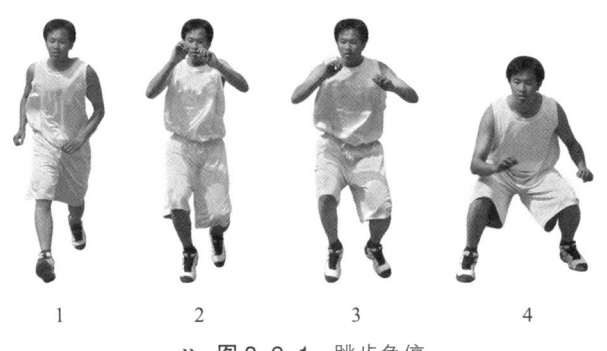

1   2   3   4

» **图 3-2-1** 跳步急停

2. 动作要点

落地时动作轻盈，以缓和前冲速度。落地后迅速降低重心，以保持身体平衡。

（二）跨步急停（两步急停）

1. 动作方法

急停时，先向前跨出一大步，用脚跟先着地并迅速过渡到全脚抵住地面，降低重心，身体稍后仰。第二步落地的同时，两膝深屈并内扣，身体稍侧转，两脚尖自然转向前方，前脚掌内侧用力抵住地面制动向前的冲力，上体稍后仰，两臂屈肘自然张开，然后上体迅速自然前倾帮助控制身体平衡（图 3-2-2）。

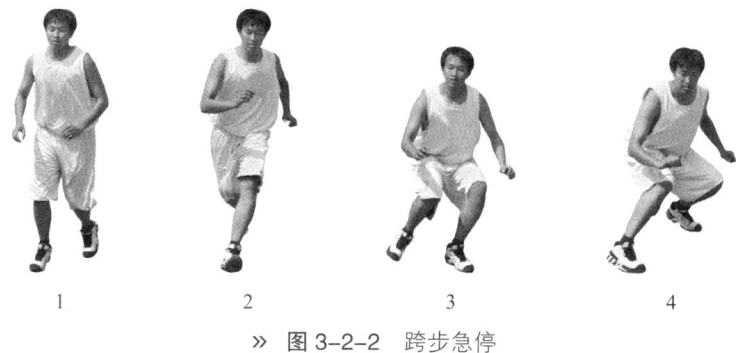

1   2   3   4

» 图 3-2-2　跨步急停

2. 动作要点

第一步要用脚跟着地过渡到前脚掌，膝微屈。第二步落地时，用前脚掌内侧蹬地制动前冲速度，屈膝降低重心，腰、胯用力。

四、转身

转身是指队员以一脚做中枢脚进行旋转，另一脚蹬地向前后跨出，改变原来身体方向的一种动作方法。它可与急停、跨步、持球突破结合运用，有效地摆脱防守创造传球、投篮机会。转身分为前转身和后转身。

（一）前转身

1. 动作方法

移动脚向中枢脚脚尖方向跨出改变身体方向为前转身。转身时，中枢脚前掌用力踮地，同时转头、转腰肩，移动脚蹬地并迅速跨步，保持身体平衡（图 3-2-3）。

1   2   3

4   5

» 图 3-2-3　前转身

2. 动作要点

转体蹬跨有力，重心迅速平稳转移，身体重心不要起伏。

（二）后转身

1. 动作方法

移动脚向中枢脚脚跟方向跨出改变身体方向为后转身。转身时，中枢脚踵地旋转，同时转头、转腰肩，移动脚蹬地并向自己身后撤步，身体重心随之转移，保持身体平衡。后转身可在原地或行进间运用（图 3-2-4）。

1   2   3

4   5

» 图 3-2-4　后转身

2. 动作要点

腰、胯带动躯干旋转，蹬地有力，保持身体平衡，身体重心不要起伏。

五、滑步

滑步是防守移动的主要方法之一。它易于保持身体平衡，可向侧、向前、向后方向滑动。

（一）动作方法

两脚平行站立，两膝弯曲较深，上体保持正直，身体重心的投影置于两脚之间，两臂侧伸成半伸展状态并保持一定的紧张度。向左侧滑步时，左脚向左迈出后，右脚蹬地滑动，向左脚靠近，两脚保持一定距离，左脚继续跨出，右脚跟上（图3-2-5）。向后滑步时，一只脚向后撤步着地，同时前脚紧随着向后滑动，保持前后开立姿势。与前脚同侧的手臂扬起，手掌向前，成封堵投篮状，另一只手侧下举，成封堵突破状。向前滑步时，前脚向前迈出一步，后脚紧随着向前滑动，保持前后开立姿势，手臂姿势同后滑步。注意屈膝降重心。

» 图 3-2-5　左侧滑步

（二）动作要点

滑步时，保持屈膝，降低重心，重心投影保持在两脚之间，身体不要上下起伏，两腿不要交叉，两臂伸开，两眼注视对手。

六、撤步

撤步是前脚向后撤回的一种方法。

（一）动作方法

撤步时，用前脚的前脚掌内侧蹬地，同时腰部用力向后转动，后脚蹍蹬地面，前脚快速后撤，紧接着滑步调整防守位置（图 3-2-6）。

» 图 3-2-6　后撤步

（二）动作要点

前脚蹬地后撤要快，后脚蹍地，扭腰转髋要猛，后撤角度不宜过大，身体重心不要有起伏。

跳

七、跳

跳是指队员在场上争取高度或远度的一种动作方法。跳有双脚跳和单脚跳两种方法。

（一）双脚跳

1. 动作方法

起跳时，两膝弯曲，降低重心，两脚用力蹬地，同时提腰、摆臂、向上起跳，跳在空中时，身体自然伸展控制平衡。落地时，前脚掌先落地，屈膝缓冲重力，注意保持身体平衡，以便衔接下一个动作。双脚起跳多在原地运用，也可在上步、并步、跳球或助跑情况下运用。

2. 动作要点

两膝弯曲，降低重心，用力蹬地，向上摆臂，充分伸展，落地屈膝，保持身体平衡。

（二）单脚跳

1. 动作方法

起跳时，踏跳脚脚跟先着地，迅速过渡到前脚掌用力蹬地，同时提腰、摆臂，另一腿快速屈膝上提，当身体达到最高点时，摆动腿自然伸直与起跳腿合并。落地时，双脚要稍分开，注意屈膝缓冲，以便衔接其他动作。单脚起跳多在助跑情况下运用。

2. 动作要点

踏跳脚用力蹬地，起跳腿上摆，身体充分向前上方伸展，注意控制身体平衡。

第三节　移动技术教学与练习

一、移动技术教学步骤

移动技术教学顺序：基本站立姿势—起动—跑—急停—转身—跳—滑步。

在教学与练习中，应先在原地练习，让学生体会动作难点和控制重点的方法，然后慢速进行完整动作练习，再快速练习各种脚步变化。在掌握各种移动技术之后，要结合一对一的攻守对抗练习，增强学生运用移动技术的意识和能力。

二、移动技术练习方法

（一）起动和跑的练习

（1）基本站立姿势（面向、背向、侧向）准备，听或看信号做起动跑的练习。

（2）在各种情况和状态下（蹲着，坐地，原地各种跑动中，原地向上、向侧跳起时，滑步中，急停以后），听或看信号向不同方向做起动跑的练习。

（3）自己或同伴抛球，球离手后起动快跑接球，不让球落地，把球接住。

（4）原地运球，听或看信号做起动快速运球的练习。

（5）利用篮球场的圈、线做侧身跑和对角折线跑。

（6）两人一组做侧身跑。

（7）两人行进间传球练习侧身跑。

（二）急停练习

（1）基本站立姿势准备，慢跑两三步，接着做跳步急停和跨步急停。

（2）以稍快节奏跑三五步，接着做跳步急停和跨步急停。

（3）快跑中听或看信号，做跳步急停和跨步急停。

（4）跑动中做接球急停，然后传球。

（5）运球结束时做急停，接着传球或投篮。

（三）转身练习

（1）基本站立姿势准备，分别以左脚或右脚为轴，做前转身、后转身90°、180°、270°的练习。

（2）慢跑中急停，做前转身、后转身90°、180°起动快跑。

（3）原地持球，分别以左脚或右脚为轴，做前转身、后转身练习。

（4）跳起接球后，做前转身、后转身传球、运球或投篮练习。

（5）在一对一攻守中，做前转身、后转身护球练习。

（四）跳的练习

（1）原地听信号向上或跨步向前、向侧或向后上方做双脚起跳练习。

（2）助跑两三步后，做单脚或双脚起跳。

（3）结合跨步、转身、急停等动作练习起跳动作。

（4）助跑单脚起跳做手摸篮板、篮圈的练习。

（5）单脚或双脚起跳后做接球、传球或断球等动作练习。

（五）防守步法练习

（1）听和看手势做向左、向右、向前、向后滑步。

（2）向前滑步，变后撤步接侧滑步。

（3）向前或向后滑步，接攻击步变后撤步接侧滑步。

（4）按规定路线或按标志物做"之"字形滑步、三角形滑步、小"8"字形滑步和"T"字形碎步练习。

（5）在一对一攻守中，迎上做碎步堵截对手移动路线练习；做攻击步抢球、打球练习。

（六）移动技术综合练习

（1）由攻转守综合性脚步练习（图3-3-1）。

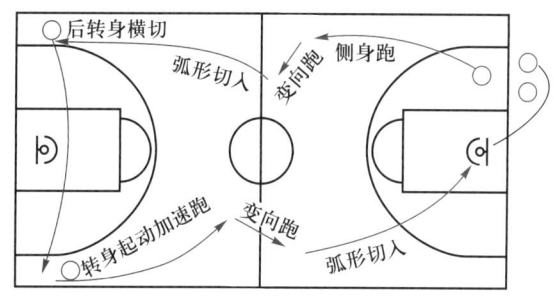

» **图3-3-1** 由攻转守综合性脚步练习

（2）进攻跑动及换位综合性移动练习（图3-3-2）。

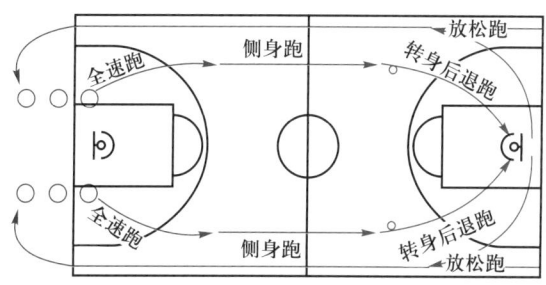

» **图3-3-2** 进攻跑动及换位综合性移动练习

（3）半场摆脱与防摆脱练习（图3-3-3）。

» **图3-3-3** 半场摆脱与防摆脱练习

三、移动技术易犯错误与纠正方法

（一）易犯错误

（1）起动前，身体重心偏高，两膝弯曲不够，不便于迅速蹬地。

（2）侧身跑时，上体转体不够，动作不协调，转身时腰、胯用力不够。

（3）急停时，身体松软造成停不稳，重心前移，没有制动和身体自然调整重心的动作。

（4）转身时，中枢脚未用前脚掌做轴旋转，身体上下起伏，重心不稳。

（5）滑步时，两脚并步，身体重心上下起伏。

（二）纠正方法

（1）加强髋关节的灵活性练习。

（2）加强腿部肌肉力量练习。在一定的高度下做移动练习，强迫屈膝，降低重心。

（3）教师用正确的示范动作引导学生练习，在练习中经常用语言提醒。

（4）为了使学生掌握规范的动作，在教学方法上可以用技术分解进行练习，练习中由慢至快，由简至繁。

四、移动技术教学与练习建议

（1）强调移动在篮球运动中的重要地位及对提高其他各项技术的重要作用，使学生自觉地学习和练习。

（2）尽可能运用视觉信号，培养学生扩大视野，时刻观察场上情况变化的习惯和能力。

（3）把移动技术与提高专项身体素质紧密结合，加强脚部力量和踝、膝、髋的灵活性及手臂动作训练，并与其他攻守技术、基础战术配合进行。

（4）把移动技术和专项身体素质结合起来进行练习，培养学生良好的观察判断、反应能力和篮球意识，以及坚忍的意志和顽强拼搏的精神。

（5）将移动技术列为考察、考试内容之一。

思考题"

❶ 试述移动技术的概念及其作用。

❷ 移动技术包括哪些内容？

❸ 详述急停与前转身、后转身的动作方法。

❹ 试述影响控制身体平衡与重心转移的因素。

❺ 试述初学变向跑时常犯的典型错误。

❻ 简述移动技术教学与练习中应注意的问题。

第四章 传接球技术

本章提要

本章主要介绍了篮球运动中传接球技术的分类、分析、动作方法，以及传接球技术教学步骤与练习方法等。

传接球是指在篮球比赛中进攻队员之间有目的地支配球、转移球的方法。传接球技术是进攻队员在场上相互联系和组织进攻战术的基础和纽带，也是实现战术配合的具体手段。现代篮球运动要求运动员在全面熟练地掌握传接球技术基础上，在比赛中运用传接球技术时做到隐蔽、及时、多变、准确，巧妙地利用球的转移调动防守，打乱对方的防守部署，创造良好的进攻机会，提高攻击效率。

第一节　传接球技术分类与分析

一、传接球技术分类

依照篮球运动的基本特征，传球技术和接球技术分类如图4-1-1、图4-1-2所示。

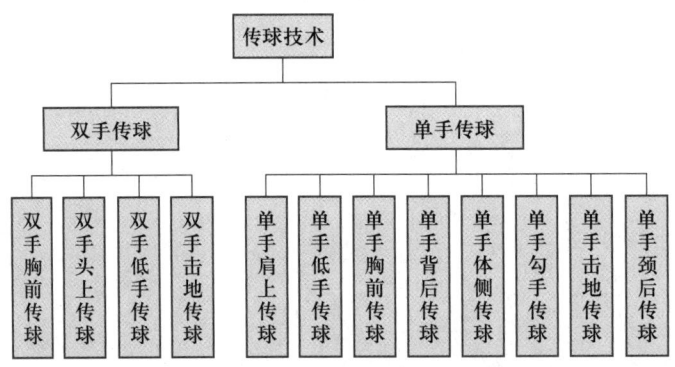

》 **图4-1-1** 传球技术分类

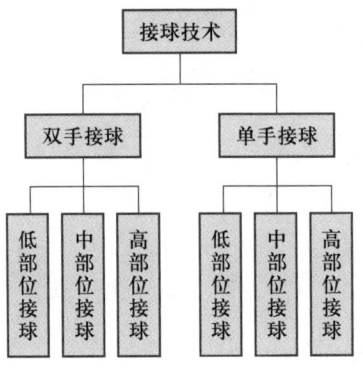

》 **图4-1-2** 接球技术分类

二、传接球技术分析

（一）传接球的生物力学基础

1. 传球的生物力学基础

无论采用哪一种传球方式，从整个传球过程来看，都是由传球的持球手法、传球的用力、球的飞行路线和球的落点 4 种要素组成的。其中，传球的用力是主要的，它决定球的飞行路线、飞行速度和落点的准确性。

（1）篮球飞行的路线与速度：传球用力的方向和大小取决于传球目标的方向和距离，决定了篮球飞行的路线与速度（图 4-1-3）。从力学角度来看，$F\Delta t = mv_x - mv_0$，其中，F 表示手对篮球作用力的大小；Δt 表示作用力的作用时间；m 表示篮球的质量；v_x 表示篮球离开手瞬间的速度；v_0 则表示篮球的初速度，为 0 米 / 秒。从中可以看出，篮球出手后的速度大小和飞行距离的远近，取决于持球手对篮球作用力的大小（F）和持球手对篮球作用力时间（Δt）的长短。

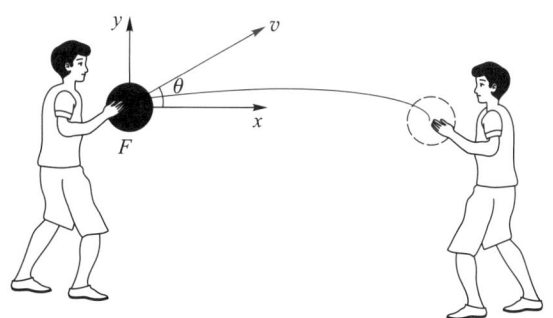

» 图 4-1-3　影响传球速度的力学分析

传球距离越近，前臂前伸的幅度越小。远距离的传球则需加大蹬地、伸臂和腰腹的全身协调用力，而且传球距离越远，蹬地、伸臂的动作幅度越大。

（2）篮球出手后的旋转：根据流体力学的伯努利定律，球在飞行的过程中，周围空气流动情况不同造成旋转球和不转球的飞行轨迹不同。当篮球沿逆时针方向旋转（后旋）向前运动时，在球体上方环流和片流方向的相同，因而流体的合成速度较大；在球体下方，由于环流和片流的方向相反，所以流体的合成速度较小。由于流体流动速度大的地方压强小，流动速度小的地方压强大，所以球体会受到一个向上的力，而不转球则会产生横移（图 4-1-4）。同时，相对于侧旋球，后旋球所产生的马格努斯效应具有定向作用，可使球体保持稳定的飞行轨迹，从而提高传球的准确性。

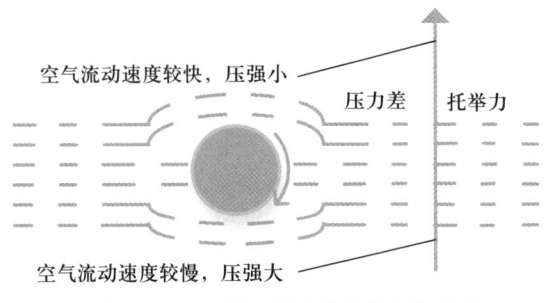

空气流动速度较快，压强小 —— 压力差 托举力

空气流动速度较慢，压强大

» 图 4-1-4 影响篮球旋转的力学分析

当双手胸前传球时，手腕旋内，同时拇指下压的目的是使篮球在出手后产生后旋，这样传出来的球飞行稳定，不会产生左右飘忽或突然变向的现象，同伴在接到球后容易衔接下一个进攻动作。

2. 接球的生物力学基础

从生物力学角度来看，接球是终止球在空中运行的方法。不论双手接球还是单手接球，必须沿着球飞行的相反方向对球施加相应的阻力，使来球的速度减弱为零（图4-1-5）。当物体做减速运动时，$F\Delta t = mv_0 - mv_1$，其中，F 表示手对篮球作用力的大小；Δt 表示作用力的作用时间；m 表示篮球的质量；v_0 表示篮球飞行的速度；v_1则表示篮球的最后速度，为 0 米/秒。从中可以看出，在篮球保持一定的飞行速度（v_0）时，手对篮球作用时间（Δt）越长，则篮球对手的冲击力也就是手对篮球的作用力（F）越小。

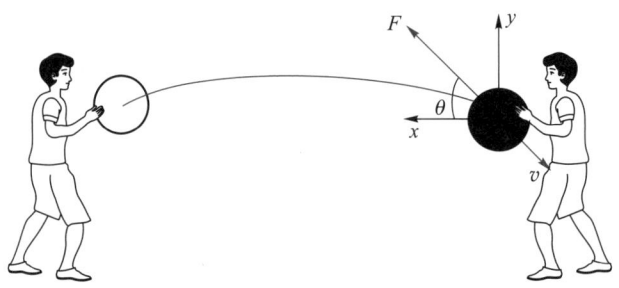

» 图 4-1-5 影响接球的力学分析

不论双手接球还是单手接球，接球时眼睛要注视球，肩、臂要放松，手臂要迎球伸出，手指自然分开。当手指触球时，屈肘，臂后引，以此增加作用力时间（Δt），从而缓冲来球的力量。如果来球力量较大、速度较快，则要加大迎球幅度，以便有更长距离来缓冲。接球后，成基本持球姿势，保持身体平衡，以便衔接下一个动作。

（二）传球技术的动作结构

1. 持球方法

持球方法是指手持握球的方法，分为双手持球和单手持球两种。

（1）双手持球方法：两手手指自然分开，拇指相对呈"八"字形，用指根以上部位持球的两侧后下方，掌心空出，两臂屈肘，自然下垂，置球于胸腹之间。

（2）单手持球方法：手指自然分开，用手掌外沿和指根以上部位托球，掌心空出。

2. 传球用力方法

通常短距离传球主要靠手指、手腕和手臂用力将球传出，远距离传球时要通过下肢蹬地、跨步、腰腹综合用力，以及上、下肢协调配合而形成的合力，最后通过手臂、手腕和手指拨球的力量将球传出。

3. 球的飞行路线

因为传球时手指、手腕用力的大小、快慢以及作用于球的部位不同，所以传出球的飞行路线有直线、弧线和折线。因为攻守队员站的位置、距离和移动的速度及意图等情况不同，所以选择的传球路线和飞行的速度也有所不同。总之，要随机应变，准确地掌握传球时机，正确合理地选择传球方法和球的飞行路线，使同伴顺利地接到球进行攻击。

4. 球的落点

球的落点是指传出的球与接球同伴的相遇方位。传球时，要根据接球队员的位置、移动速度和意图及防守队员的站位情况来考虑传球力量的大小、距离的远近、速度的快慢和弧线的大小，准确地控制好球的方向和落点。传出的球要使防守队员触及不到，同时有利于接球同伴接球后能顺利地衔接下一个动作。

（三）完成技术动作的要点

传球时，要求持球手法正确，全身协调发力，食指、中指拨球。

第二节 传接球技术动作方法

一、传球技术动作方法

（一）双手胸前传球

技术精讲与解析：双手胸前传球

双手胸前传球是篮球比赛中基本的、常用的一种传球方法，具有传球快速有力、准确性高、容易控制、便于与其他动作相结合的优点。

1. 动作方法

双手持球于胸腹之间，两肘自然弯曲于体侧，身体成基本站立姿势，眼平视传球目标。传球时，后脚蹬地发力，身体重心前移，两臂前伸，两手腕随之旋内，拇指用力下压，食指、中指用力拨球将球传出。球出手后，两手略向外翻（图4-2-1，图4-2-2）。

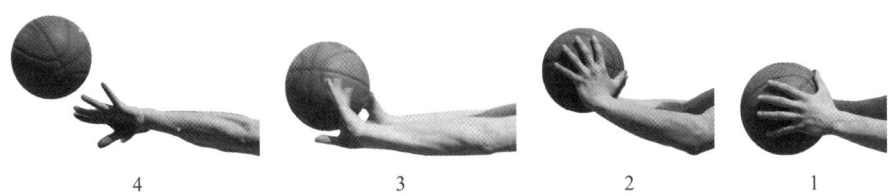

>> 图4-2-1 双手胸前传球一

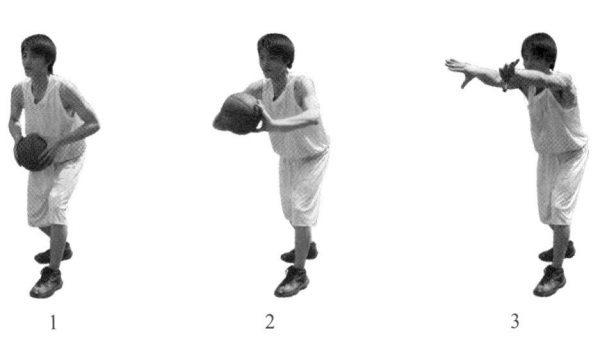

>> 图4-2-2 双手胸前传球二

2. 动作要点

持球动作正确，用力协调连贯，食指、中指拨球。

（二）单手肩上传球

单手肩上传球是一种常用于中远距离传球的方法，传球时用力大，球飞行速度快，常在发动长传快攻时运用。

1. 动作方法

双手持球于胸前，两脚开立，右手传球时，左脚向传球方向跨出半步，右手靠左手拨送球的力量将球引至右肩上方，右肩关节引展，大、小臂自然弯曲，手腕稍后屈，持球的后下方，左肩对着传球方向，重心落至右脚上。传球时，右脚蹬地发力同时转体带动上臂，以肘领先前臂，手腕前屈，食指、中指、无名指用力拨球将球传出（图4-2-3）。

» 图 4-2-3　单手肩上传球

2. 动作要点

自上而下发力，蹬地、扭转肩、挥臂、扣腕动作连贯。

（三）单手体侧传球

单手体侧传球是一种近距离隐蔽传球的方法，外围队员传球给内线同伴时常用这种方法。其与跨步、突破等假动作结合运用效果较好。

1. 动作方法

两脚开立，双手持球于胸前。右手传球时，左脚向左侧前方跨步的同时将球引至身体右侧成右手单手持球，出球前的一刹那，持球手的拇指在上，手心向前，手腕后屈。传球时，前臂向前做弧线摆动，手腕前屈，食指、中指、无名指拨球将球传出（图4-2-4）。

» 图 4-2-4　单手体侧传球

2. 动作要点

跨步与向体侧引球同时进行，前臂摆动要快，传球手腕用力。

二、接球技术动作方法

接球

接球是篮球运动的主要技术之一，是获得球的动作，是抢篮板球和断球的基础。在激烈对抗的比赛中，采用正确的动作牢稳地接球，对于减少传球失误、弥补传球不足以及截获对方的球等非常重要。

（一）双手接中部位的球

1. 动作方法

两眼注视来球，两臂迎球伸出，双手手指自然张开，两拇指相对呈"八"字形，其他手指向前上方伸出，两手呈一个半圆形。当手指触球时，双手将球握住，两臂顺势屈肘后引缓冲来球的力量，两手持球于胸腹之间，成基本站立姿势（图4-2-5）。

» 图 4-2-5　双手接中部位的球

2. 动作要点

伸臂迎球，在手接触球时收臂后引缓冲，握球于胸腹之间，动作连贯。

（二）双手接高部位的球

1. 动作方法

两眼注视来球，两臂向前上方迎球伸出，双手手指自然张开，两拇指相对呈"八"字形，其他手指向前上方伸出，两手呈半圆形。当手指触球时，双手将球握住，两臂顺势屈肘后引缓冲来球的力量，两手持球于胸腹之间，成基本站立姿势（图4-2-6）。

1   2   3   4   5

» 图 4-2-6 双手接高部位的球

2. 动作要点

伸臂迎球，在手接触球时收臂后引缓冲，握球于胸腹之间，动作连贯。

（三）双手接低部位的反弹球

1. 动作方法

接球时要及时迎球跨步，上体前倾，眼睛注视来球方向，两臂迎球向前下方伸出，掌心斜对来球的反弹方向，五指放松，自然张开，手指触球后，两手握球顺势将球引至胸、腹之间，保持身体平衡，成基本站立姿势（图4-2-7）。

2. 动作要点

跨步迎球要及时，手臂下伸要快。

1   2   3   4   5

» **图 4-2-7** 双手接低部位的反弹球

（四）单手接球

单手接球范围大，能接不同部位、不同方向的来球，有利于队员接球后的快速行动。接高部位、中部位、低部位球的动作方法基本相同，只是在接高部位的球时，掌心向上。

1. 动作方法

原地单手接球时，接球手向来球方向伸出，五指自然张开，掌心正对来球，手腕、手指放松。当手指触球时，顺球的来势迅速收臂，置球于身体前方或体侧，另一手迅速扶球，保持身体平衡，做好下一个进攻动作的准备姿势（图4-2-8）。在移动中接球时，要准确判断来球的时间和落点，及时向来球方向跨步移动，接球后要迅速降低重心，衔接下一个进攻动作。

1   2   3   4   5

» **图 4-2-8** 单手接球

2. 动作要点

手指自然分开，伸臂迎球，触球后引要快，另一手及时扶球。

第三节 传接球技术教学与练习

一、传接球技术教学步骤

传接球技术教学步骤应从原地开始，掌握动作规范。在掌握动作规范的基础上再进行移动传接球的教学，然后进行与其他技术相结合教学，最后进行有防守情况下的练习，提高在实战中运用的能力。

二、传接球技术练习方法

（一）熟悉球性的练习方法

（1）双手手腕、手指连续拨翻球（手腕翻转、手指弹拨）：两手持球，手臂伸直于身前，手腕、手指连续拨翻球，使球在两手之间快速移动。两手之间要保持一定的距离，练习时节奏可由慢至快或由快至慢，并不停改变球和两臂的高度（上至头、下至脚）反复练习。

（2）双手胸前抛接球：两脚左右开立，双手持球向空中抛球，并在胸前或身后把球接住。待动作熟练后，可以跳起接球或接不同方向的地面反弹球。

（3）绕身体交换球：两脚开立，两手持球于腹前。两手交替使球绕腰、绕头，然后绕腰、绕腿、绕踝，反复练习。

（4）单、双手体后抛球接球：两脚左右开立，左手持球于身后，然后抛球过右肩前方，右手迎上接球后用同样的方法从背后抛球至左肩前方，左手迎上接球；也可以双手背后抛球过顶双手胸前接球。

（5）环绕双腿交接球：两脚开立，约与肩同宽，体前屈，用右手将球从两腿中间交给左腿后面的左手，左手持球绕过左腿外侧至左腿前，继续用左手将球从两腿中间交给右腿后面的右手，右手接球后经过右腿外侧还原成开始姿势。反复练习。

（6）行进间胯下交接球：两脚左右开立，略宽于肩，持球于膝前。练习时，向前迈出右腿，同时左手持球在两腿中间将球交右手，左脚继续向前行进，右手持球经右腿外侧在两腿间将球交左手，依此前进做胯下"∞"字交叉接球。行进速度与方向可不断变换。

（二）原地传接球的练习方法

（1）两人一组对面站立，做各种传球练习，也可对墙进行练习，并用各种方法接反弹回来的球。间隔距离可根据需要由近至远安排。

（2）原地跨步，跳起接不同方向的传球。

（三）移动传接球的练习方法

（1）两人一组一球，相距4米面对面站立，一人原地传球，另一人向左右、前后移动接球。传接球一定次数后，互相交换练习。

（2）迎面上步传接球：练习者排成纵队，①持球距纵队5~7米，②上步接①传来的球并回传给①，然后跑回队尾，接着③、④、⑤依次反复练习（图4-3-1）。此练习还可要求练习者跑动接球、急停、上步传球、跑动，以加大练习难度。

（3）横向移动换位传接球：4人一组两球，成"口"字形站立，相距3~5米，④、⑤各持一球，分别同时传直线球给⑥、⑦，然后两人立即横向移动换位接⑥、⑦回传球。⑥与⑦传球后，同样横向移动换位接球，依此反复练习（图4-3-2）。此练习也可固定一组只传球，另一组移动接传球。

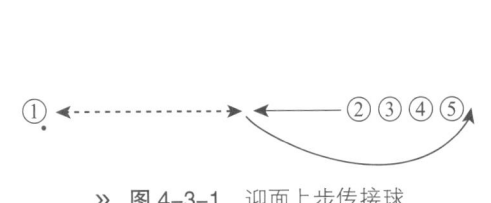

» 图4-3-1　迎面上步传接球

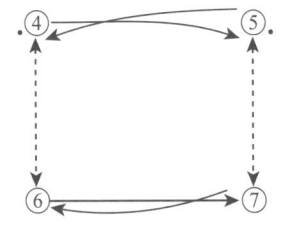

» 图4-3-2　横向移动换位传接球

（4）三角形移动传接球：站位成三组，①传球给②后迅速跑至②队尾，②立即将球传给③后迅速跑至③队尾，③接球后迅速传给①组的第二名队员（图4-3-3）。依此连续进行。

（5）半场四角弧线跑动传接球：站位成4组，⑤传球给⑥后，切入接⑥的回传球再传给⑦，然后跑到⑦组的队尾，当⑤传球给⑦时，⑥紧跟着起动切入接⑦的传球并传球给⑧，然后跑至⑧的队尾（图4-3-4）。依此连续进行。

（6）全场弧线侧身跑动传接球：⑤分别传球给⑥、⑦、⑧，并沿全场三个圆圈做侧身跑动传接球，最后投篮（图4-3-5）。做一定次数后可换另一侧进行。

（7）两人全场行进间传接球：两人一组一球，⑤传球给⑥后立即起动向前跑动接⑥的回传球，⑥传球后向前跑动接⑤的回传球，如此反复传接球至前场篮下投篮，然后再传球返回（图4-3-6）。人多时可在场地另一侧两组同时进行练习。

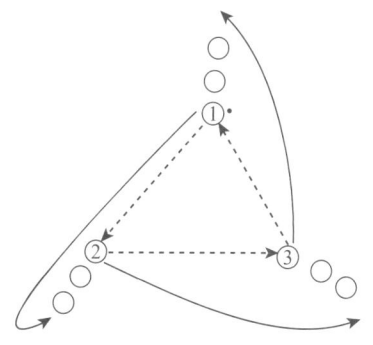

» 图4-3-3 三角形移动传接球

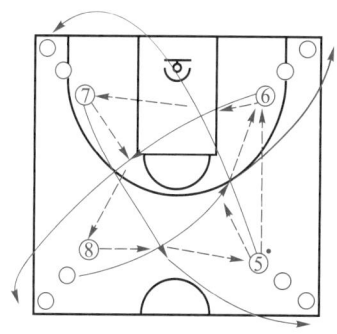

» 图4-3-4 半场四角弧线跑动传接球

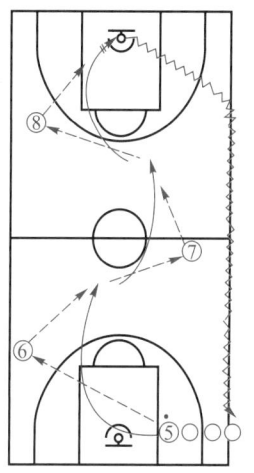

» 图4-3-5 全场弧线侧身跑动传接球

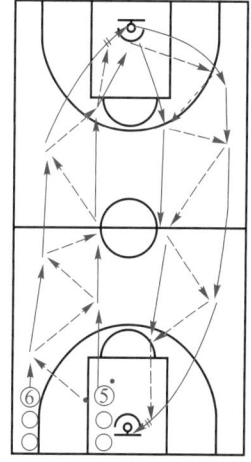

» 图4-3-6 两人全场行进间传接球

（8）三人直线跑动传接球：三人一组一球，开始由中间⑤持球，传球给向前跑动的⑥，⑥接球后立即回传给向前跑动的⑤，⑤接球后传给另一侧向前跑动的⑦，⑦回传给⑤，依次推进到篮下投篮（图4-3-7）。以同样的方法传接球返回。

（9）全场四角移动传接球：④传球给插中接球的⑤后快速跑至⑤组的队尾，⑤接球后将球快速传给⑥并跑至⑥组队尾，⑥接球后传给⑦跑至⑦组的队尾（图4-3-8）。依次反复练习。

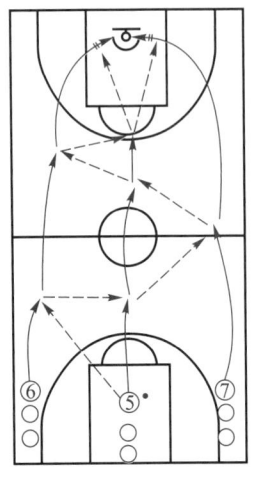
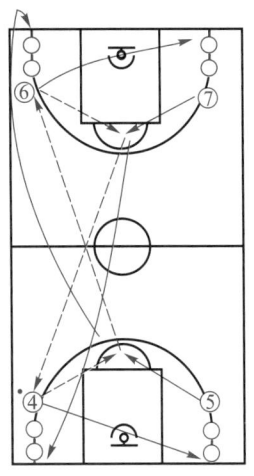

» 图 4-3-7　三人直线跑动传接球　　　　» 图 4-3-8　全场四角移动传接球

（四）传接球技术综合练习（有防守的练习方法）

（1）两人传球，一人防守：在篮球半场，④和⑤相距 5 米互相传球，❹在两人中间防守，开始可消极防守，协助传球队员练习，逐渐转为积极防守（图 4-3-9）。如果④或⑤传出的球被防守人触到或抢获，则防守人与传球人交换位置。

（2）三传二防守练习：在篮球半场，五人一组，三人站成三角形相互传球，两人居中防守，积极抢、断球，触到球的防守者与传球者互换位置（图 4-3-10）。

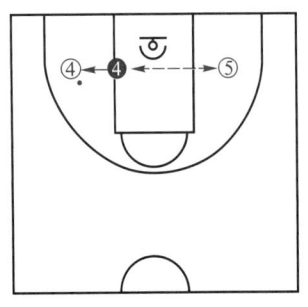
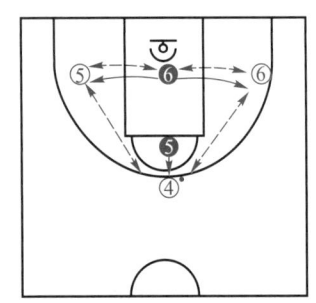

» 图 4-3-9　两人传球，一人防守　　　　» 图 4-3-10　三传二防守练习

（3）行进间越过防守的传球练习：在全场三个圆圈内各站一人防守、封堵、抢断球，传球者要设法避开防守者的封堵与阻拦，选好传接球时机和运用合理巧妙的传球方法（图 4-3-11）。

（4）传接球接行进间投篮练习：在不同队形的移动变化中进行行进间传接球结合投篮练习（图 4-3-12）。

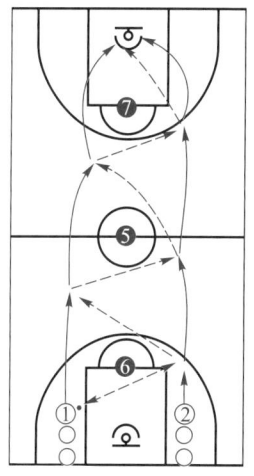

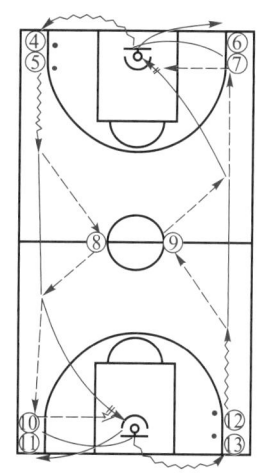

» 图 4-3-11 行进间越过防守的传球练习　　　» 图 4-3-12 传接球接行进间投篮练习

（5）交叉点拨传球练习：交叉后空切者⑤要伸手要球，运球队员④要及时点拨传球到位。⑤接球后迅速斜线运球，并用余光进行观察。④传球后快速起动做弧线空切，跑到适当位置再伸手要球（图4-3-13）。

（6）接应交叉跟进传接球练习：④传球给⑤后斜插接⑤的传球，⑤传球后跟进交叉，④做向后反弹传球后加速快下，再接⑤的球后再回传，然后跑到对面一组的排尾。⑤传球给⑥后跑到⑥组的排尾。⑥和⑦以相同的形式传球，连续进行练习（图4-3-14）。

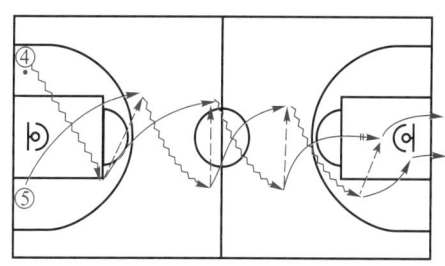

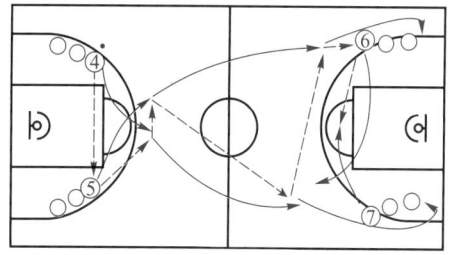

» 图 4-3-13 交叉点拨传接球练习　　　» 图 4-3-14 接应交叉跟进传接球练习

三、传接球技术易犯错误与纠正方法

（一）易犯错误

（1）双手胸前传球时，全手掌触球，手心没有空出，两拇指距离过大或过小，持球动作不正确。

（2）双手胸前传球时，两肘外展过大，两臂用力不一致，形成挤球，出手后两手上下交叉。

（3）单手肩上传球时，没有摆臂、拨指、抖腕动作。

（4）双手胸前接球时，两手指朝前，两手没有形成半圆；伸臂迎球时，臂、腕、指紧张，引球动作不及时；接球后不能与后续的进攻动作进行有效衔接。

（5）接低部位的球时，伸腿跨步不及时，重心过高。

（6）行进间传接球时，上、下肢配合不协调，身体重心不稳，影响跑动速度，导致走步违例。

（二）纠正方法

（1）反复讲解、强调正确的动作方法与动作要点，进行多方向正误对比示范。

（2）进行徒手、持球的诱导模仿练习，纠正错误，体会正确的技术动作。

（3）设置外部条件限制或适宜的标志物，纠正错误，形成正确的动作规范。

（4）变换动作练习速度和传球力量，合理进行动作分解与组合练习，体会动作的内部结构和相互间的衔接。

四、传接球技术教学与练习建议

（1）在传接球教学中，应以双手胸前传球、单手肩上传球和双手接中部位高度的球为重点，严格动作规范，在掌握动作要领的基础上，再进行其他传接球技术动作的教学。

（2）传接球练习应先从原地练习开始，掌握正确的传接球动作后，与脚步动作配合，进行移动传接球练习，然后将传接球与运球、突破、投篮等技术结合进行练习。最后，在有防守的情况下进行传接球练习，以提高学生传接球技术的运用能力和应变能力，达到实战需要的目的。

（3）加强熟悉球性的练习，增强手对球的感应能力和控制、支配球的能力。

（4）加强视野训练，提高传球的隐蔽性。

（5）重视接球技术的教学，形成正确的接球手法与持球手法。

（6）把身体素质练习融入教学和练习中，认识和践行其中蕴含的敬业拼搏、团结协作等精神。

思考题"

❶ 简述双手胸前传球的动作方法及要点。

❷ 从力学角度解释为什么接球中当手指触球时要屈肘、向后引臂。

❸ 一个传球过程由哪几个环节组成，主要方面是什么？

❹ 简述双手接中部位球的动作方法及动作要点。

❺ 传接球时的易犯错误主要有哪些，如何纠正？

❻ 传接球技术的教学与练习应该注意哪些问题？

第五章　投篮技术

 本章提要

本章主要介绍投篮技术的分类、分析、动作方法、教学步骤与练习方法。

投篮是队员将球投入球篮而采用的各种专门动作方法的总称。投篮是篮球比赛中得分的唯一手段，是一切技术、战术运用的最终目的和全部攻守矛盾的焦点，是整个篮球技术体系的核心。随着现代篮球运动的发展，以及运动员身体形态、运动能力和技术水平的提高，投篮技术也在不断发展，呈现出投篮难度增加、投篮技术复杂多变、投篮速度快、出手点高、远距离三分球投篮的次数增多且命中率提高等特点。

第一节 投篮技术分类与分析

一、投篮技术分类

投篮的动作方法很多，按照持球方法的不同，可分为单手投篮和双手投篮（图5-1-1）。这两种投篮均可在原地和移动中完成。

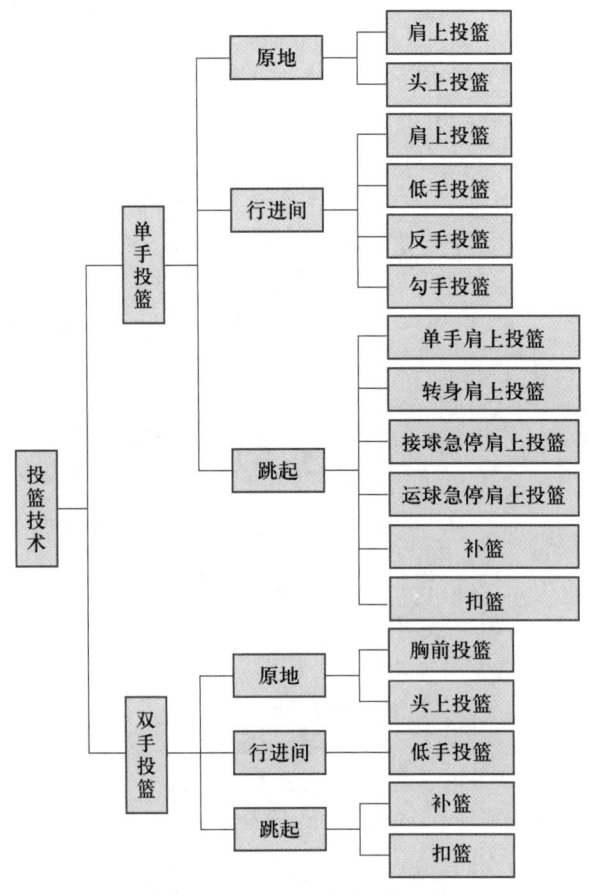

» 图 5-1-1 投篮技术分类

二、投篮技术分析

（一）投篮技术的生物力学基础

1. 直接命中（空心）投篮

在空心投篮时，主要考虑球的飞行弧度，即投射角（出手角度）和入射角的问题，以及球在旋转中偶尔发生的同篮筐的碰撞问题。

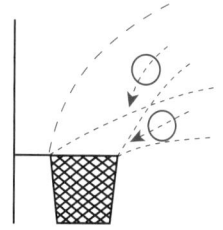

» 图 5-1-2　入射截面

（1）投射角和入射角：投篮时的投射角越大，球的飞行弧度就越高，入射角就越大，入射截面就越大，所允许的误差范围就越大，投篮的命中率就越高（图 5-1-2）。

篮球的直径是 $d = 24 \sim 27$ 厘米，篮圈的直径是 $D = 45$ 厘米，设 θ 角为投篮命中时的最小入射角，则投篮命中的最小入射角等于篮球直径与篮筐直径之比的反正切函数，即：

$$\theta = \mathrm{arctg}\, \frac{d}{D}$$

实际上，投篮的弧度以中等弧度或稍高一些为好，如果为了追求更大的入射角而增大投篮的抛物线弧度，则必然要增大出手速度和投射角，这将会影响动作的准确性。

（2）投篮距离和出手速度：投篮的距离越远，球出手的速度则应越大。如图 5-1-3 所示，投篮距离 x 同投射角 β、入射角 α、出手点高度（出球高度 Δh 与身高 H 之和）等诸因素密切关系。在确定了最小入射角的前提下，按抛物线的一般公式对投篮距离 x 进行微分，两边乘 $x/2$，有如下公式：

$$\mathrm{tg}\, \beta = \frac{2y}{x} - \mathrm{tg}\, \alpha$$

因而，按图 5-1-4 的条件有：

$$\mathrm{tg}\, \beta = \frac{6.1 - 2(H - \Delta h)}{x} - \mathrm{tg}\, \alpha$$

所以，出手速度的公式为：

$$\mathrm{tg}\, \beta - \frac{gx}{v_0^2 \cos^2 \beta} = \mathrm{tg}\, \alpha$$

在知道投篮距离 x，入射角 α 和投射角 β 的条件下，即可求出球出手时的初速度 v_0。

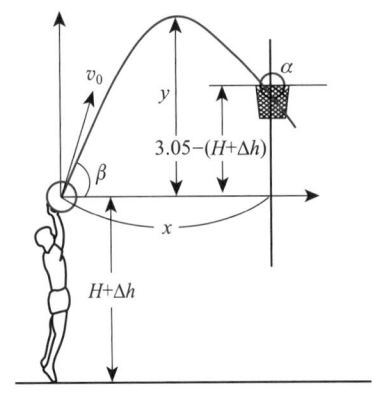

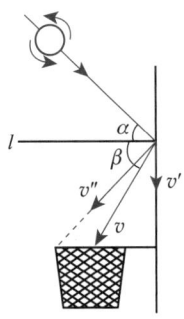

» 图 5-1-3　投篮距离的相关因素

» 图 5-1-4　向后旋转的球正面擦板后的反弹方向

（3）投空心篮时球的旋转作用：投空心篮时，球的旋转作用是球偶尔碰到篮筐的内侧时，在篮筐给球的摩擦反作用力的作用下，球的反弹方向是向下的，容易滚入篮筐，比不旋转的球易于命中。

2. 碰板投篮

碰板投篮的首要问题是碰板点，而碰板点的正确与否则决定于投篮的位置、投篮的力量、球的飞行弧度以及球的旋转情况。

正面碰板投篮球的旋转力是向上作用于篮板的，而篮板的切向反作用力则向下反作用于球。这样，球在向下的篮板切向反作用力的作用下，一方面会使球的旋转速度减慢，另一方面使球增加了一个向下的速度 v'，于是反射速度不再是 v''，而是 v'' 和 v' 的合成速度 v（图 5-1-4），就是说，向后旋转的球碰板时不是沿着速度 v 的方向反弹，而是在篮板摩擦反作用力的作用下，向合速度 v 的方向弹回。所以向后旋转的球，碰板后垂直下落的速度增加了，从而反射角也增大了，我们可以利用旋转球的这一作用提高投篮命中率。同时可以看出，球向后旋转的正面碰板投篮，碰板点即使稍高一些，也不容易碰到篮筐前缘，比不带旋转的球正面碰板投篮较容易命中。

侧面碰板投篮以行进间单手低手投篮为最多。球出手后，由于腕部的转动和手指的拨球动作，球围绕矢状轴向球筐一侧旋转。碰板之后，球的反射角将明显大于入射角（图 5-1-5），且球的旋转速度越快，反射角越明显增大。因此，球的旋转速度越快，碰板点也应该越远离篮筐。

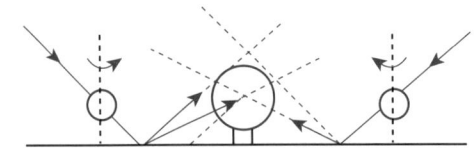

» 图 5-1-5　侧面擦板投篮球绕矢状轴左右旋转的情况

3. 投篮距离与命中率的关系

投篮距离与出手速度和出手角度（投射角）具有显著相关性，球在空中飞行的距离越远，出手速度和出手角度（投射角）产生的微小偏差所造成的影响就越明显。因此，在无防守状态下，投篮的准确性随着投篮距离的变化而变化。

（二）持球方法

正确的持球方法是掌握和合理运用投篮技术的前提和重要条件。合理的持球手法应符合下列要求：使球尽可能地在手中保持稳定，便于与其他进攻技术结合，有利于球出手时合理、准确地用力。

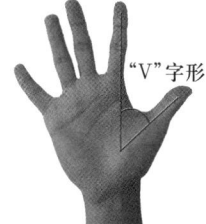

» 图 5-1-6

1. 持球手要求

投篮前的持球手应符合规范要求。持球手的手指应该自然地伸展，使用除了手掌根部以外的其他位置（图5-1-6）。拇指与食指的角度约为70°。球员应该使拇指和食指呈"V"字形。

2. 单手持球方法

以原地单手肩上投篮为例。投篮手五指自然分开，手心空出，手腕后仰，大、小拇指间的夹角约为80°，以扩大对球的支撑面，用指根及其以上部位托球的后下方，球体的重力作用线落在食指和中指的指根部位，肘关节自然下垂，另一手扶球的侧上部，置球于同侧头或肩的前上方（图5-1-7）。

3. 双手持球方法

以原地双手胸前投篮为例。两手手指自然分开，拇指相对呈"八"字形，用指根以上部位握球的两侧后下方，手心空出（图5-1-8），两臂自然屈肘，肘关节下垂，置球于胸与下巴之间。

» 图 5-1-7 单手投篮持球方法

» 图 5-1-8 双手投篮持球方法

（三）瞄准点

瞄准点是指投篮时眼睛注视篮圈或篮板的某一点。正确的瞄准点能使运动员在瞬间精确地目测出投篮的方向、距离，从而决定投篮出手的角度、用力的大小、飞行弧线及球的落点等。

1. 不碰板（空心）投篮的瞄准点

投空心球的瞄准点一般为篮圈前沿距运动员最近的一点，优点是有实体目标，在场上任何地方投空心球都适用。也有人认为投空心球的瞄准点以篮圈的中心点为目标，因为这个目标与球的落点一致。

2. 碰板投篮的瞄准点

碰板投篮的瞄准点是指在篮板上能够使球反弹进入篮圈的一个"点"。碰板投篮时，应根据投篮的位置、距离、球出手的力量、速度、球飞行的弧度和球的旋转等因素选择适宜的瞄准点。一般而言，角度越小，距离越远，弧度越高，碰板点（瞄准点）也就越高；反之，则越近越低。

（四）球的旋转

投篮时，球的旋转是依靠手腕前屈，手指拨球动作所产生的力。

由于投篮的动作方法与用力的方向不同，球的旋转也就不同，一般中、远距离高手投篮时都是使球围绕横轴向后旋转，向后旋转的球不但有助于保持飞行的稳定性，而且有助于增加飞行弧度。

向后旋转的球碰到篮圈时，球的反弹方向是向下的，比不带旋转的球容易落入篮圈内。

在篮下侧面碰板投篮时，应使球向侧旋转；行进间低手投篮时，应使球向前旋转。

（五）抛物线

投篮出手后球在空间飞行过程中受重力的影响而形成一条弧线称为投篮的抛物线，抛物线的高与低，对命中率有重要影响。

抛物线的高与低取决于投篮出手角度和出手力量。投篮时必须根据不同的投篮距离运用不同的抛物线。

低弧线：球的飞行距离短，力量容易控制，但由于球飞行弧度低，近于水平，篮圈在球下的面积较小，而大部分被球篮的前沿所遮盖，因而不易投中。

高弧线：球飞行入篮的弧线过高，近于垂直，篮圈暴露在球下面的面积最大，球容易入篮，但球飞行的路线不长，不易掌握飞行方向，从而影响命中率。

中弧线：球飞行弧线的最高点大致与篮板的上沿在一条水平线上，球篮的大部分暴露在球的下面，容易投篮命中，是一种比较适宜的抛物线。

（六）协调用力

投篮出手用力是指投篮时身体各部位综合、协调的用力过程，它是整个投篮动作的关键环节。以原地单手肩上投篮为例，力的聚合是从投篮准备姿势开始的，力量的起点源于投篮前的基本站法和身体平衡，由下肢蹬地发力，然后沿着投篮出手的方向伸展身体，特别是借助脊柱伸展的惯性促使下肢、躯干和上肢连贯、协调配合，将身体各部位肌肉的力量最后集中于手臂、手腕和手指部位，以伸展手臂、手腕的前屈及手指的弹拨动作将球投出。任何一种投篮方法，最后都是运用肩、肘、手腕、手指关节的活动来实现的。

（七）出手角度与出手速度

出手角度是指投篮时球离手一瞬间球体重心飞行轨迹的切线与出手点水平面所形成的夹角，它决定球在空中的飞行弧线和入篮角的大小。出手角度主要依靠手指最后作用于球体力的方向和作用点来调节。只有在保证正确用力方向的前提下，保持合理的出手角度，并与特定的出手速度相配合，才能使球沿着理想的弧线飞行而落入篮圈。

出手速度是指投篮出手的一瞬间，身体各部位的综合用力经过手腕和手指的调节而使球离手进入空间运行的初速度。现代投篮技术发展的显著特点之一是动作突然、出手速度快而合理。投篮出手速度取决于身体协调性、综合用力的大小，以及手腕、手指用力的调控，而手腕的翻转、抖动和手指弹拨球动作的柔韧性、突然性和连贯性是取得合理出手速度的关键。投篮出手速度和距离的关系是，投篮的距离越远，球出手的速度则应越快，出手速度和出手角度也是互相制约的。所以，投篮的距离也会影响投篮角度的变化。

（八）跟随动作

投篮的最后一个步骤是执行完整的跟随动作，包括完全伸展肘部（锁定肘部）、手臂向内侧旋转并弯曲手腕（有控制地弯曲）。球员一只手的手形应该呈鹅颈状，手掌呈伸进罐子里的姿势，看上去就像将手放进一个篮子里或者抓住在空中飘浮的降落伞一样，并保持这种姿势至少1秒。手和手指要稳定，同时要保持灵活。完整的跟随动作能够确保每次投篮都能以同一个姿势结束。

第二节　投篮技术动作方法

一、原地投篮

（一）原地单手肩上投篮

原地单手肩上投篮是比赛中运用比较广泛的一种投篮方法，是行进间单手投篮、跳起单手肩上投篮等技术动作的基础。它具有出手点高、便于结合其他技术动作和不易被防守的特点，是应用较广泛的投篮方法。

1. 动作方法

以右手投篮为例。右脚在前，左脚稍后，两膝微屈，重心落在两脚前脚掌上。右手五指自然分开，翻腕持球的后部稍下部位，左手扶在球的侧上方，举球于同侧头或肩的前上方，目视球筐，上臂与肩关节平行，上臂与前臂夹角小于90°，肘关节内收。投篮时，下肢蹬地发力，身体随之向前上方伸展，同时抬肘向投篮方向伸臂，手腕前屈，手指拨球，将球柔和地从食指、中指指端投出。球离手时，手臂要随球自然跟送，脚跟提起（图5-2-1）。

技术精讲与分析：原地单手肩上投篮

1　　2　　3　　4　　5

» **图 5-2-1**　原地单手肩上投篮

2. 动作要点

上、下肢协调用力，抬肘伸臂充分，手腕前屈，手指柔和地拨球将球投出，中指、食指控制方向。

3. 动作重点与难点

（1）动作重点

① 持球手法：持球手法是完成投篮动作的前提，持球手法正确有利于手对球的控制，形成正确的投篮手法。原地单手肩上投篮的持球手法是五指自然分开，用手掌外沿和指根以上部位托球的后方，手心空出，手腕后仰，肘关节自然下垂，另一手扶球的一侧。

② 动作方法：正确的动作方法是投篮技术的关键，投篮时是由下肢蹬地、伸臂举球、手腕前屈和手指拨球等环节组成，各环节之间相互联系，相互影响，形成一个有机整体。

（2）动作难点

① 屈腕和手指拨球动作：手腕、手指用力是最后作用于球体的环节，最后用力直接影响投篮效果。屈腕和手指拨球（食指、中指的拨球）是一个整体动作，在球出手的一瞬间，手指拨球用力是跟随着手腕前屈的，因此屈腕拨球动作表现得十分放松。但有些初学者由于不会使用这种力量，便会出现手指动作僵硬或产生多余动作（如抓球），这都不利于投篮的命中。

② 全身协调用力：投篮时全身协调用力非常重要，从投篮准备姿势开始，由下肢蹬地发力，向投篮出手方向伸展身体，借助脊柱伸展的惯性促使下肢、躯干和上肢连贯并协调配合，最后将力量集中于手臂、手腕和手指部位，以伸展手臂、屈腕及手指的弹拨等动作将球投出。投篮时要做到肌肉用力和关节动作的协调一致，综合控制与调节身体力量。

4. 常见错误与纠正方法

（1）常见错误

① 持球时肘关节外展，出球时成推球动作。

② 投球弧度低。

③ 投篮手法错误，手腕向里撇，无名指和小指拨球。

（2）纠正方法

① 强调前臂与地面垂直，身体可稍侧对篮以保证肘关节对篮，教师可站在学生持球臂一侧，帮助调整肘关节位置；也可靠墙站立，做投篮模仿动作，以限制肘关节外张。

② 强调投篮时要抬肘向上伸臂。练习时可在投篮者前1米处站一人，向上伸直手臂，迫使投篮者手臂向前上方伸展。

③ 强调手腕前扣，食指和中指拨球。可反复做徒手投篮模仿练习，体会手腕前扣和中、食指拨球动作。

（二）原地双手胸前投篮

原地双手胸前投篮易于保持投篮前持球的稳定性，充分发挥全身的力量，也便于和传球、突破相结合，但由于投篮时持球和出手部位较低，容易被防守方干扰。

1. 动作方法

双手持球于胸前，肘关节自然下垂，两脚左右或前后开立，两膝微屈，重心落在两脚之间，目视瞄准点。投篮时，两脚蹬地，上肢随着脚蹬地向前上方伸展，两手腕同时外翻，拇指下压，手腕前屈，食指、中指用力拨球，使球通过拇指、食指、中指指端投出。球出手后，两手自然向下向外翻，脚跟提起，身体随投篮出手方向自然伸展（图5-2-2）。

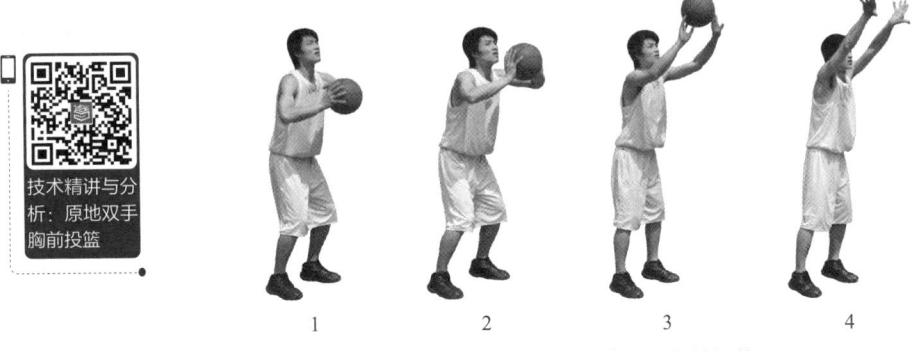

» **图5-2-2** 原地双手胸前投篮

2. 动作要点

自然屈肘下垂，投篮时两臂用力均衡，前臂内旋，手指拨球用力与下肢动作要协调一致。

3. 动作重点与难点

（1）动作重点

① 持球手法：双手胸前投篮持球手法与双手胸前传球持球手法基本相同，强调十指自然张开，两拇指相对呈"八"字形，手心要空出。

② 投篮动作：双手胸前投篮教学时，要强调下肢蹬地的同时两臂向前上方伸直，两拇指下压，手腕前屈，食中指要用力拨球。

（2）动作难点

① 两手手腕用力不均匀：双手胸前投篮要求投出时两手用力要均匀，这样可以保证球的飞行路线不偏离。初学者往往由于不能很好地控制两手腕的力量，因此经常出现一手用力大，另一手用力小的现象。

② 投篮时两肘关节外张：肘关节外张，容易造成投篮时双手推球动作，因此，教学中要强调持球时大拇指呈"八"字形，两臂自然下垂的正确持球手法。

4. 常见错误与纠正方法

（1）常见错误

① 持球时，肘关节外张。

② 投篮时，双手推球。

（2）纠正方法

① 强调持球时大拇指应呈"八"字形，两臂自然下垂。练习时教师可站在学生身后用手帮助学生调整肘关节的位置。

② 改进持球手法，限制肘关节外张。

③ 反复练习不对篮的出球动作，体会手腕翻转、手指拨球的动作。

二、行进间投篮

（一）行进间单手肩上投篮

行进间单手肩上投篮是在比赛中切入篮下时常用的一种投篮方法。

1. 动作方法

以右手投篮为例。右脚跨出一大步的同时接球，接着左脚跨一小步并用力蹬地起跳，右腿屈膝上抬，同时举球至头上方，当身体接近最高点时右臂向前上方伸展，手腕前伸，食指、中指用力拨球，通过指端将球投出（图5-2-3）。

行进间单手肩上投篮

7　　6　　5　　4　　3　　2　　1

» 图 5-2-3 　行进间单手肩上投篮

2．动作要点

节奏清楚，起跳充分，举球、伸臂、屈腕、拨球动作连贯，用力适度。

3．动作重点与难点

（1）动作重点

① 投篮脚步动作：行进间单手肩上投篮的脚步动作应是第一步跨出要大，第二步要小，第二步着地的同时应迅速用力蹬地，使身体向上跳起。

② 跨步拿球动作：跨步拿球动作对完成技术起到关键作用，跨步拿球必须手脚协调配合，如果是右手投篮，当球在空中运行时，右脚向投篮方向跨出一大步的同时双手拿球。

③ 空中完成投篮：身体在跳起过程中，双手向上举球，当身体腾空到接近最高点时，向前上方伸臂、屈腕，将球投出。

（2）动作难点

① 手脚协调配合：手脚协调配合在完成动作中起到关键的作用，跨出第一步时开始拿球，第二步时起跳，对于初学者来说不容易分清楚，因此在教学中应重点讲解。在学生练习时，教师应给予一定的语言提示，使学生掌握步伐与接球之间的协调配合，避免出现"走步"现象。

② 适宜的起跨点：起跨点太近或太远都不利于动作的完成，什么时候开始跨步接球，初学者很难掌握，因此在教学中应在场地上做一标志，有利于学生掌握适宜的起跨点。

③ 投篮手法：由于投篮动作是在跳起空中完成，初学者往往只想着脚下动作而顾不上手上动作，因此投篮时手法变形，在教学中应加强正确投篮手法的讲解，强调投篮出手时机，以形成正确的投篮手法。

4．常见错误与纠正方法

（1）常见错误

① 起跳时身体前冲，控制不好身体平衡，以致投篮用力过大。

② 投篮时屈髋，身体、手臂没有向上伸展。

（2）纠正方法

① 助跑接球时第一步大，第二步要小，并先以足跟着地，过渡到全脚掌着地用力向上起跳。

② 反复强调并用语言提示"身体伸展，手臂上伸"动作。

（二）行进间单手低手投篮

行进间单手肩上低手投篮是在快速跑动中超越对手后在篮下时常用的一种快速投

篮方法，具有伸展距离远、动作速度快、出手平稳的优点，多在快攻和突破后使用。

1. 动作方法

以右手投篮为例。右脚跨出一大步的同时接球，接着左脚跨一小步并用力蹬地起跳，右腿屈膝上抬，身体重心前移，双手向前上方举球。当身体接近最高点时，左手离球，右手外旋，掌心向上托球，并充分向球篮上方伸展，接着屈腕，食指、中指用力拨球，通过指端将球投出（图5-2-4）。

技术精讲与解析：行进间单手低手投篮

5   4   3   2   1

» **图 5-2-4** 行进间单手低手投篮

2. 动作要点

腾空时，身体向前上方充分伸展，投篮出手前保持单手低手托球的稳定性，指腕上挑动作要协调。

3. 动作重点与难点

（1）动作重点

① 跨步拿球动作：跨步拿球动作对完成技术起到关键作用，跨步拿球必须手脚协调配合。如果是右手投篮，那么当球在空中运行时，右脚向投篮方向跨出一大步的同时双手拿球。

② 投篮动作：行进间单手低手投篮动作是掌心向上托球，并充分向球篮的上方伸直，当身体接近最高点时，屈腕，食指、中指拨球。

（2）动作难点

① 手脚协调配合：手脚协调配合在完成动作中起到关键作用，对于初学者来说，不容易分清楚应先跨出哪一只脚的同时去接球。因此，在教学和练习中应重点讲解，反复强调，并在练习时给予一定的语言提示，使学生掌握步伐与接球之间的协调配合。

② 投篮手法：行进间单手低手投篮的手法是掌心向上托球，向球篮上方伸直手

臂，而初学者上篮时往往手臂没有充分伸展，而是大臂由下向上撩球。因此，教学中要强调跨步接球后的举球动作。

4. 常见错误与纠正方法

（1）常见错误

① 投篮出球时翻腕、捻球。

② 投篮时，大臂由下向上撩球。

（2）纠正方法

① 使学生了解出球时应始终保持手心向上，用屈腕和手指上挑的力量投篮，并做原地举手托球、挑球练习。

② 做自抛自接、起跳举球、将球挑起的模仿练习。

三、跳起投篮

跳起投篮，简称跳投，具有突然性强、出球点高和不易防守的优点，可与传球、运球突破等动作相结合，可在原地、行进间急停或背对球篮接球后转身等情况下运用。原地跳起单手肩上投篮是在原地单手肩上投篮基础上的一种投篮方式，也是现代篮球运动普遍运用的投篮方式之一。动作方法与原地单手肩上投篮相同，只是跳起在空中完成投篮动作。

1. 动作方法

跳起投篮

以右手投篮为例。两手持球于胸前，两脚左右或前后开立。两腿微屈，重心落在两脚之间。起跳时，迅速屈膝，脚掌用力蹬地向上起跳，同时双手举球到右肩上方，右手持球，左手扶球的左侧方，当身体接近最高点时，左手离球，右臂向前上方伸展，手腕前屈，食指、中指拨球，通过指端将球投出。落地时屈膝缓冲（图5-2-5）。

1   2   3   4   5   6

» 图 5-2-5　跳起投篮

2. 动作要点

起跳垂直向上，起跳与举球、出手动作应协调一致，在接近最高点时出手。

3. 动作重点与难点

（1）动作重点

① 跳起举球动作：跳起单手肩上投篮要求起跳突然性强，在两脚用力蹬地向上起跳的同时，上体向上伸展，双手举球至投篮手同侧肩上方。

② 空中投篮动作：跳起单手肩上投篮动作方法与原地单手肩上投篮动作方法相同，只是在跳起空中完成投篮动作。当身体接近最高点时向上提肘伸臂，接着手腕前屈，用食指、中指拨球将球投出。落地时，双腿要屈膝缓冲，以准备下一个动作。

（2）动作难点

① 掌握投篮出手时机：投篮出手时机应在身体接近最高点时，腾空时腰、腹、背等部位的肌肉群应保持一定的紧张度，身体在空中应有一个短时间的停顿动作。初学者往往掌握不好出手时机，容易出现边跳边投或身体下落时才投篮出手的错误动作。

② 控制好身体平衡：跳起单手肩上投篮要在空中完成动作，初学者因力量不够以及身体协调用力不一致，导致起跳后身体重心控制不稳，失去平衡。

4. 常见错误与纠正方法

（1）常见错误

① 投篮出手时机掌握不好，影响动作的协调性。

② 球飞行弧度过低，原因是抬肘幅度小和伸臂方向错误。

③ 投篮时手腕旋转，并用无名指和小指侧拨球的力量投出。

（2）纠正方法

① 根据教师的信号"跳—投"，做原地跳起投篮的徒手模仿动作。

② 原地做持球抬肘伸臂的模仿练习，要求向上伸臂。学生投篮时，教师要及时给予反馈。

③ 要求学生举球时手腕后屈，投篮时手腕前屈和食指拨球将球投出。

第三节　投篮技术教学与练习

一、投篮技术教学步骤

（一）建立完整的投篮技术动作表象和动作概念，形成正确的投篮技术动力定型

（1）使学生建立正确的投篮技术动作表象和完整的动作概念。运用直观法，利用示范动作、图片、电影、录像等演示投篮技术动作，可使学生了解投篮的技术动作形象。对投篮的最后用力手法和全身的协调用力要做重点示范。向学生讲解学习投篮技术的目的性、重要性，使学生对各种投篮的动作特点、运用时机、动作结构及其关键环节有清楚的了解，指导其进行正确的投篮技术学习。在讲解与示范的基础上，让学生试做徒手或持球的投篮技术动作，使其获得投篮技术的运动感觉。

（2）使学生掌握投篮技术动作，形成正确的投篮技术动力定型。在初学阶段，可采用重复练习法，在简化条件下练习，有助于形成正确的技术动作动力定型。例如，学习原地单手肩上投篮时，要抓住动作的主要环节集中练习伸前臂、屈手腕、手指用力拨球动作（对准备姿势、全身协调用力等动作细节可暂不作要求）。通过反复练习，学生掌握正确的单手投篮手法，在此基础上，再对原地单手肩上投篮动作的各个环节进行完整练习。然后采用变换练习法，在练习中变换完成技术动作的条件（如变换投篮的距离）和练习形式，达到巩固、改进和完善投篮技术动作的目的。

（二）掌握投篮技术与其他动作技术的组合，学会组合技术的初步运用

（1）掌握投篮技术动作和其他技术动作的衔接。在学生掌握了单个的投篮技术之后，必须把投篮与其他技术动作衔接起来，进行组合技术的练习。

（2）提高完成组合技术的质量。在连贯地完成组合技术动作的基础上，进一步掌握组合技术的节奏、速度与动作的准确性。如练习行进间运球投篮的组合技术时，要求行进间运球的速度稍快一些，跨步跳起接球的动作慢一些，上步起跳的步幅稍小一些，蹬地要有力，其目的是使人体向前的水平速度变为向上的垂直速度而腾空，以便在空中完成投篮动作。

（3）掌握假动作，提高运用投篮技术的应变能力。按照比赛实际，把投篮与各种脚步动作以及传球、运球、突破、假动作等结合起来练习，以提高投篮的应变能力和战术意识。

（三）在攻守对抗的情况下，提高运用投篮技术的能力及投篮命中率

（1）在有限定的防守条件下，进行投篮练习。在消极对抗情况下，提高选择运用投篮时机及运用技术的能力。在积极对抗情况下，提高在对手封盖堵截、干扰情况下的投篮技术和命中率。

（2）进行配合投篮的练习，培养学生配合意识。在进行配合投篮练习时，应对配合技术的一系列问题提出明确的要求。例如，移动接球的时机要与传球的配合相吻合，要求移动到位、传球到点、做到人到球到；接球的同时要调整好投篮的脚步，做好投篮准备，以便缩短投篮时间、加快投篮动作。

二、投篮技术练习方法

（一）模拟投篮

1. 徒手练习

方法：做原地投篮动作，重点体会投篮的手法和用力过程。

要求：动作规范，上下肢协调。

2. 持球练习

方法：两人一组一球，互相对投，体会原地投篮和跳起投篮的手法及身体各环节的协调配合（图5-3-1）。

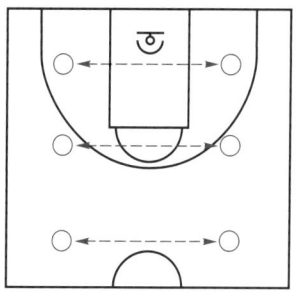

》 图5-3-1　持球练习

要求：动作规范，上下肢协调，出手后保持随动姿态1~3秒。

（二）原地投篮练习

1. 正面定点投篮

方法：学生每人一球，自投自抢，依次练习（图5-3-2）。

要求：学生之间互相观察投篮动作，及时提醒动作规范，培养学生互相帮助和沟通能力。

2. 不同角度投篮

方法：学生站在固定投篮位置，每人一球，排头自投自抢，并按顺时针方向换位至下一队队尾，依次连续练习（图5-3-3）。

要求：对于初学者要注意投篮后球反弹的方向，学生间互相提醒，以免被反弹过来的球砸到；学生之间互相观察投篮动作，及时提醒动作规范，培养学生互相帮助、指导和沟通能力。

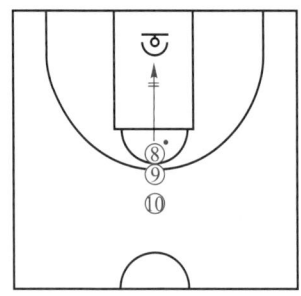

» 图5-3-2　正面定点投篮

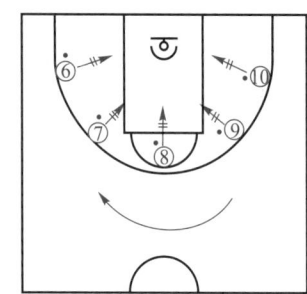

» 图5-3-3　不同角度投篮

（三）移动中投篮练习

1. 移动接球后投篮

（1）斜线移动接球后投篮

方法：将学生分为两组，④向右移动接⑤的传球投篮，④抢篮板球，④和⑤位置互换，按此方式依次练习（图5-3-4）。

（2）直线移动接球后投篮

方法：将学生分为两组，一组站在三分线附近成一路纵队，一组站在端线附近，⑧向前直线移动接⑦的传球投篮，投篮后⑧抢篮板球，之后⑦和⑧位置互换，按此方式依次练习（图5-3-5）。

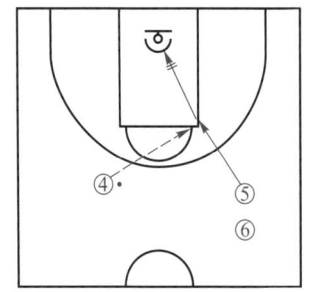

» 图5-3-4　斜线移动接球后投篮

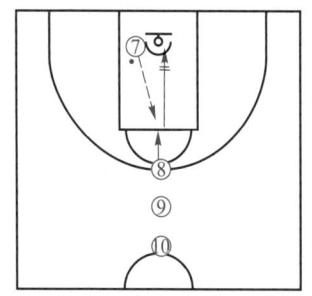

» 图5-3-5　直线移动接球后投篮

（3）弧线移动接球后投篮

方法：将学生分为两组，一组站在左侧 45° 三分线附近，一组站在右侧，练习时⑧弧线移动接⑥的传球投篮，投篮后⑧抢篮板球，之后⑥和⑧位置互换，按此方式依次练习（图 5-3-6）。

（4）折线移动接球后投篮

方法：将学生分为两组，一组站在右侧 45° 三分线附近，一组站在弧顶附近，练习开始后，⑤折线移动接④的传球投篮，投篮后⑤抢篮板球，之后④和⑤位置互换，按此方式依次练习（图 5-3-7）。

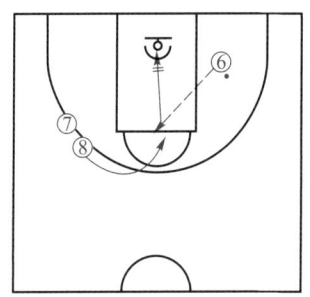 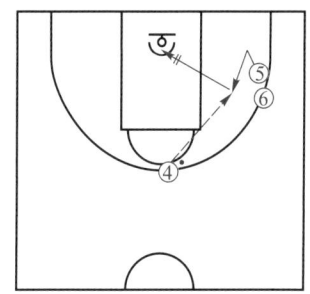

» 图 5-3-6　弧线移动接球后投篮　　» 图 5-3-7　折线移动接球后投篮

2. 半场传、接球上篮

方法：两人半场传球投篮，互换位置，依次练习（图 5-3-8）。

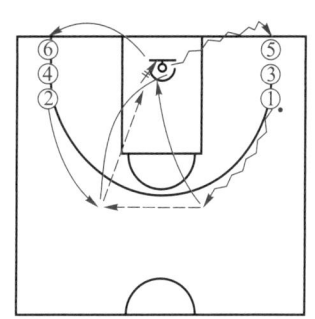

» 图 5-3-8　半场传、接球投篮

3. 全场运球投篮

方法：学生分两组分别站在球场中线两侧成一路纵队，学生运球投篮后抢篮板球运球至另一组队尾（图 5-3-9）。

4. 全场运球、传球、接球投篮

方法：学生分两组分别站在两端线落位，△为固定传球队员，练习开始，两边同时运球并传球给△后切入接球投篮。自抢篮板球至另一队队尾，依次练习（图 5-3-10）。

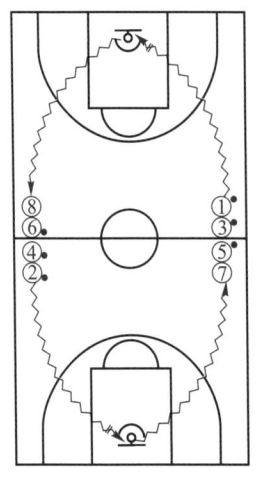

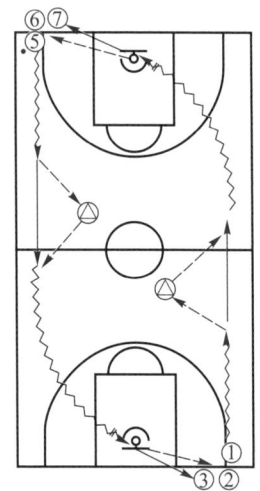

» 图 5-3-9　全场运球投篮　　　» 图 5-3-10　全场运球、传球、接球投篮

（四）投篮技术综合练习

1. 连续投抢练习

方法：三人一组用两球，①持球投篮后自抢篮板球，与此同时，②移动接③传球投篮，③传球给②后，向②位置移动接①传球投篮。每个人移动接球投篮后，立即抢篮板球并传给手中无球的队员（图 5-3-11）。保持练习的连续性，依次进行。

2. 5 点移动接球综合投篮

方法：三人一组用两球，③在篮下接篮板球并传给②，②负责传球，①按规定连续投篮，开始时①持球在圈顶外做定位远投，然后移动到右侧底角接②传球跳投，再从底线插上接②传球急停，做撤步转身勾手投篮，然后从篮下绕出到罚球线接②传球做转身跳投，最后到罚球线左侧接球急停，做前转身跳投（图 5-3-12）。练习者按规定投篮动作连续移动到 5 个点上接球投篮，两组共 10 次后轮换。

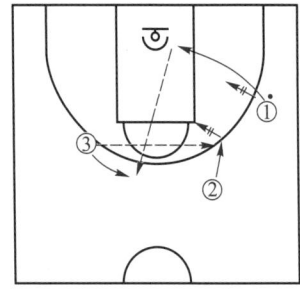

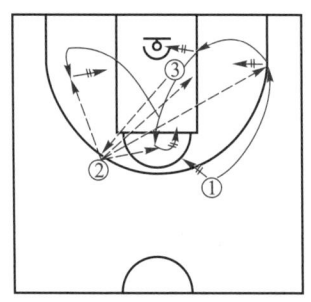

» 图 5-3-11　连续投抢练习　　　» 图 5-3-12　5 点移动接球综合练习

（五）在配合中练习投篮

目的：在战术配合的主要攻击点上练习投篮，提高命中率。

练习一：④传球给做策应的⑤，然后摆脱防守，绕到⑤面前接球跳投或突破上篮，④和⑤抢篮板球后交换位置，然后下一组进行练习（图5-3-13）。此方法可以在5个策应点上进行配合，可以要求⑤做传球假动作转身跳投或转身突破上篮，也可以要求④做绕切跳投或突破上篮。

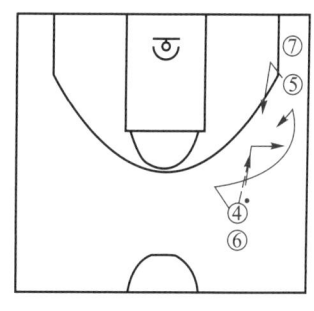

» 图5-3-13　练习一

练习二：④ 接球后从底线突破，根据情况分球给⑥或自己投篮。当④突破时，⑥ 及时从防守者的任一侧突然移动接球跳投。⑥要注意起动时机，不要过早或过晚，最好是④ 起动时⑥ 突然起动（图5-3-14）。

练习三：限制区两侧各站一人，轮流迎上去做策应。外线两人一组用一球。⑥传球给迎上策应的④，然后⑥和⑦交叉切入，④根据情况传球给切入的⑥或⑦投篮或者自己投篮（图5-3-15）。第二次由⑤做策应，然后下组进行练习。

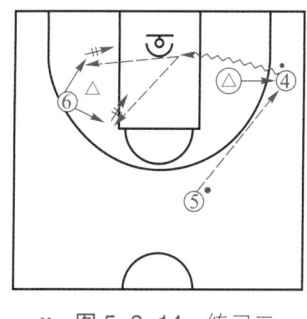

» 图5-3-14　练习二

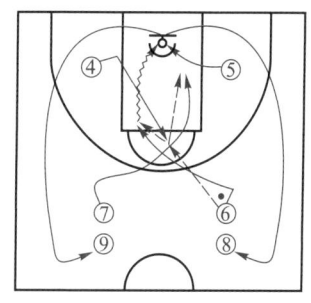

» 图5-3-15　练习三

（六）在对抗中练习投篮

目的：练习中投与突破，结合脚步动作，掌握突破时机，提高在对抗条件下的投篮命中率。

练习一：一攻一守，并在图示的区域内进行练习。外围三人传球，④根据球的位置，摆脱❹接球跳投或突破上篮，如没有投篮机会，就把球传给外线任何一人，然后再组织进攻（图5-3-16）。④投进5～10球后，防守交换，外线传球人则适当轮换。

练习二：④摆脱❹接球后，根据❹的防守情况投篮或突破，或将球传给摆脱防守的⑤。⑤接到球后，根据防守情况投篮或突破，或再传给④。如果④、⑤都没有投篮机会，就把球回传给教练员△重新进攻（图5-3-17）。进攻组投进5~10球后，攻守交换。

练习三：三对三、四对四分组比赛。队员分为攻守两组，练习利用各种机会和简单配合进行投篮，投中的组继续进攻。可规定投中若干次为一局。要求必须在规定的时间内（如10秒或15秒）投篮，否则算违例。

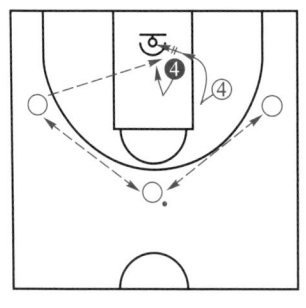

» 图5-3-16 练习一

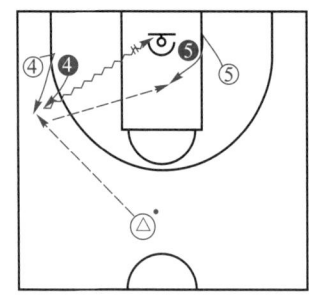

» 图5-3-17 练习二

三、投篮技术易犯错误与纠正方法

（一）易犯错误

（1）持球手法不正确，五指没有自然分开，用手心托球。

（2）肘关节外展，致使上肢各关节运动方向不一致。

（3）急停时身体重心不稳，造成投篮时上、下肢配合不协调，导致动作衔接不连贯。

（4）投篮时，抬肘伸臂不够，导致手臂前推，形成抛物线偏低。

（5）双手投篮时，两手用力不均匀，伸臂不充分。

（6）行进间急停时，第一步过小，第二步又未能缓冲，造成身体前冲，控制球能力差。

（7）跳起投篮时，身体前冲，投篮出手时间过早或过晚，上下肢配合不协调。

（二）纠正方法

（1）重复讲解和示范投篮的动作要点，使学生了解投篮动作的基本结构，建立明确概念。

（2）借助外部条件限制、信号刺激等手段，如让学生以投篮手臂靠近墙壁做徒手或持球的投篮模仿练习，纠正肘部外展。用信号刺激，如用抬肘、伸臂、压腕等词语纠正肘关节过早前伸、伸臂不充分以及屈腕、拨指不够或球不旋转等错误。用跨步、二步小、提膝、出手等语言信号提示学生跨步接球、起跳、出手时机等。

（3）多做徒手练习，使学生体会协调用力和掌握动作节奏。

四、投篮技术教学与练习建议

（1）首先要使学生了解正确的投篮技术方法要点，形成正确的动力定型。在初学阶段，重点掌握正确的投篮方法和全身协调用力。及时发现并纠正错误，使学生形成正确规范的投篮动作。

（2）突出重点，带动一般，合理安排，互相促进。教学中，应以原地单手肩上投篮和行进间单手投篮、跳起单手肩上投篮为基础，利用技能转移规律，带动其他投篮技术的学习。

（3）根据各种投篮技术动作的内在联系，按照循序渐进的原则进行教学。投篮教学的一般顺序是：先学原地单手肩上投篮，行进间单手低手投篮、行进间高手投篮，再学原地跳起投篮和接球急停跳起投篮及运球急停跳起投篮。

（4）投篮技术的教学与练习应和脚步动作、传球、运球等其他技术结合练习，以提高学生的运用能力和应变能力。

（5）在教学与练习中，要合理安排练习的密度和强度，加强对学生的心理训练，不断提高投篮命中率。

（6）根据现代篮球运动的"对抗"特点，在学生掌握正确的投篮技术的同时，要安排对抗条件下的投篮练习，提高在有防守情况下运用技术的能力；还要进行配合投篮、投抢练习，培养学生的配合意识，对配合技术要提出明确的要求。

思考题"

❶ 简述原地单手肩上投篮的动作方法及要领。

❷ 简述影响投篮命中率的因素。

❸ 如何正确选择投篮的瞄准点？

❹ 投篮技术教学和练习中如何有效融入思政元素？

❺ 在比赛中如何创造良好的投篮时机？

❻ 试述投篮时球出手后篮球向后旋转的原因。

第六章　运球技术

本章提要

　　本章主要介绍了篮球运动中运球技术的分类、分析、动作方法、教学步骤与练习方法等内容。

运球技术是持球队员在原地或移动中用单手连续按拍球推进的一种动作技术。它不仅是个人摆脱防守，创造传球、突破、投篮得分的重要进攻手段，也是进攻队员发动快攻、组织全队战术配合的纽带。随着现代篮球技术的不断发展，运球的技术有了很大的提高。其特点是身体重心低，侧身掩护球隐蔽性大，手臂控球范围大，手腕、手指翻转时球停留手中的时间稍长。运球方式变化多，使运球技术更具有保护性、突发性和攻击性。通过学习，了解运球技术的种类，熟悉运球技术及在学习与比赛中的合理运用的重要作用，掌握运球技术的概念、动作方法和技术要领，提高学生的左右手运球在不同对抗中的运用能力，培养自信、团结协作的意识。

第一节 运球技术分类与分析

一、运球技术分类

按运球的动作位置变化，运球技术可以分为原地运球和行进间运球两大类。运球技术分类如图 6-1-1 所示。

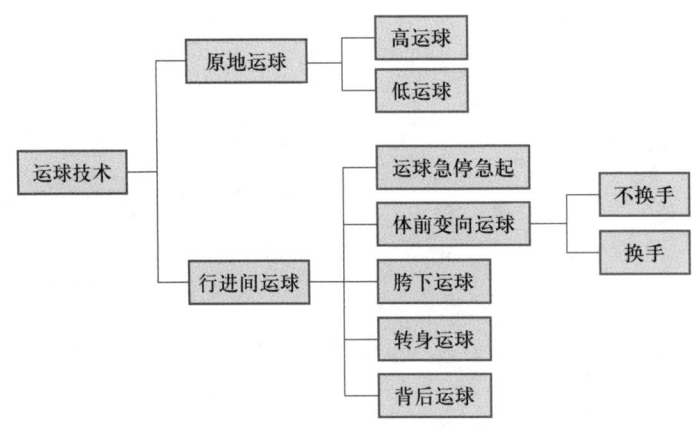

» 图 6-1-1 运球技术分类

二、运球技术分析

（一）运球技术的生物力学原理

从生物力学角度来说，运球技术是一种比较复杂的技术动作。首先，手作用于球，体现了牛顿第二定律—加速度定律。手触球的部位不同，作用力 F 大小和时间 t 的长短，造成球与地面的撞击角度 α 和速度 v 不同，$Ft=mv$；其次，球与地面的相互作用是利用牛顿第三定律，即作用力与反作用力的关系来实现的，这样具有不同初速度 v、入射角度 α（与地面撞击的角度）的球就会有不同的反弹方向和速度。$F_{作用力}=F_{反作用力}$，$v_{入射}=v_{反射}$，（图 6-1-2）。运球时，五指自然尽量分开的目的是增加手触球的面积，以控制球的方向。掌握这些力学基础知识就能很好地运用其原理来实现不同的运球技术。例如，为了让球反弹得高一点，距离身体近一点，应拍击球的上部，作用于球的时间 t 应短一点。因为在相同的作用力 F 下，时间 t 越短，球具有的初速度 v 就越大；为了快速把球推进前场，迅速超越对手，则应拍击球的后部，手作用于球的时间 t 应长一点，使得球与地面的入射角 α 小一点，那么球就会反弹得远一点。

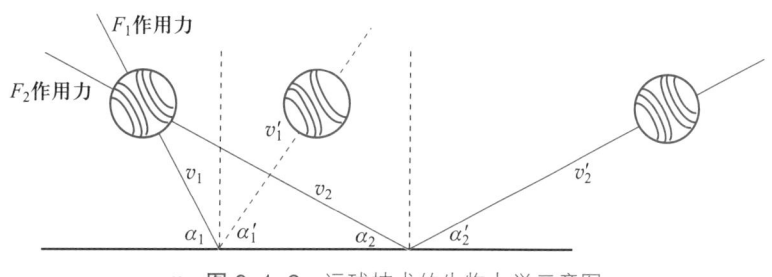

» 图 6-1-2　运球技术的生物力学示意图

（二）运球技术的动作结构

运球技术的动作过程是由身体姿势、手臂动作、球的落点和手脚配合 4 个环节组成的。

1. 身体姿势

两脚前后开立，约与肩宽，两膝微屈，上体稍向前倾，抬头平视，非运球手臂屈肘平抬，肩向前，用以保护球。

2. 手臂动作

手臂动作包括球接触手的部位、运球时的动作、按拍球的部位和力量的运用。运球时，五指自然张开，尽量扩大控制球面积，用手指和指根以上部位触球，掌心空出，手指、手腕放松。运球动作的方法较多，低运球时，主要以腕关节为轴，用手指和手腕的力量运球；高运球时，主要以肘关节为轴，用前臂和手指力量运球，这种运球动作幅度较小、灵活性大、速度快；体侧或侧后的提拉式高运球主要以肩关节为轴，用上臂、前臂、手腕和手指的力量运球，这种运球方式控球时间长、活动范围大、便于保护球；按拍球时，前臂应随球上下迎送，尽量延长控球的时间，以利于保护球、改变动作和观察场上的情况。按拍球的部位是由运球的方向和速度来决定的。按拍球的部位不同，球的入射角和球反弹的反射角也不同。按拍球的力量不同，球从地面反弹的高度与速度也不同。当手与球接触一刹那，要屈前臂，伸手腕，手指放松，缓冲球向上的反弹力量，控制球的反弹高度和速度；当球在手中短暂停留后，应迅速伸前臂，屈手腕，手指柔和地按拍球，使球向前进的方向运行。

3. 球的落点

运球的速度、方向和防守情况不同，球的落点也不同。在无人防守或对方消极防守情况下的直线高运球，球的落点在运球手的同侧前外方，速度越快，落点越靠前，离自身越远，反之越近；在对方积极防守情况下运球的落点应在体侧或后方，以便保护球；变向运球，其落点基本位于异侧体侧或侧前方；跨下运球的落点位于跨下两脚之间的地面上。

4. 手脚协调配合

运球时，既要使移动速度和运球速度协调一致，又要保持合理的运动节奏，并注意身体重心的控制。在移动速度不变的情况下，要保持手脚动作协调一致。在速度上同步进行，关键在于按拍球的部位、落点选择和力量大小的运用。脚步移动越快，按拍球的部位越靠后下方，落点越远，反弹起来的力量越大；反之，部位越靠上，落点越近，力量越小。

（三）运球技术的动作要点

运球技术的关键是手对球的控制能力、脚步移动的熟练程度，以及手、脚的协调配合。只有熟练地掌握运球技术，才能更好地控制球的反弹角度、高度、速度，做到得心应手，运用自如。

第二节　运球技术动作方法

运球技术按运动状态可以分为原地运球和行进间运球两大类。按运球的方法又可以分为高运球、低运球、运球急停急起、行进间体前变向运球、胯下运球、转身运球、背后运球等。

一、高运球、低运球

（一）高运球

高运球、低运球

高运球是进攻队员在没有防守干扰的情况下，为了加快向前场推进的速度，并在进攻中调整进攻速度和攻击位置时常采用的一种运球方法。其特点是按拍球的力量大、反弹高度高、便于控制、行进速度快（图6-2-1）。

1　　　2　　　3　　　4

» 图 6-2-1　高运球

1. 动作方法

运球时，两腿微屈，上体稍前倾，双目平视，以肘关节为轴，前臂自然屈起，用手腕、手指柔和而有力地按拍球的后上方。球的落点控制在运球手臂的同侧脚的外侧前方，球的反弹高度在腰与胸之间。

2. 动作要点

手按拍球的部位要合理，手脚配合协调。

（二）低运球

低运球是进攻队员在受到对手紧逼或抢阻时，采用低运球以保护球或摆脱防守的运球方法。

1. 动作方法

两腿应迅速弯曲，重心下降，上体前倾，球的落点在体侧，用上体和腿保护球。同时，用手腕和手指短促地按拍球的后上方，使球控制在膝关节的高度，两腿用力后蹬，继续快速前进。行进间低运球拍球的部位在球的后上方或后侧方（图6-2-2）。

1   2   3   4

» 图6-2-2 低运球

2. 动作要点

重心降低，上体前倾，按拍球短促有力。

二、运球急停急起

运球急停急起是在运球推进时，进攻队员利用速度变化摆脱防守的一种运球方法。

（一）动作方法

在快速运球中突然急停时，采用两步急停，使重心降低，手按拍球的前上方，使球停止向前运行。运球急起时，两脚用力后蹬，上体急剧前倾，迅速起动，同时按拍球的后上方，人、球同步快速前进（图6-2-3）。

（二）动作要点

重心转移快，脚蹬地、抵地有力，按拍球的部位要正确，手、脚、躯干协调一致。

» 图6-2-3 运球急停急起

三、行进间体前变向运球

（一）体前变向不换手运球

体前变向不换手运球是当运球队员与防守队员接近时，为了摆脱和突破对手，运用上体的虚晃和左、右拨球动作不换手变向突破防守的一种运球方法（图6-2-4）。

» 图6-2-4 体前变向不换手运球

1. 动作方法

以右手运球为例。当体前变向时，将球从身体右侧拍向体前中间的位置，再将球迅速拨回右侧，然后按拍球的后上方，左脚向右侧前方跨出，上体右转，侧肩挡住对手，从防守的左侧突破，继续运球前进。

2. 动作要点

身体重心转移迅速，按拍球部位正确、熟练。

（二）体前变向换手运球

体前变向换手运球是当对手堵截运球前进路线时，突然换手运球，向左或向右改变运球方向，借以摆脱防守的一种运球方法（图6-2-5）。

» **图 6-2-5** 体前变向换手运球

1. 动作方法

以右手运球为例。运球队员从对手右侧突破时，先向防守左侧做变向运球假动作。当对手向左侧移动堵截运球时，运球队员突然按拍球的右后上方，使球经自己体前右侧反弹至左侧前方，右脚向左前方跨出，上体向左转，侧肩挡住对手，同时换左手按拍球的后上方，左脚跨出并用力蹬地加速，从对手的右侧突破。

2. 动作要点

变向时，重心降低，转体探肩，蹬跨突然，还原快速有力，换手变向后加速要快。

四、胯下运球

胯下运球是当对手紧逼防守不能用直线运球或体前变向运球等方法时，采用胯下运球改变行进方向以摆脱防守的运球方法。

（一）动作方法

技术精讲与解析：胯下运球

以右手运球为例。向右前方运球推进，变向时，右手手指和手腕用力，按拍球的右上方，将球从胯下拍至身体左侧，用左手接球，同时身体转向右侧。左手按拍球的后上方，向前推进（图6-2-6）。

» 图 6-2-6 胯下运球

（二）动作要点

右手向胯下运球时要用力，按拍球的部位正确，球的落地点在两脚中间，重心不要起伏，转、蹬、转拍协调连贯。

五、转身运球

转身运球是当对手贴身防守不能用直线运球或体前变向运球、胯下运球等方法时，采用转身运球改变行进方向以摆脱防守的运球方法。

（一）动作方法

以右手运球为例。变向时，用左脚在前为轴，左后转身的同时，右手将球拉至身体的后侧方，并按拍球落在身体的外侧方，然后换左手运球，加速前进（图6-2-7）。

转身运球

» 图 6-2-7 转身运球

（二）动作要点

最后一次运球要用力，转身迅速，重心不要起伏，按拍球的部位正确，转、蹬、转拍协调连贯。

六、背后运球

背后运球是当对手堵截运球一侧、距离较近、不便运用其他方法时，采用将球从身后运拍至身体另一侧以摆脱防守的运球方法。

（一）动作方法

背后运球

右手运球从背后换左手时，右脚前跨，右手将球拉到右侧身后，迅速转腕按拍球的右后方，使球从背后反弹至左侧前方，左脚同时向左前方跨步，换左手运球加速前进（图6-2-8）。

（二）动作要点

拍球的方法正确，变化迅速，跨步及时，重心跟上。

» 图6-2-8 背后运球

第三节 运球技术教学与练习

一、运球技术教学步骤

（一）建立完整的运球技术动作表象和动作概念，形成正确的运球技术动力定型

1. 建立正确的运球技术动作表象和完整的动作概念

运用直观法，利用示范动作、图片、电影、录像、在线课程等演示运球技术动

作，使学生了解运球技术动作的形象结构；向学生讲解运球的目的和作用，使学生对各种运球技术的运用时机、动作方法、动作要点及关键环节有清楚的了解，指导其进行正确的运球技术学习。

2. 掌握运球技术动作，形成正确的运球技术动力定型

在初学阶段，把握由易到难、由简单到复杂的原则。先让学生掌握正确的运球手法和基本姿势，然后教学生不同的运球技术，如运球手法、身体协调及掌握重心变化，最后让学生反复练习各种运球技术（可采用交叉或轮换的方法练习）。运球的教学顺序是：原地运球—行进间直线高、低运球—运球急停急起—体前变向运球—背后运球—转身运球。

（二）掌握运球技术与其他动作技术的组合，学会组合技术的初步运用

1. 掌握运球技术动作和其他技术动作的衔接

学生在掌握各种运球技术后，可以和持球突破、投篮等技术动作衔接起来，或与各种运球技术动作衔接进行组合技术的练习。

2. 提高完成组合技术的质量

在能衔接连贯组合技术动作的基础上，进一步掌握组合技术的节奏、速度和动作的准确性。如背后运球和转身运球的组合技术练习，转换动作间要有一定的时间停留。

3. 提高应变能力

按照比赛实际需要，把运球和突破、投篮等动作结合起来练习，提高运球的应变能力和战术意识。

（三）在攻守对抗条件下，提高运球技术的能力

（1）在消极对抗的情况下，提高运球选择的运用时机和运用能力。

（2）在积极对抗的情况下，提高在对手堵截、抢断、干扰情况下的运球能力。

二、运球技术练习方法

（一）熟悉球性练习

（1）原地拍起静止不动的球：将球放在地上使之静止不动，然后用手腕、手指不

断地拍球，利用球的反弹作用将球拍起，随后把球拍至地上静止，再重新把球拍起。

（2）固定手臂运球：准备姿势同上，把运球手的肘关节放在膝上固定不动，利用手腕、手指力量低球。

（3）直臂对墙运球：一手托球于头前上方，利用手腕、手指力量对墙进行运球。速度由慢到快，两手交替练习，最后双手同时对墙练习。

（4）坐位运球：运球者坐在地上，两脚向斜前方分开，运球者沿腿的内外侧进行运球练习。

（5）单臂支撑旋转运球：运球者单臂支撑成侧卧撑，以支撑手为轴，另一手运球旋转移动，然后换手支撑。反复练习。

（6）双手运球练习：双手同时体侧运球或不同时依次交替运球练习。

（二）原地运球

（1）原地高、低运球，左、右手交替进行原地体前左、右手变向运球：运球者两腿开立，约与肩同宽，右手运球按拍球的右上方使球弹向左侧，左手按拍球的左上方使球弹向右侧，反复练习。

（2）原地体侧前后推拉运球：运球者两腿前后开立，运球手按拍球的后上方使球向前弹出，运球手迅速前移至球的前上方，按拍球的前上方使球弹回。熟悉后可加大动作幅度与速度，反复练习。

（3）原地胯下左、右运球：运球者两脚前后开立成弓箭步，右手持球加力，使球从胯下向左反弹，左手迎引球后，再加力使球从胯下向右反弹，依次两手交替运球。动作速率可逐渐加快。

（4）原地胯下绕"∞"字运球：两腿左右开立，约与肩同宽，其他动作方法基本同上。只是迎引球的手接触到球时，引球从腿外侧绕过来再推向另一侧。

（5）原地背后换手变向运球：运球者两脚左右开立，约与肩同宽，左手持球向左挥摆至体侧，然后用手指、手腕加力，使球经身体左侧向后右下方落于体前，使球向右侧上方反弹，右手在背后右侧控制球，然后再加力向左运拍。依次在背后交替换手运球，反复练习。

（三）行进间运球

（1）全场直线运球：学生分三组站立，做直线高、低运球练习（图6-3-1）。

（2）弧线运球：沿罚球圈中圈做弧形运球到对面的底线，再沿边线直线运球返回（图6-3-2）。

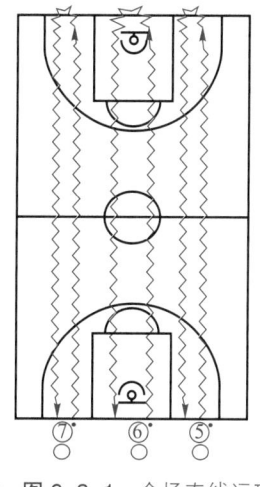

» 图 6-3-1　全场直线运球　　　　　　　　» 图 6-3-2　弧线运球

（3）运球急停急起：每人一球，根据老师信号练习急停急起或变速运球（图6-3-3）。

（4）曲线运球：全场进行曲线变向运球练习（图6-3-4）。

（5）运球后转身或背后换手变向运球：按图示路线到障碍物后做后转身一次或背后运球一次，再换手加速继续前进。然后站另一组排尾，按顺序进行练习（图6-3-5）。

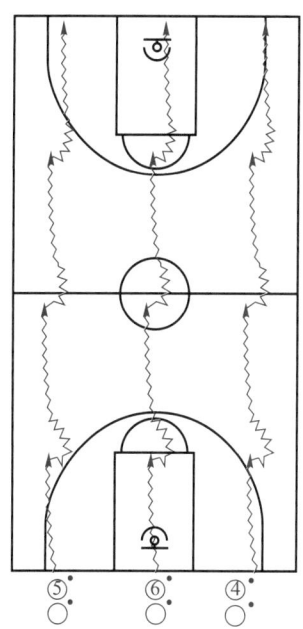

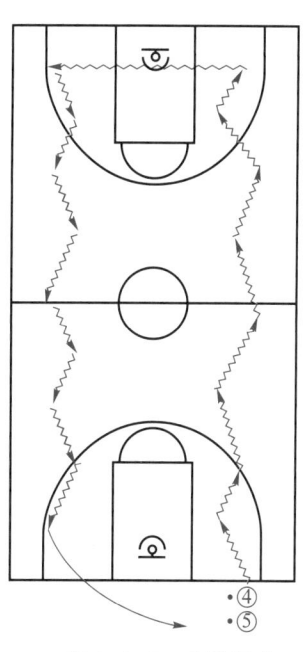

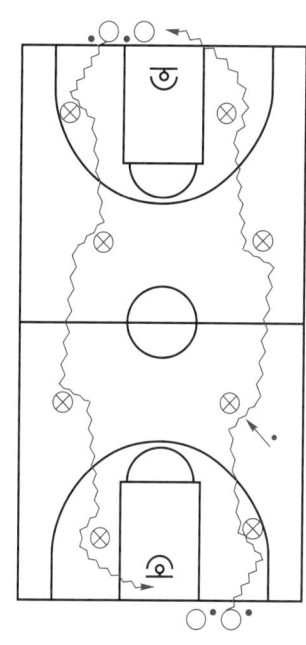

» 图 6-3-3　运球急停急起　　　» 图 6-3-4　曲线运球　　　» 图 6-3-5　运球后转身

（6）领跑运球练习：一名队员不带球在前面时快、时慢，做变向、急停、后转身等动作，另一名队员持球在后面跟随他做相应的运球动作。

（四）运球对抗练习

（1）全场一攻一守练习：两组同时进行全场一攻一守的练习，然后分别站到对组的排尾（图6-3-6）。依次轮流练习。

要求：开始时只准堵位，不准抢、打球，然后逐渐由消极到积极防守，最后到强烈对抗，真攻真守。

（2）全场二防一练习：一人运球，两人防守，进行全场攻守练习。

要求：开始时只准堵位，然后逐渐由消极到积极防守，进行围堵、拼抢，以提高运球能力（图6-3-7）。

（3）在全场或半场比赛中练习，提高运球的能力。

（4）弱手攻防练习，半场二对二或三对三攻守练习：都要用弱手运球，否则视为违例，目的是提高弱手的运球能力，进一步提高控制球的能力。

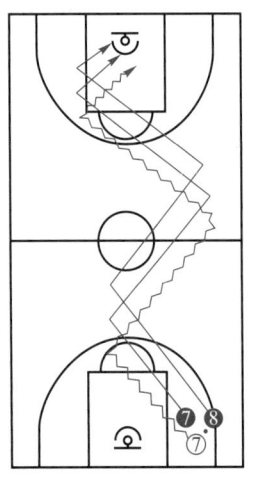

» 图6-3-6 全场一攻一守运球练习   » 图6-3-7 全场二防一运球练习

（五）运球技术综合练习

（1）运球与传、接球结合练习：②开始运球，在运球中将球传给③，然后跑至③排后。③接球后运球中把球传给④，然后跑至④排后（图6-3-8）。依此类推，连续练习。

要求：运球与传球的衔接要快而协调，不出现走步违例。此练习目的是提高运球和其他技术动作的衔接能力。

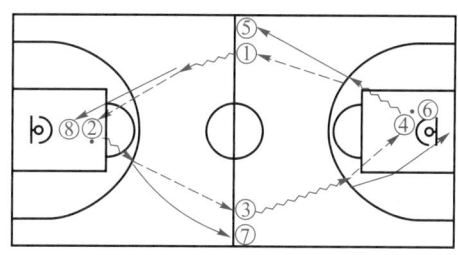

» 图6-3-8　运球与传、接球结合练习

（2）运球、传接球、投篮练习：①和④各持一球，同时开始运球，运至罚球线延长线时，分别将球传给⑧和⑦，传球后迅速向篮下切进，途中再接⑧和⑦的回传球，快速运球上篮；投篮后自抢篮板球，分别传给⑤和②（图6-3-9）。依次练习。

要求：技术动作的衔接要连贯协调，不出现走步违例。此练习目的是提高队员快速运球上篮和抢篮板球后第一传的技术。

（3）运球交叉、传接球、投篮练习：①运球与②交叉时，将球传给②，②运球中将球传给①，连续进行，接近篮下时，掩护投篮，然后交叉练习（图6-3-10）。

要求：交叉后，接球队员要加速运球，传球队员要注意保护球，无球摆脱和运球变向要突然，运球时注意保护球。此练习目的是提高技术的运用能力，逐渐培养战术意识。

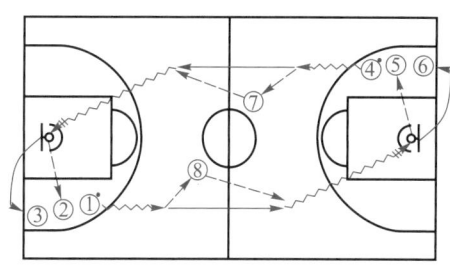

» 图6-3-9　运球、传接球、投篮练习

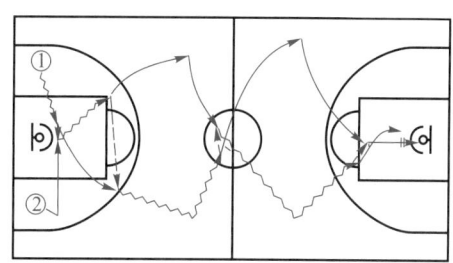

» 图6-3-10　运球交叉、传接球、投篮练习

三、运球技术易犯错误与纠正方法

（一）易犯错误

（1）运球时低头，不观察场上情况。

（2）运球时掌心触球或单靠手指拨球或手腕紧张。

（3）手、脚、躯干配合不协调。

（4）运球时用手打球、拍球，不是用手腕、手指按拍运球，球在手上停留的时间过长。

（二）纠正方法

（1）看教师示范运球，反复模仿正确技术。

（2）进行运球的熟悉球性练习。

（3）听信号练习各种运球动作。

（4）设置障碍架进行变向运球练习。

四、运球技术的教学与练习建议

（1）运球的教学顺序：原地运球—行进间直线高、低运球—运球急停急起—体前变向运球—背后运球—转身运球。

（2）运球的关键是控制能力和手脚的协调配合。以熟悉球性，提高控制球、支配球的能力。同时，要提高脚步动作的速度和灵活性。

（3）训练中要注意加强弱手的练习，使左、右手运球的能力均衡发展。

（4）训练中应培养队员屈膝护球的能力，强调运球时养成抬头观察场上情况习惯的训练。

（5）训练中要注意战术意识的培养，掌握好运球的时机，并及时变换和衔接下一个技术动作。

（6）若已掌握运球的正确动作，便可慢慢加大训练的难度，如进行看不到球的练习、攻守对抗（由消极到积极）练习、以少防多等练习。

（7）在教学训练中，对学生完成的技术动作，应及时作出评定，肯定优点，指出错误，分析产生错误的原因，并及时采取纠正错误的辅助练习和训练手段。

五、运球技术的运用

运球是篮球比赛中个人进攻的重要技术，运动员合理运用运球技术不仅能吸引、摆脱和突破防守，还能给个人或同伴创造有利的进攻机会，也是发动组织战术配合的重要桥梁。因此，运球技术的运用要注意以下问题：

（1）运球技术不仅要有良好的身体素质和熟练丰富的移动动作做基础，而且要有良好的观察判断和团队意识，还要注重左、右手熟练控制球的能力。

（2）运球技术的运用要动静结合、快慢结合、多少结合。要加强运球技术的组合练习，做到根据实际情况合理有效的运用运球技术。

（3）运球不能仅仅是运球，还要随时准备传球、投篮和突破，有目的的运球可以突破防守，发动进攻，调整有利的位置，寻找最佳的进攻时机。

思考题"

❶ 试述运球的几个环节。

❷ 试述运球急停急起的动作方法及动作要点。

❸ 简述运球技术的教学步骤。

❹ 简述易犯的运球技术错误及纠正方法。

❺ 试列举出 5 种熟悉球性的练习方法。

❻ 简析转身运球技术的动作要点、易犯错误与纠正方法。

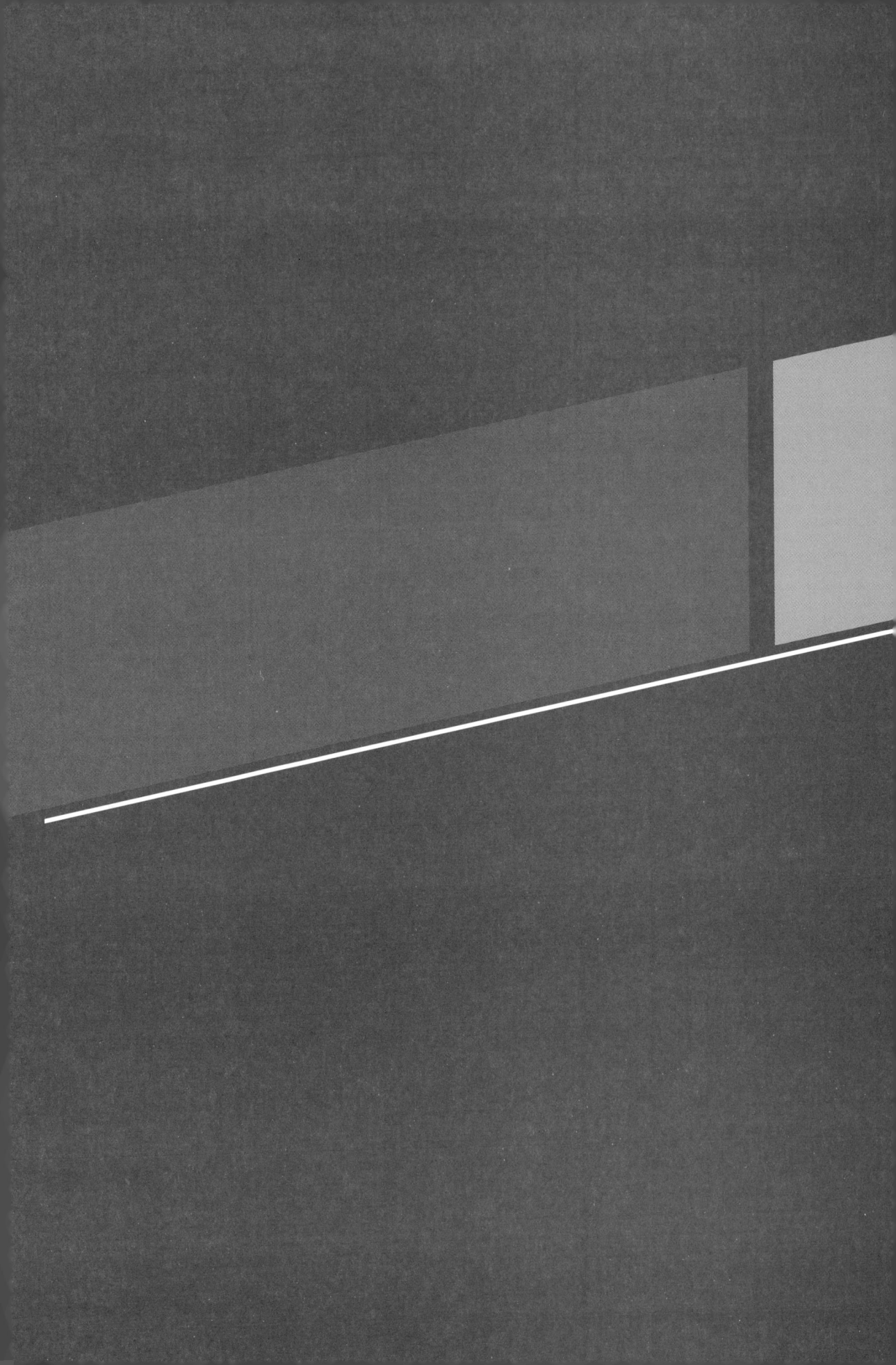

第七章　持球突破技术

本章提要

　　本章主要介绍持球突破技术的分类、分析、动作方法、教学步骤、练习方法、教学与练习方法等内容。

持球突破是持球队员将脚步动作和运球技术等相结合，快速超越对手的一项攻击性很强的技术。持球突破技术如果巧妙地与投篮、传球、假动作等技术动作有机结合起来，将使持球突破技术更加灵活多变，从而显示出持球突破技术的攻击性。

第一节　持球突破技术分类与分析

一、持球突破技术分类

持球突破依据动作结构可分为持球交叉步（异侧）突破和持球顺步（同侧）突破。

二、持球突破技术分析

持球突破技术动作通常从接到球之后的"三威胁"动作开始，主要由持球动作、蹬跨脚步、转体探肩、推放球加速 4 个环节组成。

（一）持球动作

持球队员从原地持球快速起动突破对手，主要是依靠两脚快速有力地蹬地和及时地跨步抢位。因此，要求持球队员保持屈膝降低重心，并且上体前倾的"三威胁"姿势。

（二）蹬跨脚步

突破时，中枢脚用力踬地发力，上体前倾，通过重心的快速前移和积极有力地蹬地，获得超越对手的加速度。同时，跨出的第一步要稍大些，抢占有利的攻击位置，但身体要保持好平衡，以不失去重心为宜。跨出的脚要落在紧靠对手的侧面，脚尖指向突破方向，以便第二步蹬地加速，突破防守。

（三）转体探肩

随着跨出第一步，上体前移的同时转体探肩，加快突破的起动速度，重心向里靠，内侧手前摆，迅速占据空间有利位置，便于突破对手和保护球。

（四）推放球加速

在一脚突然蹬跨、转体探肩的同时，及时将球迅速向前下方推放。球的落点应在跨步脚外侧稍前方，并以身体和无球手保护球，球离手后，后脚（中枢脚）迅速蹬地发力加速超越对手。加速是突破技术的重要环节，对突破防守起着决定性作用。

第二节　持球突破技术动作方法

一、持球交叉步突破

（一）动作方法

以右脚做中枢脚为例。突破时，左脚以刺探步的动作向前方跨出半步，做向左突破的假动作，当对手重心向右移动时，左脚前脚掌内侧迅速蹬地，向对手左侧跨出一大步，同时上体右转探肩，贴近对手；球移至右手，向左脚右斜前方推放球，右脚迅速蹬地跨步，加速超越对手（图 7-2-1）。

技术精讲与解析：持球交叉步突破

（二）动作要点

假动作要逼真，后蹬有力，起动迅速突然，动作连贯。

» 图 7-2-1 持球交叉步突破

二、持球顺步突破

（一）动作方法

持球顺步突破

以左脚做中枢脚为例。突破时，左脚内侧蹬地，右脚迅速向对手左侧方跨出一大步，同时向右侧转体探肩，重心前移，球移至右手并推放球于右脚斜前方，用身体和左手臂保护球，左脚迅速向对手左侧方跨步抢位，加速超越对手（图 7-2-2）。

（二）动作要点

起动突然，跨步、推放球快速连贯，中枢脚离地前球要离手，以免出现走步违例。

1   2   3

4   5   6

» **图 7-2-2** 持球顺步突破

第三节 持球突破技术教学与练习

一、持球突破技术教学步骤

在持球突破教学中，应先教持球交叉步突破，接着教持球顺步突破，最后教前转身持球突破和后转身持球突破等难度较大的技术动作。

教师应首先通过形象的讲解、正确的示范以及说明示范该技术在实践中的意义，使学生建立整体的动作概念，不要在细节上花费过多精力，以免因过强或过弱的刺激引起泛化现象，应强调掌握动作的主要环节，以取得重点突破效果。

随着学习的深入，学生基本上掌握了持球突破技术动作，初步形成动作动力定型，教师应该强调对持球突破技术动作细节的要求，加强对持球突破技术动作的分析与思考，并纠正整套动作中不合理、不正确的部分。

通过反复练习，学生动作动力定型趋向巩固，动作更精确、协调、省力，初步形成自动化。在这一阶段中，要求学生对动作技术理论和力学原理进行探讨，以加深学生对动作内在联系的认识，防止动作动力定型消退，并配合运动实践促进持球突破技术动作达到自动化程度。

二、持球突破技术练习方法

（一）突破的脚步练习

（1）原地徒手或结合球做持球突破的各种脚步动作的练习，可在教师的口令下集体进行练习。

（2）每人一球，利用假动作做交叉步、顺步突破的各种脚步动作练习，主要体会持球动作、蹬跨脚步、转体探肩、推放球加速几个技术环节的衔接和连贯动作。

（二）无防守情况下的突破练习

（1）行进间自抛自接：接球后做交叉步、顺步突破练习（图 7-3-1）。

（2）原地持球突破练习：学生每人一球，位于 45° 处成一列纵队。练习开始时，做原地持球交叉步、顺步突破后运球行进间投篮。投篮后抢篮板球至队尾，依次进行练习（图 7-3-2）。

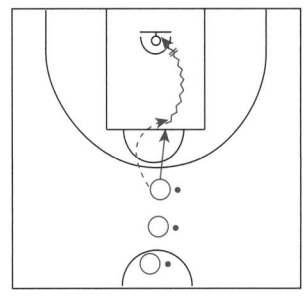 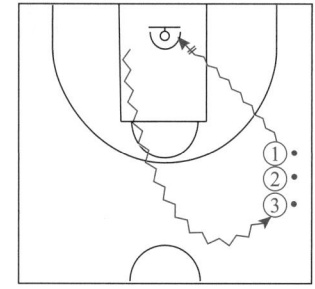

» 图 7-3-1　无防守情况下的突破练习（1）　　» 图 7-3-2　无防守情况下的突破练习（2）

（三）有防守情况下的突破练习

（1）在有防守情况下三人做连续突破练习：三人一组一球，①持球做投、突假动作吸引防守，然后做顺步或交叉步突破，向前运球传给③，并立即防守③，③接球后用同样的方法突破①，向前运球传给❶并防守❶（图 7-3-3）。三人轮换攻防，依次进行练习。

（2）接球急停突破投篮练习：△为防守和传球队员。①传球给△后，做跑上一步接球急停，根据△的防守位置，用持球交叉步或顺步突破投篮，自抢篮板球后运球至队尾（图 7-3-4），依次进行练习。

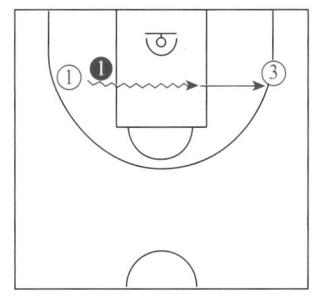

» 图 7-3-3　有防守情况下的突破练习（1）　　» 图 7-3-4　有防守情况下的突破练习（2）

（3）接侧向球急停突破投篮练习：❷为防守队员，②持球，②传球给①后上步接球急停，与❷错位或逼近，根据❷的防守情况，运用交叉步或顺步迅速突破投篮。②投篮后至❷防守位置进行防守，❷抢篮板球后，运球至队尾（图 7-3-5），依次进行练习。

（4）插上接球后突破投篮练习：⊿为传球者，❶为防守者，②摆脱❶的防守背对球篮接球后，根据防守位置情况，可直接做前、后转身突破或转身做交叉步或顺步突破投篮。②投篮后移动至❶的位置进行防守，❶抢篮板球后传给⊿，移动至队尾（图7-3-6），依次进行练习。

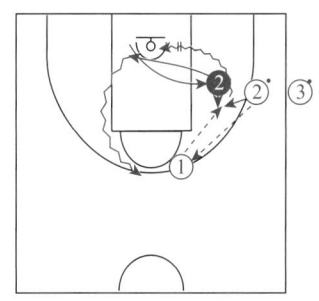

» 图 7-3-5　有防守情况下的突破练习（3）　　» 图 7-3-6　有防守情况下的突破练习（4）

（四）持球突破技术综合练习

（1）"一攻一防"持球突破练习：两人一组一球，做半场的一对一攻防对抗练习。

（2）半场三对三攻守练习：要求防守采用人盯人防守，不许换人。进攻队员不许掩护，主要利用投篮和突破技术相结合进攻。练习一定次数或成功一定次数后，攻守交换。

三、持球突破技术易犯错误与纠正方法

（一）易犯错误

（1）交叉步持球突破时，由于跨步脚尖方向不对，易造成转体过大。

（2）突破时，侧身、探肩不够，身体重心高，后蹬无力，加速不快。

（3）运球突破时，球的落点靠后，没有放在脚的侧前方。

（4）推放球动作之后，身体及无球手保护球的动作不够。

（5）中枢脚离地面过早或中枢脚不以前脚掌为轴，突破瞬间未提踵，易造成走步违例。

（二）纠正方法

（1）反复示范正确动作，讲清动作关键，明确中枢脚概念，剖析造成错误动作的原因，建立正确动作的表象。

（2）多做徒手模仿练习，体会动作要领，再做慢速持球突破练习，逐步提高突破速度。

（3）借助障碍架（或由他人用两手平举站立代替）进行练习，并提醒转体探肩和降低重心，强调加快速度和蹬地力量。

四、持球突破技术教学与练习建议

（1）持球突破技术教学，先要讲清楚其动作结构特点与在竞赛中的作用，强调各技术环节间相互联系及竞赛规则对持球移动的限制。

（2）通过教学使学生掌握两脚都能作为中枢脚，并能及时合理地向不同方向突破。

（3）在掌握持球突破技术的基础上，要把持球突破技术与其他技术进行组合训练，提高持球突破技术与上篮、投篮、分球的结合运用能力。

（4）教学中要培养学生勇猛顽强、敢打敢拼的精神，加强持球突破意识和运用能力的培养。

思考题"

❶ 持球突破技术由哪些技术环节组成？

❷ 简述持球交叉步突破技术的动作方法。

❸ 简述持球顺步突破技术的动作方法。

❹ 学习持球突破技术时，有哪些易犯错误？

❺ 简述持球突破技术在教学中的注意事项。

第八章　防守技术

本章提要

　　本章主要介绍了防守技术的定义、分类，防守有球队员和无球队员的技术分析、动作方法、练习方法、易犯错误与纠正方法以及教学与练习建议等内容。

防守技术是队员在防守时为了阻挠和破坏对手的进攻，达到夺球反攻的目的所采取的各种专门动作方法的总称。人们对防守和防守技术的认识经历了一个由表及里、由点到面、由浅入深的过程。重攻轻守曾经是篮球运动发展中的主要倾向，它影响了篮球的教学、训练、比赛和裁判工作，也阻碍了篮球运动向更高水平发展。攻守平衡是对重攻轻守思想的反思和纠正，使人们对篮球运动攻守关系的认识逐步接近实质。当代篮球防守技术的发展，对每一个运动员的防守意识、身体和技术都提出了更高的要求。因此，提高防守技术和防守能力，成为当代篮球运动员必须解决的重要问题。

防守技术主要包括防守移动（已在第三章移动技术中进行了详细介绍，本章不再赘述）、防守有球队员和防守无球队员（图8-0-1）。

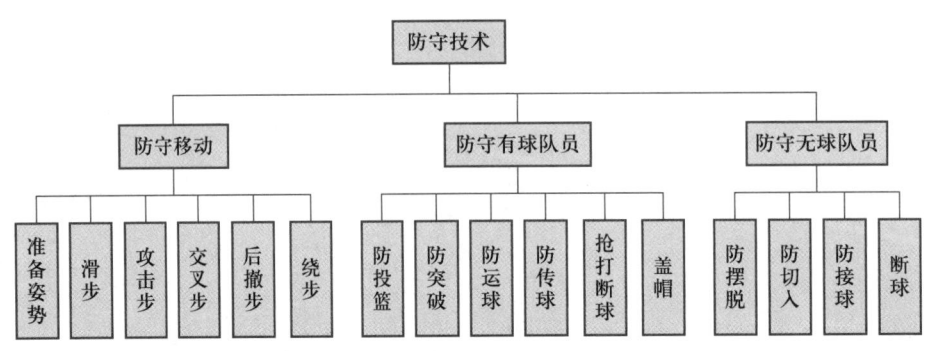

» 图8-0-1 防守技术分类

第一节　防守有球队员

持球队员经常是最有威胁的队员。为了有效地抑制对方进攻，一旦对手接到球，防守者要及时调整与对方的位置和距离，干扰和破坏其投篮，堵截其运球突破，封锁其助攻传球，并积极地抢、打球以争取控球权。根据持球者所要进行的投篮、突破、运球、传球等不同的进攻动作，防守有球队员的技术可分为防投篮、防突破、防运球、防传球、抢打断球和盖帽。

一、防守有球队员技术分析

防守有球队员由防守的位置与距离、防守姿势、移动步法和抢打断球等环节组成

（以人盯人防守为例）。

（一）防守的位置与距离

防守有球队员时，防守者应站在对手与球篮之间，使对方、自己和球篮保持在一条直线上。一般情况下，对手离球篮近，则防守者应离对手近些；离球篮远，则离对手远些。此外，还应根据对手的进攻技术特点（善投、善传或善突）以及防守战术的需要调整防守距离。

（二）防守姿势

防守姿势分为平步防守和斜步防守。平步防守时，两脚平行站立，两手臂侧伸不停挥摆。这种防守姿势占据面积大，攻击性强，便于向左、右移动，适合于防守运球、突破。斜步防守时，两脚前后站立，前脚同侧手臂向前上方伸出，另一手臂侧伸。这种防守姿势便于前后移动，对防投篮比较有利。

（三）移动步法

防守有球队员的脚步动作与对方接球时所处的位置有直接关系。如果持球队员距球篮较近，要快速前滑逼上，举手防其投篮；如果持球队员距球篮较远，要迅速跟上，采用平步防守防其持球突破，并随时准备运用攻击步、后撤步、交叉步等技术；对中锋队员的防守主要采用绕前、绕后、滑步堵截等技术。

（四）抢打断球

运用抢打断球技术，可以把控球权从对方手中夺过来，反守为攻。准确地判断是有效地抢球、打球、断球的前提。首先应看准球所在的位置、球的移动路线，了解对手的配合、意图及习惯动作，然后不失时机地、准确地出击。抢球时，起动要突然，移动的步频要快。不管抢球、打球或断球，突然性很重要，它是抢球、打球、断球成功与否的关键。突然跃出，才能使对手猝不及防。手部动作正确，是获得球的重要因素。手臂的伸、拉、挡、截，手腕和手指的拍击、点拨、扭转等动作要迅速果断。手臂动作幅度不要过大，身体用力不要过猛，要控制身体平衡，以免犯规。

二、防守有球队员动作方法

（一）防投篮

防投篮时，防守队员要站在对方与球篮之间，采用斜步防守，同对手保持一臂的距离。防守队员要全神贯注，注意对手眼神和重心位置的变换，判断对手的进攻意图，不要被其假动作迷惑。当对手举球准备投篮时，防守队员应随之靠近并将前伸的手臂扬起，手掌对准球；当对手投篮刚出手，防守队员要及时起跳，伸直手臂用手腕封球，干扰其投篮弧度，并争取"盖帽"。

（二）防突破

防对手持球突破，要根据对手习惯、技术特点（中枢脚、突破方向、假动作等）来采取相应对策。如对手以左脚为中枢脚，用交叉步从防守队员的右侧突破时，防守队员可稍偏于对手的左侧站立，以右脚在前的斜步（或平步）防守堵其左脚侧，与前脚同侧的手臂前伸指向球的部位，并伺机以小臂和手的短促动作挑打球，另一手侧伸防对手突破；当对手突破时，要及时用撤步、交叉步或滑步继续防守。

（三）防运球

防运球时应遵循两条原则：一是堵中路迫使其向边、角运球；二是堵其强手迫使其用弱手运球。为了扩大防守面积，堵截对手向纵深方向运球时，应采取平步防守姿势。当对手开始运球时，防守队员应将视线集中于对手运球的手和球上，并抢先快速向运球方向滑动，以身体的躯干对着球的着地点，阻止对手从中路运球突破。

（四）防传球

当对手善于传球助攻时，防守队员要积极阻挠其传球。防守时要根据其位置和视线，判断其传球意图。防守队员有时上前贴近对手，挥动手臂封堵其传球，最好将球打掉或干扰其传球的路线、速度和落点，或迫使其向攻击威胁弱的位置传球。

（五）抢球

抢球是从进攻队员手中夺取球的方法，多在防守者离持球者近，而且持球者保护球不好时运用。

当进攻队员停止运球、接球或抢到篮板球落地时，防守者趁其保护球不当出其不意将球抢过来。抢球时动作要快而狠，果断有力，当手指接触球或控制住球的同时，利用拧、拉和身体扭转力量，同时手臂要迅速向腰腹回收，将球抢夺过来。抢球的手法一般是一手在上、一手在下直握，出手要快，动作有力，扭拉要突然。

（六）打球

打球是指击落对方手中球的方法，包括打原地持球队员的球、打运球队员手中的球和打行进间投篮队员手中的球三种情况。

1. 打原地持球队员手中的球

打原地持球队员手中的球有自上向下和自下向上两种方法。打球时，一般与球运动的逆向迎击，这样可借助反向合力增大击球力量，易将球击落。例如，当对手持球由胸以上部位向下移位时，宜采用自下向上的方法打球。打球时，多用手指、手掌击球，用手指、小臂与手腕的短促快速动作弹击，不可挥大臂上步抢打（图8-1-1）。手臂出击动作要快，判断要准确。

» 图8-1-1 打原地持球队员手中的球

2. 打运球队员手中的球

以右手运球为例。当运球队员向前推进时，防守者应在左脚向左滑步抢位堵截的同时，在球从地面弹起的瞬间，突然用左手，以短促有力的动作从侧面将球打出，并及时上前抢球（图 8-1-2）。

» 图 8-1-2　打运球队员手中的球

3. 打行进间投篮队员手中的球

进攻队员运球上篮时，防守者侧身跟随运球队员，当对手起步上篮跨出第二步，把球由体侧移到腰腹部位的瞬间，防守者可用（右）左手自上向下的斜击方法将球打落。为了避免犯规，打球的手臂要迅速从对手身旁撤离，跟随移动快，找准时机，迅速出手，手臂撤离要快（图 8-1-3）。

» 图 8-1-3　打行进间投篮队员手中的球

（七）封断球

封断球是封堵持球队员传球时截获球的方法。当持球队员暴露了自己的传球意图，或传球动作较大时，防守队员在对手球出手一刹那，突然起动，伸臂将球封盖或截获。

（八）盖帽

进攻队员投篮或上篮时，防守队员跳起将球打落称为盖帽。盖帽前，要根据进攻队员的投篮动作和身高、弹跳等特点，降低重心，迅速移动，选择有利位置，准确判断对手起跳及出球时机，当对手起跳投篮时，立即跟随起跳。此时，身体和手臂充分伸展，当对手举球到最高点或球刚出手的一刹那，迅速而果断地向侧或向前点拨球，将球打落。打球动作要小而突然，前臂不要下压，要尽量避免接触对手的身体，以免造成犯规（图8-1-4）。判断要准确，起跳要及时，盖帽后要注意收腹以免犯规。

1   2   3   4   5

» 图 8-1-4　盖帽

三、防守有球队员技术教学与练习

（一）防守有球队员练习方法

（1）一攻一守脚步移动练习：两人一组，一攻一守，相距2~3米，进攻队员抛接球，防守队员迅速逼近对方，进攻队员向左、右运球突破，防守队员做横滑步堵截；防守队员可以逐步接近对方，进攻队员开始做投篮假动作，然后突然突破，防守队员做撤步、滑步堵截。

要求：防守队员要做到判断准确、反应敏捷、移动快速。

（2）全场一攻一守练习：两人一组，一攻一守，进攻队员运球突破，防守队员运用各种防守步法积极移动，保持有利防守位置并伺机抢、打球。一旦防守队员被进攻队员突破时，迅速运用撤步、交叉步追防，力争尽快重新占据合理防守位置。

要求：防守队员应始终与进攻队员保持一臂距离，遵循堵中路、防强侧手的原则。

（3）防中投练习：两人一组用一球。进攻队员距篮6米站位，防守队员将球传给进攻者后，立即进行防守，进攻队员可做投突结合动作，或原地跳起投篮，或向左、右拍一次球急停跳投。防守队员练习防中投动作。练习一定次数后，攻守互换。

要求：防守队员保持正确位置，判断对手起跳投篮出手的时机，迅速做出打盖反应行动。

（4）综合练习：学生成一路纵队站在罚球线延长线外，❶持球用地滚球或反弹球给①后，立即迎前进行防守。①接球后做投、切假动作，然后根据情况从左、右突破投篮或突破急停跳投。防守队员全力防突破防中投。①投篮后抢篮板球，将球传给下一个学生后立即防守。防守队员至队尾，依次交换练习（图8-1-5）。

要求：防守突破和投篮时，尽快摸清进攻者的习惯动作，制约对手特长的发挥。

（5）原地抢球、打球练习：将学生分为两人一组。持球队员在原地做投突结合的脚步动作，防守队员体会抢球、打球动作要领。练习数次后，互换攻守。

要求：进行抢、打球时，要保持正确的防守位置，控制身体平衡，抢、打球动作要果断，主要以小臂、手掌、手指短促动作突然抢、打球。

（6）围抢、打中锋队员手中球的练习：三人一组，两组进行三攻三守练习。①与②相互传球，随时准备将球传给中锋③，③接球后做转身跨步动作；防守队员❶、❷、❸在③接球时，迅速夹击围守中锋，并伺机抢、打球。连续练习数次后，转换位置，互换攻守（图8-1-6）。

要求：防守队员要随球转移，及时调整防守位置，当中锋得球时，立即回缩夹击围守中锋，抢、打球动作要迅速、准确。

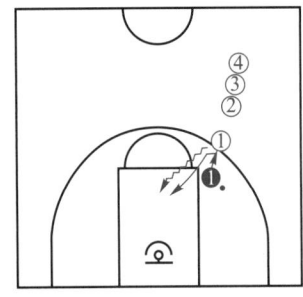

» 图8-1-5 综合练习

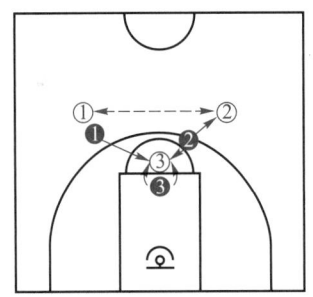

» 图8-1-6 围抢、打中锋队员手中球

（7）打运球起步上篮的球：学生分两排站在罚球线外，❶持球传给①后变为防守队员，①接球后沿边线运球上篮，❶迅速追防，当①起步刚要起跳上篮时，❶用右手将球打落。攻守交换位置，依次轮流练习（图8-1-7）。

要求：进攻队员只准沿边线运球上篮，防守队员要看准时机，当运球队员跨出第二步，将球由体侧移到体前刚要向上举球时，防守队员用右手斜击打球。

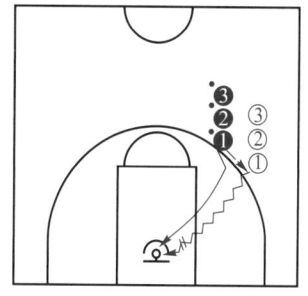

» **图 8-1-7** 打运球起步上篮的球

（二）防守有球队员易犯错误与纠正方法

1. 易犯错误

（1）防守时脚步移动慢，当对手由无球到有球时，防守不能及时到位，或上步前冲过猛，或不敢逼近持球队员。

（2）对手投篮时不举手干扰封盖或封盖时挥臂幅度过大，造成犯规。

（3）防突破时，身体重心不稳，手脚配合不协调，易受对手假动作迷惑。当对手突破时，脚步移动慢，轻易放弃防守或造成犯规。

（4）防运球时脚步移动慢，不敢贴近对手，用手臂拦截而脚步不移动，盲目掏、打球。

（5）抢、打球前，时机判断不好，或过早暴露行动意图，失去良好的行动机会。

（6）抢、打球时，起动慢，移动的步频不快，整个动作缺乏突然性，以致抢、打球的实效性差。

（7）手臂动作幅度过大，身体用力过猛，身体平衡控制不好，造成犯规。

2. 纠正方法

（1）强调防守时注意力集中。可以采用二攻二守、三攻三守的练习，要求进攻队员在固定位置传接球，强调防守队员随球转移及时移位，做到球到手、人到位，球传出后立即后撤，人球兼顾，提高脚步移动速度和控制重心的能力，增强防守有球与无球的转换意识。

（2）强调对手举球投篮时必须扬手干扰，不让对手轻松投篮出手。盖帽时要手臂伸展向上起跳封球，提高起跳、封盖的判断能力及保持身体平衡的能力。

（3）简化练习方法，要求进攻者协助防守队员练习，并检验防守队员的动作和反应。进攻的动作由慢到快，由单一到组合，逐步增加练习难度；要求防守积极，快速移动，当对手突破时一定要防守到底。

（4）提高脚步移动速度和灵活性。强调防运球的正确姿势，要抢先移动用身体躯干堵截运球。开始练习防运球时，只要求迅速移动跟防，不准用手打球，待脚步移动熟练后再提出打球的要求。

（5）掌握正确、合理的抢、打球的手部动作。可采用一些辅助练习，提高手臂伸、拉，手腕和手指的拍击、点拨、扭转等动作的力量和突然性。

（三）防守有球队员技术教学与练习建议

（1）防守技术是全队防守的基础，在教学与练习中，要引导学生辩证地思考篮球运动中进攻和防守的关系，树立积极防守的指导思想，认识和践行其中蕴含的顽强、信任、协同、守则等精神和意识。

（2）教学与练习顺序：先教防守选位原则，再教单个技术、组合技术；先在消极进攻情况下练习，然后在积极对抗的情况下练习。

（3）防守有球队员要与防守无球队员结合起来练习。

第二节　防守无球队员

无球队员的移动摆脱和接球往往具有很大的进攻威胁。要提高防守的主动性、攻击性，有效地制止对手进攻，必须增强对防守无球队员重要性的认识，提高防守无球队员的技能。

根据无球队员移动切入的意图和路线，防守无球队员的技术可分为防摆脱、防切入、防接球和断球。

一、防守无球队员技术分析

防守无球队员由防守的位置与距离、防守姿势、移动步法、断球等环节组成（以人盯人防守为例）。

（一）防守的位置与距离

防守无球队员时，防守队员必须根据球和自己防守的对手所处的位置来确定和调整自己的防守位置。防守无球队员时，始终要坚持"球—我—他"的选位原则，即防守队员的位置始终要位于对手与球篮之间，并偏向有球一侧，与球和所防对手三者要成钝角三角形，防守队员始终位于钝角处，视野范围内一定要有自己所防队员和持球进攻队员。防守队员与对手的距离要和对手距球的远近成正比，做到对手近球则近，远球则远，人、球、区三者兼顾，控制对手接球。根据球和对手所处的位置，防守无球队员可分为强侧（有球侧）防守和弱侧（无球侧）防守。

（1）强侧防守：当防守的对手处在强侧时，因其临近球，随时都有接到球的可能。为了全力封锁对手接球，同时又能控制对手向篮下切入，防守队员应站在球与自己所防守对手的传球路线的内侧位置，逼近对手，采用面向对手侧向球的斜前站立姿势（图8-2-1）。靠近球侧的脚在前，屈膝，重心在两脚之间；与前脚同侧的手前伸，拇指朝下，手掌处于球与对手的假想连接线上，切断对手的传接球路线；离球远的手臂弯曲，以便感觉对手的动向以防切入；眼睛要既看到人，又能兼顾到球。

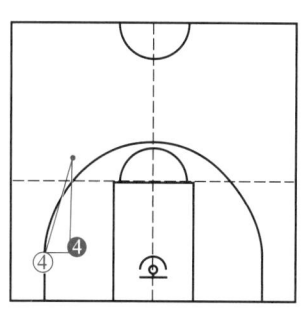

» 图8-2-1 强侧防守图

（2）弱侧防守：当防守的对手处于弱侧时，因其距球较远，威胁相对较小。为了协助同伴共同加强对有球侧的防守，并便于控制篮板球，应向球和球篮方向靠拢，采用松动防守。经常采用的是面向球、侧向对手的站立姿势，即两脚开立，两膝稍屈，两臂伸于体侧，密切观察球、人的动向。当球在罚球线的延长线以上时，防弱侧前锋⑦和后卫⑧的位置（图8-2-2）。当球在罚球线以下时，防守⑦的位置应回缩到篮下，防守⑧的位置应回缩到罚球线附近（图8-2-3）。

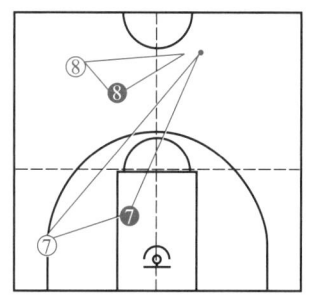

» 图8-2-2 球在罚球线以上时

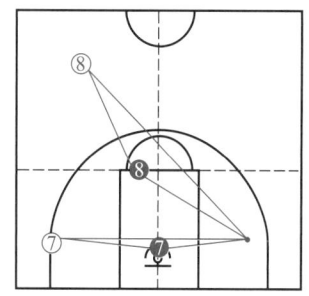

» 图8-2-3 球在罚球线以下时

（二）防守姿势

正确的防守姿势能扩大控制范围和及时向不同方向移动。采用何种防守姿势，应根据对手是处在强侧还是弱侧，以及防守队员与对手和球的距离远近来选择。

（三）移动步法

防守时，防守队员要根据球和人的移动，合理地运用脚步动作来保证及时占据有利的防守位置，争取主动。防守无球队员常用的移动步法有滑步（前滑步、后滑步、横滑步）、撤步、快跑和转身等。每种步法的运用都是针对一定的进攻行动的。

防守位置、姿势与移动步法三者有密切的内在联系。防守无球队员时，一定要了解自己所处的位置是在强侧还是弱侧，再采用相应的防守姿势，确定自己的防守重点，然后根据进攻队员的移动，变化防守步法和动作，以限制无球进攻队员摆脱或接球进攻，达到控制对方的目的。不同位置、不同姿势、不同步法的运用与变化，构成了对无球队员的完整防守。

二、防守无球队员动作方法

（一）防摆脱

在人盯人防守情况下，防守队员要根据对手所处的位置不断调整自己的防守位置和距离，始终在自己的视野内注意球的动向和对手的动向，防止对手摆脱防守，进入有威胁的区域或接球进攻。

（二）防纵切

如图 8-2-4 所示，④传球给⑧，❹及时偏向球侧错位防守。当④向篮下纵切要球时，❹应抢前移动，合理运用身体堵截纵切路线，坚决不让对手从自己身前切过，同时伸出左臂封锁接球，迫使对手向远离球方向移动。

再如图 8-2-5 所示，④持球，❽贴近错位防守，当⑧向上摆脱做要球假动作后反跑时，有两种防守方法：一种是防守队员以后脚为轴随之做前转身，面向对手，同时举手，转头看球，贴近对手，封堵接球；另一种是防守队员以后脚为轴做后转身，面向球、背向人，用手触摸对手，跟随他移动。

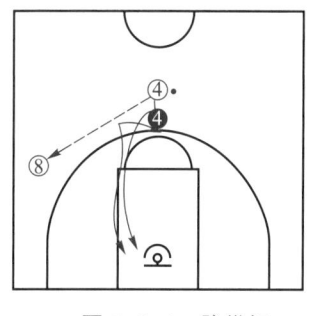
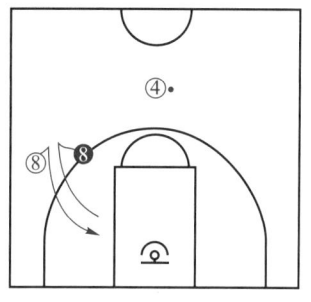

» 图 8-2-4　防纵切　　　　　» 图 8-2-5　防反跑

（三）防横切

如图 8-2-6 所示，④持球，❻横切要球时，❻上左脚，合理运用身体堵截，同时伸左臂封锁接球，不让其从自己身前横切要球。如图 8-2-7 所示，当❻直接从底线横切（即溜底线）时，❻开始面向球滑步移动卡堵对手，以身体某部位接触对手，跟随其移动，同时伸左臂封锁接球。待对手移过纵轴线进入强侧时，❻迅速向右前转身贴近对手，伸右臂封锁接球，将对手逼向场角。

防横切

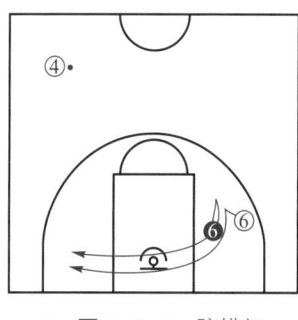
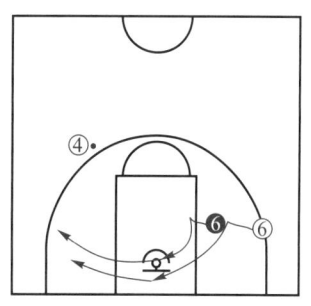

» 图 8-2-6　防横切　　　　　» 图 8-2-7　防溜底线

（四）断球

断球是截获对手传球的方法。根据传球方向和防守队员断球前所处的位置，断球一般分为横断球、纵断球和封断球三种。

1. 横断球

横断球是指从接球队员侧面跃出截获球的方法。

方法：断球时，重心迅速向断球方向移动，以短而快的助跑，单脚或双脚用力蹬地跃出，身体伸展，两臂前伸，用双手或单手将球截获（图 8-2-8）。

要点：蹬地有力，跃动迅猛，两臂快伸。

» 图 8-2-8　横断球

2. 纵断球

纵断球是指从接球队员身后或侧后方突然用绕前防守步法跃出截获球的方法。

方法：当防守队员要从对手右侧绕前断球时，右腿先向前跨第一步，然后侧身跨左脚绕到对手身前，同时重心前移，左脚或双脚用力蹬地向前跃出，身体伸展，两臂前伸，将球截获（图 8-2-9）。

要点：侧身绕前，跨步要迅速有力，手部前伸突然。

» 图 8-2-9　纵断球

3. 封断球

防守进攻队员接球时，利用灵活的脚步移动，突然在进攻队员身前伸臂，封锁其接球路线，将球打掉。

三、防守无球队员技术教学与练习

（一）防守无球队员练习方法

（1）移动选位练习：如图8-2-10所示，后卫队员①和②传球，接球后都要做瞄篮和持球跨步突破的假动作，而后将球传出。防守队员要针对对手有球和无球情况，及时移动选位，做出相应的防守动作。连续数次后，互换攻守。

要求：练习时注意力要集中，当球传出后应立即向球和球篮方向移动，做到人球兼顾，防守及时到位。

（2）强侧、弱侧防守练习：如图8-2-11所示，进攻队员在外围传球，可做摆脱接球动作，但不能穿插、掩护。防守队员根据球的位置做相应选位，积极防守摆脱接球，反复练习数次后攻守互换。

要求：始终保持正确的防守姿势，根据球的情况随时调整防守位置，做到人球兼顾。

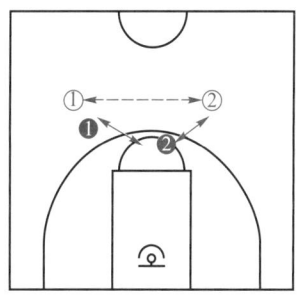
» 图8-2-10 移动选位练习

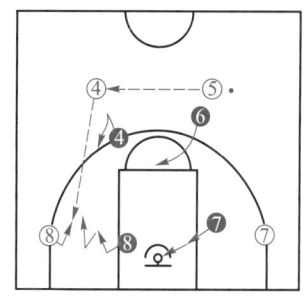
» 图8-2-11 强侧、弱侧防守练习

（3）防守纵切练习：如图8-2-12所示，教师（△）持球，●防①；当①向球纵切时，●抢先移动至对方与球之间，堵截①的接球路线，阻止对手接球。①进攻后变为防守，●防守后到队尾。

要求：防守队员站在对方与球之间，人球兼顾，对手向有球区切入时抢位在前，当对手背向球越过篮下时跟防在后，始终保持"球—我—他"的位置关系。

（4）防守横切练习：如图8-2-13所示，教师（△）在圈顶外持球，②为传接球队员，●防①。当教师传球给②时，●及时调整防守位置；当①下压横切要球时，●

抢先堵截其接球路线，阻止其接球；如①溜底线接球，❶撤左脚面向球，贴近对手防❷传球给①。①进攻之后去担任防守，防守队员去替换❷传球，❷将球回传给教师后到右侧队尾。然后进行下一组练习。

要求：防守队员随球转移及时到位，人球兼顾，防对手横切时抢先堵截其接球路线，对手溜底线时要撤步后转身面向球跟防。

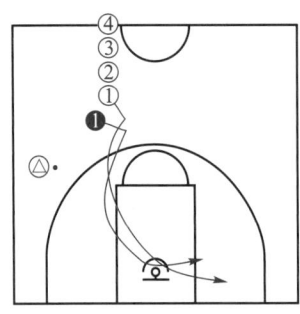
» 图 8-2-12　防守纵切练习

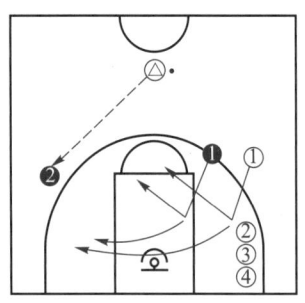
» 图 8-2-13　防守横切练习

（5）体会断球动作：两人传球，另两人在侧面或后面练习断球，体会横断球和纵断球的步法和手臂动作。

要求：开始练习时，传球距离远些，速度慢些，防守队员距离进攻队员近些，然后逐步加大难度。

（6）往返断球反击练习：如图 8-2-14 所示，①和②行进间传接球，❶和❷防守，❶断球后与❷快速传球推进，站在对面的❸与❹看准时机及时起动，断❶与❷的传球后进行反击。如此反复进行。

要求：断球获球后，要求两人用双手胸前传球方法推进。

（7）断获球反击和回防练习：如图 8-2-15 所示，学生分成三组，④、⑤手中每人一球，❶防①，④传给①，❶判断时机起动断球，如获球则运球向前反击，此时④变防守，防①运球突破和投篮，并伺机打球。如①接到④传球，则转身运球上篮，❶立即回防，并伺机打球。顺时针轮转换位，依次连续练习。

要求：断球要及时，传球要准确，失误后立即回防，并伺机打球。

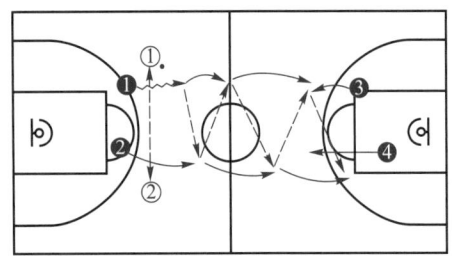
» 图 8-2-14　往返断球反击练习

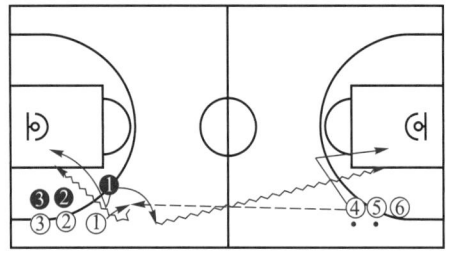
» 图 8-2-15　断获球反击和回防练习

（二）防守无球队员易犯错误与纠正方法

1. 易犯错误

（1）站位错误，视野范围小，人球不能兼顾。

（2）防守的姿势高，重心不稳，移动慢且步法乱。

（3）手臂动作运用不当或手臂动作紧张僵硬，缺乏断球意识。

（4）断球时步法不灵活，贻误断球时机。

2. 纠正方法

（1）检查、矫正防守姿势和选位角度，进行有助于扩大视野的基本功练习。

（2）反复进行短距离防守移动，变换步法练习。降低重心，保持身体平衡。多做一攻一守的徒手追拍游戏，提高变速变向移动的灵活性，简化防守练习形式，限制进攻队员的移动路线和范围。

（3）练习抢位堵截对手接球时，教师有意识地向防守人传球，诱导防守队员随时注意断球。

（4）加强绕前步和侧跑起跳动作的练习。

（三）防守无球队员技术教学与练习建议

（1）防守无球队员是防守的重要方面，与防有球队员同样重要。进行防守无球队员的教学与练习时，先要让学生明确防守无球队员在整个篮球竞赛中的重要地位，向学生灌输积极防守的指导思想，克服重攻轻守的倾向，培养积极主动、富有攻击性的防守意识和不怕困难、勇猛顽强、勇于拼搏、永不放弃的防守作风。

（2）在教学与练习时，教师先要讲解、示范防守的位置、距离、姿势和步法，使学生建立明确的概念，然后按照由简到繁、由易到难的原则，增加防守内容，设定不同区域，限定相关条件，逐步增加练习难度。

（3）在教学与练习中，不断扩大队员的视野范围，提高防守的预见性。

（4）要特别重视加强从防无球到防有球，从防有球到防无球，从防强侧到防弱侧，从防弱侧到防强侧的转化练习，增强应变意识和反应能力。

思考题"

❶ 防守技术包括哪些内容？

❷ 简述防守有球队员的技术环节。

❸ 防守无球队员时如何选位？

❹ 防守运球有哪些要求？

❺ 如何防守无球队员的横切和纵切？

❻ 防守有球队员时主要有哪些易犯错误，如何纠正？

第九章 抢篮板球技术

  本章提要

　　本章主要介绍了抢篮板球技术的分类、分析、动作方法、教学步骤、练习方法、易犯错误与纠正方法等内容。

篮球比赛中，双方队员在空中争抢投篮未中的球称为抢篮板球。争夺篮板球是获得控制球权的重要来源之一，一个球队的篮板球技术对比赛的胜负起着至关重要的作用。

第一节 抢篮板球技术分类与分析

一、抢篮板球技术分类

抢篮板球技术分为抢进攻篮板球和抢防守篮板球（图9-1-1）。进攻队员争抢本队投篮未中的球称为抢进攻篮板球；防守队员争抢对方未投中的球称为抢防守篮板球。

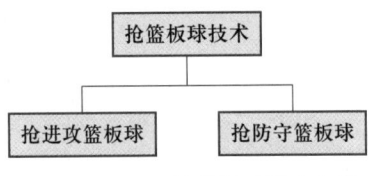

» 图 9-1-1　抢篮板球技术分类

二、抢篮板球技术分析

抢篮板球技术由抢占位置、起跳动作、空中抢球动作和获球后动作4个环节组成。完成以上4个动作的前提是正确判断和积极快速起动。

（一）抢占位置

正确判断篮板球的反弹方向和距离，快速起动抢占有利位置是抢篮板球技术的关键。无论抢进攻篮板球，还是抢防守篮板球，都应抢占对手与球篮之间的有利位置，力争把对手挡在身后。抢占位置时，应根据对手和投篮队员所处的位置，正确判断篮板球的反弹方向、距离，运用快速的脚步动作，抢占有利位置。

抢占有利位置一定要考虑球的反弹规律。投篮不中时，球反弹落点的一般规律是：中远距离投篮时，球弹出的距离较远；篮下投篮时，球弹出的距离较近；在球篮一侧45°角进行投篮时，一般球弹出的方向是另一侧45°角区域或是反弹回同侧区域（图9-1-2）；如在正对球篮区投篮时，一般球弹出的方向是在罚球线附近区域（图9-1-3）；在端线0°角投篮时，一般球弹出的方向是在球篮的另一侧区域或同侧区域

（图 9-1-4）。

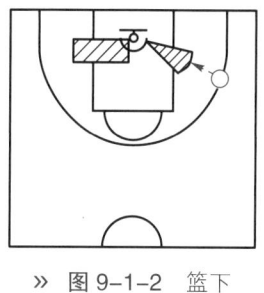

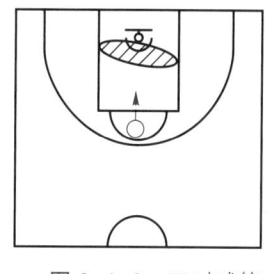

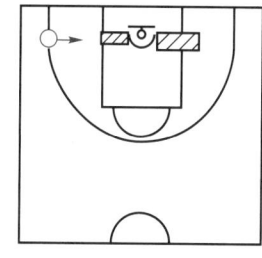

» 图 9-1-2　篮下
投篮时

» 图 9-1-3　正对球篮
区投篮时

» 图 9-1-4　在端线
0°角投篮时

（二）起跳动作

起跳动作是抢占位置后随即进行的一个连续动作。起跳不仅要求在起跳腾空后，身体能够达到一定的高度，而且要根据球的反弹高度、方向和落点，采取不同的起跳蹬地用力的方向，从而使起跳后抢球手有利于在空中接近球反弹的方向和落点。

防守队员抢篮板球时，一般多采用原地上步、撤步或跨步的双脚起跳方法；进攻队员则多采用助跑单脚起跳或跨一两步双脚起跳的方法。

（三）空中抢球动作

根据比赛时场上队员所处的位置，球反弹的方向、高度，以及个人的特点，空中抢球动作可分为双手抢球、单手抢球和点拨球三种。

1. 双手抢篮板球

跳起后，身体在空中充分伸展，尽量扩大控制范围，两臂同时伸向球的飞行方向，当手指触到球时，立即用双手将球握住，腰腹用力，迅速屈臂将球持于胸前，双肘外展，保护好球。双手抢篮板球的优点是空间占据面积较大，缺点是抢球的制高点和抢球的范围不及单手抢篮板球。

2. 单手抢篮板球

起跳后，身体靠近球方向的一侧手臂充分向球的飞行方向伸展。当最高点指端触及球时，用力屈腕、屈指迅速抓握球，屈肘收臂，抢球于胸前，另一手迅速扶握球，同时双腿弯曲，保持身体平衡，以便结合其他技术动作。单手抢篮板球的优点是触球点高，在空中抢球的范围较大；缺点是不如双手抢球稳定性高。

3. 点拨球

点拨球技术与单手抢篮板球相似，只是运用手指将球点拨给同伴或便于自己截获球的位置。当遇到对手队员身材比较高大或自己处于不利位置时，采用这种方法较为有效。这种方法优点是可以缩短传球时间，触球点高，有利于发动快攻第一传；缺点是准确性较差。

（四）获球后动作

抢获篮板球后，一般是双脚同时落地，屈膝降重心，上体稍前倾，保持身体平衡，同时两肘外展保护球。如遇到对手防守时，应将球置于防守人的远侧。高大队员获得球时，可将球置于头上，以便保护球和迅速衔接其他技术动作。

第二节　抢篮板球技术动作方法

一、抢进攻篮板球

（一）动作方法

当同伴或自己投篮时，处在近篮区的进攻队员首先应预判球的反弹方向和飞行路线，然后向相反方向的侧前方跨步，做身体虚晃假动作，诱开身前的防守队员，利用绕跨步挤到对手的前面或侧前面，抢占有利位置，借助跨步或助跑起跳，至最高点补篮或抢篮板球。落地时，两臂弯曲，重心放在两脚之间，两肘外展将球置于胸腹之间。高大队员可将球置于头上，以便衔接其他技术动作。如果外线进攻队员冲抢篮板球而被防守队员阻截，可运用虚晃假动作或快速变向跑摆脱防守队员的阻截，冲向球队的落点进行补篮或抢篮板球。抢获篮板球后，可根据防守情况再进行投篮、传球或运球的选择。总之，进攻队员抢篮板球要准确判断时间，绕步卡位，及时起跳，补篮或组织第二次进攻。

（二）动作要点

进攻队员首先要准确判断，然后向相反方向侧跨步，抢占有利位置，及时起跳，跳至最高点补篮或抢篮板球，进攻队员抢篮板球要强调"冲抢"。

二、抢防守篮板球

（一）动作方法

保持正确的站立姿势，即两膝弯曲，上体稍前倾，重心放在两脚之间，两臂屈肘侧张占据较大面积。当对手投篮出手后，应注意对手的动向，并根据当时与进攻队员所处的位置和距离的远近，运用上步、撤步和转身抢占有利位置，把进攻队员挡在身后，同时要判断球的落点准备起跳。起跳时，前脚掌用力蹬地，提腰向上摆臂，同时手向球的方向伸展。如果抢获球后，在空中没有传球，落地时应保持身体平衡，侧对前场，将球置于胸腹之间或头上，以便运用传球、运球、突破等技术。总之，抢防守篮板球要准确判断球的反弹方向和落点，及时起跳，抢得球后迅速完成第一传。

抢防守篮板球

（二）动作要点

防守队员先应准备判断球的飞行方向和落点，抢占有利位置，运用脚步移动和转身等动作，合理地"挡抢"。

第三节　抢篮板球技术教学与练习

一、抢篮板球技术教学步骤

（1）抢篮板球技术的教学顺序是：移动—抢占位置—判断起跳—抢球。

（2）在教学与练习中，可采用分解教学方法，先练习原地起跳、抢球，再练习移动抢位、挡人、起跳抢篮板球的完整技术，并逐渐加大难度，最后在对抗条件下或在比赛中进行抢篮板球练习。

二、抢篮板球技术练习方法

（1）学生二列横队站立，根据教师口令做徒手原地双脚起跳，做模仿单手或双手抢篮板球动作练习。

（2）学生相距一步，成二列横队，面对面站立，两人一组练习。根据教师信号，前排学生做前转身、后转身挡住后排学生。连续数次后交换练习。

（3）学生二列横队站立，每人一球，向头上抛球后起跳，用双手或单手做空中抢球练习。

（4）每人一球，向篮板或墙上抛球后，上步起跳，用双手或单手在空中抢反弹球。

（5）如图 9-3-1 所示，学生在球篮两侧 45°角成纵队站立，排头学生背对球篮。练习时，教师向篮板掷球，排头学生迅速转身挡人起跳抢篮板球，抢到球后将球回传给教师，站到各自队尾，依次练习。

（6）如图 9-3-2 所示，学生在球篮一侧 45°角距球篮约 5 米处成一路纵队站立，教师在球篮另一侧向篮板掷球，排头学生冲到篮下单脚起跳空中抢球，落地后再投一次篮，投篮后原地起跳抢篮板球，回传给教师，站到队尾，依次练习。

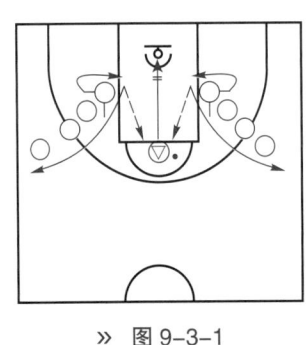

» 图 9-3-1

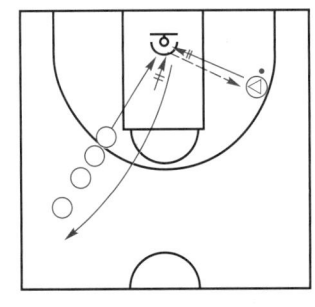

» 图 9-3-2

（7）学生三人一组在篮下分散，背对球篮站立，当教师向篮板掷球后，三人同时转身拼抢篮板球，抢到者立即投篮，其余两人进行防守。投篮不中，三人继续拼抢篮板球，直到投中。

（8）学生一对一抢篮板球，教师在球篮一侧投篮，进攻队员摆脱防守冲抢篮板球，防守队员转身堵挡，双方争抢攻守篮板球。进攻队员抢到篮板球则继续投篮，防守队员抢到篮板球迅速一传给教师。攻守交换练习。

（9）半场二对二、半场三对三、半场四对四攻守对抗练习抢篮板球。

三、抢篮板球技术易犯错误与纠正方法

（一）易犯错误

（1）对球反弹方向与落点判断不准确，不会抢占有利位置。

（2）起跳时机掌握不好。

（3）抢篮板球时只顾球不挡人或只顾抢位挡人而不顾球。

（4）空中抢球不伸展，动作迟钝不果断或动作过猛造成犯规。

（5）抢到球后，保护意识差，易被对方打掉或抢走。

（二）纠正方法

（1）可多做投篮后向球的方向快速移动到位接球的练习，提高学生的预判能力和快速移动的能力。还可以改变形式采用二人练习一攻一守，做抢位和选位练习。

（2）多做自抛自抢的空中练习，体会起跳时机，提高判断的准确性。练习时，教师可用语言提示来帮助学生体会和强化动作要领。

（3）向学生讲明挡人抢位与抢球是相辅相成的，缺一不可。在学生练习时，教师可用语言提示学生注意挡人或抬头看球。

（4）强调正面技术的重要性。在训练中鼓励学生抢位抢球，对抢篮板球不积极的学生可用奖惩的方式来提高其积极性，对动作幅度较大的学生也可以采用这种方法来促使其提高动作的准确性，同时加强良好心理素质的培养。

（5）强调保护球的重要性和抢篮板球的目的，增强学生抢球的积极性和意识，进行保护球技术和保护球能力的训练。

四、抢篮板球技术教学与练习建议

（1）提高学生对抢篮板球重要性的认识，在教学中培养积极拼抢的意识、勇猛顽强的作风，养成"有投必抢"的习惯。

（2）抢进攻篮板球要强化"冲抢"意识，抢防守篮板球侧重强化"挡抢"意识，

注意加强攻守篮板球的对抗性训练。

（3）注意把篮板球技术同补篮、投篮、快攻、突破和二次进攻技术结合起来进行训练。

（4）加强抢篮板球技术与攻守战术的结合训练。

（5）注意加强身体素质和控球能力的训练，为在激烈的实战对抗中争抢篮板球打好基础。

思考题

❶ 简述抢篮板球技术的组成环节。

❷ 简述抢进攻篮板球技术的动作方法。

❸ 简述抢防守篮板球技术的动作方法。

❹ 简述空中抢球技术动作的方法。

❺ 试述抢篮板球技术的教学步骤与练习方法，并举例说明。

第十章 攻守战术基础配合

 本章提要

本章重点介绍进攻战术、防守战术基础配合的方法、教学建议等内容。

攻守战术基础配合是指两三人之间有目的、有组织的攻守合作行动的配合方法。它是组成全队攻守战术的基础。在教学和训练中，只有熟练掌握和灵活运用攻守战术基础配合，才能更好地发挥个人技术特长，使全队的整体战术内容更加丰富，提高整体战术运用的质量与水平，最大限度制约对手。

第一节　进攻战术基础配合

进攻战术基础配合是指在篮球比赛中，进攻队员两三人之间组成的简单配合方法。它是组成全队进攻战术配合的基础。

进攻战术基础配合有传切配合、突分配合、掩护配合与策应配合（图 10-1-1）。

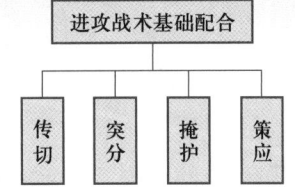

» 图 10-1-1　进攻战术基础配合

一、进攻战术基础配合方法

（一）传切配合

传切配合是指队员之间利用传球和切入技术所组成的简单配合。它包括一传一切和空切两种。传切配合是一种基本的简单易行的进攻方法，一般在对方采用扩大盯人防守战术或区域联防时运用。

1. 配合方法

（1）一传一切配合：是指持球队员传球后，利用起动速度或假动作摆脱防守，向篮下切入接回传球投篮的配合。如图 10-1-2 所示，⑤传球给⑥，⑤向左侧做切入假动作，同时观察❺的移动情况，然后突然从右侧切入，侧身面向球接⑥的传球投篮。

（2）空切配合：是指无球队员掌握时机摆脱对手，切向防守空隙区域接球投篮或做其他进攻配合。如图 10-1-3 所示，④传球给⑤时，⑥利用❻未及时调整位置的机会，突然横切或沿端线切向篮下接⑤的传球投篮。

2. 基本要求

（1）必须有一定的配合空间及合理的切入路线。

（2）切入队员抓住防守队员选位不及时或注意力分散的空隙，快速起动，或利用假动作摆脱对手。

（3）传球队员动作要隐蔽，及时准确。

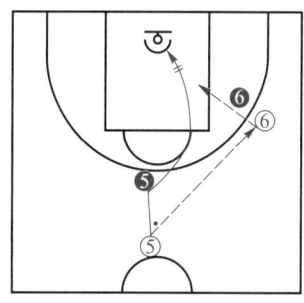
» 图 10-1-2 一传一切配合

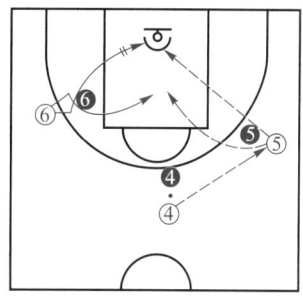
» 图 10-1-3 空切配合

3. 练习方法

（1）练习一（图 10-1-4）：练习者分成两组，④传球给⑦后向左侧做切入的假动作，然后变向从右侧纵向切入，⑦接球后回传给⑤，并向底线做切入假动作，然后变向从左侧横切。⑦切入后到④排尾，④切入后到⑦排尾，依次进行练习。

要求：假动作要逼真，变向切入动作迅速，侧身看球。

（2）练习二（图 10-1-5）：④传球给⑦后向左侧做切入假动作，然后变向从右侧纵向切入接⑦的回传球投篮。⑦传球后跟进抢篮板球，④与⑦交换位置，依次进行练习。在此基础上，可做横切、纵切或对切入队员增设消极防守，最后过渡到增设积极防守进行二对二的对抗练习。

要求：切入动作快，传球及时到位，投篮准确。

（3）练习三（图 10-1-6）：⑤、⑥两组每人一球，⑤传球给④后反方向纵向切入接⑥的球投篮，⑥传球后快速横切接④的传球投篮。④、⑥抢篮板球后按顺时针方向换位，依次进行练习。

要求：切入动作规范，速度快，传、投准确，换位及时。

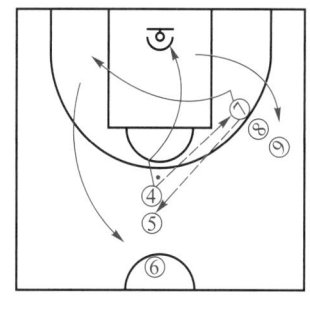
» 图 10-1-4 练习一

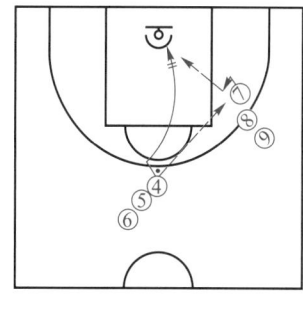
» 图 10-1-5 练习二

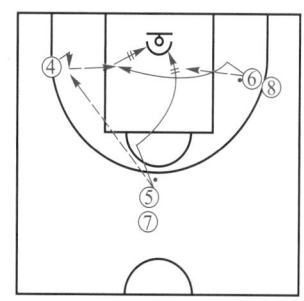
» 图 10-1-6 练习三

（二）突分配合

突分配合是指持球队员突破对手后，遇到对方补防或协防时，及时将球传给进攻位置最佳的同伴进行攻击的一种配合方法。当对方采用人盯人防守或区域联防时运用突分配合，可打乱对方的整体防守部署，压缩防区，给同伴创造最佳的外围投篮或篮下进攻机会。

1. 配合方法

（1）方法一（图10-1-7）：⑥传球给④，④持球从左侧底线突破❹后，遇到❺补防时，及时传球给横切的⑤投篮。

（2）方法二（图10-1-8）：④持球纵向突破❹，当❺补防时，④及时传球给⑤投篮。

突分配合

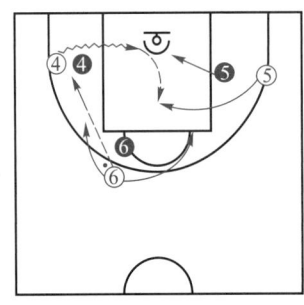

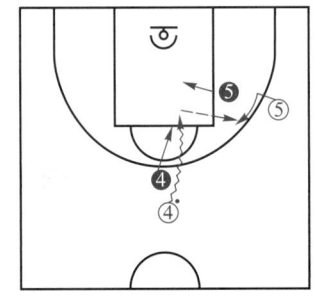

» 图10-1-7　方法一　　　　» 图10-1-8　方法二

2. 基本要求

（1）队员在突破中动作要快速、突然，在准备投篮的同时，注意观察攻守队员的位置变化，及时、准确地将球传给进攻位置更好的同伴。

（2）当持球队员突破后，其他的进攻队员都要摆脱对方，离开原先的位置，切向空隙区域，准备接球进攻或抢篮板球。

3. 练习方法

（1）练习一（图10-1-9）：⑦接④的传球后，沿底线突破，当遇到固定防守队员❹的阻截时，及时传球给④投篮，⑦抢篮板球并与④交换位置，依次进行练习。

要求：徒手队员可向不同方向移动，持球队员传球动作要隐蔽、及时、准确。

（2）练习二（图10-1-10）：④接⑥的传球后，中路突破，当❻补防时将球传给⑥投篮，防守队员抢篮板球，④和⑥回原位防守⑤和⑦，依次进行练习。

要求：突破时用身体保护球，无球队员不要过早移动，进攻结束后快速回原位防守，确保练习的连续性。

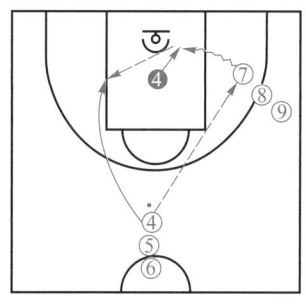

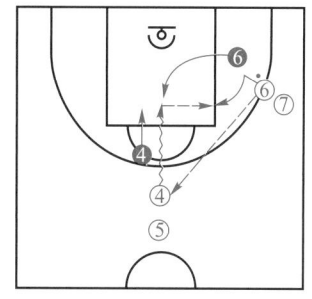

» 图 10-1-9　练习一　　　　　　　　» 图 10-1-10　练习二

（三）掩护配合

掩护配合是指进攻队员选择正确的位置，借用自己的身体用合理的技术动作挡住同伴防守队员的移动路线，使同伴借以摆脱防守，获得接球投篮攻击或其他进攻机会的一种配合方法。

掩护配合有许多形式和方法，根据掩护队员和同伴防守队员的身体位置和方向，分为前掩护、侧掩护、后掩护三种形式；根据掩护队员的人数、移动路线，可分为定位掩护、行进间掩护、反掩护、假掩护、运球掩护、连续掩护、双人掩护等。

虽然掩护的形式和变化很多，但从组成掩护配合的行动看，一是掩护队员主动给同伴做掩护，使同伴借以摆脱防守，二是摆脱队员主动移动，利用同伴的身体位置将对手挡住，使自己摆脱防守。掩护配合是攻破紧逼人盯人防守最为有效的方法之一。

1. 配合方法（以侧掩护为例）

侧掩护是指掩护队员站在同伴防守者的侧面进行配合掩护的方法。

（1）持球队员与无球队员之间的侧掩护配合（10-1-11）：⑤传球给④后，移动到❹身体左侧做侧掩护，④接球后瞄篮或做向左侧突破的动作。当⑤掩护到位时，④立即从右侧贴着⑤的身体运球突破上篮；⑤立即转身切向篮下抢篮板球或接球投篮。这种掩护也称为挡拆配合。

（2）无球队员之间的侧掩护配合（图 10-1-12）：⑤传球给④后，向传球的反方向移动给⑥做侧掩护时，⑥先向篮下做压切动作靠近❻，然后突然贴近⑤的身体横切接④的球投篮；⑤掩护后转身切入篮下，接④的传球投篮或抢篮板球。这种掩护也称为反掩护配合。

掩护配合

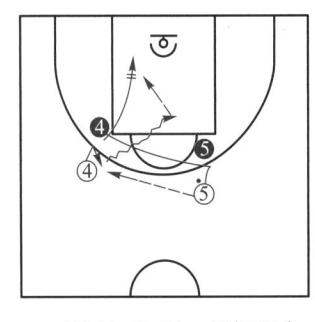

» 图 10-1-11 挡拆配合

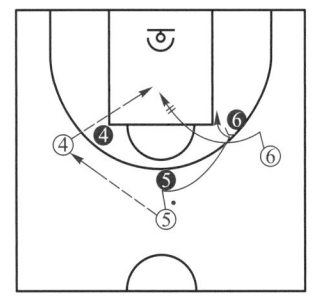

» 图 10-1-12 反掩护配合

2. 基本要求

（1）掩护队员应选择正确的掩护位置和动作，掩护一刹那掩护队员身体是静止的，并与对方队员保持适当的距离，两脚平行开立，两膝微屈，上体微前倾，两臂屈肘放于体侧或交叉放于胸前，有利于自我保护和攻守对抗。

（2）被掩护队员应选择最佳的摆脱角度，以各种进攻动作吸引对方的注意力，隐蔽掩护意图。掩护时被掩护队员身体要靠近掩护者，以防对方挤过。当对方换防时掩护队员应立即转身护送，参与进攻。

（3）掩护时同伴之间应掌握好配合时机，根据防守变化，组织中投、突破或内线进攻。

3. 练习方法

（1）练习一（图 10-1-13）：练习者分成左右两组，立柱（⊗）表示固定防守队员。队员⑦给④做侧掩护，④贴近⑦的身体从右侧切入，⑦随之后转身跟进，④、⑦交换位置，然后⑧给⑤做掩护，依次进行练习。

要求：保持正确的掩护动作，掩护队员与被掩护队员两肩并紧，不留空隙，练习数次后，改变掩护方向。

（2）练习二（图 10-1-14）：⑦将球传给④，④瞄篮或向左侧虚晃，当⑦掩护到位时，④突然向右运球突破投篮或传球给⑦，⑦后转身跟进准备接回传球或抢篮板球。④、⑦交换位置，依次进行练习。

要求：④突破时不要低头看球，把握好第一进攻机会直接投篮或伺机传球给⑦。

（3）练习三（图 10-1-15）：④传球给⊗后，反方向移动给⑤做掩护，⑤横切，④掩护后转身切入篮下，⊗将球传给⑤或④投篮，抢篮板球后，④、⑤互换位置，依次进行练习。

要求：④不能过早转身，④、⑤掩护后左右应拉开一定距离，不要和球在一条线上。

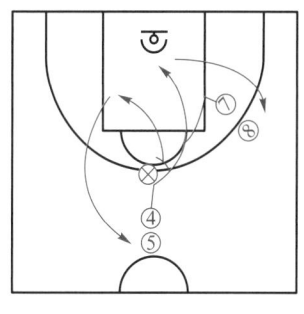
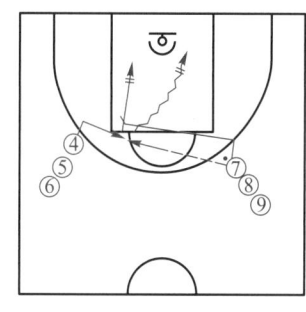
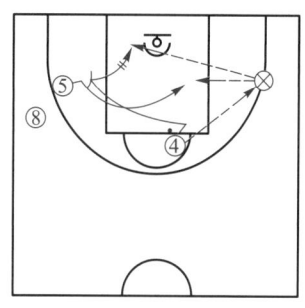

» 图 10-1-13 练习一　　　» 图 10-1-14 练习二　　　» 图 10-1-15 练习三

（四）策应配合

策应配合是指进攻队员背对或侧对球篮接球后，通过多种传球方式与外线队员的空切、绕切相结合，借以摆脱防守，创造各种里应外合进攻机会的配合方法。

策应配合的应用范围较广泛，可以干扰防守绕切的队员选择正常的防守位置，在进攻半场人盯人防守或区域联防时经常采用。根据策应的区域和位置，策应配合通常可以分为内策应、外策应、高策应、低策应等，配合方法基本相似。

1. 配合方法

（1）中锋高位策应配合（图 10-1-16）：⑤传球给④后，向左侧压切，然后以④为枢纽从右侧绕切，同时策应队员④先做传球给⑤的假动作，然后转身把❺挡在身后，将球传给绕切过来的⑤，⑤接球可以投篮、突破或传给策应后下切的④。

（2）中锋低位策应配合（图 10-1-17）：⑥传球给⑦，向右移动，在策应队员⑦身前与④做交叉绕切，⑦可将球传给绕切的④或⑥，也可自己转身进攻。

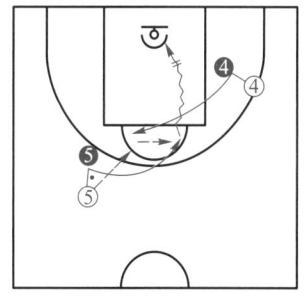
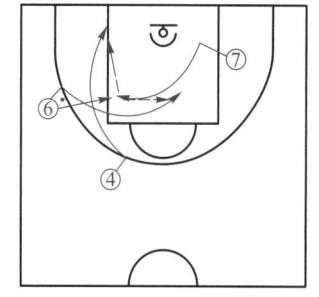

» 图 10-1-16 中锋高位策应配合　　　» 图 10-1-17 中锋低位策应配合

2. 基本要求

（1）策应队员要突然起动摆脱对手，占据有利的策应位置，采用绕步抢前接球动作，接球时两脚开立，两膝弯曲，两肘外展，用身体保护球。准确判断场上的攻守变化情况，及时地将球传给进攻位置最好的同伴或个人进攻。传球后要转身跟进或抢篮板球。

（2）外线的队员传球后，利用起动速度或假动作摆脱防守，接到策应队员的传球后迅速做出最佳选择：投篮、突破或传球。

3. 练习方法

（1）练习一（图10-1-18）：练习者分成两组，⑦、⑧每人一球，当④上提至罚球线时，⑦传球给④，然后向左侧虚晃，再从右侧绕切接④的球，④策应传球后转身下切，⑦可投篮、突破或传球给④，投篮后④、⑦交换位置，依次进行练习。熟练掌握之后再做攻守对抗练习。

要求：策应队员不要站在限制区内，传球要隐蔽、及时、准确。

（2）练习二（图10-1-19）：练习者分成三组，⑤插上接④的球做策应，④、⑥在⑤身前交叉绕切接⑤的球投篮或突破。⑤传球后纵切篮下抢篮板球，然后按顺时针方向换位，依次进行练习。练习熟练后可做攻守对抗练习。

要求：策应队员插上要及时到位，采用绕步抢前接球动作，对抗练习时先做二防三，后做三防三，从消极防守到积极防守。

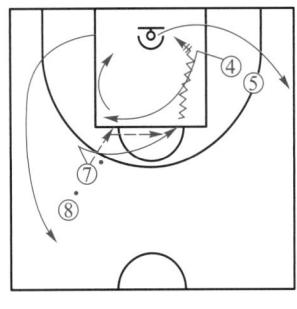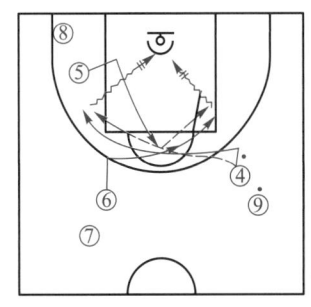

» 图10-1-18　练习一　　　　» 图10-1-19　练习二

二、进攻战术基础配合教学建议

（1）进攻战术基础配合的教学内容应安排在基本技术教学之后、防守战术基础配合之前进行。先让学生了解该战术的配合方法、作用、运用时机和特点等。

（2）教学中应抓住重点教材中的重点部分，以点带面。传切配合重点强调如何摆脱对手及传球技术运用。突分配合重点掌握突破分球的时机、传球方法及切入队员的路线。掩护配合重点强调掩护动作、距离、位置、角度和掩护后的转身及移动方向。策应配合重点强调策应技术动作的运用、绕切的路线及传球的方法。

（3）在掌握基本的配合方法之后，增加对抗性练习，以提高、巩固配合质量，掌握配合变化规律。

（4）加强教学组织管理，对每个重要教学环节要严格要求，增强战术意识，为学习整体战术配合打好基础。

第二节　防守战术基础配合

防守战术基础配合是指在篮球比赛中，防守队员两三人之间采用的协同防守配合的方法，包括挤过、穿过、绕过、交换、关门、补防、夹击与围守中锋等（图10-2-1）。防守战术基础配合是组成全队防守战术配合的基础。

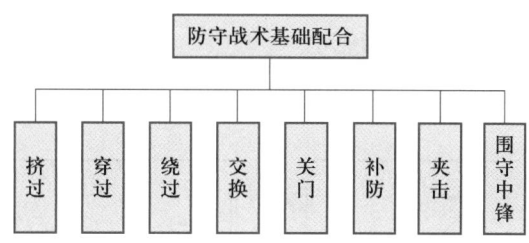

» 图 10-2-1　防守战术基础配合分类

一、防守战术基础配合方法

（一）挤过配合

挤过配合

挤过配合是指对方进行掩护时，防守队员在掩护队员接近自己的一刹那，迅速抢前横跨一步贴近自己的对手，并从两个进攻队员之间侧身挤过去，继续防守自己对手的配合方法。

当对方距离球篮较近，外围队员想利用掩护投篮或由于身高的差别而不宜交换防守的情况下，运用主动性很强的挤过配合，可以破坏对手的掩护配合。

1. 配合方法

如图 10-2-2 所示，⑤给④做掩护，当⑤接近❹的一刹那，❹抢前横跨一步贴近④，并从④和⑤之间主动侧身

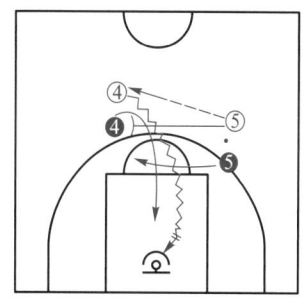

» 图 10-2-2　挤过配合

挤过去继续防守④。

2. 基本要求

（1）不要过早暴露挤过配合意图，以防止对方反方向切入。

（2）在两个进攻队员身体靠近之前，果断抢步贴近对手，快速侧身挤过。

（3）防守掩护队员的队员应站在能够兼顾防守两名进攻队员的位置上，及时提醒同伴注意对手的掩护意图，做好可能换防的准备。

3. 练习方法

（1）练习一：如图10-2-3所示，⑥给④做掩护，❹挤过防守后到左路排尾，❺到中路排尾，④、⑥掩护后，④防⑦，⑥防⑤，⑦给⑤做掩护，依次进行练习。

要求：挤过时要积极主动，腰、髋和脚步动作应快速有力，练习数次后改变掩护方向。

（2）练习二：如图10-2-4所示，④传球给⑨，④移动至底线为⑤做掩护，❺挤过防守。⑨将球传给④或⑤。进攻结束后，❹、❺抢篮板球，换位至排尾，④、⑤立即回原位防守⑥和⑦，依次进行练习。

要求：必须采用挤过防守，加快攻守转换速度。

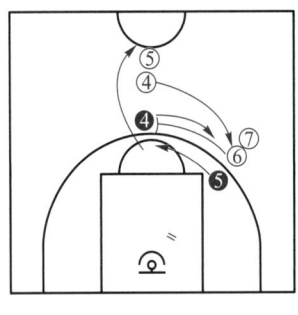
» 图 10-2-3　练习一

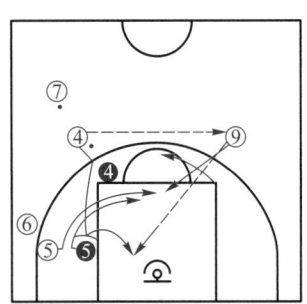
» 图 10-2-4　练习二

（二）穿过防守

穿过配合是指当对手进行掩护时，防守掩护队员的队员及时提醒同伴，并主动后撤一步，让同伴及时从自己和掩护队员之间穿过去，继续防守自己对手的配合方法。当对手掩护发生在弱侧区域，距离球篮较远、无投篮威胁、不宜换防的情况下，运用穿过配合可有效地破坏对方的掩护配合。

1. 配合方法

如图10-2-5所示，④传球给⑤，④反方向移动给⑥做掩护的一刹那，❹主动后撤，让❻从④和❹中间穿过去，继续防守⑥。

2. 基本要求

（1）防掩护队员要及时提醒同伴，并主动后撤一步选好位置，留出让同伴穿过的通路。

（2）当对手掩护时，防守被掩护队员的队员要撤步侧身，避开掩护队员及时穿过。

3. 练习方法

（1）练习一：同挤过配合练习一。

要求：防守队员之间配合默契，动作快速。

（2）练习二：如图 10-2-6 所示，④传球给⑥，然后向左侧移动给⑦做掩护时，❹后撤与⑦做穿过配合，继续防守自己的对手。完成防守后，抢篮板球换位至排尾，进攻队员④和⑦快速回原位防守⑤和⑧，依次进行练习。

要求：必须采用穿过防守，加快攻守转换的速度。

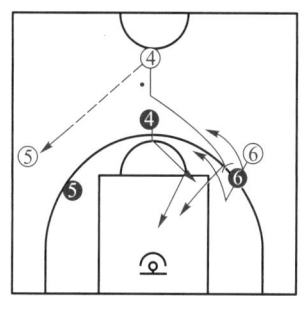
» 图 10-2-5　练习一

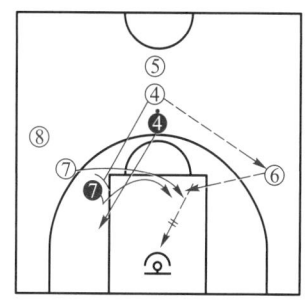
» 图 10-2-6　练习二

（三）交换配合

交换配合是指进攻队员做掩护配合时，防守掩护队员的队员与防守被掩护队员的队员及时主动地交换自己所防对手的配合方法。

只要换防以后的新对手在身高和技术方面无明显差别，运用交换配合可有效地遏制和破坏对手的掩护配合。交换配合通常在对手进行横向掩护时采用。

1. 配合方法

如图 10-2-7 所示，⑤将球传给④，⑤给④做侧掩护，④运球突破。此时❺发出交换防守信号后立即防守④，❹随之后撤调整位置，堵住⑤的切入，并准备抢断④的传球。

2. 基本要求

（1）防守掩护队员的队员应及时发出信号提醒同伴，相互换防堵截进攻队员的攻击路线。

（2）防守被掩护队员的队员应及时撤步，在掩护队员转身切入前抢占有利的防守位置。

3. 练习方法

如图 10-2-8 所示，❻传球给⑧，然后移动到左边给④做横向的底线交叉掩护，此时❻及时发出信号与❹交换防守，⑧可将球传给④或❻，进攻结束后④和❻立即回原位防守⑤和⑦，依次进行练习。

要求：防守掩护队员的队员必须发出信号，通知同伴进行交换配合，攻守转换速度要快，加大练习密度。

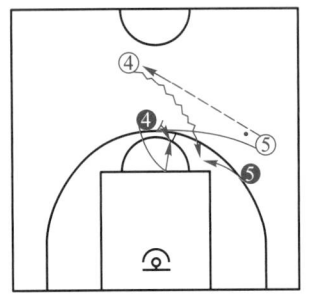

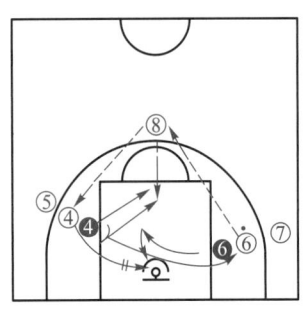

» 图 10-2-7 交换配合动作方法   » 图 10-2-8 交换配合练习方法

（四）夹击配合

夹击配合是指两个以上的防守队员，利用对手在场地边角运球或运球停止时，突然快速上前封堵和围夹持球者的一种配合方法。夹击配合是一种主动性、攻击性很强的防守配合方法，能有效控制持球队员的活动，迫使对手失误，创造断球反击的机会。夹击配合通常在紧逼人盯人防守、区域紧逼防守或带有夹击式的扩大联防战术中运用。

1. 配合方法

如图 10-2-9 所示，当⑧在底角运球停止时，❼与❽一起夹击⑧，❹堵防强侧的回传球，❺与❻向有球方向移动准备断球。

2. 基本要求

（1）当对手沿边线埋头运球或在场角、中线附近和限制区内运球停止时，是夹击的最好时机。

（2）夹击时，两名防守队员的身体要靠紧，两臂垂直上举，随对手的球摆动，封堵其传球。

（3）夹击的目的不是从持球队员手中抢球，而是迫使持球队员传球失误，给同伴创造抢断球的机会，因此应减少夹击时的犯规。

（4）其他队员应积极配合夹击队员的行动，及时封堵近球队员，迫使持球队员传远高球。

3. 练习方法

如图 10-2-10 所示，④传球给⑤，⑤传给⑥，⑥向底线运球停止后，⑥与⑤夹击⑥，❹及时防守近球队员⑤，⑥传球给④，防守回原位，依次进行练习。练习数次后，调整防守位置或攻守交换。

要求：严格执行夹击配合的基本要求，快速移动紧逼近球队员。

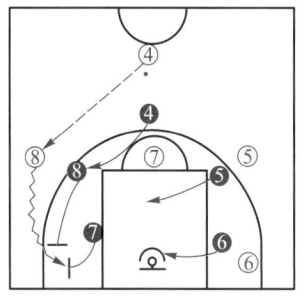

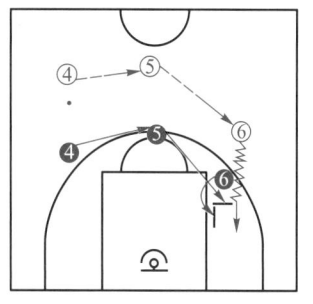

» **图 10-2-9** 夹击配合动作方法　　　» **图 10-2-10** 夹击配合练习方法

（五）关门配合

关门配合是指邻近的两名防守队员协同堵截进攻队员运球突破的一种配合方法，通常在区域联防和半场人盯人防守战术中运用。

1. 配合方法

如图 10-2-11 所示，④持球突破时，⑤抢先移动向❹靠拢并关门，不给突破队员留有空隙，当突破队员分球时，⑤快速回防自己的对手。

2. 基本要求

（1）防突破的队员应及时向侧后方滑步卡位，堵住进攻队员的突破路线。

（2）邻近突破一侧的防守队员，应快速向同伴移动靠拢进行关门配合，同时根据持球队员的停球和传球，决定围堵和回防。

（3）关门配合时，防守队员要两肩靠紧，微屈膝，含胸，两臂自然上举或侧举，发生身体接触时要用暗劲，避免受伤。

3. 练习方法

如图 10-2-12 所示，④持球突破，⑤、❹关门，④传球给⑤，待⑤防守回位时⑤突破，⑤、⑥"关门"。依次进行练习，练习数次后，攻守交换。

要求：防守队员积极移动，快速回位。关门时不留空隙，熟练掌握后，进攻队员可随意选择突破方向，增加难度，提高质量。

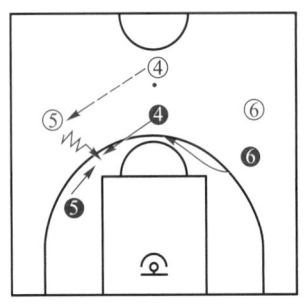

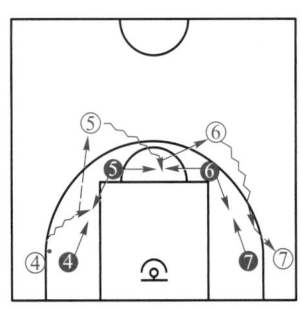

» 图 10-2-11　关门配合动作方法　　　　　　» 图 10-2-12　关门配合练习方法

（六）补防配合

补防配合是指当防守队员被对手突破或出现漏防时，邻近的同伴大胆地放弃自己的对手，及时快速地进行补漏防守的一种配合方法。补防可以阻截对手一次直接的投篮、减少对手一次最有进攻威胁的机会。

1. 配合方法

如图 10-2-13 所示，当④突破❹的防守直接投篮时，❺大胆放弃自己的对手，快速补防，阻止④的进攻，❹向左侧移动防守⑤。

2. 基本要求

（1）防守队员应全面观察和判断场上出现的漏防情况，补防时应果断、迅速地抢占有利位置，避免犯规。

（2）被对手突破的防守队员应快速向补防队员方向移动，并观察对手的传球意图，争取抢断球。

3. 练习方法

如图 10-2-14 所示，④从中路突破❹时，❺立即补防，⑥向篮下移动补防⑤，❹补防⑥，完成防守后，❺抢篮板球，防守队员按顺时针方向换位至排尾，进攻队员立即回原位防守，依次进行练习。

要求：补防时移动迅速，减少犯规。

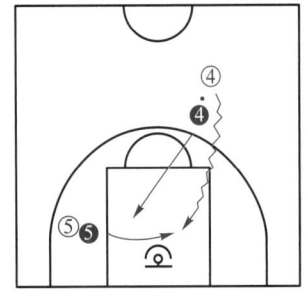

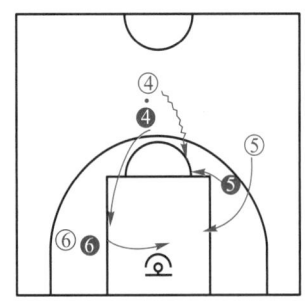

» 图 10-2-13　补防配合动作方法　　　　　　» 图 10-2-14　补防配合练习方法

（七）围守中锋配合

围守中锋配合是指外围防守队员协同内线防守队员，共同围守对手中锋的一种配合方法。若对手中锋的攻击力较强，为减小内线防守压力，削弱中锋的进攻威力，常采用围守中锋的防守方法。

1. 配合方法

如图 10-2-15 所示，❻持球时，⑥紧逼防守❻，④位于❹的内侧防守，⑤后撤与④围守❹；❺持球时，⑤紧逼防守❺，④移动至外侧防守❹，⑥后撤与④围守❹；当❺或❻传球给❹时，⑤、⑥迅速后撤围夹❹。

2. 基本要求

（1）紧逼持球队员，切断内外联系迫使其不能准确、及时地传球给中锋。防守中锋的队员根据球的转移，积极移动阻截对手接球。

（2）当对方中锋接球或转身向篮下运球进攻时，邻近中锋一侧的防守队员应迅速进行围夹，迫使中锋将球传到外围。

3. 练习方法

如图 10-2-16 所示，⑤紧逼防守持球队员❺，④内侧防守❹，⑥后撤围守❹，⑦移动至篮下附近，防守❺的高吊球；当❺传球给❻时，④外侧防守❹，⑤回撤围守❹，⑥紧逼❻，⑦错位防守❼；❼持球时，⑦紧逼防守，④、⑤、⑥向强侧方向移动，并错位防守各自对手。练习数次后，攻守交换。

要求：防守队员选好位置后进攻队员再传球。每个防守位置，每人轮防若干次，攻守交换。

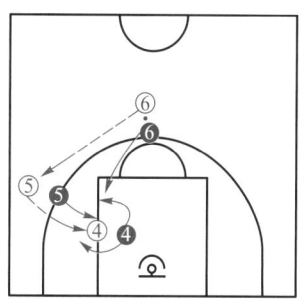

» 图 10-2-15　围守中锋配合动作方法

» 图 10-2-16　围守中锋配合练习方法

围守中锋配合

二、防守战术基础配合教学建议

（1）在复习提高进攻战术基础配合的过程中，渗透防守战术基础配合的教学内容，使攻守战术配合有机结合。

（2）应以挤过配合为重点教学内容，穿过配合和交换配合为一般教学内容，其他作为介绍和自学内容。应首先让学生建立配合的概念，掌握基本配合方法，并在对抗练习中增强战术意识和配合质量。

思考题"

❶ 什么是攻守战术基础配合，包括哪些内容？

❷ 根据篮球比赛观察，举例说明攻守战术基础配合在美国国家篮球职业联赛与中国男子篮球职业联赛中的运用。

❸ 绘图说明侧掩护配合方法，阐述在实战中的作用与运用时机。

❹ 绘图说明挤过配合方法，阐述在实战中的作用与运用时机。

第十一章　快攻与防守快攻

本章提要

　　本章主要介绍快攻与防守快攻的概念、组织快攻和防守快攻的基本要求、发动快攻的时机、快攻的基本形式、快攻与防守快攻的练习方法与教学建议等内容。

快攻是在防守队获球后由守转攻时力争在对手防守未稳之际，抓住战机以最快的速度、最短的时间，果断而合理地进行快速攻击的一种进攻战术。防守快攻是在由攻转守时快速组织起来阻止和破坏对手快攻的一种防守战术。快攻与防守快攻是现代篮球运动重要的攻防战术组织形式，要求运动员在比赛中能够胜任不同的位置分工，同时在个人攻防技战术运用的基础上能够胜任快攻与防守快攻的具体战术要求，为有效、高质量地参与比赛提供支撑。快攻与防守快攻对于运动员专项身体素质的发展、勇猛顽强作风的培养、攻防技术运用能力的提升都具有正向的促进作用。

第一节　快　攻

　　有效、合理的快攻可以改变比赛的节奏，快速扭转局势，使对手在强大的攻势面前丧失比赛信心与取胜信念，从而掌握比赛的主动权，为比赛的最终走向奠定坚实基础。快攻在现代篮球比赛中具有较高的使用价值。

一、组织快攻的基本要求

　　（1）在由守转攻时，要有强烈的快攻意识，不放过任何一次发动快攻的机会。

　　（2）在获得球权后，要迅速有组织、有层次地按阵型合理散开，保持有利的快攻队形，扩大攻击范围，增加攻击点。

　　（3）在个人和整体行动上，都要尽量缩短推进时间，减少不必要的传接球与运球。

　　（4）在一传与接应上，获得篮板球的队员要马上将球长传给外围队员，在遇到防守干扰的情况下，通过有效运球寻找传球空间。外围队员应快速移动到指定的接应区域，做到前后有层次、有呼应。

　　（5）在快攻结束时，动作要果断、快速与隐蔽，要果断投篮与做好冲抢篮板球的准备。

　　（6）在进攻衔接上，快攻要与二次进攻、阵地进攻有机结合，加强进攻的连续性。

　　（7）要树立和体现勇敢顽强、坚持到底以及团队协作的作风与精神。

二、发动快攻的时机

发动快攻的时机主要有 4 类，即抢获后场篮板球后发动快攻，抢断球后发动快攻，跳球获得球后发动快攻，掷端线界外球发动快攻。在发动快攻的时机当中，抢获后场篮板球后发动快攻的比例较高，抢断球后发动快攻的成功率较高。

三、快攻的基本形式

快攻有长传快攻、传球与运球结合的快攻和个人运球突破快攻三种基本形式。

（一）长传快攻

长传快攻是队员在后场获球后，用一次或两次传球把球传给快下的同伴进行攻击的一种方法。这种快攻只有发动和结束两个阶段，特点是时间短、速度快、战术组织简单，但是要求快下队员意识强、速度快，发动队员传球要及时、准确、视野开阔。长传快攻的组织结构主要有以下几种：

1. 抢篮板球后长传快攻

如图 11-1-1 所示，⑤抢到篮板球后，迅速观察场上情况，寻找长传快攻机会。⑧和⑦判断⑤可能抢到篮板球时，立即快下，接⑤的长传球投篮。

抢到篮板球后，也可通过接应发动长传快攻。如图 11-1-2 所示，当⑤抢到篮板球后⑦和⑧已经快下，但由于受到❺的严密防守，⑤不能及时长传，此时可立即将球传给⑥，⑥接应后快速长传给快下的⑦或⑧投篮。

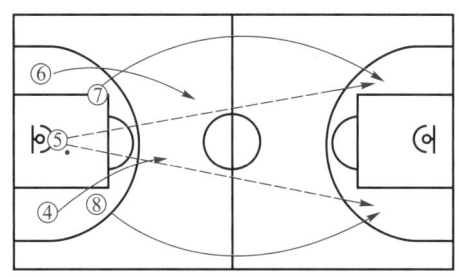

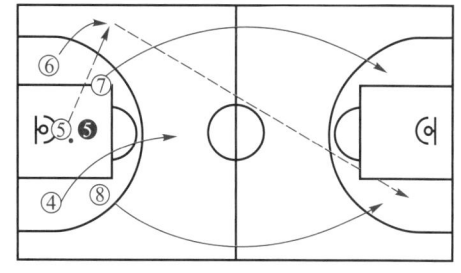

» **图 11-1-1** 抢篮板球后长传快攻（一）　　» **图 11-1-2** 抢篮板球后接长传快攻（二）

2. 后场端线长传快攻

如图 11-1-3 所示，当对手投中篮后，⑥立即掷后场端线球，快速将球长传给快下的④或⑤投篮。

3. 抢断球长传快攻

如图 11-1-4 所示，❼抢断⑥的传球后立即将球传给快下的❻或❺投篮。

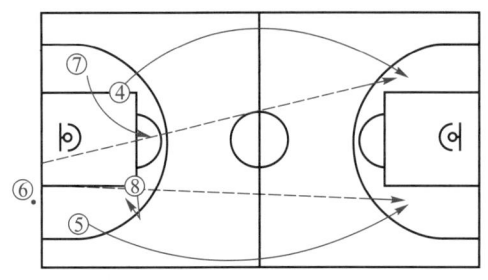

» 图 11-1-3　后场端线长传快攻

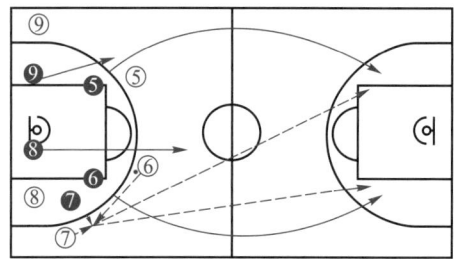

» 图 11-1-4　抢断球长传快攻

（二）传球与运球结合的快攻

传球与运球结合的快攻可分为三个阶段展开。

1. 发动与接应阶段

发动与接应是快攻的重要环节，队形分散和一传的方向与速度非常重要。因此，控制球的队员要有发动快攻的意识，能全面观察场上情况，并快速、及时、准确地进行第一传。接应队员应迅速摆脱防守，及时选择有利位置，如前场罚球线附近或其两侧边线、中场两侧边线或本队习惯的接应点等。接应后，必须快速、合理地向前场传球或者运球推进。

快攻的接应分为固定接应与机动接应。固定接应包括固定地区固定队员的接应、固定地区不固定队员的接应、固定队员不固定地区的接应等形式。机动接应是防守队员抢到篮板球后，根据对手的具体情况，快速传球给有利位置的同伴。机动接应不易被对方发现，灵活多变，更能争取快攻的主动性。

快攻的发动与接应形式分为获后场篮板球后快攻的发动与接应、断球后快攻的发动与接应、跳球后与掷后场端线界外球时快攻的发动与接应。

2. 推进阶段

推进阶段是指快攻发动与接应后，到快攻结束前中场配合的阶段。在推进过程中，全队队形要迅速按层次散开，5 名队员应保持前后、左右的纵深队形，以便快速顺利地完成推进任务。

推进主要有传球推进、运球推进、传球与运球结合推进三种形式。

（1）传球推进：指队员之间运用快速传球向前场推进。传球推进的特点是速度快，对队员行进间传接球技术要求较高。推进过程中队员间要保持纵深队形，无球队员要积极摆脱防守，并随时准备接球；有球队员要判断准确、传球及时，传球的力量、角度、高度与提前量要符合接球队员的体型特点与移动情况，做到人到球到，以球领人，避免横传球。

（2）运球推进：指接应队员接球后立即快速向前场运球突破。运球推进中要随时观察场上情况，及时将球传给快下的同伴，以最快的进攻速度创造最佳的投篮机会。

（3）传球与运球结合推进：指根据场上情况，传球与运球相结合，及时快速向前场推进。这种推进的特点是机动性大，在推进过程中能传就不运，不能传要立即快速运球突破，以保持推进速度。

3. 结束阶段

结束阶段是指快攻推进到前场最后完成攻击的阶段，此阶段是快攻成败的关键。结束阶段要求进攻队员对防守的意图加以预测和判断，并及时、果断地选择进攻点，顺利完成进攻。持球队员要判断准确，传球或投篮及时果断，无球队员要占据有利位置，伺机接球投篮，积极冲抢篮板球或者补篮。

结束阶段有以下几种常见的配合方法：

（1）二攻一配合

① 快速传接球投篮：如图11-1-5所示，⑦和⑧在快速传球推进中，❹突然前来防守⑧，⑧及时把球传给切入篮下的⑦投篮。

② 突破分球投篮：如图11-1-6所示，⑧快速突破，❹前来堵截，⑧及时将球传给⑦投篮。

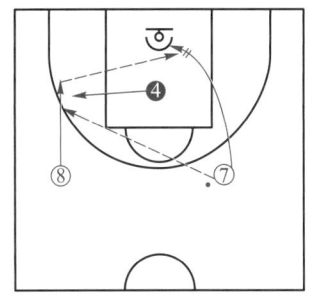 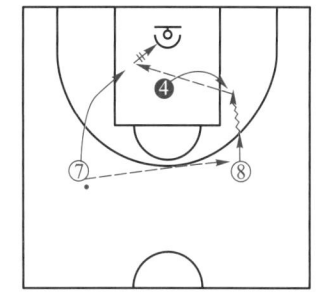

» 图 11-1-5　快速传接球投篮　　　　» 图 11-1-6　突破分球投篮

（2）三攻二配合：三攻二时，左、右两侧的快下队员要拉开，中间队员应占据偏后的位置，保持三角纵深队形，以扩大攻击面，并根据防守情况，选择进攻路线，增加防守的压力。

① 防守队员平行站位时：如图11-1-7所示，⑥中路运球突破，❹上前堵截，⑥立即将球传给切入篮下的⑦投篮。如当⑦接球后又遇到❺堵截时，⑦立即将球传给⑧投篮，如图11-1-8所示。

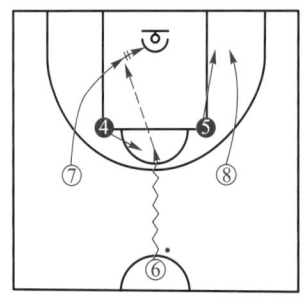

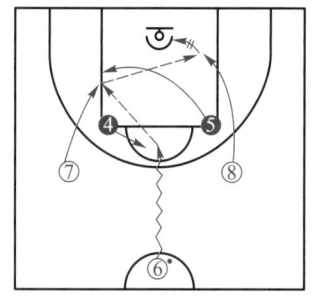

» 图 11-1-7　防守队员平行站位时　　　» 图 11-1-8　投篮遇堵截时

② 防守队员前后站位时：这种防守站位，中路防守力量比较强，因此进攻队员应从两侧发动进攻。如图 11-1-9 所示，⑥运球推进到前场后，把球传给⑦，⑦快速向篮下运球切入，❺前来堵截，⑦可及时将球传给⑧投篮。

③ 防守队员斜线站位时：当防守队员采用两人斜线站位时，进攻队员可以从中路运球开始进攻。如图 11-1-10 所示，⑥从中路运球突破，❹前去堵截，⑥及时将球传给切入篮下的⑧投篮。

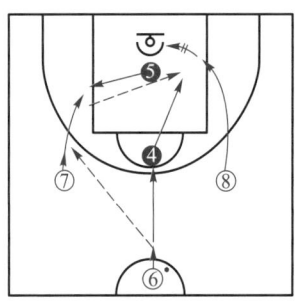

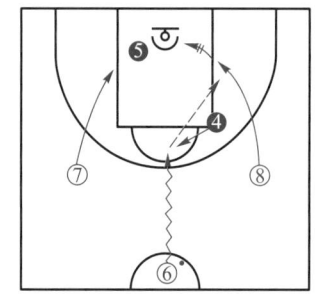

» 图 11-1-9　防守队员前后站位时　　» 图 11-1-10　防守队员斜线站位时

（3）人数相等时的进攻方法：在快攻结束阶段攻防人数相等时，在进攻中常用传切、突分、掩护与策应等基础配合进行攻击，造成局部以多打少的进攻局面，或者有利的投篮机会，或者合理的进攻空间，快速投篮。

（三）个人运球突破快攻

　　　　　　　个人运球突破快攻是指个人抢断球或抢获篮板球后，抓住战机，快速运球超越对手，直接进攻投篮的快攻形式。这一快攻形式对于运动员的个人基本功有较高要求，能够体现出运动员高超的个人技战术能力，超强的比赛时机把控能力，以及对于比赛的超强解读能力。

四、快攻的练习方法

（一）长传快攻练习方法

1. 抢篮板球长传快攻投篮

如图 11-1-11 所示，④和⑦各持一球，各自抛向篮板，并自抢篮板球后，分别长传给沿边线快下的⑤和⑧投篮，然后站到⑥和⑨的后面，⑧和⑤抢篮板球再传给快下的⑥和⑨。

2. 插中接应后长传给快下队员投篮

如图 11-1-12 所示，⑤抢到篮板球时，⑥沿边线快下，④向中路插上接⑤的传球后立即长传给⑥投篮。⑦、⑧、⑨以同样的方法从另一侧同时进行。换位时，④到⑥，⑤到④，⑨到⑤的位置。

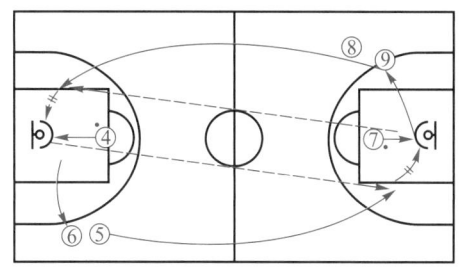

» 图 11-1-11　抢篮板球长传快攻投篮

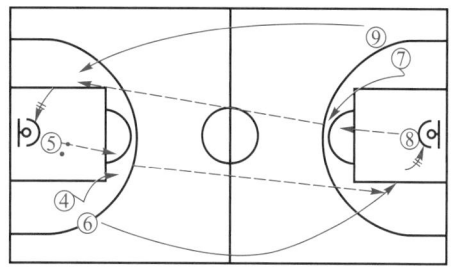

» 图 11-1-12　插中接应后长传给快下队员投篮

（二）短传快攻练习方法

1. 抢篮板球一传与接应

如图 11-1-13 所示，两人一组，教师持球抛向篮板，②抢到篮球后根据①拉边、插中、快下三条线路，及时将球传给①。①接球后到边线队尾，②到端线队尾。各组依次进行。

2. 抢篮板球一传与接应的短传快攻

练习方法同上。②抢到篮球后快速一传给接应的①，两人沿边线短传快攻。

3. 短传快攻推进

（1）两传短传快攻：如图 11-1-14 所示，两人沿边线或中路短传推进或直线快速传接球至篮下。

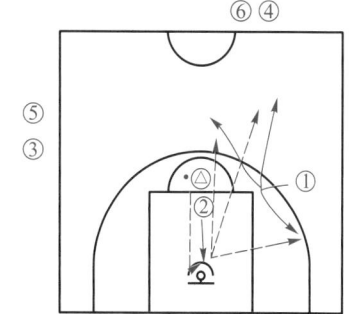

» 图 11-1-13　抢篮板球一传与接应

（2）三人短传快攻：如图 11-1-15 所示，三人直线向前场快速传球推进至篮下投篮，再以同样方法返回。

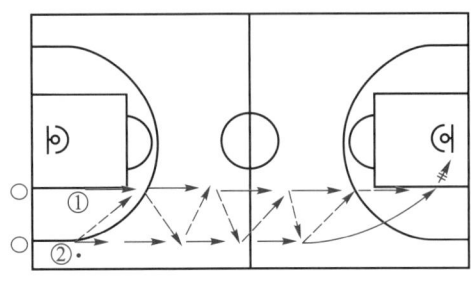

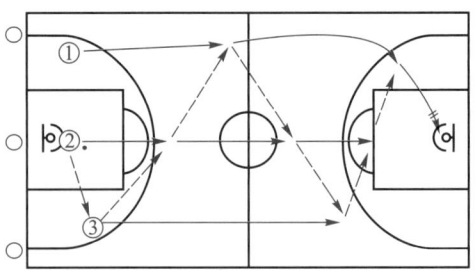

» 图 11-1-14　两传短传快攻　　　　　　　» 图 11-1-15　三人短传快攻

（3）边线接应，中路运球三线推进：如图 11-1-16 所示，④抢篮板球后迅速传给拉边队员①，①及时将球传给插中的②，②接球后快速从中路向前场运球推进，④和①沿边线快下并随时准备接②的传球上篮。

（4）中路接应，中、边传运结合三线推进投篮：如图 11-1-17 所示，④抢篮板球传给插中的②后沿左边线快下，②接球后向前场运球中及时传给沿边线快下的①，①接球后快速运球上篮或将球传给④或②投篮。

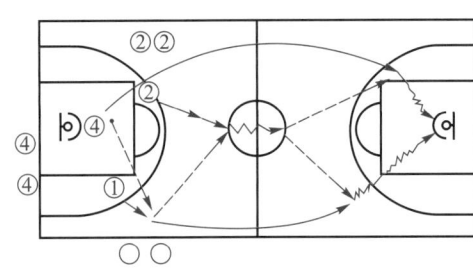

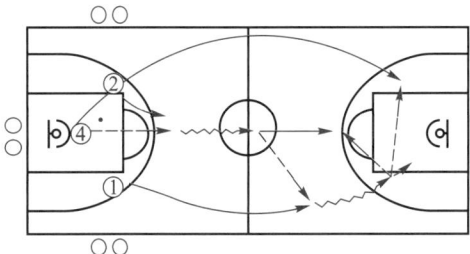

» 图 11-1-16　边线接应，　　　　　　　» 图 11-1-17　中路接应，中、边传运
　　　　中路运球三线推进　　　　　　　　　　　　结合三线推进投篮

4. 快攻结束阶段

（1）半场二攻一：学生在中线站成二路纵队，篮下设一个固定人防守，两队的第一人开始用传球或运球向篮下进攻，依次进行。

（2）半场三攻二：学生分三组站在中线后边，篮下设两人防守，各组的第一人开始由中线发动，根据不同的防守站位队形进行攻击。

（3）全场二攻一：如图 11-1-18 所示，④和⑤快速传球向前场推进，⑥去堵截⑤，⑤及时传球给④投篮。⑥抢篮板球后和⑦以同样的方法进攻，⑧或⑨防守，依次进行。

（4）全场三攻二：如图 11-1-19 所示，④、⑤、⑥为一组短传结合运球推进，⑦和⑧防守。进攻结束后，防守的⑦和⑧与⑨迅速转守为攻，①和③防守，往返进行练习。

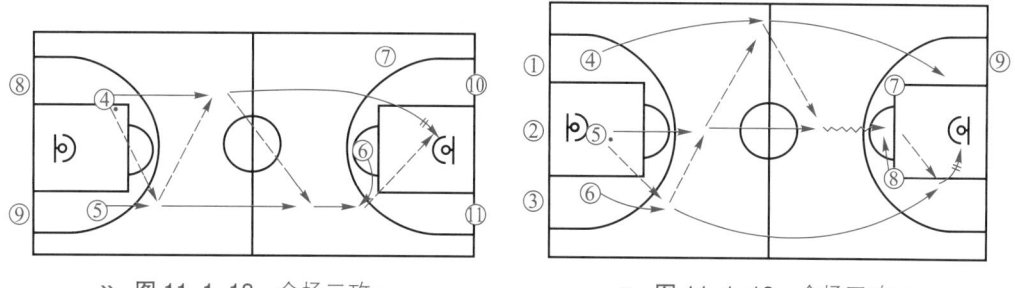

» 图 11-1-18　全场二攻一　　　　　　　　» 图 11-1-19　全场三攻二

5. 快攻综合练习

（1）练习一：如图 11-1-20 所示，①和②沿边线传球推进到前场，②投篮，①跟进抢篮板球。①抢到篮板球后传给拉边的②，再直线传球或运球推进到对面篮下，③进行防守，变成"二攻一"。

（2）练习二：如图 11-1-21 所示，③防守抢到篮板球后，立即发动"三人快攻"。③将球传给插上的②，①、③拉开，②沿中路运球推进，传给③运球上篮。③上篮后跑动到另一侧拉开，①向相反的方向拉开，②抢篮板球，队员落位。

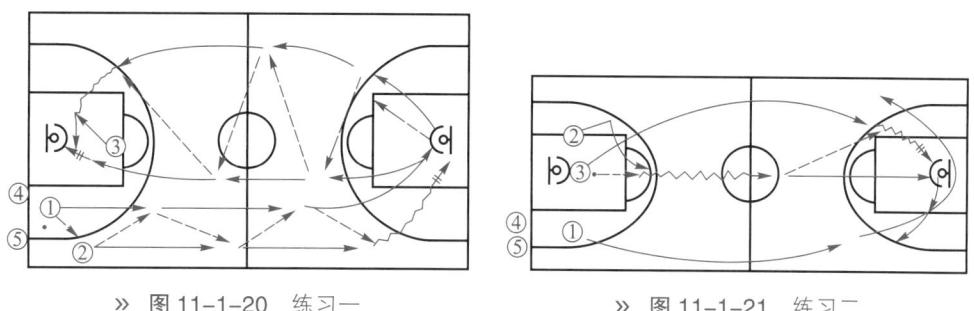

» 图 11-1-20　练习一　　　　　　　　　　» 图 11-1-21　练习二

（3）练习三：如图 11-1-22 所示，②将球传给③，③传球给插上接应的①，②、③拉开；①运球向前场推进，④、⑤进行防守，变成"三攻二"。③投篮后，①抢篮板球，②和③向相反的方向拉开。

（4）练习四：如图 11-1-23 所示，④、⑤由守转攻，迅速向前场拉开。①抢篮板球后将球传给③，②插上接应，②接球后沿中路推进，以②为顶点，前后形成三角形。

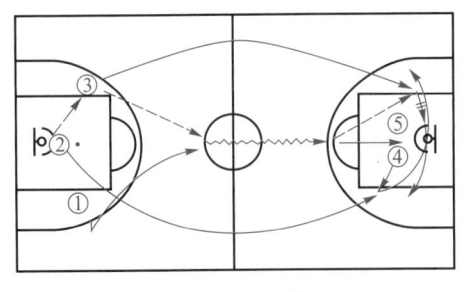

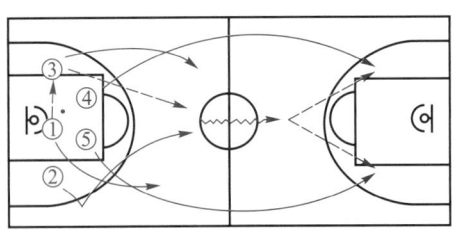

» 图 11-1-22　练习三　　　　　　　　　» 图 11-1-23　练习四

（三）对抗中的五人快攻练习方法

　　主要采用比赛式教学法，这一方法要求在比赛的真实情境中培养队员的快攻能力、快攻意识与心理素质，不断补短板、强优势，提高全队的快攻质量与整体执行水平。通过比赛式教学法，激发学生的思维与快速判断能力，在五人快攻中快速判断对手的优势与不足，灵活制定快攻战术，并在比赛中及时做出针对性调整。采用比赛式教学法，学生能够在五人的快速对抗中学到更多经验，确保在快攻技战术应用与应变等方面逐步达到较高水平。

五、快攻的教学建议

　　（1）在教学顺序方面，一般在攻防战术基础配合之后进行快攻教学。教学中应先教长传快攻，再教传球与运球相结合的快攻；先教快攻的发动与接应阶段配合，再教快攻的推进阶段配合，最后教快攻的结束阶段配合。

　　（2）在教学方法方面，先采用分解法，然后进行整体快攻的教学。

　　（3）在教学设计方面，对快攻的教学进行学、练、赛、评一体化设计，实现从"以教为主"向"以学为主"的转变，培养学生的自主学习能力、合作学习能力与探究学习能力。

　　（4）在教学形式方面，应先在固定形式下练习快攻的基本方法，逐步过渡到机动情况下练习；先从无防守过渡到消极防守，最后在积极防守下进行练习。

　　（5）在教学重点方面，教学重点是中路推进的分球与突破，以及结束阶段的三攻二和二攻一等配合。

　　（6）在教学内容方面，要注意培养快攻意识，以"快"为中心，做到接应快、队形分散快、分球快，把身体素质、心理素质和作风培养等有机结合起来，应结合技术教学反复练习。技术教学重点是运动员在快速移动中的传接球技能、持球突破技能，以及强干扰下的投篮技能。教学中要加强体能练习，提高体能和快攻技能。

（7）在体育品德培养方面，快攻过程中出现常见的违规行为时，应暂停练习或比赛，及时进行解析与纠正，帮助形成规则意识和公平竞争意识。

第二节　防守快攻

防守快攻作为一种积极、主动延缓对手进攻速度，推迟进攻时间的防守战术形式，能够有效瓦解对手快速得分的意图，掌控比赛节奏，同时能够打乱对手的进攻战术部署，难以实施有效的进攻，提振本队的士气。防守快攻需要队员之间的默契配合，需要积极、主动地实施更加有效的防守限制策略，需要具备更高的攻守转化意识与攻守技战术水平。

一、防守快攻的基本要求

（1）了解对手的优势与不足，思考限制对手发动快攻的办法。

（2）了解本队在防守快攻上的优势与不足，如抢前场篮板球的能力、移动速度，决定防守快攻的策略与办法。

（3）合理利用时间规则，采取不同的防守策略实现限制快攻组织的目的。

（4）要有强烈的防守快攻意识，能够快速识别快攻的发动时机，并做出有效的防守应对；注意力要集中，并全力以赴。

（5）防守快攻要从全力拼抢前场篮板球开始，控制对手较难发动快攻；退守时要前后照应，边退边防，提高个人以少防多的能力；快速落位组织阵地防守。

（6）合理地运用封、夹、断等有效手段破坏对手的第一传和快攻接应，并伺机夹击运球队员，破坏其快攻。

二、防守快攻的方法

防守快攻，可以避免快攻成功率，减少对手抢篮板球后发动快攻的次数，减少失误，避免被抢断球，控制对手发动快攻的次数。

（一）拼抢前场篮板球

抢篮板球后发动快攻的比例较高。因此，进攻队任何一个队员投篮，其他队员都应积极拼抢前场篮板球，以减少对手发动快攻的次数，为本队防守快攻争取时间。

（二）封一传，堵接应

有组织地堵截快攻的第一传和接应，是制止对手发动快攻的关键。当对手获球转为进攻时，近球的防守队员要迅速上前封锁对手的传球路线，伺机夹击防守，干扰其第一传；同时其他队员要切断接应路线，伺机断球，延缓对手进攻速度。

（三）控制快攻的推进

防守快攻时，前场防守队员不能消极后撤，而应与对手保持一定距离，边撤边防，控制对手的推进速度与进攻移动线路，以便及时组织防守阵势。

（四）防守快下队员

由攻转守时，除积极拼抢篮板球、封堵第一传和接应外，在后场的防守队员要迅速退守控制后场，在退守过程中要控制好中路，要对快下队员严加防范，切断对方长传快攻的路线。

（五）以少防多方法

在快攻的结束阶段，如果出现以少防多的不利局面，防守队员要积极移动选位，运用假动作干扰其传球，制造进攻队员左右为难的局面，迫使对手主动失误或延缓进攻速度，为同伴争取退守的时间。

1. 一防二

当防守出现一防二的局面时，防守队员要保持沉着冷静，注意占据有利于人球兼顾的防守位置，积极移动并利用假动作进行干扰，使对手出现错误或延误进攻速度，为同伴争取退守时间。防守过程中要注意观察对手的意图和行动，看准时机迅速、果断地抢断，封盖、干扰对手投篮，并积极拼抢篮板球。

2. 二防三

两名防守队员积极移动，紧密配合，内外兼顾，左右照应。两名防守队员中一名队员侧重对付有球队员，另一队员注意选择合理位置，做到既能控制篮下，又能同时兼顾两名无球队员的行动，看准时机，果断进行抢断球，争取转守为攻。

二人防守站位有平行站位、重叠站位与斜线站位三种。

（1）二人平行站位：这种防守站位适用于对付边线突破能力较强的队员，但中路防守薄弱。如图11-2-1所示，❹重点防守⑤，❺则应向限制区移动，控制篮下并兼顾④和⑥的行动。当⑤把球传给④时，❺上前堵截④，❹立即撤向篮下并注意⑤和⑥的行动。

（2）二人重叠站位：这种防守站位可有效阻止对手中路突破，但边路防守薄弱。如图11-2-2所示，当进攻队员④从中路运球推进，⑤和⑥沿边线快下时，❹在前堵截中路，❺在后兼顾⑤和⑥。当④把球传给⑥时，❺前去堵⑥，❹迅速后撤控制篮下并兼顾④和⑤。

（3）二人斜线站位：这种防守站位兼顾了前两个防守站位的不足之处，可有效防止中路突破，又缩短了补位距离。如图11-2-3所示，当进攻队员④从中路突破时，❹应立即堵中路，不让④突破，❺向篮下移动，并兼顾⑤和⑥的行动。如④把球传给⑥时，❺前去堵⑥，❹后撤控制篮下兼顾④和⑤。

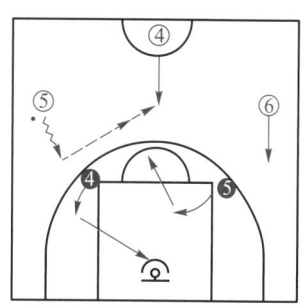

» 图11-2-1　二人平行站位

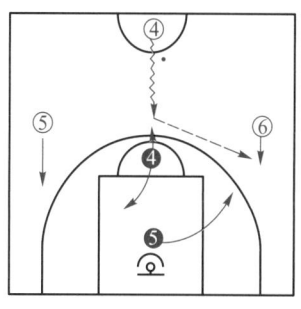

» 图11-2-2　二人重叠站位

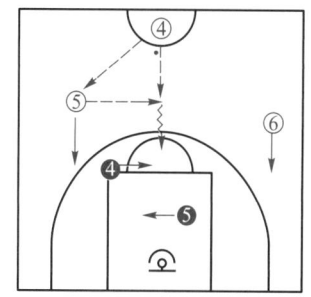

» 图11-2-3　二人斜线站位

三、防守快攻的练习方法

（一）堵截快攻的发动与接应

1. 二对二堵截快攻的发动与接应

如图11-2-4所示，教师（△）将球投向篮板，当❹抢到篮板球时，④应立即转攻为守，积极迅速上前挥臂干扰❹的传球路线或迫使

堵截快攻的发动与接应

其向边线运球，延误其发动时间。⑤则积极去堵截❺接应一传。练习若干次后，两组交换攻守练习。

2. 三对三堵截快攻的发动与接应

如图 11-2-5 所示，教师（△）投篮未中，当防守队员❹抢到篮板球时，❹立即转攻为守，迅速上前挥臂封其一传，❻和❺分别堵截❻和❺接应一传。两组进行若干次后，换组练习。

3. 三对三夹击第一传

如图 11-2-6 所示，当❹抢到篮板球时，❹和篮下的❺合作夹击，❻放弃快下的❻，而及时去堵截❺的接应，并随时准备断❹传出的球。

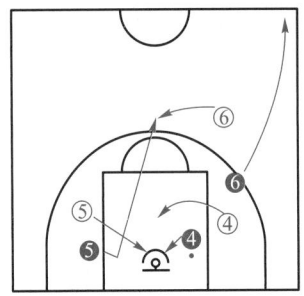

» 图 11-2-4　二对二堵截
快攻的发动与接应

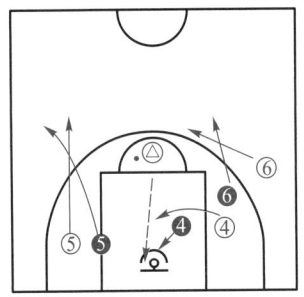

» 图 11-2-5　三对三堵截快攻发动与接应

» 图 11-2-6　三对三夹击第一传

（二）防守快下队员

如图 11-2-7 所示，教师（△）投篮未中立即上前抢到篮板球时，①和②立即起动沿边线快下，而❶和❷也随即快退，并在退防时密切观察场上情况，准备断教师的长传球。每次练习后，两组分别回到对组排尾，攻守交换练习。

防守快下队员

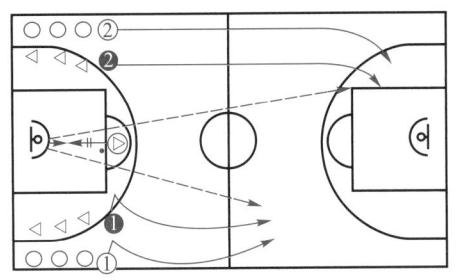

» 图 11-2-7　防守快下队员

（三）快攻结束阶段以少防多

1. 半场一防二

如图 11-2-8 所示，当⑥把球传给⑤，⑤沿边线运球推进时，❹由中路稍向⑤一侧退防，在退防中要利用假动作干扰对手，当⑤把球传给⑥时，❹立即移向⑥一侧篮下，并随时断⑥回传给⑤的球或及时起跳封盖⑥的投篮和可能的二次篮板球进攻。练习开始采用固定人防守。为了提高防守的积极性，也可以采用防守成功后交换防守的方式进行。

快攻结束阶段以少防多

2. 全场一防二

如图 11-2-9 所示，⑤和❹快速传球向前场推进，❺防守。❺防守后接着与❹向对侧球篮进攻。⑦和⑧出一人防守。反复进行练习。

3. 全场一防二

如图 11-2-10 所示，三人一组，开始三人直线快攻，返回时变为一防二，其中投篮队员变为防守队员。三

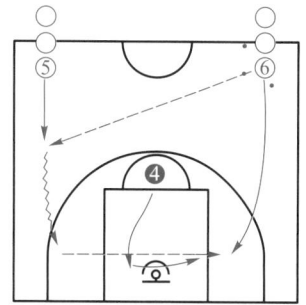

» 图 11-2-8　半场一防二

人直线快攻结束后，⑦从中路立即转攻为守，迅速退防，⑥和⑧快速反击，⑦边退边防，不断调整防守位置，并伺机断⑥和⑧之间的传球。各组依次反复练习。

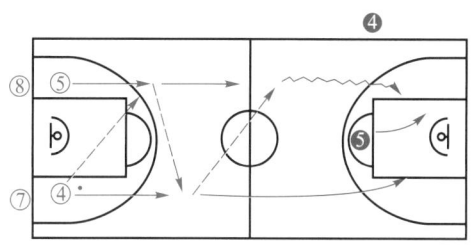

» 图 11-2-9　全场一防二

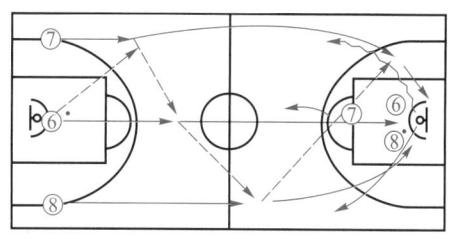

» 图 11-2-10　全场一防二

4. 全场二防三

如图 11-2-11 所示，三人一组，开始由④、⑤、⑥向前场快速进攻。另一组的❼和❽进行防守，⑨在边线外暂不参加防守，然后❼、❽、❾一起在防守后向对面组织进攻，由第三组立即派两人进场防守。依次反复练习。

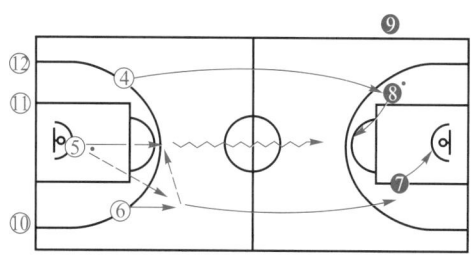

» 图 11-2-11　全场二防三

5. 半场二防三

如图 11-2-12 所示，⑤从中路运球推进时，❹在前堵中路，❺在后成重叠防守。当⑤把球传给⑥时，❺上前防守⑥，❹立即后撤兼顾防守⑤和⑦。当⑥沿边线运球突破时，❺随之移动防守⑥突破上篮，这时❹要向中区占据篮下有利位置兼防⑤和⑦（图 11-2-13）。当⑥把球传给⑤时，❹要立即移动堵截，❺迅速向篮下移动兼防⑥和⑦。练习中要求❹和❺在防守中要协同配合，人球兼顾，真假动作结合，抢占有利位置，并伺机断球。

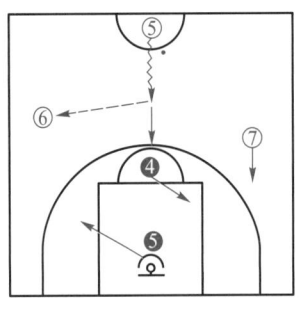
» 图 11-2-12 半场二防三

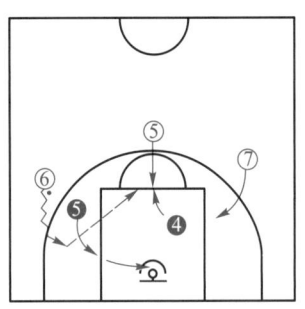
» 图 11-2-13 半场二防三

（四）全场五对五攻防

（1）进攻半场人盯人防守后即刻转入由攻转守练习。

（2）进攻区域联防后即刻转入由攻转守练习。

要求：无论进攻成功与否，都要立即转入防守，同时由守转攻也要快，不断增强攻守转换意识和能力。

四、防守快攻的教学建议

（1）在教学顺序方面，快攻教学完成之后，进行防守快攻教学。

（2）在教学方法方面，先采用分解法，然后进行整体防守快攻教学。

（3）在教学设计方面，对防守快攻教学进行学、练、赛、评一体化设计，实现从"以教为主"向"以学为主"转变，培养学生的自主学习能力、合作学习能力与探究学习能力。

（4）在教学内容方面，把培养防守快攻意识贯穿教学过程，包括攻转守的快速意识、就近快速封堵一传的意识、快速截断接应的意识，以及以少防多的快速意识等。加强身体素质的锻炼，提高防守快攻的技战术水平与质量。

（5）在教学重点方面，教学重点是一守二攻、二守三攻，始终注意加强拼抢篮板球、防运球突破、补防、以少防多等防守技术运用和配合能力的培养。要把防守快攻的基本要求与方法贯穿教学实践过程，在实施防守快攻中体验其中的重点。

（6）在体育品德培养方面，把培养团队精神、积极拼抢的作风与坚韧不拔的意志，以及相互尊重、公平竞争等体育精神、体育品格与体育道德贯穿教学过程。

思考题"

❶ 什么是快攻？发动快攻的时机有哪些？

❷ 快攻的结构包括哪几个部分？通过什么组织形式完成快攻？

❸ 绘图说明快攻结束阶段二攻一与三攻二的配合方法。

❹ 绘图说明中锋抢到后场篮板球后的五人快攻路线。

❺ 快攻教学应注意哪些问题？

❻ 什么是防守快攻？防守快攻有哪些基本要求？

❼ 防守快攻的方法有哪些？

❽ 防守快攻教学应注意哪些问题？

第十二章 人盯人防守与进攻人盯人防守

本章提要

　　本章重点阐述半场人盯人防守、进攻半场人盯人防守、全场紧逼人盯人防守和进攻全场紧逼盯人防守的方法、基本要求、练习方法和教学建议等内容。

半场人盯人防守战术是指由攻转守时，全队有组织地迅速退回后场，在半场范围内，每个防守队员负责盯防一个进攻队员，控制其行动，并协助同伴完成全队防守任务的整体防守战术。

　　进攻半场人盯人防守战术，是根据半场人盯人防守战术特点，合理组织进攻落位，运用个人进攻技术和进攻基础配合所组成的全队进攻战术。它要求队员既要有良好的战术配合意识、个人进攻能力，又要有集体协作精神，依靠队员间的互相配合，攻破对手的防线，在球权进攻时间内获得良好的投篮机会。

第一节　半场人盯人防守

　　半场人盯人防守战术有分工明确、责任到位、针对性强、便于掌握等特点。在对抗日趋激烈的现代篮球比赛中，运用半场人盯人防守战术能有效地破坏对手进攻时的习惯打法，充分发挥个人的防守能力，调动个人防守的积极性。它是防守战术体系中常用的战术之一。

一、半场人盯人防守的基本要求

　　（1）贯彻以人为主的防守原则，对持球队员必须采用平步贴身紧逼防守姿势，持续给球压力，扩大防守面积，积极拼抢，不给对手轻易投篮、突破和传球的机会，一旦被对手突破，必须快速追防。

　　（2）对无球队员要错位防守，做到人、球、区兼顾，重在敢于对抗堵截其向球移动和空切篮下的路线。

　　（3）由于防区扩大，比赛的强度增加，要求队员有充沛的体能、良好的意志品质和协同防守的意识，比赛中要正确观察、判断场上的攻守情况，在防守选位时，要做到"人动我动，球动我动"，在严密控制对手的基础上随时准备协防、补防、夹击、断球以及防掩护等，充分体现防守的整体性、主动性和攻击性。

　　（4）防守分工时，通常以跳球时的站位分工为主，也可按照赛前准备会或比赛的进程情况有针对性地进行重新调整分工防守。

二、半场人盯人防守的方法

根据防守策略和防守范围，半场人盯人防守战术可分为半场缩小人盯人防守（距离球篮6~7米的范围）和半场扩大人盯人防守（距离球篮8~12米的范围）两种。

（一）半场缩小人盯人防守

半场缩小人盯人防守是以加强内线防守、保护篮下为主要目的的防守战术。这种防守战术多用于对手内线攻击力较强、外线攻击力较弱的球队。半场缩小人盯人防守防区较小，有利于协防、控制内线进攻、抢篮板球和组织快攻反击。

1. 强侧、弱侧的防守

以球场纵轴线为标准，有球一侧为强侧，无球一侧为弱侧。

（1）强侧防守：对持球队员要紧逼防守，限制其投篮、突破、传球。对于近球者，采用积极的错位防守，不让其接球。如图12-1-1所示，⑥持球时，❻紧逼⑥，❼内侧侧前防守⑦，❹紧逼④，❽回缩篮下，防⑥的高吊球及⑧的横切等。❺可适当向强侧靠拢。

（2）弱侧防守：要回撤篮下保护、协防，同时注意抢断高吊球，及时堵截对手的背插和溜底线。如图12-1-2所示，如果弱侧队员⑤接球，❺紧逼⑤，❼侧前或绕前防守⑦。❹错位防守④并准备协防。弱侧的❻向中锋一侧靠拢，保护中锋。❽错位防守⑧的接球或空切篮下。

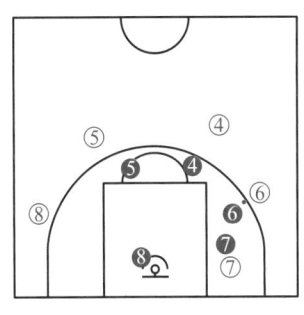

» 图12-1-1 强侧防守

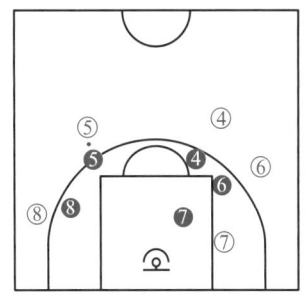

» 图12-1-2 弱侧防守

半场缩小人盯人防守

2. 防掩护进攻

当对手进行掩护进攻时，运用挤过配合，尽量不要换防，尤其是内线队员与外线队员之间的掩护更是如此。防止出现大防小、小防大的错位局面。如果外线队员之间在弱侧区进行掩护时，或内线队员之间在篮下交叉掩护时，可采用交换配合或穿过配合。如图 12-1-3 所示，⑦传球给⑥，中锋队员④与⑤做掩护时，❹、❺不要换防，❺穿过掩护队员④继续防守⑤。右边的⑦、⑧掩护时，❼全力挤过或从内侧绕过。

3. 防中锋进攻

防守中锋进攻的关键是通过绕前或半绕前防守阻止中锋接球。一旦中锋接到球，应及时围夹迫使中锋将球传到外线。如图 12-1-4 所示，⑤持球时，❺紧逼⑤，❾绕前防守中锋⑨，❼回缩篮下防⑤的高吊球，如果⑨接到⑤的高吊球，❼必须与❾围夹⑨，迫使⑨将球传出。❻回缩篮下防守⑦空切，❽准备抢断⑨的传球。

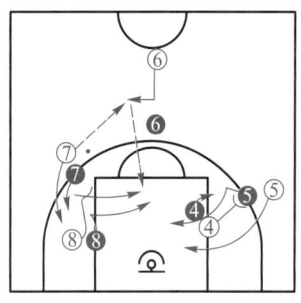
» 图 12-1-3　防掩护进攻

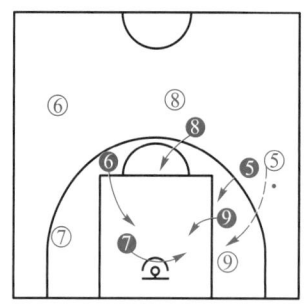
» 图 12-1-4　防中锋进攻

4. 防移动进攻

移动进攻的特点是在球不断转移的过程中，无球队员利用连续掩护、轮转换位和个人技术摆脱防守，连续切入篮下接球进攻。因此，防守时要根据球的位置，做到积极移动，选位及时、准确，控制进攻的传球速度，堵截进攻队员的移动路线，延缓对手进攻速度，为防守选位争取时间。当进攻队员掩护时，酌情采用挤过、穿过、交换等配合方法，以破坏对手的进攻配合。

（二）半场扩大人盯人防守

当对手外线投篮准确而突破能力及全队的整体进攻配合质量较差且控球后卫能力较差时，采用半场扩大人盯人防守战术，可有效遏制对手的习惯打法。这种防守战术有时也用于加强外线防守、切断内外联系，使中锋没有获球机会，从而达到"制外防内"的效果。因此，这是一种防守目的明确，主动性、攻击性很强的防守方法。由于扩大了防区，运动员的体能消耗大，不利于协防，容易出现漏人现象。

由攻转守时，防守队员应首先控制对手的反击速度，迅速退回后场，当持球队员进入前场时，防守持球的队员应立即紧逼防守，减缓对手进攻速度，阻止对手运球突破。防无球队员应根据球的位置及时选位，以防止对手接球或切入。

1. 练习一

如图 12-1-5 所示，④持球进入前场后，❹紧逼防守④，控制其进攻速度，严防其突破，❺、❼紧逼⑤和⑦防止接球，并随时注意与④的掩护。❻侧前防守⑥，防止高吊球，❽向篮下回撤，帮助❻协防⑥，并注意⑧的横切。如④将球传给⑤，则按图示方向选位。

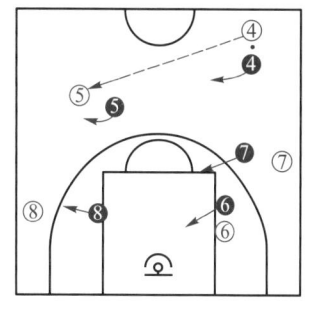

» 图 12-1-5　扩大人盯人防守

2. 练习二

如图 12-1-6 所示，当④在中线边角被迫停球时，❻果断放弃⑥与❹协同夹击④。此时，❼积极向⑥移动补位，准备断④传给⑥的球，❽向篮下回缩，准备抢断④传给⑦或⑧的球。

3. 练习三

如图 12-1-7 所示，当⑦在底线场角被迫停止运球时，❹协同❼在底角夹击⑦，❽移动到强侧紧逼防守④并准备断⑦的传球，❻向纵轴线附近移动，同时防守⑥和⑧向篮下切入以及随时准备抢断⑦的传球，❺向篮下移动防堵⑤横切。

半场扩大人盯人防守

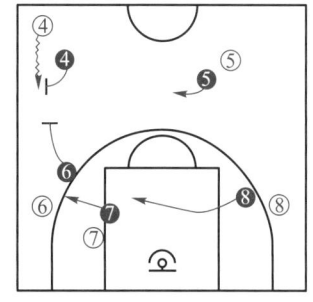

» 图 12-1-6　扩大人盯人防守

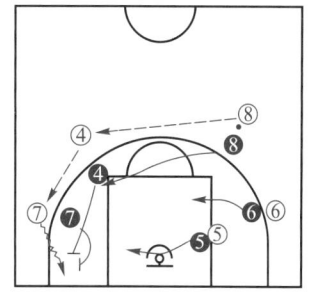

» 图 12-1-7　扩大人盯人防守

三、半场人盯人防守战术练习方法与教学建议

（一）练习方法

1. 提高防守脚步动作的灵活性和个人防守技术

个人防守脚步及防守技术是提升全队防守能力的基础，应从各种防守脚步动作练习开始，过渡到半场或全场的一对一攻守对抗练习，在对抗中重点提高个人的脚步移动速度和防守技术。

2. 提高基础配合质量

反复进行半场二打二、半场三打三练习，提高防守队员之间的基础配合质量，为提高全队整体防守水平打好基础。

3. 全队防守时的选位练习

（1）在球动人不动条件下的选位练习：如图 12-1-8 所示，进攻队员基本不动，利用球不断地转移，让防守队员按照防守持球队员和无球队员的原则进行选位。练习数次后，防守队员按顺时针方向换位 4 次，然后攻守交换，依次进行练习。

要求：防守只许移动选位，不许断球，进攻不允许投篮，防守队员选好位以后再传球。练习熟练后加快传球的速度。

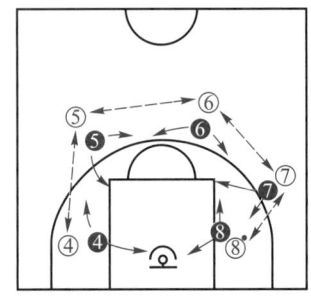

» 图 12-1-8 在球动人不动条件下的选位练习

（2）在人动球不动条件下的选位练习：球依次固定在每个队员手中，让其他 4 名队员练习如何防掩护、纵切、横切、溜底线等。持球队员可做适当的移动，但不要传球，其他进攻队员可以连续掩护、空切等。练习数次后攻守交换。

（3）在人动球动条件下的练习：只许进攻队员传球、运球突破或运用传切、掩护、突分、策应等基础配合，不允许投篮。防守队员严格按照选位原则进行防守，控制对手的进攻配合，如果抢断成功，攻守交换。

4. 半场五对五攻守对抗练习

进攻投篮命中后，从中圈发球继续进攻，进攻队员抢到进攻篮板球，可以补篮或二次进攻。防守队员抢到防守篮板球或抢断成功，应从中圈开始发球重新进攻。

5. 全场五对五攻守对抗练习

提高攻守转换速度，由攻转守时，首先封一传堵接应，赢得时间迅速退守，进行半场缩小或扩大人盯人防守，在对抗练习中发现问题、解决问题，不断提高防守技战术运用能力。

（二）教学建议

（1）掌握半场人盯人防守配合方法，应从个人防守脚步动作、防守技术运用及防守战术基础配合抓起，在此基础上学习半场人盯人防守战术配合。在半场或全场的对抗练习中掌握和提高全队防守战术，在教学比赛中提高和培养学生的实战对抗能力和防守意识。

（2）加强队员身体素质的训练，提高专项体能水平，以确保防守战术教学与训练任务的完成。

第二节 进攻半场人盯人防守

一、进攻半场人盯人防守战术的基本要求

（1）据实出发，合理地组织阵型，保持好五个人的进攻空间，充分发挥个人的进攻技术特长和本队进攻特点，利用基础配合组成全队的进攻战术。

（2）在移动中相互配合，有目的地连续穿插、掩护、换位。明确攻击，点面结合，内外结合，强调进攻中的灵活性和机动性。注意攻守平衡。

（3）组织冲抢进攻篮板球，增加进攻球权次数。

（4）提升阅读比赛的能力，进攻中善于抓住对手防守的薄弱环节，实施有针对性的强攻。

（5）加强战术配合过程中的沟通交流，提升进攻的流畅性。

二、进攻半场人盯人防守战术的配合方法

（一）选用合理的落位阵型

根据队员的身体条件、技术特点和战术素养来选择能够充分发挥每个队员进攻技术特点和全队特点的进攻阵型。常见的进攻落位阵型有单中锋进攻的"2-3"阵型（图12-2-1）、"2-1-2"阵型（图12-2-2），双中锋进攻的"1-2-2"阵型（图12-2-3），无固定中锋的"1-2-2"阵型（图12-2-4），中锋位于高策应区的"1-4"阵型（图12-2-5）和双中锋纵向站位的"1-3-1"阵型（图12-2-6）等。

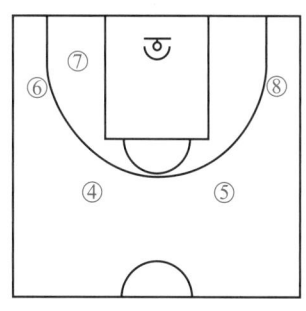

» 图 12-2-1 "2-3" 阵型

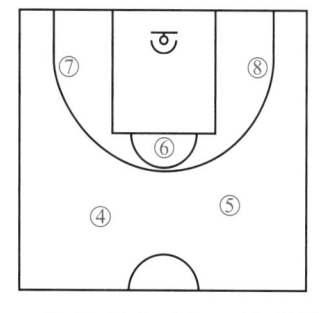

» 图 12-2-2 "2-1-2" 阵型

选用合理的落位阵型

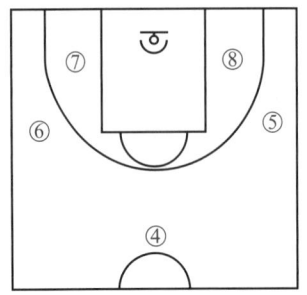

» 图 12-2-3 "1-2-2" 阵型

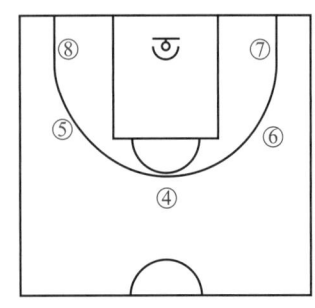

» 图 12-2-4 "1-2-2" 阵型

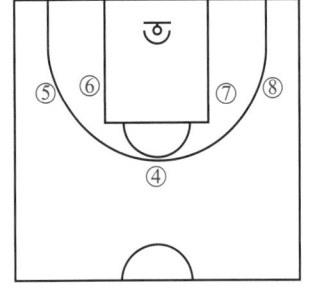

» 图 12-2-5 "1-4" 阵型

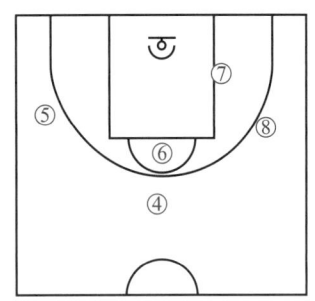

» 图 12-2-6 "1-3-1" 阵型

（二）通过中锋以掩护为主的配合

通过中锋以掩护为主的配合方法

如图 12-2-7 所示，以"1-2-2"进攻阵型落位，④传球给⑤，⑥上提与④做后掩护，⑤将球传④直接上篮。如果④没机会接球，⑤可将球传球给⑥，④与⑦在底线做交叉掩护。⑦横切，④拉开，接⑥的球投篮，⑥也可个人进攻。

（三）通过中锋以策应、掩护、空切、突分为主的进攻配合

如图 12-2-8 所示，以"2-1-2"阵型落位，④传球给⑥，④与⑤做侧掩护，然后以⑥为中枢做交叉策应，⑥可将球传给⑤或传给掩护后横切的⑦，⑤接球后突破如受阻可分球给⑧或⑦投篮，⑥在策应过程中，也可个人攻击。

（四）掷前场界外球的固定配合

1. 掷前场边线球配合

如图 12-2-9 所示，①利用②、③的掩护移动至三分线外接球，③做横切利用②和④的双掩护接①的传球运球上篮。

2. 掷前场端线球配合

如图 12-2-10 所示，①发底线球，②给③做后掩护，③移动至无球侧边线，同时②利用④、⑤的双掩护移动至另一侧边线，⑤掩护后纵切篮下接球投篮。④往中场线移动准备好接应发球或发球失误的退防。

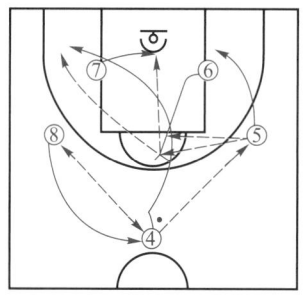

» 图 12-2-7　通过中锋以掩护为主的配合

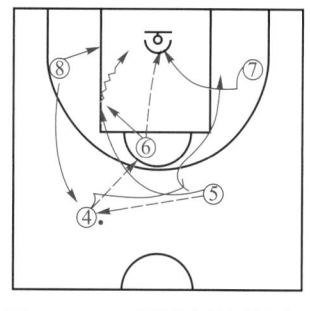

» 图 12-2-8　通过中锋以策应、掩护、空切、突分为主的进攻配合

掷前场边线球配合

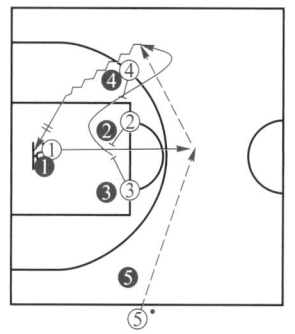

» 图 12-2-9　掷前场边线球配合

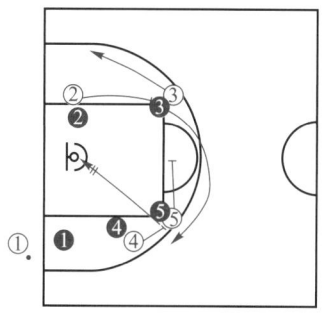

» 图 12-2-10　掷前场端线球配合

掷前场端线球配合

三、进攻半场人盯人防守战术练习方法与教学建议

（一）练习方法

进攻半场人盯人战术配合方法有许多，每个球队应能根据本队队员的个人技术特长和教练的战术理念设计出若干种适合本队的进攻配合方法，形成本队的进攻打法风格。无论何种打法，教学与训练的程序是基本相同的。下面以图 12-2-11 中的配合为例，介绍教学方法与练习建议。如图 12-2-11 所示，⑤传球给④发动进攻，中锋⑥上提给⑤做后掩护，然后横插，④亦可将球传给⑤或⑥，左侧的⑧给⑦做掩护，⑦上提补位。⑥接球后也可与④做策应配合，也可个人进攻或传球给⑦、⑧、⑤进攻。这种战术配合主要利用掩护、策应、空切组成的综合进攻。在教学与训练时，应当首

先通过战术演示盘让队员基本了解整体战术配合方法、各自的任务、移动路线及全队的攻击区域、攻击点，然后进行分解练习。

1. 两人两球后掩护

如图 12-2-12 所示，④传球给⑨，⑥上提给④做后掩护，⑨传球给切入篮下的④投篮，⑥转身接⑦的球中投，各自抢篮板球交换位置，依次进行练习。

要求：⑨将球传出后中锋⑥再转身接⑦的球投篮。

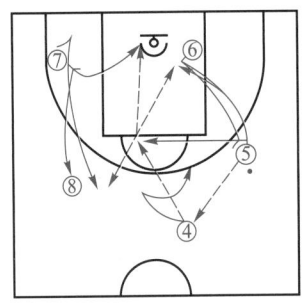 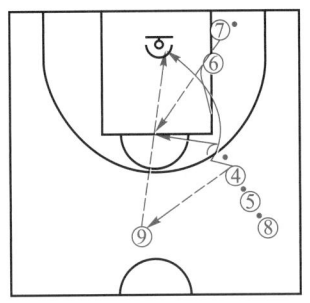

» 图 12-2-11　进攻半场人盯人防守战术配合　　　» 图 12-2-12　两人两球后掩护

2. 三人三球后掩护、策应

如图 12-2-13 所示，⑥传球给④，⑧给⑥做后掩护，⑥空切篮下接⑤的球投篮，⑧横插接④的球并与④做策应配合，④接⑧的球投篮，⑧策应传球后转身接⑨的球投篮，各自抢篮板球回原位。练习数次后，按顺时针方向换位，依次进行练习。

要求：④和⑧中投，⑥接球后行进间投篮。

3. 两人两球底角掩护

如图 12-2-14 所示，④传球给⑨，④到底线与⑦做掩护，然后转身横切接⑨的球投篮，⑦上提接⑤的球中投，各自抢篮板球换位，依次进行练习。

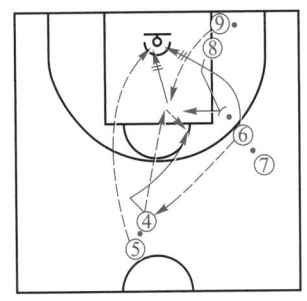 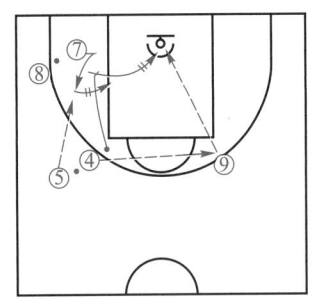

» 图 12-2-13　三人三球后掩护、策应　　　» 图 12-2-14　两人两球底角掩护

以上进行的是无防守情况下的多球分解练习，主要目的是解决进攻配合路线及各进攻点的投篮技术。熟练掌握后，可在消极防守状态下进行练习，初步掌握配合时机和提高技术运用能力，逐渐过渡到积极防守对抗练习。应从实战出发，严格要求，

掌握提高局部战术配合的方法和质量，为提升整体进攻战术的效果和熟练程度奠定基础。

4. 半场无防守情况下的五人练习

在教师的指导下，熟悉落位，明确任务，按照战术配合的时机和路线要求，进行人、球移动练习。

5. 半场消极防守情况下的五对五练习

在 4. 的基础上，将整体配合中的前、后、左、右的局部配合组合在一起，让队员了解全队进攻的移动规律，掌握发动进攻的时机，提高各个攻击点的技术运用能力。

6. 半场积极防守情况下的五对五练习

在积极对抗练习中，掌握进攻变化规律。教练应严格要求，完成进攻的具体指标后攻守交换。必要时，对于出现的共性问题，可让队员分组讨论，研究解决，以提高他们的战术意识及分析问题、解决问题的能力。

在完成以上练习后，有目的地组织教学比赛，检查教学训练效果，及时总结、分析在实战中出现的问题，为今后的针对性训练提供可靠的依据，逐步培养战术意识，提高队员运用战术的能力。

（二）教学建议

（1）队员应首先学习掌握半场人盯人防守战术，然后学习进攻半场人盯人防守战术。开始练习时，要让每个队员了解全队的战术落位阵型，战术执行原则、进攻时机，移动路线，主要攻击面和攻击点及变化规律。

（2）在无防守和消极防守的情况下先进行战术分解练习，提高个人技术运用能力和基础配合质量。然后进行全队的战术配合练习，在此基础上加强防守，提高练习难度。

（3）在实战中检验队员对全队战术理解和掌握的程度，通过比赛的信息反馈，不断总结分析，不断改进薄弱环节，提高战术配合水平。

第三节　全场紧逼人盯人防守

全场紧逼人盯人防守是指由攻转守时每个队员立即看守住邻近的对手，并在全场范围内紧紧盯住对手，以个人积极防守和全队协同配合，破坏对手进攻，达到破坏对手进攻节奏或夺取球权的一种攻击性很强的防御战术。这种战术防守移动面宽、争夺激烈、速度快、强度大、配合意识要求高，能充分发挥队员的特长和有效地制约对手的进攻节奏，打乱对手部署和习惯打法，造成对手心理紧张和技术失误以及极大的体能消耗，从而取得竞赛的主动权。因此，它在现代高水平篮球比赛中被视为一种杀伤力最强、谋略性运用效果较好的篮球防守战术，对培养篮球运动员积极主动、勇猛顽强的战斗作风和团结协作的团队精神，提高体能水平和促进防守技术的全面发展有着极其重要的作用。

一、全场紧逼人盯人防守的基本要求

（1）统一思想，统一行动，积极主动，加强协作，密切配合。

（2）由攻转守，要迅速就近找人，抢占有利的防守位置，紧逼自己的对手，同时观察场上情况，根据球所在的位置，及时调整防守位置。

（3）防守无球队员时，以控制对手接球为主，要及时抢占有利的防守位置，迫使对手向远离球的方向移动；当同伴被突破时，要果断地进行堵截和补防。

（4）防守运球的队员时，首先不让对手突破，若被对手突破，也要尽量做到堵中放边，迫使对手沿边线运球并在边角停球，制造夹击机会，注意避免不必要的犯规。防掩护配合时，力争挤过和穿过防守，尽量减少交换防守。

（5）要设法诱使对手长传、击地球或高吊球，制造抢断球机会。

二、全场紧逼人盯人防守战术的运用时机

一般全场紧逼人盯人防守战术的运用时机是：突然改变战术，出其不意、攻其不备，以达到扩大战果或挽回落后局面时；身材矮小，但速度快、灵活性较好的队，与身材高大的队比赛，为摆脱篮下被动局面时；对手中投准，控制球能力和突破能力较差，不善于进攻时；对手体能较差，为消耗对手体能时。

三、全场紧逼人盯人防守的方法

全场紧逼人盯人防守战术是在全场范围内与对手展开激烈争夺的一种配合方法。由于场上各个场区的防守任务不同，所以把球场划分为前场、中场、后场三个区域

（图 12-3-1）。

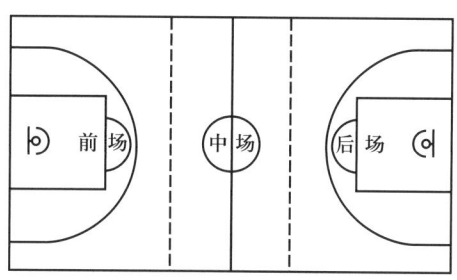

» 图 12-3-1　全场紧逼人盯人防守区域

（一）前场紧逼人盯人防守方法

前场防守是全场紧逼人盯人防守的重要阶段，也是防守的第一道防线。在前场必须采取以夺取球为目的的防守策略，要求队员由攻转守时，有目的地快速找到自己的防守对手，立即进行紧逼，迫使对手减慢推进速度，选择有利于断球和夹击位置，并造成强大的声势，给对手施加压力，消耗对手的进攻时间，迫使对手失误和违例。

1. 对手掷端线界外球的防守方法

（1）一对一紧逼防守：如图 12-3-2 所示，④掷端线界外球，❹紧逼④，积极挥动双臂，封堵其传球角度，并争取截球。❺、❻、❼、❽积极堵截各自防守的对手的接球路线，迫使④发球失误或 5 秒违例。

（2）夹击接应队员的紧逼：这种方法主要用于防守对手技术全面、控球能力强、善于接球后组织进攻的队员。如图 12-3-3 所示，迫使④将球传给控球能力较差的队员，以利组织攻击。❹放弃对④的防守，去协助❺夹击技术全面的接应队员⑤。❹背对或侧对④，面向⑤正面防⑤接球。❺站在⑤前面或侧后方，防⑤摆脱快下接④的长传球快攻。❻、❼、❽除控制接球外，还要根据场上的变化，及时调整防守位置，注意补防或断球。

对手掷端线界外的防守方法

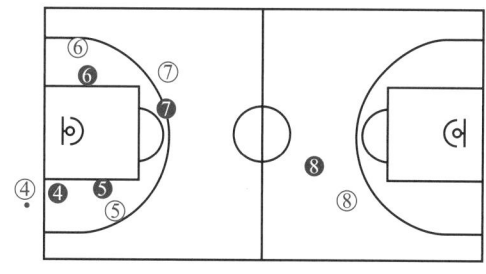

» 图 12-3-2　一对一紧逼防守

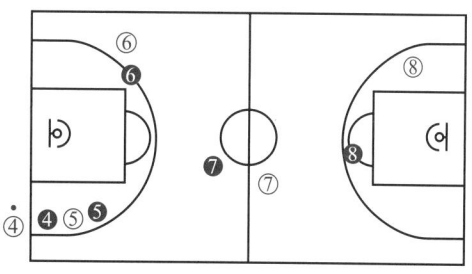

» 图 12-3-3　夹击接应队员的紧逼

（3）机动夹击的紧逼：如图 12-3-4 所示，当④掷界外球时，❹主动放弃④，充当"游击队员"，他可站在两个接球队员的前面，也可站在后面。❹要判断④的传球方向，及时移动进行断球或与❺、❻协同夹击接球的⑤或⑥。❼和❽应在⑦和⑧的侧方错位防守，随时准备断长传球和补防。如果对手已将球掷进场，而夹击、抢断又未成功，❹和其他队员应及时调整位置，进行紧逼人盯人防守。

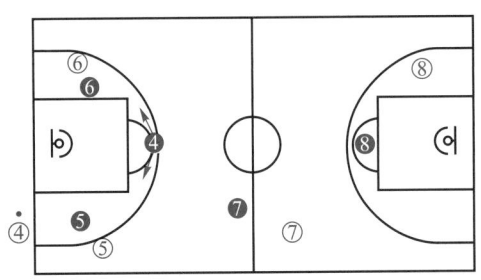

» 图 12-3-4　机动夹击的紧逼

2. 投篮未中对手抢获篮板球时的防守方法

投篮未中对手获篮板球时的防守方法

当本方投篮未中，被对手抢获篮板球时，应立即展开防守，一般由就近队员防守对手。如图 12-3-5 所示，本方投篮未中，对手⑦抢获篮板球时，邻近的❼立即上去紧逼⑦，❻紧逼插中路的⑤，❽防⑧，❹、❺防守快下的⑥和④。

3. 对手在后场边线掷界外球时的紧逼

对手在后场边线掷界外球时的紧逼方法

当对手在后场边线掷界外球时，一般不去紧逼掷界外球者，而采用夹击接应队员的方法防守。如图 12-3-6 所示，当对手④掷界外球时，❹和❻夹击防守距球最近、最有可能接球的⑥，其他队员要及时抢占有利的防守位置，切断各自对手的接球路线，尽量延误对手的发球时间，并随时准备抢断球，造成对手违例和失误。如果球已掷入界内，❹应及时调整位置，仍防守④。

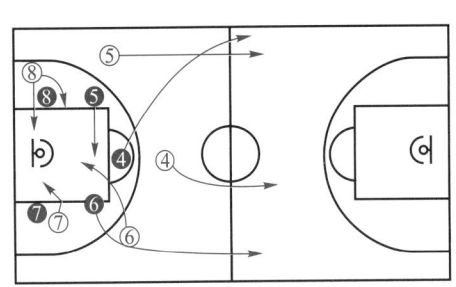

» 图 12-3-5　投篮未中对手抢篮板球时的防守

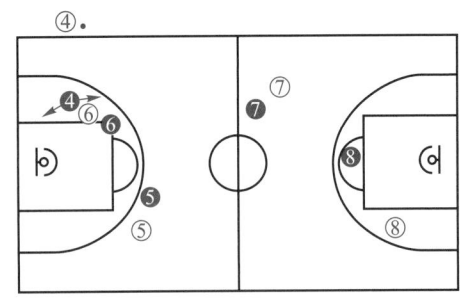

» 图 12-3-6　对手在后场边线掷界外球时的紧逼

（二）中场紧逼人盯人防守方法

当前场一线的防守未达目的，立即展开中场争夺。中场争夺时要加强中路的防守，迫使对手沿边路运球或传球，制造夹击机会，防守队员要高度默契，积极主动进行夹击、抢防、换防、补防、轮转等配合，以提高集体协防的质量，取得更好的效果。

1. 夹击与补防配合

如图 12-3-7 所示，❺接球后突破，❺堵中放边，迫❺沿边线运球向前推进。此时，❼大胆放弃⑦迎上堵截❺，并迫使❺在中线边角停球，与❺夹击❺。❽补防⑦，❻补防❽，❹向❻移动，并随时准备断❺传出的球。

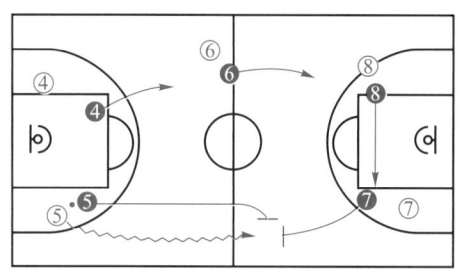

» 图 12-3-7　夹击与补防配合

2. 防掩护配合

防有球掩护时，力争挤过防守，不得已才交换防守；防无球掩护时，可采用穿过防守，以破坏掩护进攻。

3. 防中线附近策应配合

中线附近的策应配合是破坏全场紧逼把球推进到前场的有效方法。因此，应及时识破对手的意图，抢前防守策应队员，断其策应路线，破坏其配合。如图 12-3-8 所示，当❺中路运球遇阻时，⑧企图迎上策应，❽发现⑧的意图立即抢前防⑧，断⑧的移动路线，截断❺给⑧的传球。如果⑧接到球，❻、❹、❺则要迅速后撤，防止⑥、④、⑤空切，❽要迫使⑧向边线运球，❻看准时机协助❽夹击⑧，❼要切断⑦插上做策应和空切篮下的接球移动路线。

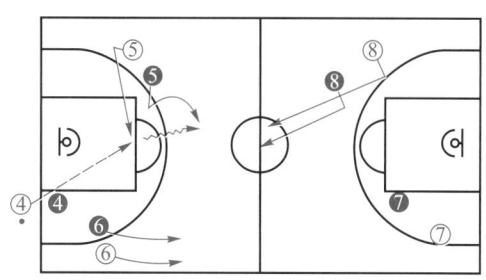

» 图 12-3-8　防中线策应配合

四、全场紧逼人盯人防守练习方法与教学建议

（一）练习方法

1. 三攻三守掷端线界外球紧逼练习

防守队员可利用以下三种方法防掷界外球：

（1）一对一紧逼防守：如图 12-3-9 所示。

（2）掷端线界外球紧逼：如图 12-3-10 所示，④掷端线界外球，❹协助❺夹击
⑤，❻紧逼⑥，不让⑤、⑥接球，并争取断球或造成对手 5 秒违例，如球传到场内，
队员❹应前去防④。进攻时将球推进过中线后，攻守交换练习。

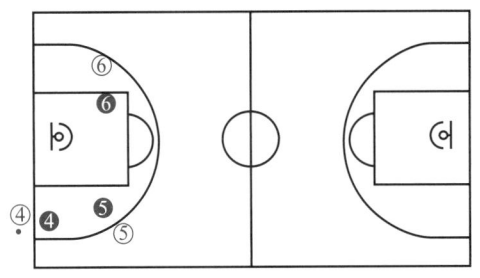

» 图 12-3-9　一对一紧逼防守

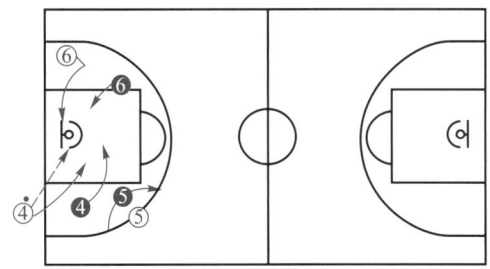

» 图 12-3-10　掷端线界外球紧逼

（3）掷端线界外球紧逼：如图 12-3-11 所示，❹放弃④，当"游击队员"与同
伴配合夹击接球可能性大的进攻队员，争取断球或造成对手 5 秒违例。球掷进场后，
防守队员要及时调整位置，利用紧逼、换防、抢前防守等方法破坏对手的配合。球过
中线换下组练习。

2. 对手抢获防守篮板球的紧逼练习

如图 12-3-12 所示，④罚球未中，❺抢获篮板球。❺迅速紧逼⑤，❹紧逼④，
❻紧逼⑥。练习数次后交换练习。

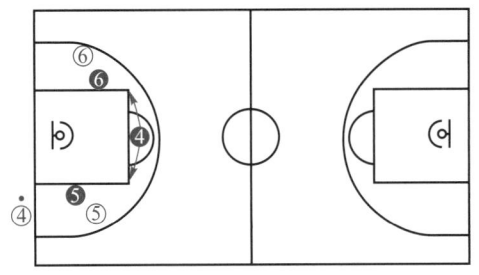

» 图 12-3-11　掷端线界外球紧逼

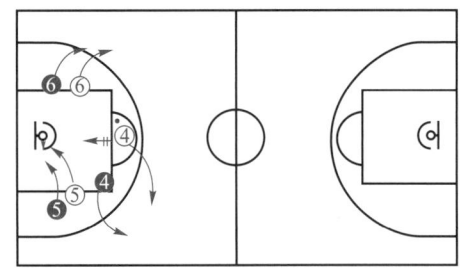

» 图 12-3-12　抢进攻篮板球后紧逼

3. 中场夹击轮转补防

如图 12-3-13 所示，❽传给④，④运球，❹堵中放边，迫使④沿边线运球。当④运球刚过中线时，❼迎前阻截，迫使④在边角停球，❼与❹夹击④。❻迅速向❼方向移动，❺向❻方向移动，❽兼防❺和❽，防守按顺时针方向换位练习。

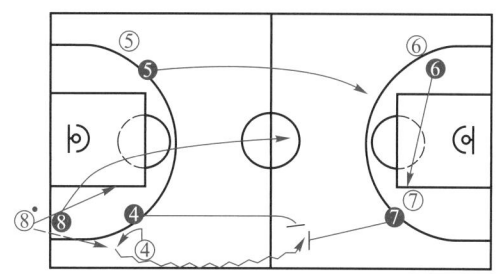

» 图 12-3-13　中场夹击轮转补防

此外，还可进行全场三攻三守、全场四攻四守、全场五攻五守攻防练习，并在竞赛中检验、总结、训练，提高战术质量。

（二）教学建议

（1）全场紧逼人盯人防守要安排在半场人盯人防守教学之后进行，与进攻全场紧逼人盯人防守教学结合起来。

（2）应先向学生讲清楚战术的目的、特点、方法与要求，使学生对该战术有一个明确的认识。

（3）重点学习前场和中场的紧逼防守方法。先进行二人或三人配合练习，后进行全队战术配合练习。

（4）要加强个人防守能力和提高防守基础战术配合的练习，加强攻守转换速度的练习和前场紧逼防守练习。

（5）要加强身体素质训练，尤其是专项速度耐力的训练，培养学生勇敢顽强、坚韧不拔、团队协作的精神。

第四节　进攻全场紧逼人盯人防守

进攻全场紧逼人盯人防守，首先要对这种防守战术的特点和规律有充分的认识，并针对个人防守面积大，队员分散，不利于协防的弱点，由守转攻时争取在对手未形成集体防守阵型时，迅速发动进攻；要迅速摆脱防守，利用传切、突分、掩护、策应等配合，不断加强对防守的压力，或以进攻半场人盯人防守配合为基础有目的地展开全场攻击，争取比赛的主动权。

一、进攻全场紧逼人盯人防守的基本要求

（1）当对手采用全场紧逼人盯人防守时，首先要沉着、冷静，迅速落位，注意观察防守的落位、按原部署有目的地组织进攻。

（2）快速发界外球，抓住战机，力争组织快速反击，把球安全推进到前场。

（3）运球时要选好突破方向，不能在边角停球，以免对手夹击。接球队员要迎前接球，同时观察场上情况，及时把球传给进攻机会最好的同伴。

（4）进攻队员之间在场上的落位要保持一定的距离，拉大防区，避免对手协防和夹击。掌握好进攻节奏，无球队员要多穿插，连续进行传切、空切、掩护、策应等配合，制造对手防守上的漏洞，创造突破和以多打少的机会。

（5）如遇夹击，持球队员要抢在被夹击之前把球传出，若来不及传球，要注意保护好球，尽可能利用跨步、转身扩大活动范围，力争把球传出。邻近的同伴应及时摆脱防守迎上接应，帮助持球同伴摆脱夹击。

（6）进攻传球要短而快，避免横向传球，尽量少用高吊球、长传球和击地球。

二、进攻全场紧逼人盯人防守的方法

进攻全场人盯人防守的方法很多，从进攻的形式上可分为两类：一是快速进攻法，二是"逐步"进攻法。

（一）快速进攻法

快速进攻法是指由守转攻时动用快攻战术展开攻击的方法。它是破坏全场紧逼人盯人防守最有效的方法。具体方法可参阅快攻战术。

（二）"递进"进攻法

"递进"进攻法是指由守转攻没有快速反击机会时，队员迅速落位，有目的地运

用突破、掩护、策应、传切等配合去突破对手紧逼人盯人防守的方法。

1. 掩护、突破、策应进攻

如图 12-4-1 所示，⑥利用⑤的掩护摆脱❻接④的传球，⑥运球突破遇阻时，可运球给④做掩护，④看到⑥给自己做掩护应及时反跑，并利用⑥的掩护摆脱接⑥的传球后，从中路突破，如遇阻，⑦及时上提做策应接④的传球。⑦策应后转身可传球给两侧快下的⑤或⑥进攻，如机会不好，把球传给组织后卫，迅速部署半场进攻阵型展开攻击。

2. 两侧掩护结合中路突破进攻

如图 12-4-2 所示，⑧掷端线界外球，⑥、⑦在罚球线两侧接应一传，④、⑤分别站在距⑥、⑦ 3～4 米处。配合开始时，④、⑤同时给⑥、⑦做掩护，⑥、⑦摆脱快下。⑤掩护后转身摆脱防守接⑧的传球，④斜插中路接⑤的传球，并从中路运球突破到前场。④如不能直接突破投篮，可传球给两侧快下的⑥、⑦进攻。如机会不好，④把进攻节奏减慢，把球传给组织后卫组织半场进攻。

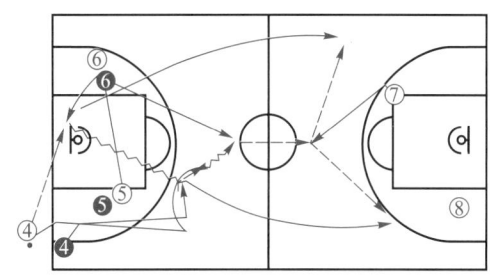

» 图 12-4-1　掩护、突破、策应进攻

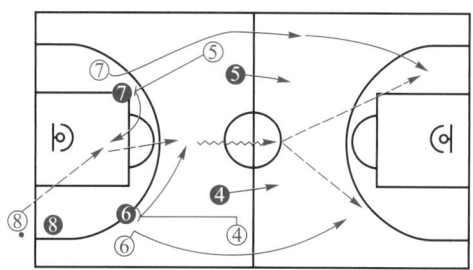

» 图 12-4-2　两侧掩护结合中路突破进攻

运用"递进"进攻法，要根据当时防守情况采用不同的进攻配合，要求队员及时观察场上的情况，保持合理的进攻阵型；同伴之间要前后、左右呼应，要随时注意相互间的配合，在 8 秒内把球安全输送到前场。

三、进攻全场紧逼人盯人防守练习方法与教学建议

（一）练习方法

1. 全场一攻一守运球突破结合传切练习

如图 12-4-3 所示，④运球突破❹到中线附近传球给在圈顶策应的△，然后摆脱❹空切篮下接△的回传球投篮。

2. 二攻二守对抗性练习

（1）二攻二守后场掷端线界外球练习：如图 12-4-4 所示，❹掷端线界外球，❹与❺夹击⑤。❹必须在 5 秒内发出界外球，8 秒内把球传给中圈内的△，或运球突破过中线，计成功一次，练习几次后攻守交换。此练习如△站在前场罚球线做策应，变成全场三攻二守练习。要求进攻队员在一定时间完成进攻。

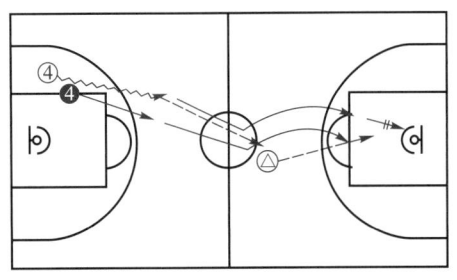

» 图 12-4-3 　全场一攻一守运球突破
结合传切

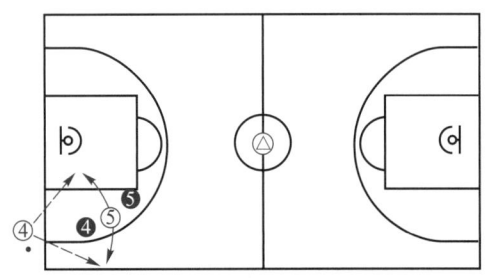

» 图 12-4-4 　二攻二守后场掷端线界
外球练习

（2）二攻二守后场掷边线界外球练习：如图 12-4-5 所示，△掷边线界外球，❹防④、❺防⑤。④摆脱接△的传球后运球给⑤做掩护，⑤摆脱接④的传球，并从中路突破，④掩护后转身沿边线快下，④传球给⑤投篮。每练习一轮后，攻守交换练习。

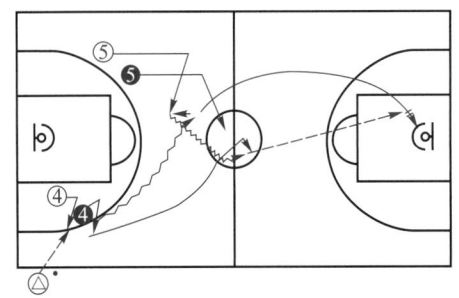

» 图 12-4-5 　二攻二守后场掷边线界外球练习

（3）二攻二守全场运球突破、策应练习：如图 12-4-6 所示，△掷端线界外球，④在后场摆脱❹接△的传球后快速突破，过中线后传球给策应的⑤，然后空切篮下接⑤的传球投篮，⑤跟进冲抢篮板球传给场外的△，④快下做策应，⑤摆脱接球突破练习。练习几次后，攻防交换，依次进行练习。

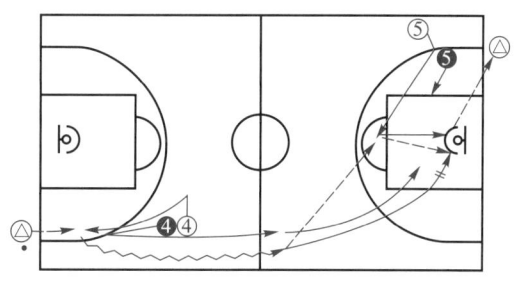

» 图 12-4-6　二攻二守全场运球突破、策应练习

3. 全场三攻三守攻守转换练习

进攻队从中圈发球开始进攻，另一队进行紧逼防守。进攻队投中篮后，由防守队掷端线界外球，进攻队立即进行全场紧逼防守。若进攻队投篮未中，进攻队抢获篮板球继续进攻，防守队抢获篮板球快速进行反击，快攻成功后，仍由进攻队在中圈发球进攻。此练习要求攻防转换速度要快，防守要积极。由守转攻的队力争快速进攻，快攻不成运用"递进"进攻法展开攻击。

4. 全场四攻四守练习

练习从中圈跳球开始，练习方法和要求同二攻二守全场运球突破、策应练习。

5. 全队进攻配合练习

先在无防守下练习战术落位、移动路线、配合方法和时机。然后增加难度，最后在实战中练习。如图 12-4-7 所示，④发端线界外球，⑥、⑧同时为⑦、⑤做掩护，④传球给⑦，⑦传球给掩护后插中的⑧，⑧直接将球传给或运球突破传给⑤或⑥，④传球后沿边线快下。如图 12-4-8 所示，④发端线界外球，⑤摆脱防守接④的传球再将球传给空切的⑥，⑥将球传给插上策应的⑧，⑤和⑥交叉绕过⑧切入准备接球，⑦向篮下切入或上提罚球线接球继续策应，④传球后沿边线快下。

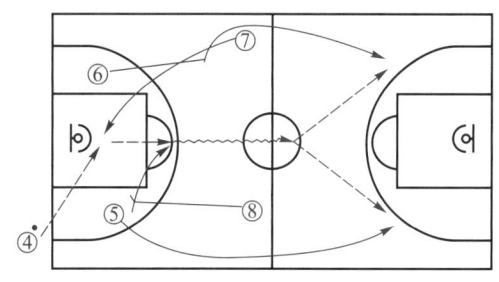

» 图 12-4-7　全队进攻配合练习

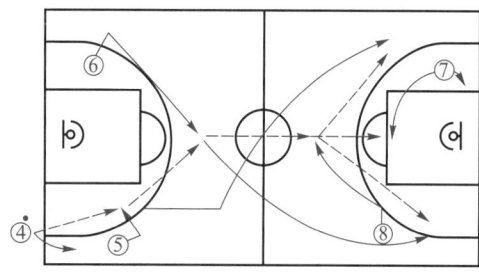

» 图 12-4-8　全队进攻配合练习

6. 竞赛练习

在竞赛中检验、总结、再练习，逐步完善配合，提高破全场紧逼盯人防守的水平。

（二）教学建议

（1）进攻全场紧逼人盯人防守的教学，应放在全场紧逼人盯人防守后面进行，与全场紧逼人盯人防守紧密结合起来。

（2）教学重点是要使学生了解进攻全场紧逼人盯人防守战术的特点和要求，通过练习熟练掌握快速进攻法与"递进"进攻法。

（3）教学中采用分解教学法，先学习后场推进和中场接应的配合方法，再学习整体战术配合方法。练习时，重点加强后场和中场的掩护、传切、突分和策应配合的训练，同时加强由守转攻时的反击速度和意识的训练。

（4）在无防守和消极防守的情况下先进行战术跑位练习，熟悉战术配合路线，在此基础上逐渐加大防守强度，提高练习难度。

（5）在实战中检验队员对全队战术理解和掌握的程度，通过比赛的信息反馈，不断总结分析，以此提高战术水平。

（6）在积极对抗练习中，掌握进攻变化规律和提高变化情况应对能力。教练应严格要求，完成进攻的具体指标后攻守交换。对于出现的问题，在教练指导下，可让队员分组讨论，以提高他们的战术意识及分析问题、解决问题的能力。

（7）在完成以上练习后，有目的地组织教学比赛，检验教学训练效果，及时总结、分析在实战中出现的问题，为今后的针对性训练提供可靠的依据。

思考题"

❶ 举例说明半场扩大人盯人防守战术在比赛中的作用及运用时机。

❷ 试述进攻半场人盯人防守战术中应注意哪些问题？

❸ 分析中国国家男、女篮球队进攻半场人盯人防守战术的方法与特点。

❹ 用图示展示在半场人盯人防守战术中的强侧、弱侧防守方法。

❺ 根据进攻半场人盯人防守战术的基本要求，设计一种全队进攻配合方法。

❻ 根据全场紧逼人盯人防守战术的特点，设计一种全队进攻全场紧逼人盯人进攻配合的战术方法，并说明该战术的教学与训练步骤。

第十三章 区域联防与进攻区域联防

本章提要

本章主要介绍了区域联防的特点、阵型、防守方法、基本要求和练习方法，以及进攻区域联防的方法、基本要求和练习方法等内容。

区域联防与进攻区域联防，是基于个人和两三人攻防战术策略与方法之上的较高级全队攻防战术体系，其中蕴含着丰富的理论与实践内容。区域联防是由攻转守时，防守队员迅速退回后场，落位成一定阵型，每一个队员分工负责协同防守一定的区域，随着球的转移积极调整自己的位置，把每一个防区有机结合起来的全队防守战术体系。区域联防可分为站位联防和对位联防。站位联防是指依据个人技战术特点，选择更有利于发挥自身防守优势，并在接下来的攻守中，易形成自身对集体最大贡献率的防守站位形式；对位联防是依据进攻方落位阵型，选择对应对手相似位置和技术特点的队员，做对应落位的站位形式。进攻区域联防是指针区域联防的阵型和变化特点，结合本队实际情况，组织相应落位阵型，有目的地通过传球及队员的穿插跑动，破坏对手防御部署，创造良好内外线进攻机会的阵地进攻战术。

第一节 区域联防

区域联防的战术特点是：位置相对固定，区内防人为主，同时人球兼顾。防守队员在职责防守区域内，监视和限制进攻队员活动，并随球的转移和进攻队员位置变化不断调整防守位置；重点相对突出。有球区域以多防少，无球区域以少防多；优势相对集中。限制内线进攻，保护后场篮板。当对手外线中、远距离投篮命中率低，内线队员攻击力较强时，运用区域联防能够发挥集体防守的优势，弥补本队个人防守技术和身体素质的不足，减少本方犯规，利用集体协作，加强内线防守和拼抢后场篮板球。

当前，区域联防的防区进一步扩大，防守阵型也从单一固定防守向着综合多变的方向发展。防区间的协同更加紧密，队友间采用轮转、换位、夹击等手段，使区域联防更具有针对性、联动性和灵活性。

一、区域联防的阵型

常见区域联防落位阵型有："2-1-2""2-3""3-2""1-3-1""1-2-2"（图13-1-1至图13-1-5），还衍生了联防与人盯人结合的"4联1盯""3联2盯"（图13-1-6，图13-1-7）和区域紧逼盯人等混合防守形态。图中的阴影区域既是共管区，也是交接区，又是防守的薄弱区。

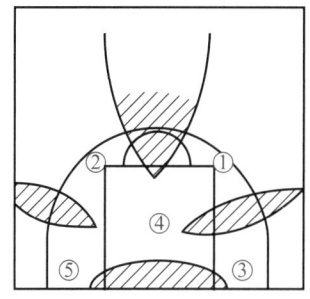

» 图 13-1-1 "2-1-2" 阵型

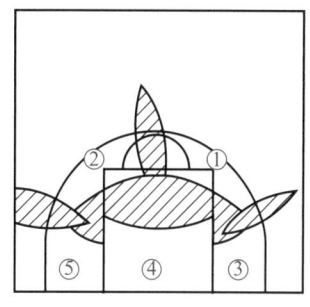

» 图 13-1-2 "2-3" 阵型

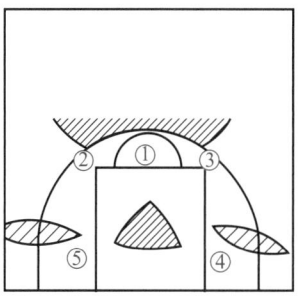

» 图 13-1-3 "3-2" 阵型

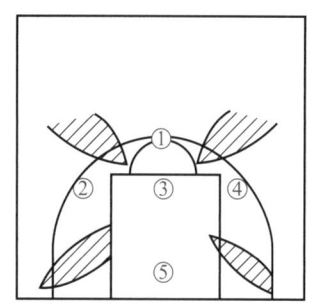

» 图 13-1-4 "1-3-1" 阵型

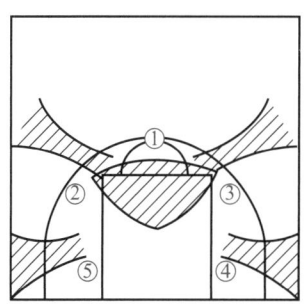

» 图 13-1-5 "1-2-2" 阵型

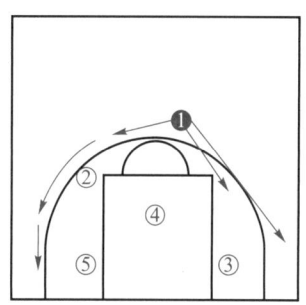

» 图 13-1-6 "4 联 1 盯" 阵型

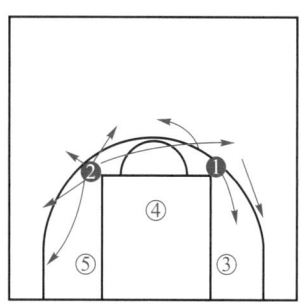

» 图 13-1-7 "3 联 2 盯" 阵型

二、区域联防的方法（以"2-1-2"区域联防为例）

"2-1-2"区域联防，队员分布均衡、防区衔接紧密、对篮下区域形成包围态势，有利于协防、换防、补防和变换阵型，适用于防守正面突破和篮下进攻威胁大的对手，但对防守两侧45°外线投篮、45°突破和弧顶的进攻较困难。

（一）球在弧顶时

如图13-1-8所示，❶上前防守持球进攻队员①，❸抢上防守②并向②的右手侧倾斜，准备断①向②的传球；❷上步防守③并向③的左手侧倾斜准备断①向③的传球，❹上顶④左后侧并随时准备与❶夹击④，同时❺向限制区中央位置移动保护篮下并注意断①向⑤的传球。如⑤选择对侧落位，则❷上前防守①，❺上步防守③，❶紧贴②并向②的右前方倾斜防守重心，❹上顶④并且防守重心向④右后方倾斜，❸内收限制区。

（二）球在高策应位时

如图13-1-9所示，当中锋④在高策应位接球时，❹上步紧逼防守，❸斜向上步在②内侧右前方倾斜防守重心，❷斜向上步在③左前侧与❹夹击④并注意回防③，❺向限制区右侧第二位置区移动，选位于⑤、篮圈和④的三角形角平分线交点位置，并封堵②向篮下空切的路线，同时做好⑤横向穿插时与❸防守交接。

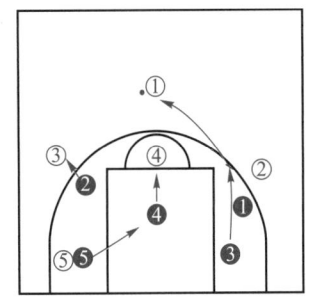

» 图13-1-8 "2-1-2"联防球在弧顶

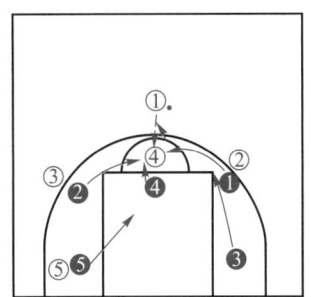

» 图13-1-9 "2-1-2"联防球在高策应位

（三）球在两侧外线45°时（左侧为例，右侧反之）

如图13-1-10所示，当进攻方将球转移至左侧45°的③手中时，❷上步防守持

球的③，❺绕向⑤右侧前方封堵②向⑤的传球，❸撤向篮下防③向⑤的背后高吊球，并封堵②切入篮下的路线，❹向④的左后方倾斜防守重心并防止④纵向切入篮下，同时❶迅速移向①、③和④的三角形角平分线交点位置，以封堵③向①的传球，同时与❹协防④。

（四）球在低策应位时（左侧为例，右侧反之）

如图 13-1-11 所示，中锋④落位于强侧低策应位时，❹立即由松动防守状态转为紧逼防守。在④拿到球的瞬间，❷迅速回收至④右侧，与❹形成对④的夹击。此时❸向③与④的传球路线移动，兼顾④分球给①；❶向罚球线右端点方向移动，切断④向⑤的传球，兼顾④向①的分球；❺回收至限制区右侧低策应位，保护篮下，防止①和③向篮下空切。

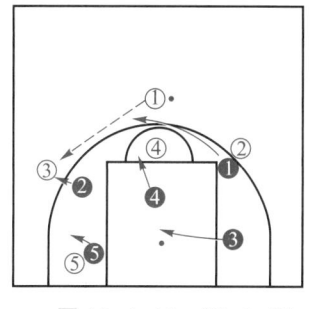 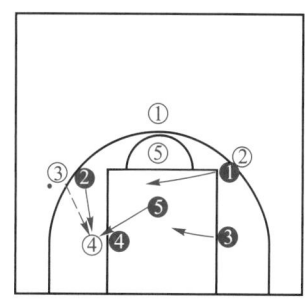

» 图 13-1-10 "2-1-2"
联防球在三分线外 45°时

» 图 13-1-11 "2-1-2"
联防球在低策应位时

（五）球在两侧底角时（左侧为例，右侧反之）

如图 13-1-12 所示，当⑤在左侧底角位置控制球进攻时，❷快速下至底角并封堵上线，❺向外迎堵⑤封堵底线并与❷形成夹击；❹向③、④和⑤三角形角平分线交点位置移动，封堵⑤向③和④的传球路线；❸向篮圈、②和④的三角形角平线交点位置移动，防止②和④切入篮下，❶向①、④和⑤三角形角平分线交点位置移动，封堵⑤向①和④的传球路线。

在上述所有情况下，采用站位防守时，❶与❷位置可互换，❸和❺的位置可互换；采用对位防守时，❶落位于⑤对侧场地并上步防守①，❸和❺的初始位置依据对手队

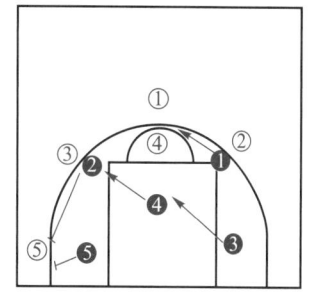

» 图 13-1-12 "2-1-2"
联防球在底角

员场上位置与技术特点对应落位。当⑤ 初始进攻落位于右侧时，全队防守阵型、移动与配合反向推动。

三、区域联防的基本要求

区域联防应做到"进区迎、在区盯、出区送"。每位防守队员对进入本人防区的进攻队员应贴近防守，监视进攻动向，限制进攻行为，"护送"出自己的防区并交接给下一防区的同伴。

1. 迅速落位布防

由攻转守时，最靠近球的队员封一传，距离接应人最近的队员堵接应，最有可能撤回篮下的队员快速回防篮下，其他人快速退回后场，伺机调换位置，完成布防。

2. 合理分配防区

根据防区攻防特点和对手进攻落位，结合本方身体形态和技术特长，把反应速度和移动速度快的队员布防在外线；把身材高大、补防和协防能力强、篮板球意识好的队员分配在内线防守。

3. 区内紧逼盯人

对进入防区的持球队员实施攻击性防守，积极干扰对手的运球、传球和投篮，破坏对手进攻节奏与进攻意图；对溜底线、背插、纵切等方式进入本人防区内的无球队员，应防人为主，球区兼顾。先卡位堵防路线，封锁第一接球点，护送出自己的防区交给同伴。

4. 注重集体协作

随时准备协助同伴进行关门、夹击、补防、协防等配合，对篮下攻击能力较强的进攻队员应提前准备夹击和围守。

5. 依据对手进攻变化，随时调整防守策略甚至防守阵型。

四、区域联防战术教学

（一）练习方法

1. 二攻二防选位与移动

如图 13-1-13 所示，进攻的②与③和防守的❷与❸落位后，②与③互相传球，❷与❸做随球转移的快速移动练习。当❷与❸的选位与移动熟练后，②与③的传球，可与瞄篮或持球突破假动作相结合。

2. 三攻三防选位与移动

如图 13-1-14 所示，当③持球时，❸上步紧逼③，❹侧前防守④并呼应❸对③的防守，❺向③、⑤和球篮三角形的角平分线交点位置移动；当④持球时，❹上步紧逼④，❸侧前防守③并与❹形成对④的夹击，❺向④、⑤和球篮三角形的角平分线交点位置移动；当⑤持球时，❺上步紧逼⑤并向底线方向倾斜防守重心，❸下压并与❺形成对⑤的夹击，❹向③、④和球篮组成的三角形角平分线交点位置移动。

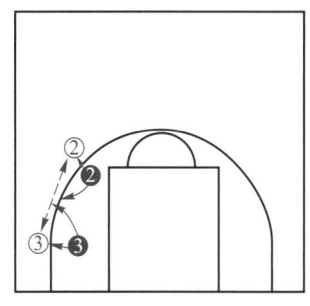

» 图 13-1-13　二攻二防选位与移动

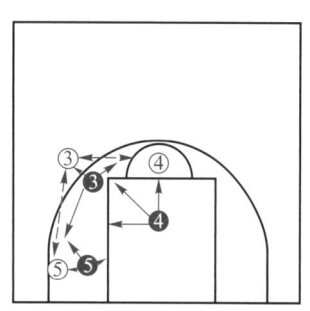

» 图 13-1-14　三攻三防选位与移动

3. 四攻四防选位与移动

如图 13-1-15 所示，球在①、③和⑤之间传递时，防守队员❶、❷、❹和❺按要求快速移动；当④持球时，❷和❹形成对④的夹击；当⑤落位于低策应位并持球时，❹和❺形成对⑤的夹击，❶和❷快速移动至外线队员与球篮形成的三角形角平分线位置，防切入和⑤向外线的传球。

移动练习阶段，持球队员可与持球突破动作结合，但不投篮；无球队员不空切。

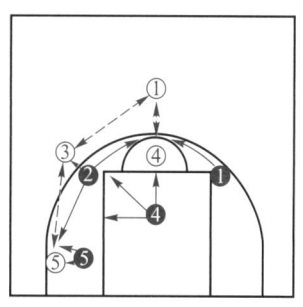

» 图 13-1-15　四攻四防选位移动

4. 半场五对五练习

移动练习阶段，参照图 13-1-8 至图 13-1-12 的移动与配合方法。移动与选位熟练后，进攻队员可循序渐进的结合突破、底线穿插、空切、掩护等进攻形式，提高防守队员的移动与应变能力。

5. 半场和全场五对五对抗练习

进攻方采取传球、突破、穿插、高低策应位进攻、掩护等进攻形式，提高防守方的移动与选位、协防与补防、轮转与换位等综合防守能力。在此基础上，过渡至半场和全场对抗练习，以贴近实战需要。

（二）教学建议

（1）区域联防教学应在初步掌握人盯人防守和进攻人盯人防守之后进行，并与防守反击、快攻与防快攻紧密结合。

（2）教学中，先让队员掌握区域联防的基本原理、各防守阵型特点、各位置人员职责，强调协作与配合。

（3）以"2-1-2"区域联防为教学重点，在此基础上学习其他防守阵型。

（4）教学顺序上，先局部后整体、先分解后完整、先阵型后分工、先分工后配合。从选位到随球移动，再到防守投篮、突破、传球、穿插、掩护，逐步深入到夹击、关门、协防、补防、交换等配合。以消极进攻、积极进攻和贴近实战的教学比赛，渐次巩固提高防守质量。

第二节　进攻区域联防

进攻区域联防是篮球进攻战术体系中的重要组成部分。

一、进攻区域联防的阵型

针对防守布防阵型，进攻方根据自身特点，采用相应的进攻阵型。确定进攻阵型的原则是：依据该阵型防守薄弱区的点、线、面，合理部署队员占据对手的防守薄弱区，或迫使对手改变阵型，或形成在局部区域以多打少、以大打小，以快打慢的局势，并始终保持攻守平衡。常用落位阵型有"1-3-1""1-2-2""2-1-2""2-3""3-2"等。

二、进攻区域联防的方法（以"1-3-1"进攻阵型为例）

进攻区域联防
的方法

（一）落位特点

如图 13-2-1 所示，该阵型进攻队员分布面广，且①、②、③和④均落位于"2-1-2"联防的理论防守薄弱区，攻击点多，内外结合，左、中、右三线均指向球篮，并在各局部区域均形成二对一、三对二的有利局面，便于组织抢进攻篮板球和保持攻守平衡。

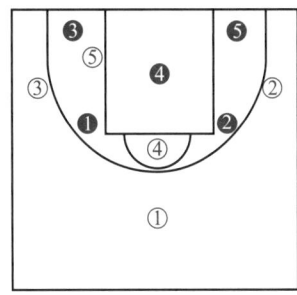

» 图 13-2-1 "1-3-1"进攻阵型落位

（二）进攻方法（以低策应位落位在左为例，右侧反之）

1. 交叉与穿插

如图 13-2-2 所示，外线队员①、②、③在传球过程中调动防守，组织中，远距离投篮，迫使对手扩大防区；如果没有机会，当③回传给①时，③与⑤在左侧低位掩护后，③经篮下穿插至右侧底角，①迅速将球经过②传至跑到右侧底角空位的③完成投篮；③经过⑤的同时，④纵切将联防的中锋挤压至篮下，⑤横切至右侧篮下接②传球投篮。

注意：③溜底线吸引防守注意、④纵切后的掩护对象应是对手的中锋，是形成内线多打少的关键。

2. 组织中锋策应进攻

如图 13-2-3 所示，后卫队员①与②通过传导球，调动防守向有球一侧收缩。②溜底线，接中锋队员⑤的掩护后在底角形成投篮机会。①迅速将球传给③，③可以传球给溜底线的②、上提罚球线的中锋④或低位要位的中锋⑤，无论④或⑤接到球都可以通过"内传内"的策应完成进攻或采取个人进攻。

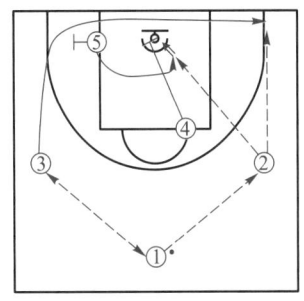

» 图 13-2-2　交叉与穿插

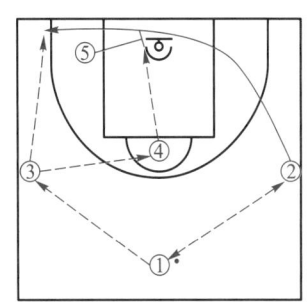

» 图 13-2-3　组织中锋策应进攻

注意："1-3-1"落位时④和⑤应当斜线站位以获得更好的掩护角度和投篮空间；提高掩护质量是调动联防下线协防，形成内线"二打一"的关键。

3. 高低位策应进攻

（1）高位策应进攻（图13-2-4）：后卫队员①与②通过传导球，调动防守向有球一侧收缩，以便弱侧底角形成更大的投篮空间；②遛底线摆脱的同时①将球传给③，②经过低位中锋⑤身旁时，可以给⑤做后掩护⑤卷切篮下接球投篮，或者②接⑤正掩护外拉底角接球投篮；如果②、⑤都没有机会接球，传球给位于高位的中锋④，④吸引防守后高位策应传球给⑤投篮，或个人中距离投篮完成进攻。

注意：进攻联防时，①传球时不要位于球场中轴线，应当偏向左或右一侧达到更好的调动防守的目的；②和⑤掩护时，无论做正掩护还是后掩护，在掩护后⑤都应当向篮下转身以压缩防守空间；④可以选择策应传球，或利用假动作完成个人进攻；底角的空位机会可以通过④策应传球，也可以由③直接传球给②；①传球后保持攻守平衡。

（2）低位策应进攻（图13-2-5）：战术的发动与高位策应相同，由②遛底线与⑤掩护开始；②和⑤都没有投篮机会时，⑤应当积极要位接球并佯攻吸引对方中锋的防守；④从罚球线纵切篮下与⑤形成二打一，④接⑤的策应传球投篮。

注意：个人进攻战术选择与集体进攻的层次性和时间顺序，注重②和⑤的掩护质量，①传球后保持攻守平衡；⑤接球后可以选择策应传球，或利用假动作完成个人进攻。

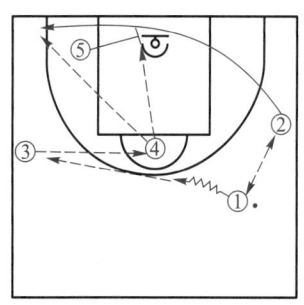

» 图13-2-4 高位策应进攻

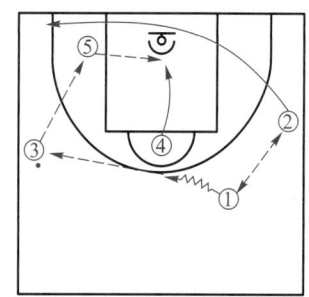

» 图13-2-5 低位策应进攻

三、进攻区域联防的基本要求

1. 快速组织进攻

提高防守反击速度与成功率，力争在对手落成防守阵型前结束进攻。

2. 积极调动防守

根据区域联防的特点，通过快速转移球和不停地穿插调动防守，在动态进攻中创造以多打少和连续进攻的机会。

3. 注重内外结合

组织中远距离投篮，使对方扩大防区，从而给内线进攻创造机会；当内线对位或错位一对一攻防时，加强内线进攻，使防守收缩，利于组织外线进攻。

4. 破坏防守布局

通过策应、切入、掩护、突分等战术行动，破坏对手防守布局，打乱防守阵型，创造进攻机会。

5. 加强二次进攻

有组织地积极拼抢前场篮板球，争取二次进攻。

6. 保持攻守平衡

做好进攻区域联防战术布局，有组织、有效率地推进攻守转换协同配合，做到攻中有守，守中有攻，攻守兼顾。

四、进攻区域联防战术教学

（一）练习方法

1. 策应与切入

如图 13-2-6 所示，①在右侧三分线外 45° 面对障碍站立，②在高策应位背向球篮站立，③在弧顶处三分线外 2 米处站立。③将球传给②的同时，①做摆脱切入，②前转身佯攻策应①中投或切入篮下投篮。①自抢篮板球并携球在弧顶队尾排队，②至①处，③至高策应位，④传球给③，依次循环进行。左右两侧轮番练习。

2. 底线穿插

如图 13-2-7 所示，①做摆脱后切入动作，经底线穿插至右侧底角，接②的传球投篮，后自抢篮板球并携球至⑥的后面排队；②传球后做摆脱切入动作，经底线穿插至左侧底角，接③的传球投篮，自抢篮板球并携球至⑤后面排队，依次循环进行。

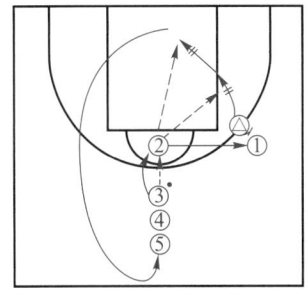

» 图 13-2-6　策应与切入

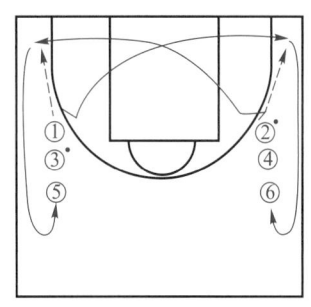

» 图 13-2-7　底线穿插

3. 三人三球底线穿插

如图 13-2-8 所示,①位于高策应位接②的传球转身佯攻,②在传球后摆脱切入经底线穿插至右侧 45° 或 0° 角,接①的回传球投篮;①将球传给②后下压给③掩护后转身跟进,接③的回传球投篮;③在将球传给①后上提至高策应位接④的传球投篮,④位于高策应位准备接⑤的传球,按此顺序进行。投篮结束后,均自投自抢篮板球并携球按逆时针方向至队尾排队。

4. 半场五人无防守

如图 13-2-9 所示,①与②、③传球,当②接到球的同时,④下压,⑤利用④的掩护上提至高策应位,④转身准备篮下进攻,此时②可将球传给④或⑤;若进攻机会不好,④底线穿插至右侧低策应位,②将球回传①后,摆脱切入底线穿插经由④的掩护至左底角,③接①的传球后佯攻,待②到达位置后传球给②投篮;如②的投篮机会不好,③摆脱切入底线穿插经由④的掩护至右侧底角,此时②向上运球至左侧 45° 并将球传给①,①传球给②外线进攻。如机会不好,②上提至右侧 45° 将球回传①重新组织。

左、右两侧反复进行,①注意保持攻守平衡。

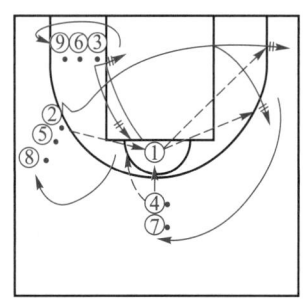 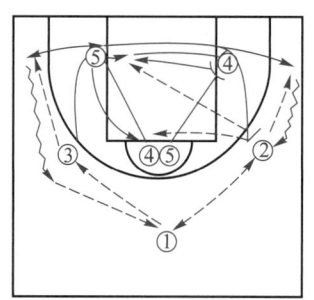

» 图 13-2-8 三人三球底线穿插   » 图 13-2-9 半场五人无防守

"1-3-1"落位是进攻区域联防的常见阵型。在教学和比赛实践中,应熟练掌握个人技术与基础配合、明确各攻击点的任务、掌握传球路线与方法,以及个人和全队进攻的点、线、面。队员各司其职、协同作战,达到最佳进攻效果。

(二)教学建议

(1)建立初步概念:讲解示范防守薄弱区、进攻战术阵型和配合方法,先使学生初步建立完整的战术概念。

(2)先局部后整体:先明确各位置在全队进攻战术中的地位、作用与方法,再进行局部战术配合,之后进行全队进攻战术配合练习。

（3）循序渐进：先在无防守或消极防守条件下练习，然后在积极防守条件下练习，最后在比赛实践中检验、巩固、提高。

（4）明确重点："1-3-1"进攻阵型位置明确、攻击点多、进攻线路清晰，更适用善于突分、掩护和穿插的队伍。在学习进攻区域联防时，应将其作为重点，在较熟练掌握"1-3-1"进攻阵型及变化的基础上，学习其他阵型。

思考题

❶ 什么是区域联防？区域联防的特点是什么？

❷ 绘图说明"2-1-2"区域联防的防守方法及基本要求。

❸ 区域联防的基本要求是什么？进攻区域联防的基本要求是什么？

❹ 绘图并说明"1-3-1"进攻阵型的配合方法。

❺ 如果你是一名篮球教师，如何进行进攻区域联防的教学？

第十四章 青少年校园篮球训练与竞赛指导

本章提要

本章主要介绍青少年校园篮球训练的目的、任务、基本特点，青少年校园篮球队的选材与组队、训练计划的制订、训练内容、训练方法，以及青少年校园篮球竞赛指导等内容。

青少年校园篮球训练与竞赛指导工作是学校为增强青少年体质、提高篮球运动技术水平、培养后备人才等开展的篮球训练与竞赛活动。在学校开展青少年校园篮球训练与竞赛指导工作是深入贯彻落实立德树人根本任务的重要体现，也是培养学生体育核心素养的重要路径。

第一节　青少年校园篮球训练

青少年校园篮球训练是面向全国青少年学生进行的课余训练，对于推动学校篮球活动深入开展，吸引广大青少年学生参与篮球运动、从事篮球运动，起到积极的促进作用。

一、青少年校园篮球训练的目的与任务

青少年校园篮球训练是在教师（教练员）的指导下，全面发展青少年学生身体素质，提高篮球运动技术、战术水平、心理能力和智力水平等，为不断提高篮球运动成绩而专门组织的系统化教学与训练过程。它是学校体育教学过程的延续，对培养青少年体育核心素养，普及与提高青少年校园篮球运动具有重要意义。

（一）青少年校园篮球训练目的

（1）贯彻落实党和国家教育方针，使青少年学生在完成学习任务的基础上，完成篮球训练任务，并在训练过程中注重加强对青少年学生体育核心素养的挖掘与培养。

（2）充分调动青少年学生的生理、心理潜能，提高篮球运动技术、战术水平，创造优异运动成绩。

（3）根据青少年学生的实际情况，制订科学、合理、系统的训练计划。训练中突出篮球训练的基础内容与学生特长等，为青少年学生选拔与输送等创造条件。

（二）青少年校园篮球训练任务

（1）培养青少年学生参与体育锻炼的意识，促进身心健康发展，全面提高身体素

质、人体基本活动能力以及体育核心素养等。

（2）充分发挥篮球育人功能。在青少年校园篮球训练过程中，注重加强思想政治教育，有针对性地通过训练培养青少年高尚的思想品德、优良的训练作风和坚强的意志品质等。

（3）学习篮球运动基本知识，掌握篮球基本技术和基础战术配合等，通过从事篮球训练和比赛实践等，不断提高青少年学生运用篮球技术、战术的能力，锻炼心理素质、活跃思维能力。

（4）教师（教练员）要通过不断学习，掌握组织和指导青少年校园篮球训练的有关知识与技能，在实践中不断提高运动训练的质量和效果。

青少年校园篮球训练，要求教师（教练员）要充分发挥主导作用，充分调动青少年学生的训练积极性，科学系统地制订与执行训练计划，坚持训练的科学性、计划性和系统性，不断改进训练方法，提高训练质量，不断提高后备人才培养的质量。

二、青少年校园篮球训练的基本特点

（一）基础性特点

青少年学生在进行篮球训练过程中，要特别重视基本功训练，形成正确的技术动作定型，遵循解剖学和生物力学特点，使动作达到规范性与正确性。在基础技术训练中，注意手、脚、腰、眼的有机结合，做到左右手平衡、上下肢协调，不断改进和完善技术动作，提高动作质量，力争使技术动作协调、准确、熟练。在青少年学生基本技术训练过程中，要始终注意培养其观察判断能力及合理有效运用技术的能力。对抗训练中，在加强意志品质和作风培养的同时，要注意增强技术的运用意识和能力。

（二）适宜性特点

青少年学生进行篮球训练时，篮球的大小、重量，篮筐的高度，篮板的大小，场地的标准，比赛的时间和上场的人数等应适合青少年学生生长发育的特点和身心发育的规律。训练时若采用成人用的大篮球和高篮筐，容易使青少年学生产生恐惧心理，在技术上容易形成偏差和错误。青少年学生在训练和比赛过程中，采用适宜的小篮球、低篮筐、小场地和适宜的人数与时间等，这样不仅可以促进身体发展，而且有利于形成正确的技术动作定型，还有助于提高观察力、注意力、记忆力和想象力。

（三）趣味性特点

篮球运动的本质是一种趣味性游戏，要提高青少年学生对篮球运动的兴趣，那么注意力培养在教学与训练中具有重要意义。教师（教练员）的引导性讲解有吸引力，才能吸引学生的注意力，才能帮助青少年学生学习和掌握篮球技能。兴趣是学习的主要动力源，青少年学生对技术动作、练习方式感兴趣，其保持注意力的时间也会较长。因此，教师（教练员）在安排教学和训练时，练习方式和手段应多样化，如穿插一些游戏和竞赛。

三、青少年校园篮球队的选材与组队

青少年校园篮球队的组成要根据篮球运动的特点和要求，经过考察和测试后，挑选适合篮球训练、品学兼优的学生组成运动队。要根据篮球队位置分工确定队员名额，在班主任及有关教师、学生家长等积极配合下组建队伍。选拔的途径一般为平时教学过程中对学生的测试和考核，也可以通过校内比赛来选拔，还可以在新生入学时发现"苗子"。

（一）青少年校园篮球队的选材

青少年校园篮球队运动员的选材，要根据学校运动队的发展方向、任务、运动员条件等情况选拔有一定技术基础的学生。篮球队的选材应遵循以下依据和标准：

1. 身体形态和遗传因素

一般选择身材较同龄人高大、身体匀称、腿长、躯干短、手臂长、手大、脚略大、足弓隆起、肩宽、胸厚、腰细、跟腱长而清晰、踝关节围度小的学生。

在选材时，首先要看学生的身体形态是否符合要求；其次通过学生的生理特征和发育规律来判断其未来发展程度；最后通过了解学生父母身高、有无体育运动史等遗传因素来预测其未来身高和运动能力发展等。

2. 身体素质

要选拔起动速度快、反应灵敏、爆发力好的学生。

3. 身体机能

要选拔身体健康，心肺功能较好，关节柔韧性、视觉、听觉、位觉和本体感觉功能正常的学生。

4. 心理素质

要选拔那些心理稳定性好、善于控制情绪、判断和接受能力强、有思维创造能力、想象力丰富、精力充沛的学生。

5. 神经类型

应考虑选拔不同神经类型的学生组成篮球队。根据篮球运动特点，不仅要选拔活泼型、兴奋型的学生，还应考虑选拔一些安静型的学生，但要避免选拔抑制型的学生。

（二）青少年校园篮球队的组队

青少年校园篮球队应结合各个学校开展篮球运动的情况进行组队，一般有篮球传统学校和非篮球传统学校两种。

1. 篮球传统学校组队

篮球传统学校开展篮球运动时间较长，篮球队长期坚持课余训练，有定期的竞赛任务，经常参加各级各类比赛，学校训练场地、设备条件好，学校领导和上级领导重视，师资力量较强，经费来源稳定。这类学校在组建篮球队时，为保证球队的连续性，应考虑年龄层次、位置结构等因素，留有筛选、流动、补充的余地。组队时可按年级分组组队，每队人数放宽到15~18人。正式参加比赛时，可从中选择按竞赛规则规定的报名人数参赛。运动队训练可分为一般训练（每周训练3~4次）和集训（一般在有比赛任务时集中安排训练）。

2. 非篮球传统学校组队

这类学校篮球运动的开展有一定的基础，没有定期的竞赛任务，一般是临时组队参加比赛。这类学校组建篮球队前，可在校内先组织一次班级之间或年级之间的比赛，从中选拔篮球水平相对较高、具有较好的篮球基础并能合理地运用基本技术，有一定战术意识的学生，然后利用课余和节假日时间集训。正式参加比赛时，按竞赛规则规定的报名人数组队参赛。

四、青少年校园篮球队训练计划的制订

训练计划是对未来的训练过程预先做出的设计方案，是进行训练工作的重要依据和计划文件。制订训练计划可使训练工作有目的、有组织、有步骤地进行。在实践中，要严格地执行和检查训练计划，增强训练的科学性和实效性，避免盲目和片面，不断总结经验，提高训练质量，使训练工作朝着明确的目标和方向迈进。

青少年篮球训练的注意事项

篮球队训练计划主要包括多年训练计划、学年训练计划、阶段训练计划、周训练计划和课训练计划等。

（一）多年训练计划

根据青少年学生的学制，一般把多年训练计划定为 3 年。对于多年训练计划的制订，要做到目标明确，任务具体，体现逐年提高训练量和进度措施的要求；标明训练指标、测验手段、负荷安排、应用数据和比例，体现训练计划的系统性。

（二）学年训练计划

根据青少年学生的学年分配现状，把学年训练计划分为两个阶段实施。学年计划在训练的要求、内容、方法和手段上应符合青少年运动队和运动员的实际需要，指标要具体，数据要明确，注意训练计划的完整性、针对性和连续性以及训练阶段划分、比赛安排、训练考核、成效检测等。

（三）阶段训练计划

阶段训练计划要按照青少年学年计划中各个训练周期或训练时期的实际情况制订。训练内容、负荷安排及阶段测验，要具有鲜明的针对性，时间安排要详细到月，并注意留有机动时间。

（四）周训练计划

制订周训练计划，要以综合内容为主，技术、战术、体能、心理、智力训练的安排要合理，具有实效性；每次训练内容要突出重点，选用适合青少年学生年龄和篮球运动特点的训练方法和手段，训练次数、运动负荷分配、测验和比赛安排都要按阶段训练计划的具体安排分别落实，并充实到周训练计划之中。

（五）课训练计划

制订课训练计划，要根据周训练计划确定课的类型、任务、顺序和时间分配，做到内容衔接、节奏鲜明、指标落实，一般包括准备部分、基本部分、结束部分，训练选择运用的方法、手段以及运动负荷符合青少年学生年龄特征。

青少年校园篮球队训练计划的制订要从实际情况出发，根据训练的目的、任务、要求以及运动员各方面情况，提出明确的训练目标，并根据比赛任务、学校场地、设备及气候条件等，提出明确的训练任务和指标，要有完成任务和实现指标的具体措施，应全面考虑并做出细致安排，解决好训练中的有关问题和矛盾，制订出切实可行的训练计划。

五、青少年校园篮球队训练内容

青少年校园篮球队训练内容主要是依据青少年身心发展规律、篮球运动训练的规律及篮球队实际水平制定的，主要包括以下几方面：

（一）身体训练

篮球运动技术、战术的掌握和运用应以身体素质为基础，身体素质直接影响技战术水平的发挥。身体素质训练分为一般身体素质训练和专项素质身体素质训练。训练中要根据学生的年龄、性别、生理特征等科学合理地安排。一般来说，青少年篮球运动员身体素质训练应以提高速度、灵敏和柔韧为主，力量、协调、耐力为辅，主辅结合，合理安排。

1. 力量训练

篮球比赛中力量是对抗的物质基础。力量训练的着眼点应放在发展肩、腿、踝、腕、指的快速力量反应以及运动员的爆发力上。训练中应注意提高运动员神经系统的兴奋与抑制过程迅速转换的灵活性以及肌肉工作迅速收缩和舒张的能力。青少年力量训练不宜过多，负重不宜过大，静力性练习不宜过早。力量训练的注意事项为：

（1）掌握青少年力量发育特点，以便科学安排青少年力量训练。男孩绝对力量自然增长的敏感期为 11~13 岁，此后，绝对力量增长速度缓慢。女孩 10~13 岁时绝对力量增长速度很快，4 年中总的绝对力量可提高 46%，13~15 岁时绝对力量增长速度下降，15~16 岁时又回升，16 岁以后再度下降，到 20 岁左右基本可以达到最大力量。7~13 岁是速度力量发展的敏感期，13 岁以后男孩增长得比女孩快。

（2）力量耐力的自然发展趋势较为稳定，男孩 7~17 岁基本处于直线上升趋势；女孩 13 岁以后增长速度缓慢，14~15 岁甚至出现下降趋势。

（3）多做发展力量耐力的训练，通过小负荷，特别是克服自身体重的练习，如做俯卧撑、仰卧起坐、下蹲等练习，使全身肌肉力量得到发展，增加肌肉中毛细血管和肌红蛋白的数量，改善氧运输功能。

（4）青少年进行力量训练应以动力性练习为主，少用或不用静力性练习，特别要尽量避免出现憋气动作，以免因胸膜腔内压的突然变化而影响心脏的正常发育。

（5）力量训练不要过早强调与专项运动技术相结合，应着重身体全面发展的力量训练。

2. 速度训练

速度素质包括移动速度、反应速度和动作速度三个部分。速度的表现程度取决于人体中枢神经系统的灵活程度。速度训练要与身体素质的全面发展同步进行，在此前提下，重点进行反应速度和动作速度训练。训练要长期坚持，不能停止或间断。速度训练的注意事项为：

（1）掌握青少年速度素质自然发展趋势，以便科学地安排速度训练。

① 反应速度：6～12岁，反应速度提高幅度较大；9～12岁，反应速度提高得更为显著；12岁以后，由于进入发育阶段，反应速度增长的速度减慢；到16岁，由于内分泌等系统机能产生了质的飞跃，反应速度的提高又出现高峰。

② 动作速度：主要依靠后天训练来提高，速度的发展与动作频率有着密切联系。7岁起，步频有着较快的自然增长；13岁后开始下降，故7～13岁是训练动作频率的敏感期，此阶段可对该年龄段的学生进行提高步频的训练。

③ 移动速度（跑的速度）：7～12岁，男、女孩跑的最高速度差别不大；13岁以后，男孩逐渐超过女孩。男孩在18岁以后跑的速度有提高的趋势，而女孩17岁后跑的速度自然提高减慢。女孩14～16岁时由于青春期的关系，速度表现很不稳定，有时还可能低于14岁以前的速度。

（2）移动速度的发展与力量、耐力等其他身体素质的发展具有密切关系，因此，对青少年进行速度训练的同时，还要重视全面的身体素质训练。

3. 耐力训练

篮球运动项目的特点要求青少年具备良好的速度耐力以适应比赛的强度。训练过程中要在一般耐力的基础上加强速度耐力训练，加强呼吸节奏和动作节奏的协调一致。耐力训练可作为消除疲劳的恢复手段，使大脑皮质兴奋与抑制有节奏地交替进行，使呼吸系统和心血管系统的机能得到发展，为其他身体素质的发展提供物质基础。耐力训练可结合专项身体训练和技战术训练进行。耐力训练的注意事项为：

（1）掌握青少年耐力素质自然发展趋势，以便科学地安排耐力训练。青少年耐力素质是随着年龄的增长而逐渐提高的。女孩9岁时，耐力提高的速度较快；12岁时，耐力再次提高；当进入性成熟后第二年（14岁起）耐力水平将逐年下降。到15～16岁时，耐力水平下降得最多。男孩在10岁、13岁和16岁时，耐力大幅度提高。

（2）青少年耐力训练以有氧耐力训练为主。过早地进行无氧耐力训练，会影响到循环系统的功能水平。青少年血红蛋白、肌红蛋白含量较成年人少，无氧代谢能量贮备不足，酸中毒现象要靠心血管系统补偿来消除，因此，无氧代谢能力的发展受到限制。青少年在青春发育期以后进行无氧耐力训练为好。

（3）青少年进行耐力训练的内容手段应是多种多样的，不应只局限于长跑的练习，可选用活动性游戏、球类运动、骑自行车、滑冰、登山和循环练习等。

（4）青少年进行耐力训练的基本方法为持续训练法，此外，还可用法特莱克式的变速跑等。随着年龄增长，到 15 岁以后可使用较大强度的间歇训练法，训练强度可达 50% 以上。

4. 柔韧训练

篮球运动中跑、跳、投、封盖等技术动作都对运动员的柔韧提出了较高的要求。柔韧训练应注意保持肌肉的弹性，既柔不软又韧不僵。训练要保持经常化。柔韧训练的注意事项为：

（1）发展青少年柔韧较容易，因为青少年关节面软骨比较厚，关节内外的韧带较松弛等。

（2）青少年柔韧训练应多用缓慢式和主动式活动。

（3）在 13~16 岁之间，人的生长发育较快，身高、体重明显增加，柔韧能力下降，骨骼能承担的负荷较弱，易出现骨骼损伤，因此，要避免进行过分扭转肌肉骨骼的活动，以免造成损伤。16 岁以后，可逐渐加大柔韧训练的量和强度。

5. 协调训练

协调能力是掌握篮球技术、战术的重要基础。运动协调能力是综合的神经机能能力，其表现形式即为运动协调。人体运动协调能力包括反应能力、空间定向能力、本体感知能力、节奏能力、平衡能力、与动作认知有关的认知能力等。良好的协调能力有助于青少年迅速地建立起大脑皮质中相关中枢之间的暂时联系，更快地形成动力定型，高质量地掌握运动技能；有助于青少年更好地适应运动时的外部环境；有助于青少年在完成同样的练习时更好地使用能量；有助于减少运动损伤的发生。协调训练的注意事项为：

（1）协调能力受时间、空间或动力控制等因素的影响。提高运动员协调能力的训练中，应在关注某一能力改善的同时，注意与全面改善综合协调能力密切结合。

（2）青少年应进行更多项目的练习，来提高肌肉的协调能力、空间感知能力以及平衡能力。

（3）协调训练应作为每天重要的训练内容。

（4）协调素质具有明显的项目特征，要密切围绕专项需要进行协调训练。

6. 灵敏训练

灵敏是人体综合能力的表现。它取决于人的大脑皮质神经系统的灵活程度，人体速度、爆发力等其他身体素质的发展以及运动员掌握技能的数量和质量。通过灵敏训练能使青少年学生在各种复杂变化的条件下做出相应迅速、准确协调的动作。训练动作能力、反应能力、平衡能力、观察能力，要注意手段的多样化，避免模式化。灵敏训练的注意事项为：

（1）要从儿童、少年时期开始灵敏训练。

（2）应根据篮球运动项目的要求，采用多种方法和手段发展灵敏性。

（3）灵敏训练一般安排在训练课的前半部分，在运动员体力充沛、精神饱满时进行。

7. 女生身体素质训练注意事项

月经周期中由于激素水平的规律性波动，机体的运动能力会发生相应变化。在月经周期不同时期中，人体运动能力的变化具有明显的个体差异。研究证实，人体有氧工作能力及整体体能以黄体期最强，卵泡期及排卵期其次，经前期及月经期最弱。在女生的训练和竞赛安排中，应充分注意体能发展与月经周期的关系，根据各时期体能的变化规律合理安排训练负荷，大负荷训练应与体能的高峰期相吻合，以使负荷作用达到最佳状态，从而提高训练效果。

大多数运动项目对女性的月经周期没有影响，但大强度、长时间的剧烈运动易引起运动性月经失调，表现为经期延长或缩短、月经过多或过少，甚至闭经。运动性月经失调的发生与运动负荷、体脂含量、运动项目、饮食营养和应激等因素有关。长期运动训练中，下丘脑－垂体－卵巢轴的功能状态对月经周期的影响具有重要作用。下丘脑－垂体－卵巢轴的任何一个环节出现障碍，均可能导致月经失调。研究证明，运动性闭经的产生与长期大强度、长时间运动训练后雌激素和孕激素水平下降有关，亦与一个月经周期中雌激素、孕激素正常规律的改变有关。因此，在安排身体素质训练时，应考虑经期对个体身体的影响，合理安排训练。

（二）技术训练

根据篮球队训练的目的与任务，技术训练包括基本功训练和基本技术训练。

1. 基本功训练

篮球运动基本功包括手部动作、脚步动作、腰胯动作、观察能力、篮球意识等。

（1）手部动作：手部动作的训练包括手对球的感觉，手指、手腕、手臂的合理用力及用力技巧，手对球的控制支配能力等。训练中要重点解决好投篮、运球、传接球时手腕、手指的握、翻、转、抖、拨等快速动作。

（2）脚步动作：脚步动作的训练包括蹬、伸、起、停、转、蹍、滑等动作，以控制身体重心的转移和平衡。训练中要重点解决好在快速移动中完成动作，以及动作转换时的连贯性。

（3）腰胯动作：腰胯部位动作的训练包括腰、胯、腹、背、胸等部位的屈、转、倒、侧、含、收、挺的用力技巧和用力习惯，训练中要重点解决好腰胯的屈、转时机和动作的连续性。

（4）观察能力：观察能力对于运动员战术意识的培养具有重要作用，是运动员采取合理战术行动的前提。观察能力的训练与运动员技术动作运用的熟练程度有关，技术训练水平越高，视野范围就越大。因此，必须结合技术训练进行练习。训练中要扩大场上视野范围，提高观察能力和判断能力。

（5）篮球意识：篮球意识的训练与培养是基本功熟练程度及比赛经验积累的集中表现，也反映出运动员能动地、自觉地适应比赛情况的能力，训练中要把意识的培养有计划地落实到每次训练课中。

2. 基本技术训练

篮球队训练要使运动员全面学习并掌握移动、投篮、运球、传接球、突破和防守等基本技术动作，确立以速度为中心，以投篮为重点，以基本功为基础的全面技术训练，鼓励运动员尝试学习并掌握先进技术，做到全面、准确、熟练、实用。

（1）移动技术：在单个移动技术动作训练的基础上，结合身体训练和其他技术进行，要求能在有对抗的情况下较熟练地掌握各种移动技术。

（2）投篮技术：根据运动员的年龄特点、身体条件等，要求掌握几种基本的投篮技术，进行动作的规范化训练，加强投篮准确性和结合其他动作运用能力的训练。

（3）运球技术：掌握各种运球技术，并能够在对抗中熟练运用，可进行一些变向、变速等运球技术的难度练习，提高控制、支配球的能力，强化弱手运球能力。

（4）传接球技术：掌握常用的传接球方法，通过系统训练提高传球速度、准确性、隐蔽性，养成摆脱对手接球和接球后迅速衔接下一个动作的习惯。控制好距离和持续时间、速度和负荷量指标、数量和练习次数、重复和间歇时间4组基本因素之间的关系，在做每一个或每一项具体练习时不宜对4组基本因素同时提出要求。

（5）持球突破技术：要求两脚都能作为中枢脚，两侧都能进行突破，并要求掌握好突破的时机和技巧，提高个人的攻击能力。

（6）防守技术：不断强化防守意识，积极主动、合理地运用攻击性较强的防守技术，提高防守能力和防守的实效性。

（三）战术训练

战术训练首先要从战术意识的养成做起，并落实到战术训练的具体方法之中。

（1）战术训练要在个人战术意识形成的基础上，确立一套适合本队的攻防战术体系，并逐步渗透到战术训练的各个环节中，不断加以完善。

（2）在掌握攻防战术基础配合后，重点训练人盯人防守和快攻两种全队战术，要求在快中求准、稳中求变，逐步形成符合本队实际且具有鲜明特点的攻防战术体系。

（3）战术训练要与身体、技术、心理、智力等训练有机结合，并在实战中逐步提高战术运用质量。

（四）心理训练

心理训练以培养青少年良好的心理品质为目的，使其在比赛的特殊条件下具备积极稳定的心理状态。心理训练时，应以意志品质训练为主，包括确立目标，培养顽强、果断的意志品质和自控能力。心理训练是通过专项运动训练的过程而获得的。青少年要在训练中学会有意识地对自己的行为和活动进行自我控制和调节，并渗透于身体训练、技战术训练、作风训练等内容之中。

心理训练的方法主要有模拟情景训练、自我暗示训练、集中注意力训练、放松训练等。在安排心理训练时教师（教练员）要根据全队实际情况和需要，选择正确的、切合实际的方法。

（五）智能训练

智能训练是为了提高青少年篮球运动员的智力，通过向青少年传授篮球运动相关知识，使其较深入地理解篮球运动规律，提高比赛中的分析判断能力、战术运用能力。智能训练可以通过理论知识的掌握和各种手段方法的运用逐步提高。在对青少年进行智能训练时应根据他们接受知识的能力，确定方法，选择内容。智能训练既可以通过篮球理论课、技战术分析课、规则裁判课等方式进行，也可以通过写训练日记、训练体会，赛前赛后的发言、提问等途径进行。

（六）作风训练

作风训练是篮球运动训练与思想教育相结合的重要方面，它直接关系到一个球队风格特点的发展方向，也直接关系到每个运动员的人格养成和训练任务的顺利完成。教师（教练员）应要求运动员在训练中树立不怕苦、不怕累、不怕困难，勇于挑战困难、战胜困难的信心和决心，练出过硬的本领。在比赛中树立敢打敢拼、勇猛顽强、敢于竞争、胜不骄、败不馁、团结协作、互相促进的精神。

（七）团队训练

篮球作为一项团队运动，比赛过程中需要运动员之间的团结协作，团队协作是队伍在比赛中获得胜利的基石。教师（教练员）在训练中应注重团队训练，培养运动员之间的信任与默契、沟通与协作、责任与担当，并将共赢思维融入球队文化。团队协作精神，不仅在球场上至关重要，还是日常生活中不可或缺的品质，对青少年个人成长和未来发展将产生积极影响。

六、青少年校园篮球队的训练方法

青少年校园篮球队的训练一般以基础训练为主，利用课余时间进行。基本训练方法主要有以下几种：

（一）完整训练法

完整训练法是指教师（教练员）在训练中要求运动员对一项技术动作或战术不分部分和环节一次性地完整完成的一种训练方法。这种训练方法主要是根据篮球技术动作结构的特点，为保持动作结构的完整性和提高完成动作的协调性、节奏性，使技术动作的训练能与技术动作的运用相一致而采用的，一般适用于比较简单的技术动作训练。

（二）分解训练法

分解训练法是指教师（教练员）把完整的动作或战术配合合理地分成若干部分或环节，要求青少年运动员逐步进行学习和掌握的一种训练方法。这种训练方法主要用于一些技术动作较复杂，一般在难以一次性完成或教师（教练员）为纠正错误动作以及在进行战术训练时采用。

（三）重复训练法

重复训练法是指教师（教练员）为有效地巩固提高运动员的身体机能和技战术动作质量而在相对固定的条件下，按照一定的要求反复进行同一动作的训练方法。这种训练方法在训练中经常采用，无论哪种技战术动作的掌握都必须经过反复练习，才能运用自如。重复训练法在运用中要掌握与控制距离和持续时间、速度和负荷量指标、数量和训练次数、重复和间歇这4组基本要素之间的关系，在做每一个或每一项具体练习时不宜对这4组基本要素同时提出要求。

（四）诱导训练法

诱导训练法是指以某种条件为诱因对运动员的动作进行限制，以帮助运动员形成正确的动作定型的训练方法。由于青少年较成年人神经活动过程不稳定，抑制过程占优势，兴奋和抑制过程在大脑皮质容易扩散，神经活动的强度和程度较弱。因此，表现为活泼好动，注意力不够集中，做动作时不协调、不准确，容易出现多余动作，条件反射建立快、消退快、重新恢复也快。通过设立一定的诱因，可以减少或防止青少年运动员出现错误动作，形成正确的动作概念。例如，在进行侧滑步练习时，青少年运动员极易在滑步过程中出现重心升高和两脚并步的错误动作，这时教师（教练员）可以让运动员在一定高度的网下面以及两脚之间放置一定宽度的木条（木条可以用绳子系住两端，挂在运动员脖子上）进行滑步练习，迫使重心保持在一定高度上，而不出现重心升高的动作，并使两脚间在滑步时保持一定宽度，避免出现并步的错误动作。

（五）游戏训练法

游戏训练法是指教师（教练员）根据训练的需要，调动运动员的情绪，使训练能够达到最佳效果而采用的一种训练方法。游戏特别是篮球游戏作为一种训练手段，既适用于一般训练和专项训练，又适用于篮球技术、战术训练，还可以作为身体训练和恢复手段加以运用。但运用游戏练习法时对游戏内容、形式的选择要有明确的目的，要根据训练的需要来安排和组织，游戏中要规定游戏规则，引导运动员运用已掌握的技战术动作进行训练。

（六）比赛训练法

比赛训练法是指教师（教练员）为提高运动员的实践能力，在接近比赛的条件下运用所学技战术动作，增强篮球意识，提高篮球运动素养的一种训练方法。运动员技战术动作的练习是通过比赛实践来体现的，任何技战术动作练习的成败与否都必须通过比赛来检验。从比赛中积累经验，这是篮球运动训练的必经之路，也是培养运动员迅速成长的重要环节。比赛练习法有练习比赛、教学比赛和正式比赛三种形式。教师

（教练员）要根据篮球队训练的阶段，采取相应的比赛形式。

（七）变换训练法

变换训练法是指在练习过程中，有目的地变换练习的内容、运动负荷、动作的组合以及变换练习的环境、条件等进行的训练方法。变换训练法的主要特点在于练习的条件、形式可以根据训练的任务加以变换，具有灵活性、机动性，而且可以根据训练目的、训练中出现的各种情况而针对性地进行训练，提高训练效果。变换训练法可以提高运动员练习的兴趣和积极性，降低训练的单调性、枯燥性，符合青少年运动员的生理和心理特点。例如，练习传球时，可以用两人原地传球、两人行进间传球和通过防守人传球等方法进行变换练习。

（八）模拟训练法

模拟训练法是指在训练条件下，模拟真实的比赛环境和对手，并严格按照比赛规则要求进行的训练方法。模拟比赛中的不良因素对提高青少年运动员的竞技能力至关重要，比赛环境中的不良因素主要表现为比赛噪声、观众起哄、裁判偏袒、对手干扰、组织紊乱、赛程变更、气候变化等，上述因素可能影响青少年运动员竞技水平的发挥。教师（教练员）应有意识地在训练过程中采用模拟训练法，有效提高青少年运动员在比赛中排除各种因素干扰的能力，为在比赛过程中正常发挥技术、战术水平奠定心理基础。

第二节　青少年校园篮球竞赛指导

篮球比赛的胜负，取决于参赛双方运动员的思想作风、身体素质、技战术、身体条件、心理素质和智力水平及教师（教练员）的临场指挥能力。在比赛过程中，要千方百计地使本队运动员的运动竞技水平得到充分发挥，同时限制对手发挥。教师（教练员）在平时训练的基础上，应充分发挥自己的指挥才能，正确地指挥比赛，调动全体运动员的积极性，组织并调配好全队的力量，采取恰当的对策争取比赛的胜利。比赛的指挥工作包括赛前准备、临场指挥和赛后总结三方面。

一、青少年校园篮球比赛前的准备工作

赛前准备工作是比赛指挥工作的重要组成部分，对比赛胜负起着非常重要的作用。比赛前，应充分做好准备，做到知己知彼，不打无准备的比赛。赛前准备工作主要包括收集信息、思想准备、技战术准备、制订比赛计划和开好准备会五方面。

（一）赛前准备工作内容

1. 收集信息

收集信息是比赛前的一个重要环节，作为教师（教练员）应十分重视这项工作。收集了解对手的身体条件、心理素质、技术特点、战术打法、后备力量，以及比赛场地、交通、气候、饮食、观众等信息。收集对手信息时重点了解对手进攻和防守的主要战术打法，主要得分队员及技术特点，教师（教练员）的个性特征等。总之，要尽可能从宏观与微观两方面了解对手情况，使本队在比赛中能"用我所长，攻其所短，抑彼之长，避我之短"，力争知己知彼，限制对手特长，发挥本队优势，达到取胜的目的。

2. 思想准备

在摸清对手情况后，应用辩证的观点去看待双方的优势和弱点。在一定条件下，强可以变弱，弱也可以变强。有些条件可由主观因素决定，也可由客观因素决定。比赛中还有些不可预测的因素，这就要做好充分的思想准备。主要是要正确对待比赛，正确对待胜负，不能想赢怕输，也不能轻视对手，背上思想包袱。要作好充分的思想准备，减轻压力，轻装上阵。

3. 技战术准备

进攻上的技术准备，应做好对主要队员的投篮、运球突破、传球技术进行强化训练，创造良好的进攻机会。在防守方面，应做好重点防守对手得分手运球突破能力的训练。此外，还应加强前、后场抢篮板球的训练。在战术方面，应以针对对手的主要攻守战术打法、攻守转化速度等进行强化训练。

4. 制定比赛计划

（1）制定比赛方案：教练员制定比赛方案，是对收集到的信息进一步优化，通过比较分析对手信息，初步拟订本队的比赛方案。教师（教练员）必须从本队的实际出发确定每场比赛的策略，对于不同性质、不同水平和不同级别的比赛，应有不同的侧重点和不同的考虑。遵循扬长避短的原则，确定战略指导思想和战术打法安排。制定比赛方案应包括以下内容：比赛的策略和指导思想；首发阵容的确定；攻防基本打法及临场应变的措施；场上阵容的变化和调整与搭配；场上队员攻防的具体任务：场上主力队员突发情况的处理预案。

（2）比赛过程预测及应对措施：篮球比赛是一个动态过程，随着比赛双方的激烈竞争会出现许多预想不到状况的发生，教师（教练员）赛前确定比赛方案时，应对比赛过程中出现的状况进行预测，谋划好应对措施。具体表现为：

① 彼强我弱：首先搞清楚对手的强点，强中是否有弱点，从对手的强点中找出可以击破的弱点。然后分析本方的弱点，与对手相比本方的弱点中是否有强点。要抓住本方的强点、对手的弱点制定进攻和防守战术方案，树立以弱胜强的思想，激励运动员战胜强队的斗志，更好地发挥技战术水平，争取战胜对手。如果对手的实力确实很强，也要全力拼搏，在强对抗中进一步锻炼队伍。

② 我强彼弱：首先应搞清楚对手弱中是否有强点，本方强点中是否有弱点。在某些情况下，对手的弱点可能转变为强点，本方的强点也可能转变为弱点，为此，一定要认真分析。根据可能出现的情况，准备多种方案，绝不能麻痹大意，掉以轻心。

③ 双方实力相当：实力相当的比赛最能体现教师（教练员）的指挥才能。实力相当的比赛，首先是双方在力量对比上都没有明显优势，因此，双方的教练员和运动员的心理压力很大。对实力相当的球队，教练员应详细地调查对手的情况，认真地分析对手在哪些方面强于本方，哪些方面弱于本方，进而达到分析准确，对策正确。对比赛可能出现的情况、困难要估计充分，准备多种作战方案，如比分拉不开、比分落后、打决胜期等。教师（教练员）不仅要在技战术上做好准备，而且要在心理上做好准备。

④ 遭遇战：在比赛前无法了解对手的情况下，制订比赛计划时应"以我为主"。在比赛中，要加强防守，积极进攻，制造良好的投篮机会，提高进攻的成功率，全力以赴拼抢篮板球，争取比赛的主动。同时，要尽快了解对手的弱点，予以击破。在制订比赛计划时，要准备多种方案，以便根据情况及时调整与应变。

5. 开好准备会

开准备会的目的是使每个运动员掌握情况，明确任务，做到人人心中有数，把比赛计划落实到每个队员身上。准备会的主要内容包括介绍对手的情况、明确战略指导思想、确定进攻和防守的战术打法、组织上场阵容与后备力量配备、向每个队员布置任务以及临场应变方案等。

准备会上务必做到全队统一思想、统一认识、明确任务和要求，以便在比赛中统一指挥，统一行动，保证比赛方案的实施和教练员意图的落实。准备会的方式，可采用分小组讨论，提出具体对策，然后由教练员进行归纳；也可以召开全体会议，由教练员提出比赛方案、布置任务，运动员临场执行。无论采取哪种方式，都要会上与会下相结合，既要发挥教练员的主导作用，又要发挥运动员的主观能动性，力求准备会开得生动活泼、心情舒畅。要选择适宜的开会时间，如每天都有比赛，最好能把上一场比赛的总结会与下一场比赛的准备会结合起来召开。教练员的讲话要重点突出、简明扼要、语气坚定、富有鼓动性，要注意会议时间不宜太长。

（二）制胜案例

1. 示例一：回浦实验中学男篮在中国初中篮球联赛全国总决赛上成功卫冕

事例描述：2024 年 8 月，2023—2024 中国初中篮球联赛全国总决赛，临海市回浦实验中学战胜清华附中，成功卫冕，打破了该项赛事近十年无球队能蝉联冠军的历史。

获胜分析：

（1）战术布置与执行力到位：回浦实验中学队在比赛中采用了有效的战术布置，并且执行到位。他们通过灵活的跑位和精准的投篮，打破了清华附中队的防守体系。回浦实验中学张子悦等球员在比赛中表现抢眼，凭借出色的个人能力和团队配合，在比赛中贡献了关键得分。

（2）心理素质与斗志旺盛：面对清华附中强势追击，回浦实验中学没有畏惧，而是保持冷静、充满自信。他们在比赛中展现出了顽强的斗志和拼搏精神，最终成功卫冕。

（3）防守强度与压迫性强：回浦实验中学在防守端展现出了高强度的压迫性防守，有效限制了对手的进攻效率和得分能力。球员之间的协防和轮转换位迅速准确，为球队创造了更多的反击机会。

（4）教练员指导与战术调整及时：教练团队在比赛中根据场上形势及时进行了战术调整，针对对手的弱点制定了有效的进攻和防守策略。

2. 示例二：清华附中女篮逆转长沙南雅中学问鼎中国初中篮球联赛全国总冠军

事例描述：2024 年 8 月，2023—2024 中国初中篮球联赛全国总决赛，清华附中女篮以两分的优势战胜长沙南雅中学，实现了逆转。

获胜分析：

（1）准备充分：清华附中女篮在赛前进行了充分准备，包括研究对手的特点、制定针对性的战术等，为比赛胜利奠定了基础。

（2）心理素质：面对实力较强的对手，清华附中女篮保持冷静、充满自信，没有因为对手的实力而畏惧或退缩，她们表现出更加激烈的斗志和求胜欲望，在比赛中全力以赴地拼搏。

（3）团队协作：清华附中女篮在比赛中展现出出色的团队协作和默契配合，通过精准的传球和跑位，制造了多次进攻机会。

（4）核心球员：孙晗昀、庄棋淇等核心球员在关键时刻挺身而出，通过精彩的得分和关键时刻的篮板球，夺得比赛胜利。

（5）必胜信念：面对强大对手，清华附中女篮没有放弃，而是坚持到最后一刻，用实际行动诠释了永不言败的体育精神。

二、青少年校园篮球比赛临场指导工作

篮球比赛情况错综复杂、瞬息万变，一场篮球比赛的胜负，不仅取决于双方运动员的技术、战术发挥状况，而且在很大程度上依赖教练员的临场指挥。冷静是教练员的必备品质，处乱不惊，始终全神贯注地观察对手的情况，同时分析、推理、识破对手的意图，做出应变策略。教练员应具有敏锐的观察力和果断的执行力。如对手主力控制球队员下场，我方应马上改为紧逼防守；对手主力投球队员下场，我方应立即改为区域联防。在对手适应我方打法时，应果断调整战术。篮球比赛是综合实力的较量，教练员应使运动员充分理解教练员的篮球理念，在比赛中贯彻教练员的战略思想和战术打法。

（一）比赛中战术变化的一般规律

篮球比赛时，场面瞬息多变，错综复杂，双方始终围绕下面 4 对矛盾进行斗智斗勇。

1. 攻与守

攻与守是比赛中矛盾的主要表现形式，主要表现为：易攻难守、易守难攻、易守易攻、难守难攻。比赛中，这些情况交替穿插，相互联系，变化错综复杂。如发现易守难攻时，说明对手的进攻威力不大，攻击方向不明确，攻击点没有选在防守的薄弱环节。难攻，是攻击方向和攻击点不明确，或进攻次数少，成功率低。教练员考虑这些因素之后，应积极加强防守，拼抢篮板球，加快从守转攻的速度，打乱对手从攻转守的节奏，趁对手未立稳足时，予以逐个击破。

2. 点与面

点是指攻击点和防守重点，面是指有效攻击区和防守区域。比赛中有点无面，会使运动员死攻一点；有面无点，会使运动员主次不清。做到点、面结合，进攻时一点死，两点活，三点变化多。教练员在指挥比赛时，一定要点面兼顾，采取有效措施协调主攻与佯攻、内线与外线、左右与前后的关系。

3. 质与量

质是指进攻或防守的成功率，量是指进攻和防守的次数。一般有以下几种情况：次数和成功率都高（质与量都高）；次数和成功率都低（质与量都低）；次数高、成功率低（量多质低）；成功率高、次数低（质高量低）。数量是质量的前提，应提倡快中求稳，快中求准，数量与质量并重。避免两种倾向：一是追求次数而忽视成功率；二是过于强调成功率而忽视进攻次数。

4. 快与慢

快与慢是指比赛进攻和防守的速度。不同的球队有不同的风格打法，有的球队善于打"快"，有的球队善于打"稳"。主要应根据临场的比分、成功率和时间掌握比赛速度，该快则快，该慢则慢。例如，甲队进攻成功率不高（失误多、犯规多、投篮命中率低），篮板球抢得又不好，或对手连续发动快攻得分。此时，甲队就应该降低进攻速度，进攻稳一些，减少失误，创造良好的投篮机会，提高投篮命中率，积极抢篮板球，快速退守，防止对手发动快攻。教练员要根据比赛的临场情况，掌握攻守节奏的快慢，抓住时机，及时应变，指挥比赛。

（二）青少年校园篮球比赛不同阶段的情况分析

篮球比赛对抗激烈，错综复杂，瞬息万变。研究发现，这些变化具有阶段性特征，即在比赛不同阶段会出现不同的情况。教练员应根据不同阶段的情况，掌握比赛进程，争取比赛的主动。

篮球比赛一般分为开局、中间、结束等三个阶段，还包括关键时期。各个阶段发生的情况不尽相同，教练员指挥的侧重点也有所不同。

1. 开局阶段

开局阶段一般是指在比赛开始后的3~5分钟的时间。开局顺利对球队的士气影响很大，所以要力争打好开局，从气势上压倒对手。战术上要出其不意、先发制人，阵容配备上要占优势，并根据可能出现的情况，做好应变的准备。上半时开局阶段，教练员的思想应集中在研究对手的技术、战术运用和阵容调配上，抓住苗头，因势利导，争取处于主动地位。开局阶段，出现的情况主要有以下三种：

（1）比分领先：开局比分领先表明预测的估计与实际相吻合，取得暂时的优势。此时，教练员要随时注意对手可能进行阵容调整和战术变化，特别是在对手要求暂停或换人时，应估计到对手的意图并及时向场上队员讲清楚，使队员心中有数。必要时还可以改变战术或调整阵容，以便争取主动，从而继续保持或扩大战果。

（2）比分落后：开局时比分落后表明预测的估计与实际不符，暂时处于劣势。此时，教练员应该在最短的时间内弄清对手的攻守意图、战术变化和阵容调配等情况，果断地改变本队的战术或组织力量设法打乱对手的部署，变被动为主动。

（3）比分相持，交替上升：开局时比分相持表明预测的估计与比赛实际较为接近。此时，教练员要沉着冷静、仔细观察，进一步分析对手的优缺点，采取有针对性的措施，以打乱对手的部署，尽快拉开比分。

2. 中间阶段

开局后的5~15分钟为中间阶段。该阶段的主要任务是根据比赛的具体情况修改或调整原比赛计划，使之更加符合比赛的发展和变化。在此阶段，可能会出现以下情况：

（1）比分拉开：

① 本方比分领先：此时一定要严防松劲，要继续发挥优势，攻其薄弱环节，力争扩大战果。

② 本方比分落后：此时教练员切忌气馁、失去信心或埋怨队员、裁判员，应及时找出原因和解决问题的办法，果断地组织力量调整阵容，或改变战术打法，力争逐步缩小差距。

（2）比分相持：在实力相当的比赛中，出现比分相持是正常的，此时教练员切忌急躁，求胜心切反而容易误事。在这种情况下，一般应该强调进攻的成功率，加强防守，积极拼抢篮板球，发动快攻，争取领先对手。

3. 结束阶段（决战阶段）

下半时的最后5分钟时间为最后决战阶段。上半时取得优势，将为下半时的比赛争得主动；下半时的决战阶段取得优势将为整场比赛的胜利奠定基础，无疑这是比赛的关键时刻。此时，双方的阵容和战术打法已全部暴露，双方队员的体力消耗过大，比赛即将结束。比分接近时，气氛紧张，是争夺最激烈、变化最频繁的时刻，也是指挥工作进入最不容易掌握、最困难的阶段，教练员一定要全神贯注、沉着冷静，分析对策，采取措施。

比分领先时，不要松懈，要估计对手定会奋力拼搏，争取反败为胜；要加强防守，提高进攻成功率，扩大比分，不应采用单纯的控制球打法。比分落后时，不能气馁，要加强防守，降低对方的投篮命中率，造成对手的失误或违例，积极抢断球、抢篮板球，处理好关键球，创造进攻机会，力求在最后几分钟超过对手，反败为胜。

所谓关键球是指比赛最后1分钟左右时，双方比分未拉开，交替上升，没有明显的领先或落后。篮球比赛中，由于设立三分球的规则，往往在最后的关键时刻会出现反败为胜。关键球的处理已成为众多教练员指挥比赛时重点考虑的问题。每位教练员都有一套处理关键球的方法。

（1）离全场比赛结束还有1分钟、比分相等、对手控制球时，应采用全场紧逼或区域夹击防守打乱对手的进攻，造成对手失误、违例或投篮不中。要积极抢篮板球，争取一次进攻机会，投中得分，战胜对手。

（2）离全场比赛结束还有1分钟、本方落后2~3分、对手控制球时，要严密防守，迫使对手失误或违例，或投篮不中。应积极抢断球和抢篮板球，使我方控制球，力争投三分球或篮下强攻，既投中又加罚球，战胜对手。

（3）离比赛结束已不足20秒、本队领先1分球并控制球时，要坚决地控制球，拖延时间，直到最后2~3秒时再投篮，不给对手留下进攻时间。

（4）离终场还有10~20秒、对手领先1分球并控制球时，应果断地采取紧逼防守，甚至不惜犯规，积极进行抢断球，或直接采用犯规战术，力争创造一次进攻机会，投中得分，战胜对手。

许多关键球的处理方法都是从实践中创造出来的。教练员一般都保留一次暂停机会以备处理关键球时使用。处理关键球还需要有适当的替补队员，否则，再好的方法也不能实现。

4. 关键时期

篮球比赛中的关键时期是比赛进程中决定胜负走向或具有战略转折点的重要时间段。这些时期往往伴随着激烈的对抗、高密度的攻防转换和关键球的处理，能够直接影响比赛的最终结果。

（1）常见的篮球比赛关键时期。

① 加时赛：如果常规时间无法分出胜负，进入加时赛后，比赛的紧张程度会进一步升级。加时赛通常意味着两队实力相当，每一个细节都可能决定胜负。

② 第四节开始阶段：对于一些体力分配合理、擅长在末节发力的球队来说，第四节的开始阶段是他们发动攻势、拉开分差的重要时段。这个时候，有效的进攻组织和防守强度提升可以迅速改变场上局势。

③ 关键时刻的罚球：罚球虽然看似简单，但在比赛关键时刻，罚球命中率的高低能直接决定比赛发展的走向。尤其是在比赛最后几秒，一球之差可能就决定了比赛的胜负。

④ 反超或扩大领先优势：当一方球队通过一连串的得分反超对手，或者在一波攻势中进一步扩大了领先优势时，这段时间会成为比赛的转折点。领先方需要巩固优势，而落后方需要迅速调整策略，寻求反击机会。

⑤ 关键球员的发挥：球队中的明星球员或关键球员在比赛中的表现往往能影响比赛发展的态势。关键进球、防守成功或领导能力在关键时刻尤为重要。

⑥ 战术调整后的适应期：教练员在比赛中可能会根据场上形势进行战术调整。球员之间的配合默契度和战术执行力将决定这段时间内球队的整体表现。

（2）教练员在关键时期常用的应对方案：比赛关键时刻，教练员能否及时采取合理的应对策略是能否战胜对手的关键因素。教练员的临场指挥、球员的执行力、心理素质以及体能状况都将成为影响球队成绩的决定因素。

① 保持冷静与观察：教练员要保持冷静，避免因情绪波动而作出错误的决策。观察场上形势，认真观察比赛进程，包括比分变化、球员状态、对手战术等，以便及时调整策略。

② 调整战术与阵容：a. 调整战术。根据比赛形势和对手特点，及时调整球队的进攻和防守战术。例如，如果比分落后，可以考虑加强进攻，采用快攻或突分配合等战术；如果比分领先但剩余比赛时间不多，则需要加强防守，确保不丢分。b. 调整阵容。根据球员状态和对手特点，适时进行阵容调整。例如，如果某个位置的球员表现不佳，可以考虑换人；如果对手有特定的强项或弱点，可以针对性地调整阵容以应对。

③ 激励与指导球员：a. 激励球员。在关键时刻，教练员需要给予球员足够的鼓励和支持，帮助他们保持信心和斗志。可以通过语言激励、肢体动作等方式来传达信任和支持。b. 指导球员。根据比赛情况，及时给球员提供指导和建议。例如，在进攻方面，可以指导球员如何更好地跑位和传球；在防守方面，可以提醒球员注意对手的动向和传球路线。

④ 控制比赛节奏：a. 合理分配体力。在比赛的关键时期，球员的体力可能已经达到极限。教练员需要合理安排球员的休息和轮换，确保他们有足够的体力来应对接下来的比赛。b. 控制比赛节奏。通过控制比赛的节奏来掌握比赛的主动权。例如，在比分领先时，可以适当放慢比赛节奏，减少失误和犯规；在比分落后时，则需要加快比赛节奏，争取更多的进攻机会。

⑤ 利用暂停与换人：a. 合理使用暂停。在比赛的关键时刻，教练员可以通过暂停来重新布置战术、调整球员心态和状态。暂停期间，教练员需要明确传达战术意图和球员任务。b. 及时换人。根据比赛需要，及时进行换人调整。换人不仅可以改变场上的战术布局，还可以为球员提供休息和恢复体力的机会。

以上方案的实施需要教练员具备丰富的比赛经验和敏锐的洞察力，以便在关键时刻做出正确的决策和应对。

（三）暂停与换人

教练员的比赛指挥工作主要是通过暂停、换人、信号联络来实现的。在运用时，一要及时，二要合理。

1. 暂停

暂停是教练员指挥比赛的重要手段。规则规定，一场比赛每个队上、下半时各有两次暂停机会，对此，要珍惜并合理使用。暂停要用在关键时刻，一般情况下不叫暂停，应留一次暂停用于处理关键球，可使教练员指挥比赛更加主动。

（1）暂停时机：本方由高潮转为低潮时；本方需要重新部署战术打法时；队员身体疲劳，又无人可换时等。

（2）暂停应注意的事项：准备要充分；讲话要简洁、重点突出、语气肯定、态度坚决、切忌指责、埋怨；留点时间让队员相互交换意见；要善于利用对手的暂停，争取主动。

2. 换人

在比赛中，换人是教练员指挥比赛的手段，也是一项复杂的组织工作。为了合理地使用和支配全队力量，适时换人十分重要。

（1）换人时机：为制约对手特长、改变战术时；队员情绪不稳定或发挥不正常时；队员作风、表现不好时；队员出现疲劳或受伤时；队员犯规较多，为保存实力时；为保留暂停次数，或暂停已用完，需借助换人传达教练员的部署时；有意识地培养和锻炼新队员时。

（2）换人应注意的事项："用人不疑，疑人不用"，不失时机地果断下决心换人；换人时，对换上场队员的任务和要求要交代清楚，对被换下场的队员要肯定成绩，指出不足，以利再战。

三、青少年校园篮球比赛后的总结工作

比赛后的总结是一项很重要的工作。总结的目的是检查比赛任务的完成情况。赛后总结应与参加比赛的目的和任务相呼应。每次比赛（如锦标赛、联赛、对抗赛等）有每次比赛的目的、任务，如取得好名次、锻炼队伍等。每场比赛有每场比赛的目的、任务，如战胜对手，或了解对手的情况，或为更重要的比赛做准备等。不是所有的比赛赢了就好，输了就不好，而是以达到比赛目的、完成比赛任务为标准。赛后总结时，要正确对待输赢，因为决定胜负的因素很多，有些因素是自己可以控制的，有些是自己根本控制不了的，还有些是想不到的突发因素。因此，既要赢得起，也要输得起。赢要赢得清楚，输也要输得明白，这样才能做到胜不骄、败不馁，打出风格，打出水平，打一场进一步。

（一）总结的方法

总结的方法有两种：一是每场比赛后的总结，二是全部比赛后的总结。

1. 每场比赛后的总结

其目的主要是打好下一场比赛。每场比赛的胜负。运动员的技术发挥如何，都会引起队员思想的波动和情绪的变化，如不及时解决，必将影响下一场比赛。例如，超水平发挥会使队员过高地估计自己的实力，技术发挥不好会使队员失去信心，还有临场指挥等问题。这些问题必须及时进行总结，以使下一场比赛打得更好。

2. 全部比赛后的总结

主要是检查本次比赛任务的完成情况，各项技术、战术指标的完成情况。通过比赛成绩和各项技术指标的分析研究，检验本队的水平，肯定成绩，总结经验，找出存在的主要问题，提出解决的办法和建议，以便指导今后的训练和比赛。

总结分为个人总结和全队总结。个人总结由队员本人完成，全队总结由教练员完成。全队总结是在个人总结的基础上，教练员和运动员一起对全队的主要问题进行分析研究，最后由教练员写书面总结。

（二）总结的内容

无论每场比赛的总结，还是整个比赛的总结，都应包括以下几方面的内容：比赛目的是否达到，任务是否完成；比赛的指导思想是否正确，比赛计划是否合理；运动员的思想情绪是否稳定；各项技术、战术指标的分析对比；教练员临场指挥如何（阵容的调配、战术的使用与变化）；胜负的主要因素分析；主要经验和教训；存在的主要问题，解决问题的主要办法和建议。

赛后总结还包括教练员的自我评价，其是比赛总结的重要组成部分，也是教练员提高执教能力和领导力水平的重要途径。教练员要重视这一环节。

思考题 "

❶ 如何制订青少年校园篮球队训练计划？

❷ 青少年训练如何做到与上一级训练、下一级训练的有效衔接。

❸ 青少年校园篮球训练的目的与任务是什么？

❹ 在训练和比赛中如何培养学生的体育核心素养？

❺ 简述青少年校园篮球队的训练方法及其运用。

❻ 青少年校园篮球队教练员如何进行赛前准备工作？

第十五章　篮球运动科学研究

本章提要

  本章介绍了篮球运动科学研究的意义、任务、特点以及基本程序，回顾了我国篮球运动科学研究的发展历程，阐述了我国篮球运动科学研究的现状与趋势，并提供了篮球运动科学研究的参考选题。

第一节　篮球运动科学研究的意义、任务和特点

篮球运动科学研究是体育科学研究中的一部分，是人们在篮球运动领域内，为了揭示篮球运动领域中的未知事物，或知之不多、不深的事物，及其本质和规律，而进行的一种能动的认知活动。它是人们主观认识上矛盾的排解过程，是揭示篮球运动规律，对篮球运动实践中发生的新问题、新情况的探索和解决的过程。篮球运动科学研究揭示篮球运动教学与训练的理论与方法问题，研究解决问题的方法与途径，从而提高篮球运动教学与训练的科学性，促进篮球运动水平的提高，使篮球运动更好地为增强人民体质和社会主义精神文明建设服务。

一、篮球运动科学研究的意义

篮球运动科学研究是推动篮球运动发展的重要手段，目的是为篮球实践服务，为篮球运动的发展提供科学依据和理论指导，其意义在于：

（一）为篮球运动竞技水平的提高提供科学依据

现代篮球运动已经达到了较高水平，要继续攀登世界篮球运动的高峰，必须依靠体育科学，依靠篮球科学研究对篮球领域内诸多方面进行探索，针对篮球教学、训练、比赛中的变化规律，通过对科学选材，教学、训练、竞赛的管理，有效调控比赛心理状态，合理营养、疲劳恢复等具有针对性的研究，为篮球教学、训练、比赛提供科学的依据，从而加快我国篮球运动竞技水平的提高。

（二）丰富全民健身活动，增强国民体质

不同年龄、不同性别、不同职业、不同民族的社会成员之间在体质方面存在差异。因此，参与篮球运动的方式、锻炼时间的长短、强度大小等需因人制宜，才有利于全民健身战略的实施。可见，篮球运动对人们的娱乐休闲、营养卫生以及生活习惯等影响因素都是值得研究的课题。

（三）提高篮球运动科研工作者综合素质

篮球运动科学研究和其他科学研究一样都是探索未知、发现客观规律的活动，因此，要求篮球运动科研工作者在进行科学研究的过程中具有科学的方法，实事求是、一丝不苟的态度和认真、严谨的工作作风。随着现代科学知识和技术的不断进步，篮球运动科学研究表现出综合性，现代篮球运动也表现出多样性、复杂性、复合性和难以控制性等特点。因此，篮球科学研究工作者需具备广博的知识和扎实的理论基础，不断学习、应用新的知识和理论，不断提高思想素质、理论水平和工作能力，从而推动篮球运动的发展。

二、篮球运动科学研究的任务

（一）揭示篮球运动的规律

篮球运动是一个由许多矛盾构成的综合体，它的发展不仅由其本身固有的矛盾所决定，而且受政治、经济、文化、军事等社会条件的制约，篮球运动正是在这些内外矛盾的相互作用下发生发展的探索，并正确把握篮球运动规律，揭示其内在机制，对于科学地指导篮球运动实践、加速篮球事业的发展，具有重要的理论意义和实践意义。揭示篮球运动的规律是篮球运动科学研究活动基本的任务之一，离开了这个任务，就谈不上篮球运动科学研究的存在和发展。

（二）推动篮球运动的发展

篮球运动科学研究根植于篮球运动实践，反过来又能指导篮球运动实践。篮球运动科学研究如果不能直接或间接地对篮球运动起指导作用，它也就没有存在的价值。现代篮球运动科学研究所取得的一系列研究成果，不仅为篮球运动科学技术的进步开辟了道路，而且决定着它的发展方向。当代的篮球运动科学研究成果正以空前的规模和速度应用于篮球运动的实践领域。由于篮球运动科学研究把解决篮球运动过程中的关键问题作为重要的任务。因此，篮球运动科学研究和篮球运动的实践联系日臻紧密，其一体化趋势亦日益增强。

三、篮球运动科学研究的特点

世界篮球科学研究活动日趋活跃，现代科学的发展创造、产生的许多相关学科知识、方法和技术手段，为篮球运动的科学研究提供了科学的认识论和方法论，开拓了篮球运动科学研究的思维，完善了篮球运动科学研究的深度和广度，提高了篮球运动科学研究的实效性、科学性，篮球运动科学研究的蓬勃发展，推动了篮球运动的快速发展。综观我国篮球科学研究的发展状况，具有以下 5 方面的特点：

（一）研究对象和领域的广泛性

研究对象涉及儿童至老年各个年龄段、不同篮球水平的参与者，不同性别的参与者，不同类别的学生、教师，不同级别的运动员、教练员、裁判员，不同职能的管理人员、经营人员以及学校篮球、竞技篮球、群众篮球、职业篮球、篮球市场等方面。

研究层面既有指导性的理论体系、管理体制和发展战略等宏观研究，又有操作性的生化反应、力学分析和技术运用等应用研究；既有对国家队等高层次篮球队的研究，又有对少儿篮球以及篮球后备力量的研究。

研究范围包括篮球运动理论体系与史学研究，篮球技术、战术、身体、心理训练的理论和实践研究，篮球竞赛的指挥、分析和调控研究，篮球教学与训练的生理、生化和运动生物力学的应用研究，篮球运动员营养、医疗和疲劳恢复的研究，篮球裁判员的培养和篮球规则与技战术关系的研究，篮球运动的管理、体制、赛制和发展策略研究，篮球运动科学研究状况的研究等方面。

（二）研究内容的实效性

篮球运动科学研究为篮球运动发展服务的功能，决定了篮球运动科学研究的内容和问题必须来自运动实践。篮球运动丰富的技术动作、战术设置、独特的运动形式以及相关学科知识的发展和交融，为篮球运动科学研究提供了大量的研究素材。同时，篮球运动科学研究的结果只有经篮球实践的检验，才能成为科学研究成果。可见，科研内容来自篮球实践又服务于篮球实践，这是互动统一的，也是推动篮球运动科学研究不断发展的动力。就已有成果来看，篮球运动科学研究内容具有实践性、实效性等特点。很多选题紧紧围绕篮球教学、训练和比赛实践等问题进行研究。

（三）研究过程的动态性

就篮球运动本身而言，其内在的攻守对抗矛盾是推动篮球运动持续发展的内源性动力。"攻"的发展既制约了"防"，又推动了"防"的创新；同样，"防"又制约、推动了"攻"。外部的环境变化则是篮球运动创新提高的外源性动力，规则的修订、赛制的调整、体制的转变、相关学科知识的发展和现代科学技术的创新，都对篮球运动的持续动态发展、不断创新提高起到了积极的引导和促进作用。篮球运动科学研究一般时间长、跨度大。从提出科学假想、收集资料、进行预实验、科研实验到结果分析、科学论证、得出结果，其过程就是一个动态发展的过程。

（四）研究结果的创新性

随着相关学科知识和科学技术的发展，越来越多的新理论、新方法、新手段、新科技成果运用于科研之中，使篮球运动科学研究的方法、成果也不断创新发展。研究中一成不变的方法、思想，没有新意的命题、思维，都无法保证研究的科学性和创新性，并会影响到研究结果的实效性。

（五）研究理论和方法的综合性

现代科学技术的发展和科学知识的创新，为篮球运动科学研究提供了丰富的理论依据和研究方法，开阔了篮球运动科学研究的思路。篮球运动科学研究涉及体育学科，如人体解剖学、人体测量学、运动生理学、运动生物化学、运动生物力学、运动医学、运动营养学、体育保健学、运动训练学、体育心理学及统计学、教育学、社会学、经济学、法学、管理学、哲学、文学等多种学科和"老三论""新三论"等创新理论。此外，现代科学技术的成果逐渐被大量采用，如摄影摄像技术、各种精密仪器的使用、电视录像的演示、电脑软件的开发，以及智能化辅助器材的研发和应用等。借助这些相关学科知识的交叉作用和现代科学技术的新成果，综合运用各种研究方法，可以从不同角度探讨篮球运动的诸多问题，从而拓宽篮球运动科学研究领域，加大研究深度，增强研究的科学性、实效性和针对性。

第二节 篮球运动科学研究的基本程序

科学研究活动是人类能动地认识世界和改造世界的过程。对于一个具体的研究课题来说，从选题开始到研究工作结束，是一个不断深化的认识过程，在整个过程中，必须按一定的程序完成各项工作。篮球科学研究大致由提出问题、建立假说、验证假说及导出结论4个基本环节构成。在实施程序过程中又进行一系列具体工作。

一、选题

选题即确定研究课题，是进行科学研究的首要环节。爱因斯坦说过："提出一个问题往往比解决一个问题更重要。因为解决一个问题也许仅仅是数学上、实验上的技能而已；而提出新问题、新的可能性，从新的角度去看旧的问题，则需要有创造性的想象力，而且标志着科学的真正进步。"由此可见，选题对科学研究的重要意义。只有具有相当的知识及科学鉴别力，才能提出既适应现实需要，又能反映未来发展的开拓性课题。篮球运动科学研究的大量课题来源于篮球运动实践中所遇到的共性问题、疑难问题、亟待解决的问题，如篮球运动教学、训练、管理实践中提出的问题以及篮球运动改革与发展趋势中发现的问题。

二、建立假说与验证及制订研究计划

（一）建立假说与验证

1. 建立假说

科学研究常以假说为基点来设计实验或观测，再通过实验结果来验证假说。建立假说通常采用类比、归纳、演绎等逻辑方法。

2. 验证假说

假说只是一种猜测，它正确与否必须经过实践、实验等检验。通过严格的科学实验、观测、调查等方法获取科学事实来验证假说，只有通过实践证明是正确的，假说才能成为科学理论。

（二）制订研究计划

研究计划是对研究工作经过谋划而形成的实施方案，也称为研究方案。研究计划的内容包括：① 研究课题名称。② 选题依据。这部分是选择和确定研究课题的理论阐述。主要包括国内外的研究动态、提出问题的理论与实践依据、研究的目的与意义。③ 研究对象的范围与研究任务。这是根据假说进一步将研究对象的具体范围明确化，研究任务条理化。④ 研究方法。即收集科学事实验证假说的具体研究方法。⑤ 预期结果。假说要经过推理，说明其原理和研究成果可供应用的范围等。⑥ 工作进度安排。即详细的日程计划。它将整个研究工作的顺序步骤、时间阶段及各阶段工作内容、措施作出预先安排，形成合理的工作流程。⑦ 经费预算。⑧ 课题负责人、参加人及协作单位。

三、收集与整理研究资料

（一）收集研究资料

研究资料包括文献（情报）资料和科学事实两大类。在收集资料过程中必须坚持客观性与全面性，注意鉴别资料有效程度与可靠程度。这一阶段的工作既要有科学理论与方法的正确指导，又要求研究者具有勤奋顽强、勇于探索、不怕艰苦的精神，这样才能获取丰富可靠的研究材料。

（二）整理研究资料

关于文献资料和经验事实（定性类），主要采用系统方法和各种逻辑方法进行加工整理。首先，对资料进行汇总、分类、检验、筛选。然后，结合研究的任务，运用比较、类比、归纳、演绎、分析、综合等方法进行加工整理，揭示事物可能存在的联系与规律，得出研究问题的观点与结论。

关于各种实验、测量、观察中直接获取的数据应进行统计处理。运用各类指标数据的处理结果，对研究中的某问题进行抽象判断与检验验证假说，提出结论，揭示规律。这一阶段是验证假说的后期阶段，资料的加工整理是理性概括、逻辑分析和创造性加工的过程，这一过程基本完成了对研究假说的检验工作。

四、撰写论文

（一）问题的提出

首先，要扼要地叙述为什么要研究这个课题，课题研究的意义何在。其次，要综述研究问题的历史和现状，已有研究解决了哪些问题，尚有哪些问题没有解决。最后，要阐述研究的范围及明确研究的任务。

（二）研究方法

这部分要详细、完整地说明研究所要采用的方法。采用实验方法要有实验方案，包括理论依据、施加因素、实验对象、效应观察指标和操作步骤等。采用观察统计、调查访问方法时要署名并讲述清楚对象、内容、时间及具体方法等。

（三）研究结果与分析

这部分是论文的主体，包括通过实验、观察、调查研究的结果和运用基础专业理论对研究结果进行分析与讨论，进行阐释和判断时层次要清晰，立论要严谨。

（四）研究结论

结论是理论分析和实验结果的逻辑发展，是整篇论文的归宿。结论必须准确、鲜明、完整，必须与研究的课题内容相结合，必须在理论分析的基础上经过归纳、推理形成总的观点。

（五）致谢

在研究工作中得到的帮助，应在论文结束处表示感谢，同时注意用词要恰如其分。

（六）参考文献

科学论文列举参考文献是科研工作者严肃的科学态度及研究工作有广泛充分依据的反映。凡引用其他作者的观点和研究成果，都需要在参考文献中标明出处。应按顺序列出论文中所参考或引证的文献资料，注明编号、作者姓名、文献名称、卷期和页码等。

第三节　我国篮球运动科学研究的发展历程

一、中华人民共和国成立前篮球运动科学研究状况

在篮球运动传入我国初期，国内的篮球运动科学研究处于萌芽阶段，学术活动主要以翻译一些篮球规则或出版书籍为主。1916 年，上海青年会把美国篮球规则（当时还没有国际统一篮球规则）译成中文出售，从而有了第一本中文篮球规则。1918 年，由上海商务印书馆出版的体育小丛书《篮球》（麦克乐校正）是最早引进的第一本译著，对当时篮球运动在我国的传播与推广起到了积极的意义。

1930 年，由董守义先生编著、上海青年协会书局出版的我国第一本篮球专著——《篮球术》面世，该书对篮球技术、战术及训练方法作了阐述。随后在 1932 年和 1947 年，董守义先生在该书的基础上，引进了美国的一些先进技术、战术，总结和借鉴了一些有益的内容，又先后出版了《最新篮球术》《最新篮球运动》两本书。

1932 年，上海勤奋书局出版了宋君复先生所著的《女子篮球训练法》一书。该书专门对女子篮球运动的历史、意义、设备条件、基本动作、战术方法以及伤病预防、男女篮球规则的异同等进行了较详细的论述，对当时正在迅速发展的女子篮球运动起到了积极的促进作用。此外，这一时期，一些专著、译著也相继出版，如吴邦伟著的《篮球训练法》（1931 年）、俞杰编著的《篮球战术》（1934 年）、谈连峰编著的《篮球竞赛之理论与实际》（1945 年）等。

之后，我国翻译出版了美国马尔飞编著的《篮球攻守方法论》和美国霍尔曼著的《篮球夺霸术》。这些专著和译著对我国篮球运动的发展起到了积极的推动作用。这些早期的篮球理论研究，主要集中在篮球运动基本技术、战术方法及训练方面，少数也有对心理、比赛指挥、球队的组织管理等的研究。

二、20世纪50—60年代我国篮球运动科学研究状况

中华人民共和国成立以后,我国的篮球运动科学研究活动得到了快速发展,许多专著、译著纷纷问世,如《最新篮球训练法》(徐镰著)、《最新篮球运动》(刘天锡著)、《篮球游戏》《篮球裁判法研究》(张长清著)、《篮球术》(苏联切特林著,郑荣庭译)、《篮球技术与教学》(陈荣泽译)、《美国教练谈篮球技术》(邓华耀译)、《篮球训练法》(苏联谢玛什科著,藏之权、范政涛译)、《篮球战术基础》(苏联切特林编著的苏联体育团体教材,高光斗译)、《学校篮球教材》(苏联利沃娃等著,广生译)、《美国篮球运动》(广生译)等。这些论著和译著对我国篮球运动的发展和理论体系的形成具有较深远的影响。

1955年4月,《新体育》杂志在全国范围内开展了"关于篮球战术指导思想问题"的讨论,确定了"积极、主动、快速"的战术指导思想。人民体育出版社出版了《"新体育"篮球战术讨论选集》,这是我国现代篮球运动中关于篮球战术问题的学术性讨论,对我国篮球运动的发展起到了积极的促进作用。1956年,中央体训班拍摄了中华人民共和国成立后的第一部篮球技术教学片《篮球基本技术》,为我国的篮球教学、训练提供了直观的教材,促进了篮球教学训练的科学化。

从1956年起,在每年全国的篮球竞赛结束后,都要召开训练工作会议或甲级队教练员座谈会,交流思想政治工作和训练经验,诊断我国的篮球技战术发展水平和存在的问题,讨论与交流篮球教学、训练方法。1959年,陈文彬等编著了《篮球技术战术的运用》,黄柏龄等集体编写了《篮球几项技术研究》。他们紧密结合比赛实践,对篮球的技术运用等提出了自己独到的见解。牟作云、申恩禄还编著了《篮球裁判法》,对指导和提高我国篮球裁判工作起到了积极的作用。1961年,体育学院讲义《球类运动——篮球》出版,这表明我国篮球教练员和教师有了自己的科学研究成果和教学训练用书,填补了我国篮球教材的空白。1961年,在全国篮球教练员座谈会上,牟作云的《篮球训练工作的基本经验》,陈文彬的《训练篮球队要抓八个关键》,杨福鹿的《篮球运动中的几个基本问题》,既是实践经验的总结,又是理论研究的升华。在中华人民共和国成立初期这一阶段,我国从事篮球科学研究的主体是各体育院(系)篮球教师及各级篮球教练员,他们致力于解决一些实际问题研究的内容,主要集中在篮球技术统计分析,联赛的调研、教学与训练的经验总结等方面,研究方法局限于文献研究、临场技术统计、图片分析、经验总结等方法。

三、20 世纪 70—90 年代我国篮球运动科学研究状况

1972 年 3 月 16 日至 4 月 3 日，国家体委在北京召开了全国体育工作会议，会议讨论和制定了《国家体委关于体育事业第四个五年（1971—1975 年）发展规划草案的意见》，提出要重视体育科研工作，在国家体委统一领导下，以北京体育科学研究所为主，在科研所、国家运动队、北京体育学院配备一定数量的专业研究人员，收集国内外篮球资料，建立世界和亚洲优秀篮球队的技术档案，出版篮球技术资料刊物，摄制技术电影和图片等，并要求各省（自治区、直辖市）体委应组织领导、教练员、运动员三结合的科研小组，开展群众性的科研工作。从 1974 年开始，每两年组织一次学术报告会。

1972 年 9 月，国家体委召开了五省（四川、安徽、陕西、辽宁、吉林）二市（北京、天津）三小球会议，会上交流了小篮球活动的开展情况，研究拟定了小篮球的场地、器材规格和比赛计划，从而促进了小篮球活动在城市和地、县级中小学中的开展，为我国培养篮球后备人才打下了良好的基础。

1978 年国家体委科教司成立后，加强了对体育科学研究工作的领导，各省相继成立了体育科学研究所，大多数配备有专职篮球科研人员，一些体育学院恢复招收教学与训练专业篮球方向的硕士研究生，1980 年召开了全国体育科研论文报告会。这些措施为我国篮球科学研究的开展创造了良好的外部环境。

1982 年年底，中国体育科学学会、运动训练学委员会和中国篮球协会联合举办了我国首次篮球学术论文报告会。在这届大会上，征到论文 60 篇，以大学体育教师和各级教练员为主的篮球学者进行了广泛的学习和交流。与此同时，国家体委还召开了篮球国家级教练员复核、套改高级教练员技术职称论文答辩会。两个会议近百篇论文在数量、质量、研究范围及研究方法的科学性上，较以往都有了较大的发展，它标志着中华人民共和国成立以来我国篮球运动科学研究的发展达到了一个高潮。

1984 年，中国篮球协会、北京体育科学研究所联合召开了"篮球运动科学化训练讨论会"。随之展开的科学化训练研究将系统论、信息论和控制论引入篮球训练和竞赛之中，研究重点集中在篮球训练原理、训练过程的调控及提高篮球运动训练水平的方法、途径等方面，逐渐形成了篮球训练的特点与规律、篮球训练原则、篮球训练方法、篮球训练的组织与管理等一整套系统的训练理论。

1987 年 9 月，北京体育学院篮球教师刘玉林撰写的《篮球教练员应具备的训练能力及其培养》一文，在日本横滨举行的"第一届国际体育和教育论文报告会"上宣读，表明我国篮球运动的科研已有了较大的提高。1985 年 12 月，中国篮球协会在北京召开了"全国篮球科学成果讲学班"，以"篮球科学化训练"为主题的 13 个子课题的优秀论文在讲学班上报告。这些成果为我国篮球科学化训练提供了理论指导，奠

定了我国篮球训练理论的基础。

1986年，国家体委科教司在武汉举行了全国体育院校教学科研论文报告会，许多篮球教学科研论文进行了交流，这对篮球教学改革起到了积极作用。

1987年6月27日至7月4日，在上海师范大学召开了华东协作区篮球研讨会，由李震中教授主持，来自全国30多所大专院校的代表到会，在大会上报告了28篇论文，这些论文的作者全部来自大专院校的教师和研究生。

1994年12月，在北京体育大学召开了第一届全国体育院校篮球教材建设论文报告会。参加报告的30多篇论文，在研究的深度和广度上都有了很大的提高，促进了篮球专项理论的发展。

1995年10月，为纪念篮球运动传入我国100周年，在天津体育学院举办了篮球论文报告会，入选会议报告的论文有84篇，在篮球运动发展史、篮球技战术理论、篮球教学与训练、篮球规则与裁判、篮球运动测量与评价等方面进行了广泛的交流。

四、21世纪我国篮球运动科学研究状况

2005年，由王家宏教授主编的《球类运动——篮球》，由高等教育出版社正式出版，被评为普通高等教育"十五"国家级规划教材。这本教材是在全国普通高等学校体育教学指导委员会的指导下，由苏州大学体育学院作为召集单位，集合全国范围内普通高等学校知名篮球教授、专家精心编撰而成的。该教材秉承"坚持继承与发展、创新与提高、突出师范性"等原则，注重对学生能力的培养，受到了广大体育专业篮球教师、学生的好评。2009年，编写组在前一版本的基础上，吸收了教学实践中的反馈意见，充实了最新的篮球教学、训练、科研等成果，修订出版《球类运动——篮球》，被评为普通高等教育"十一五"国家级规划教材。

2005年是篮球运动传入中国110周年，由中国篮球协会、《体育文化导刊》杂志社、苏州大学共同举办的首届中国"篮球文化论坛"于2005年12月8—10日在苏州大学举行。在为期两天的会议上，国家体育总局篮球运动管理中心原主任李元伟作了"打造篮球文化，构建和谐篮球"的主题报告，国家体育总局政策法规司原副司长梁晓龙、北京奥组委主新闻中心处原处长徐济成、苏州大学王家宏教授等专家学者作了专题报告。这次论坛共收到国内专家学者的70多篇论文，这些论文从篮球的历史文化、篮球的竞赛文化、中西方篮球文化的对比、篮球的产业开发等多角度进行了研究。2007年11月，中国篮球协会、国家体育总局体育文化发展中心、苏州大学共同举办第二届篮球文化论坛。为了进一步突出篮球文化在我国篮球运动中的重要地

位，加强对我国篮球运动各项工作的建设和完善，促进我国篮球运动水平的提升，论坛还邀请了国家体育总局、中国篮球协会和高等院校的专家、学者、领导参加，并邀请了广大篮球文化学者和篮球工作者以论文的形式参加交流。此次论坛主要内容包括篮球文化及其构成，篮球的文化内涵与特色，篮球文化的创新，篮球文化的哲学基础，篮球文化、教育、社会、经济价值研究，中美篮球文化比较研究，CBA联赛的发展目标和运营理念研究，NBA法律规范制度研究和NBA俱乐部管理体制和运作机制研究等43项研究议题。同时，借助此次论坛，还颁布了《中国篮球文化建设纲要》。2011年12月4日，第三届中国篮球文化论坛在苏州大学举行。国家体育总局科教司原司长蒋志学，国家体育总局体育文化发展中心原主任孙大光，国家体育总局篮球运动管理中心原副主任李金生，国家体育总局政法司原副司长梁晓龙，国家体育总局篮球运动管理中心原主任、中国篮球协会原副主席李元伟，北京体育大学原党委书记、校长杨桦，江苏省体育局原局长殷宝林，中国男篮终身荣誉队员姚明等领导与嘉宾出席了开幕式。开幕式后，苏州大学研究生院原院长、博士生导师王家宏教授作了"中国篮球文化论坛：品牌构筑与深层对话"的主题报告；中国体育社会学专家、博士生导师卢元镇教授作了"篮球文化：命门与精髓"的主题报告。同时，参加本届论坛的学者们围绕"全球化时代篮球文化的功能及走向""篮球如何回归生活""篮球文化理论""CBA篮球文化""篮球竞赛文化""其他篮球文化"等相关专题进行了深入的探讨和交流。自2000年3月我国首批篮球方向博士生毕业以来，篮球科研队伍不断壮大，科研人员的素质日益提高，研究方法多样，向着多角度、宽领域的方向发展，科研成果的整体水平和效益不断提高，在篮球学术研究方面取得了丰硕的成果，为促进我国篮球运动快速、健康的发展提供了有益参考价值。纵观已有的研究成果，主要包括以下5方面：

一是关于篮球运动发展规律与政策的研究，如谭朕斌的《篮球运动基本规律及发展特征的研究》（2000年）、白喜林的《中国竞技篮球发展战略研究》（2003年）、张雄的《中国竞技篮球运动生态环境的研究》（2004年）、宫士君的《竞技篮球制胜系统的研究——兼论中国男女篮制胜要素状况》（2006年）、程冬美的《中国篮球运动训练理念研究》（2007年）、刘卫东的《竞技篮球运动制胜规律的研究》（2008年）、王艳丽的《我国竞技篮球训练指导思想研究》（2012年）等。

二是关于篮球教学训练方面的研究，如刘庆山的《体能训练基本理论与我国高水平篮球运动员体能训练研究》（2004年）、赵晶的《我国篮球训练与竞赛组织系统的优化配置研究》（2005年）、胡志的《我国篮球运动员比赛应对方式的理论与实证研究》、彭延春的《高水平职业篮球运动员力量训练理论及CBA力量训练模式的研究》（2007年）、张元文的《少儿篮球适宜教学体系的研究》（2007年）、张凡涛的《中国男女篮球队体能训练科学化设计的研究》（2008年）、郑磊的《中国青年男子篮球运动员身体对抗能力心理因素研究》（2008 年）、陆柳的《国家女篮专项体能评价与诊断研究》（2012 年）、徐建华的《CUBA 男子运动员比赛负荷特征及专项运动素质评价的研究》（2013 年）、冯建立的《篮球可供性知觉与投篮准确性的关系研究》（2014 年）等。

三是关于篮球运动员人才培养的研究，如陈兰波的《我国优秀篮球运动员的成长与培养》（2006 年）、都娟的《后发优势与我国优秀篮球后备人才的培养》（2007 年）、唐建倦的《中国竞技篮球后备人才培养运行机制研究》等。

四是关于篮球职业化、市场化、联赛发展的研究，如杨铁黎的《关于职业篮球市场的基本理论和我国职业篮球市场的现状及对策研究》（2001 年）、陈钧的《中国篮球职业化可持续发展战略研究》（2001 年）、方明的《关于中国职业篮球法规体系构建的研究》（2002 年）、王郅的《中国职业篮球竞赛市场的运行机制研究》（2006 年）、周武的《我国职业篮球产业政府规制研究》（2008 年）、师灿斌的《中国男子篮球职业联赛发展路径研究》（2009 年）、郝家春的《我国男子竞技篮球职业化发展的困境与路径研究》（2010 年）、刘岗的《中国男子篮球职业联赛品牌管理研究》（2011 年）、赵国华的《我国竞技篮球职业化发展战略研究》（2013 年）、李焓铷的《中国男子职业篮球俱乐部经营模式的研究》（2013 年）、王恒同的《我国 CBA 职业联赛监管机制研究》（2014 年）等。

五是关于篮球文化的研究，如郭永波的《篮球文化的理论框架构建》（2004 年）、陈新的《篮球文化与篮球市场》（2007 年）、赵苏妙的《篮球运动之美学阐释》（2007 年）、魏磊的《CBA 与 NBA 赛制、市场、文化的比较研究》（2008 年）、回军的《篮球运动的广义进化与发展》（2010 年）、李彦龙的《篮球运动的本质与价值研究》（2014 年）等。

此外，还有关于裁判员和教练员培养的研究，如闫育东的《中国篮球裁判员"环境管理"论》（2007 年）、柳建庆的《中国篮球教练员职业地位获得研究》（2008 年）、舒刚民的《中国竞技篮球教练员人才资源开发与管理研究》（2016 年）等研究成果。

国外的研究成果主要集中在教练员的知识结构、教练员领导力、科学化训练、篮球专项特征、篮球运动员选材、篮球裁判的专业化发展、篮球俱乐部的营销、篮球专项体能训练等方面。

第四节　我国篮球运动科学研究的现状

一、篮球运动基本理论体系建设的研究

现代篮球运动实践要求有先进的篮球运动理论对实践的不同领域、不同层次、不同方面进行科学指导。积极探讨篮球运动众多方面的原理与规律，摸索篮球运动可持续发展的对策与环境因素，完善与丰富我国的篮球理论体系，一直是广大篮球科研者坚持不懈的工作重心，为我国篮球运动理论体系的形成和完善，篮球运动的进一步现代化、科学化作出了积极的贡献。

王家宏、孙民治等人的《中华人民共和国篮球运动发展史学研究》，针对目前已有的我国篮球运动发展史的研究，多是从 1895—1990 年，且大部分内容是 20 世纪 90 年代前的内容，研究的侧重点集中在中国竞技篮球运动发展历史的情况，课题把我国篮球运动分为学校篮球运动、群众篮球运动、竞技篮球运动、篮球理论建设和篮球运动管理体系五大部分，着重研究了中华人民共和国成立后上述五大部分的篮球发展历程，突出了 1990 年以后的发展过程内容，丰富了我国篮球运动历史的研究。

王家宏、陈新的《对中国女篮滑坡的成因及其对策的探讨》认为：① 影响女篮心理状态的因素包括心理训练的效果、个人技能和比赛经验、社会文化和队员个性心理特征、赛前的准备情况和教练员的能力与指挥。② 影响体能、技能的因素包括队员对体能训练重视不够、基层忽视全面技术训练，比赛少、质量低，"风格说"限制了全面技战术的形成，重攻轻守思想使防守水平下降。③ "男子化"发展落后。④ 基层金牌战略影响后备力量的发展。

孙民治的《篮球意识及培养》认为：以"概念模式"和"记忆系统"所形成的"认知结构"反映了意识形成过程及规律；篮球意识的结构主要由观察、分析判断、快速反应、战术思维、应变、自我控制六种能力组成。研究还论述了篮球意识的培养途径与方法以及篮球意识的评定原则与方法。

高鹗等人的《篮球意识定量评定方法的研究》，根据篮球训练、竞赛的规律和特点，对篮球意识整体性、关联性、综合性、最优性、实践性进行了全面系统的分析，指出篮球意识既是综合因素，又占主导地位，意识是在身体、技战术配合等基础上的集中反映；具体论述了篮球意识在篮球运动员运用技术、战术及支配行动中体现，是思维和决策的反映；通过篮球意识量化评价方法，及时反馈给教练员，能对运动员实施有效的调控等内容；提出了篮球意识的评定项目内容和统计表格要根据比赛的规律及特点设计；统计与评定项目、内容有投篮、突破、传球、运球、抢球、防守、移动、攻守转换等技术动作，同时结合篮球战术内涵特征，作为评定运动员篮球意识的个体内容。研究按意识的优劣差异程度，分别赋予分值，用计算机进行量化及其相关的数据处理，又对各指标符号的内涵及规格做了专门的研究，临场统计方法做了详尽的介绍和示例。

王保成、匡鲁彬、谭朕斌的《篮球运动员体能训练的基本理论与内容》，从篮球运动的项目特点入手，论述了篮球运动员体能训练的理论与原则：① 体能提高的刺激—适应理论与原则。② 训练量与训练强度统一。③ 以速度训练为核心。④ 力量训练是基础与保证。⑤ 体能训练与专项技战术训练相结合。该研究指出了体能训练的内容和手段、篮球专项密切结合的训练内容和方法、非专项类的训练内容和方法（力量、速度和耐力训练），还提出了训练中应注意的问题。

池建、邢文华等人的《我国儿童、少年篮球运动员选材标准的研制过程与方法》认为，当运动成绩发展到一定阶段，运动员先天条件就成为影响运动成绩提高的主导因素，通过科学选材，才有可能达到较高的运动水平。我国过去的篮球选材研究中，缺少全国性的篮球选材指标体系和综合评价标准，忽略了篮球运动员的位置特点，选材标准过于繁杂并难以实施。该研究的主要成果为：① 建立全国统一的各年龄儿童、少年篮球运动员的选材指标体系。② 制定全国统一的各年龄段儿童、少年篮球运动员的选材标准及评价方法。

此外，还有《中国篮球运动的持续发展与篮球后备力量》《中国篮球战略缺陷》《我国竞技篮球的可持续发展战略研究》《我国篮球竞技后备人才可持续发展影响因素的研究》《我国篮球后备力量培养中几个主要影响因素与美国的比较研究》等研究成果。

二、篮球运动与多学科综合研究

现代科学发展的趋势是各学科部门之间和学科之间相互交叉、相互渗透，既高度分化又紧密交融。随着当前社会科学、自然科学的快速发展，这一交叉与综合的发展趋势，对篮球运动科学研究工作带来了很大的影响。现代篮球科研更重视运用运动生物力学、运动生理学、运动心理学、体育管理学等多学科知识和现代化的手段、设备对篮球教学、训练、竞赛实践进行深入、具体、有针对性的研究。

孙民治、王家宏在《从篮球运动员在比赛中的心理变化规律谈心理训练》一文中，提出了影响运动员心理过度紧张产生的因素，即比赛规模与比赛性质、比赛的动机与目的、比赛环境与比赛条件、比赛名次与成绩、赛前准备与比赛对手、比赛中缺乏适应力与应变力等，并提出训练中应培养运动员自我控制力、充分发挥教练员的主导作用、抓好调节训练、重视准备活动、提高注意力、加强思想作风、道德品质教育等建议。

王家宏、茅鹏等人在《关于儿童、少年篮球适宜形式的研究》中认为：小学篮球"适宜形式"是一个系统的协调整体，能适合小学生身心特点，满足小学生体育的需要，有利于培养正确的篮球基本技术及其意识，对小学生，特别是对高身材儿童普遍具有吸引力。该研究对篮球高度、球重与周长、篮架、场地的规格、上场人数和打法都进行了科学适宜形式的研究，随后有不少学者还对初高中学生和学龄前儿童开展篮球的形式进行了研究。

刘玉在其《体育院系篮球普修课教学控制系统的研究》一文中发现：① 篮球普修课教学是一项复杂的动态系统，其教学控制系统模式表明，课程目标是在总体培养目标控制下由反馈等系统构成的，体现了思想、知识、能力的整体、综合性特征。② 篮球普修课程目标只有具体化并具有可测量的指标，才能起到对篮球教学过程的系统控制作用。正确处理"六对联系"，是提高篮球教学质量的重要保证。③ 多年的教学研究成果和篮球专项教学法特征的系统趋势图，表明已形成了新的篮球教学理论与方法，为今后深入研究和完善体系奠定了基础，并提供了依据。④ 篮球普修课质量的反馈监测系统模式的初步形成，为篮球教学的测量与评价提供了定性与定量的指标信息，是及时反馈调控整个篮球教学系统的重要手段，有利于监控提高篮球教学质量。

梁建迎等人在《篮球战术教学训练微机演示系统的研制》一文中介绍了"演示系统"软件的功能体系：① 教学微机演示，内有 8 套战术重点提示及注意事项。② 测验系统，内有 8 套教学的战术，每套有几个测验战术。③ 篮球战术资料库，辑入了国内著名篮球教练员和专家的十几套战术方案、战术研制系统等内容。实验调查结果表明，"演示系统"在实践中应用效果显著，达到了设计预期的各项要求，可以推广。

叶国雄等人在《篮球运动员弹跳高度与相应各环节肌力间数学模型的初步研究》中对篮球运动员弹跳与力量素质之间的相互关系做了进一步的测试研究，寻求其优化数学模型，为提高篮球运动员弹跳力的最佳训练方法提供可靠的理论依据。研究选择大样本的测试对象，选用自制摸高测量器、国产摄影机、电阻应变测力器并配用 Y6D-3A 型动态电阻应变仪和 SCI-6 型光线示波器等仪器进行测试，经过数据处理后计算成相应的多元性回归数学模型，采用了对照实验等综合性研究方法。

傅企明、陈允生的《对青少年男子篮球运动员有氧与无氧能力特点的研究》认为：篮球运动是一项攻守对抗十分激烈的竞赛项目，运动员要想在比赛中保持充沛的体力，掌握时间和空间的主动，发挥应有的战术水平，必须具备良好的身体素质，而身体素质则是人体生理机能在运动中的综合反映。该研究对青少年（13~18岁）男子篮球运动有氧与无氧能力进行了研究，从而了解他们与同龄普通人之间有氧与无氧能力的差异，了解篮球运动训练对有氧与无氧能力的影响，进而为青少年男子篮球运动员的自动检索、机能评定和科学化训练提供生理学依据。

《我国优秀篮球教练员的基本情况及其促进因素研究》的作者丁兵、刘玉林认为：① 目前我国仍在执教的优秀篮球教练平均年龄为48~49岁，这既符合其他教育科技人才大多数中年成才的规律，又体现了以体育技能教学实践为主要特点的特殊成才规律。优秀篮球运动员在执教前大都是优秀运动员，担任后卫的人较多，他们具有丰富、高水平、高级别的执教经历，这为其成才提供了保证；优秀篮球教练员大都有高级职称和较高的文化程度。② 我国优秀篮球教练员成才过程中起促进作用的因素很多，大致分两大类：第一类是内在因素。在内在因素中，"政治思想品质""心理品质""专项业务能力""知识结构"占主导作用。第二类是外在因素，其中"人际关系""基础条件"对教练员的成才起着举足轻重的作用。建议：各级领导应注意教练人才的发现和培养；应鼓励与支持教练员获取应具备的各种素质，并为其成才创造良好的条件。

潘书波的《女篮运动员神经类型与技术特长关系的研究》认为：① 安静型运动员具有的技术特长为中远投准，动作稳定，节奏好；灵活型运动员动作灵活多变，起动、突破快，断球能力强；兴奋型运动员动作有力，对抗技术好，运传球动作快。② 受其他因素的影响，有些技术与神经类型关系不大。③ 大学生运动员的神经类型不随训练年限而向某一类型集中。

三、转型期的职业篮球体系研究成为研究热点

1995年10月，中国篮球协会以全国男篮甲级联赛为突破口，以职业化、产业化为方向，颁布了《中国篮协运动员转队转会条例》和《俱乐部暂行管理条例》，揭开了我国篮球职业化改革的序幕。作为我国篮球活动中的全新组织形式，有关职业篮球的法规条例、管理体制、经营机制、经营方式、训练制度、竞赛制度、教练员、裁判员、运动员、经纪人的培养与管理等方面的研究也随着改革进程的推进逐渐展开，成为我国篮球科研的热点。

王家宏、陶玉流等的《我国篮球产业的发展现状及对策研究》（2002年国家社会科学基金项目）认为，篮球产业包括本体产业和延伸产业两大部分，该研究对我国篮球产业展开了全方位的研究：① 篮球竞赛表演业的现状及对策。② 篮球场馆服务业的现状及对策。③ 篮球培训业的现状及对策。④ 篮球信息服务业的现状及对策。

⑤ 篮球经纪业的现状及对策。⑥ 篮球用品制造业的现状及对策。⑦ 篮球用品销售业的现状及对策。⑧ 篮球产业的当前问题及发展趋势的研究。

孙民治根据国外篮球职业化发展的成功经验，结合我国的国情，分析了我国发展职业化篮球的可行性，探讨了 CPB 的模式特征，并提出篮协实体化、竞赛规范化、职权责任化、管理法规法律化、经济实力保障化、经营商业化是 CPB 的主要特征。体育体制、经济基础、技术水平、观念意识是影响 CPB 建设的主因子。该研究还提出了我国篮球职业化建设的对策：吸收企业赞助；改革竞赛体制；改革管理体制，增强社会参与意识；制定法规政策；宣传篮球价值；加强后备力量建设；增强国民对篮球的消费意识；提高球队水平；建立职业俱乐部，实行职业联赛；完善俱乐部运行机制；完善职业篮球法规；完善职业联赛制度；提高职业球员的敬业精神和职业道德；完善职业篮球体制和内部运行机制；改善各级主管部门的管理职能，达到职责明晰化；发展篮球产业，实现比赛商业化；完善职业篮球的自身造血机能和自主经营机能；把中国职业篮球推向国际市场。

高瞻、杜俐的《对我国职业篮球俱乐部现状与发展对策的研究》认为：目前我国篮球职业俱乐部产权不清晰；缺乏规范化的管理体制和相应的运行机制；企业和体委缺乏共同目标。

杨铁黎、张建华的《关于我国职业篮球市场现状及对策研究》认为：我国职业篮球市场发展的基本条件已具备，该研究运用了文献资料法、比较研究法、问卷调查法和访问法，对我国职业篮球市场现状进行了调查，分析了目前我国职业篮球市场经营状况和俱乐部经营中存在的问题。研究从现行体制结构和特点、篮管中心和俱乐部的联系、篮管中心和俱乐部对开展职业篮球目的的理解、职业篮球现行机制、发展我国职业篮球市场的关键因素等方面论述了我国职业篮球的现行体制，提出了如下发展对策：① 从职业篮球市场运行机制改革入手，通过扩大市场化机制增强，逐渐强化我国职业篮球的市场化程度，缩小计划经济体制存量成分：建立科学民主的决策机制、建立良好的动力机制、建立科学的创新机制、加强职业体育的法规建设，完善约束机制。② 提高篮球竞赛质量：提高训练水平和竞赛水平、建立良性的后备人才培养体系、修改竞赛规则、建立合理的选秀制度和转会制度、营造热烈的赛场气氛、提供综合服务，满足观众的多样化需求。③ 建立综合开发我国职业篮球市场的营销策略：提高上座率和门票回报率、开发电视转播权、加强宣传效果、开发标志产品、与赞助商或广告企业建立战略合作伙伴关系。

白喜林、盛绍增的《中国职业篮球俱乐部的经营现状与发展对策》，对我国 21 个职业篮球俱乐部的资金状况、经营方式、经济效益等现状进行了调查，并结合 NBA 的运作经验，提出了发展对策：① 转变经营理念，提高经营素质。② 拓宽经营渠道，开发新的经营领域。③ 大力培育篮球市场，开发新闻媒介的潜在功能。同时还就一些具体措施进行了论述。

一些篮球方向的硕士、博士研究生也围绕我国的职业篮球展开了研究。例如，《我国职业篮球俱乐部的法规研究》《我国实行职业化篮球俱乐部障碍因素分析对策》《对我国男子职业篮球俱乐部现状的调查研究》《关于我国篮球比赛市场发展策略的初步研究：兼论上海市篮球比赛市场经销策略》等。此外，还有相当数量的研究就我国篮球职业联赛进行了分析。例如，对职业篮球发展的研究：《中国篮球运动的职业化发展和困惑》《影响我国篮球职业俱乐部建设的因素分析》《试论影响我国篮球职业化的主要因素》等。对篮球市场开发的研究：《浅析职业篮球的商业价值及我国篮球市场的开发》《NBA 职业篮球市场的成功经验及启示》等。对职业比赛实践、训练负荷和心理的研究：《实行主客场赛制后我国男篮甲级队训练负荷安排的特征》《甲级联赛部分篮球运动员焦虑问题的研究》《CBA2000—2001 赛季总决赛八一、东方两队攻防技术和能力探析》等。

四、青少年篮球运动培养是研究的重点

青少年篮球运动是我国篮球运动的重要部分，也是我国体育教育工作的重点内容，对我国篮球运动整体水平的提高和可持续发展以及学校体育教学改革的深化具有重要的现实意义。以 CUBAL（原为 CUBA）为代表的大学生篮球联赛是我国篮球的又一全新竞赛制度，它对于我国篮球训练体制的改革、后备人才培养机制的完善、篮球运动水平的提高起着重要作用。围绕大学篮球联赛展开全面而深入的研究，探讨大学联赛的发展对策，已成为我国篮球科学研究活动的重要内容。有关大学生篮球联赛的基础性研究工作已展开，并取得了一些可喜的研究成果。李慧林、王光华的《论CUBA 发展的优势》一文，从历史的必然性、良好的基础、理想的结合点、职业队的"二传手"、赞助商的大力支持等方面论述了 CUBA 的发展优势。另外，二人还进行了《全国大学生篮球联赛（CUBA）的发展趋势》研究。陈颖川、吉建秋在《高校篮球人才培养方式的现状与创新》一文中，运用文献资料法、问卷调查法对大学生篮球联赛的开展及人才培养现状进行了分析，提出了高校篮球人才培养存在的问题及创新途径。此外，还有一些相关的研究成果发表，如《CUBA 的现状与发展》《从CUBA 联赛谈学校篮球运动的发展》《北京市高校篮球运动发展与提高的对策研究》。一些篮球方向硕士研究生也以学校篮球运动作为他们学位论文的选题内容，如《对参加 CUBA 联赛 A 级比赛各队现状与发展趋势的调查分析》《关于中学篮球教材结构的研究》《体育专业普修篮球技术组合教学的研究》《我国高校办高水平篮球队障碍因素分析及研究》等。

五、篮球运动教学、训练和比赛智能化设备研究

现代科学技术成果的运用，将促使篮球运动的教学、训练和竞赛朝着自动化、电脑化、遥控化、轻便化、模拟化的方向发展，促进篮球科研从定性描述向定量研究发展。开发现代化设备已成为篮球科研的重要方面，并已取得一些研究成果。

北京体育师范学院和中科院电子计算机研究所联合进行了《掌上电脑及配套软件在篮球比赛临场技术统计中的应用》研究，课题组成员有杜俐、王向宏等人。整个系统设备先进，配套软件全面完善。应用该统计系统，不仅可使临场记录操作简便快捷，还可确保数据结果更加准确、真实、可靠，改变了以往只有计算机专业人员才能进行临场统计的状况。该成果用于第 7 届全运会篮球决赛和 1995 年全国男篮八强赛的正式统计，应用效果显著，得到了专家、领导及用户的高度评价。

钱君琪、符庆乔等人的《PC-BBS 篮球技术统计系统及其应用》研究是简易、快速和在各种场合均可应用的技术统计工具。利用信息反馈方法，能够实现在比赛中记录两队包括投篮、防守战术等 31 项统计指标的情况，并进行统计分析。

此外，还有钟添发等研制的"TPHE-I 型综合测定仪"和"计算机多通道动态心电心率测定分析仪"，朱志堂、常庆等人研制的"声控篮球比赛临场统计系统"，刘振东的"篮球投篮技术定性、定量、定型练习器"，刘鸣忠等的"遥控电动篮圈封闭器"，邵冠群等的"篮球训练反弹器"，孙新国的"无板多圈简易活动篮架"，杜利军的"篮球运动员的辅助训练器材—斜式弹网"等成果。

近年来，智慧篮球科研中，数据分析和统计是核心内容之一。通过使用数据科学库如 Pandas、NumPy、SciPy 或 NBApy 等工具，将复杂的统计分析、特征工程和模型构建执行落实。例如，篮球运动员效率指标（PER）、助攻率、投篮命中率等数据的详细测算。整体研究动态主要包括：

王飞、翟宗鹏在《xMOOC 模式下篮球在线开放课程建设的内在机理与实施路径——以华南师范大学为例》文中认为篮球智慧化在线课程建设应树立前置性、自主性、分层性与可重复性的教学理念，通过在线课程设计建立开放的篮球教学模式。

王忆晗在《基于微信公众平台的篮球投篮智慧课堂教学模式的构建与应用研究》中强调微信公众平台与智慧课堂结合的方式，将其运用到专选班篮球教学中，构建了篮球投篮智慧课堂教学模式。通过智慧篮球的课堂教学，对比实验组与对照组的发现，智慧篮球教学同样有效激发了学生自主学习的能力，实验组的学生在投篮技术达标率、半场往返运球投篮、篮球学习兴趣以及自主学习能力均超过了采用传统教学模式的学生，拓宽教学模式的同时，进一步满足了学生的学习需求。

高国贤、练碧贞等人在《大数据时代我国篮球运动员选材理论范式危机及路径转换》中针对我国运动员选材在数据密集型科研范式的理论困境，总结出我国在篮球运

动员选材理论的研究范式仍是基于小数据时代的实验、理论和计算科学范式，应在运动员选材方面引入第三方评估资源，借助智慧管理系统建立仿真实验室，对数据进行可视化的处理，建立智慧预测体系。

霍国亮在《大数据时代 NBA 数据分析对 CBA 应用的启示》中，对中国与美国职业篮球联赛数据分析的变迁与现状进行了研究，通过对比中美篮球的数据分析体系现状，对基于大数据的智慧篮球数据分析体系进行了差异化分析，指出了以智慧系统和数据为支撑的分析体系已经成为顶级球队制定决策与比赛策略的重要参考，提出了重视智慧化系统发展对我国 CBA 球队的必要性和具体的实践策略。

由此看出，篮球运动科学研究成果丰硕，研究内容深入，研究范围得以拓宽，学科交叉特点明显，研究的量化程度得以提升，且出现了不少定性研究与定量研究相结合的课题。在篮球科研工作者科学、务实、严谨的努力下，我国篮球科研取得了相当可观的成果，但由于我国体育科研起步较晚，目前从事篮球运动科学研究的主力军仍然是篮球教学或体育教学的教师以及较少数的篮球教练员。他们一方面缺少丰富的篮球实践经验，另一方面受本身知识结构的限制，缺乏相关的学科理论知识，而往往停留在大量的感性认识上。因此，他们在课题的选择上只能根据现有的条件、能力，寻找一些较容易入手的、局部的、单一的课题进行研究，而宏观的、综合的课题研究很少，并且缺少先进科学仪器设备，科研方法单一这些因素直接影响着我国篮球运动科学研究整体水平的提高。

第五节　我国篮球运动科学研究的趋势

随着世界科学技术与体育科学研究的迅速发展，篮球运动科学研究多学科知识相互交融的趋势愈加明显。在借鉴已有研究成果的基础上，借助自然科学、社会科学和现代科学技术，对我国篮球运动进行全方位的深入探讨，是我国篮球运动科学研究发展的必然趋势，也是实现我国篮球运动与时俱进、快速发展的关键所在。目前，我国篮球运动改革已取得了相当大的成绩，但仍然需要对所面临的诸多问题进行科学的、严谨的、系统的、深入的研究，这些问题是当前我国篮球运动科学研究的热点，也是未来篮球科研的关注焦点，我国篮球科研未来将继续关注的热点问题有：我国篮球运动发展战略与规划研究；我国篮球运动教学与训练科学化研究；我国篮球运动管理体制研究；我国篮球运动市场化研究；我国学校篮球运动开展研究。

一、我国篮球运动发展战略与规划的研究

（一）我国篮球运动战术与训练指导思想发展研究

关于我国篮球运动发展指导思想的讨论，源于 20 世纪 50 年代初的苏联国家队来访。对于我国篮球运动的战术指导思想，相继提出了符合时代特征的指导思想。当代篮球运动竞赛已发展到一个全新的高度，如何围绕当代篮球运动的特点和发展趋势，结合我国篮球运动的实际情况，重新思考和确立我国篮球战术和训练的指导思想，以保障我国篮球赶超世界先进水平，是我国篮球运动科学研究的基础工作。

（二）我国篮球运动发展道路的研究

篮球运动职业化改革极大地促进了我国篮球运动的发展。回顾改革的历程，我国篮球运动在取得成绩的同时，面临和需要解决的问题还很多，特别是未来我国职业篮球运动的后继发展方向与道路问题，更是当前篮球运动科学研究热烈讨论的课题。

我国篮球在发展环境和战略、职业联赛竞赛制度、运动队管理、联赛和球队、球员的推广与包装、后备人才的培养途径等方面，是全盘学习美国篮球，还是结合我国实际、走我国篮球发展的特色道路，以及如何向世界篮球先进国家学习、赶超世界篮球强队、我国篮球发展特色道路等战略性与规划性问题，都亟须解决。

二、我国篮球运动教学与训练科学化研究

当代篮球竞赛的快速发展对篮球教学与训练提出了更高的要求，利用现代科学技术成果和前沿学科知识来优化控制篮球教学与训练，以达到最大限度挖掘运动员技术、战术、体能、心理和智力的潜力，是今后篮球运动科学研究应继续重视和加强的工作。有关篮球运动教学与训练的科学化研究表明出的趋势为：

（1）进行深层次篮球教学与训练基本理论的探索。

（2）青少年篮球训练科学化是研究的重要领域。

（3）运用多学科知识联合进行教学与训练研究。

（4）篮球运动科学研究内容更趋于细化和全面。

（5）高科技成果在教学与训练过程控制的广泛运用。

三、我国篮球运动职业化、市场化改革的研究

我国竞技体育管理体制在计划经济条件下，具有显著的政府行为和高度集中的计划管理特点。随着我国经济体制改革的推进，原有的政府管办竞技体育运动的行为已难以适应我国经济体制改革及与其相适应的竞技体育事业发展的需要，重视篮球运动管理体制改革研究迫在眉睫。

我国篮球职业化改革应该从运行机制创新入手，通过扩大市场化机制，逐渐强化改革的职业化程度：建立科学、民主的决策机制；调整分配制度，建立良好的动力机制；学习美国国家职业篮球联赛的选秀制度，建立科学的创新机制；加强我国职业体育的法规建设，进一步完善约束机制，提高篮球竞赛的观赏性，满足观众的需求。

篮球运动市场化运作要依托比赛市场，依托篮球资源和人才市场，使人、财、物实现最佳组合。进入 20 世纪 90 年代，新闻媒介与体育的关系达到了空前密切的程度。篮球比赛属于集体项目，对抗性强，天生具有观众亲和力，媒体对我国篮球市场化的宣传及国内篮球赛事全方位式的报道，可以提高社会各界对篮球的关注，使企业竞相在比赛间隔时间内，在比赛场地或其他方面做广告，从而吸引大量的企业增加对篮球的投入，为我国篮球俱乐部的职业化转换提供资金保证，也能为篮球职业俱乐部的运营创造较好的社会经济环境。

四、我国智慧篮球的研究

（一）交互式可视化系统的开发

可视化将数据及信息以故事叙述的方式生动呈现，形成叙事式可视化研究。交互式可视化系统在战术分析和对抗策略中的首要作用是提供对比赛动态深入的理解，追踪球员在球场上的位置、移动和传球，形成运动轨迹图以便球员更好地理解比赛战术动态。具体应用方面：① 在篮球竞技中识别对手弱点和标注机会，助力教练员分析挖掘对手战术模式与惯用策略，从而设定针对性对抗策略。② 有助于篮球运动损伤的预防与康复，通过可视化追踪检测球员运动轨迹、速度、爆发力等数据，以识别潜在过度使用伤害和疲劳迹象，避免损伤的发生。③ 助力篮球球队管理与招募决策，以可视化数据辅助球队管理者和招聘人员，帮助分析球队整体表现与球员未来发展潜力，以确定球队建设发展强项与补足弱项内容。

（二）虚拟训练与实战模拟的应用

增强现实技术（AR）、虚拟现实技术（VR）的发展，为篮球运动参与带来超高真实性沉浸式训练感知，成为大幅度促进篮球运动员专项技能迁移的技术手段。具体应用方面：① AR 可以为篮球运动员提供虚拟训练场景，使他们实现篮球运动场地之外的专项训练，助力训练生涯早期球员在模拟比赛中运用各种篮球技能，而不受天气或场地等环境限制。② 技术提供实时反馈，形成可视化数据内容帮助篮球运动员改善技术动作细节，实现快速、直观展示分析技术动作以及比赛应对情况，实现对错误动作的快速纠正。③ VR 对篮球训练应用场景的拓宽，通过实现模拟训练、模拟比赛场景进行传球和对抗练习，提高运动员在不同对抗、竞赛场景下的传球能力和战术应用能力。

（三）智慧篮球设备管理系统的建设

运用智慧体育模式促进篮球场馆改革创新，成为加强科技力量在篮球项目发展领域实践应用的新形态。目前，信息技术飞速发展，篮球场馆、篮球运动设备等实体内容依托智慧科技模式，进一步提升了生产效率和服务水平。具体应用方面：① 注重用户体验，通过数据信息共享和比赛互动功能，辅助用户更快捷地获取篮球场地使用信息、预约情况、球员信息和比赛日程安排，提升整体使用体验。同时以实时系统帮助球迷了解场地状况和比赛结果，提升智慧篮球场地体验。② 运用智慧体育模式变革篮球场馆，增强场馆内环保功能，借助智能系统对篮球场馆能源进行完善和控制，加强各类能源利用效率，降低篮球场馆的能源消耗成本，真正使篮球场馆实现可持续发展。

思考题

❶ 简述篮球运动科学研究的意义。

❷ 简述篮球运动科学研究的任务和特点。

❸ 简述篮球运动科学研究论文的基本结构。

❹ 简述我国篮球运动科学研究的现状与趋势。

❺ 论述新时代我国篮球的发展与振兴应该如何谋划。

第十六章　篮球游戏

📋 **本章提要**

　　本章阐述了篮球游戏的概念、任务、创编原则及创编步骤，组织游戏教学的要求，并介绍了不同类别的篮球专项活动性游戏的方法，以培养学生对篮球运动的兴趣。

篮球游戏是体育游戏和篮球运动相结合的一种活动形式，它既具有一般体育游戏的特点，又突出了篮球运动的特征。在篮球运动教学与训练中，有目的、有计划、有组织地结合游戏进行趣味性的"教"与"学"、"教"与"练"的协同活动，可以充分调动学生（或队员）的主观能动性，有助于学生最大限度和最快速度地掌握篮球运动的基本技战术，提高篮球的教学、训练水平。篮球游戏已成为现代篮球运动教学、训练中的一种基本方法。科学、合理地运用篮球游戏和趣味篮球活动这种"特殊的教学手段与方法"，对于有效地完成篮球教学、训练任务，能起到其他练习方法难以起到的作用，收到事半功倍的效果。

第一节 篮球游戏概述

一、篮球游戏的概念

篮球游戏是一种以篮球为主要工具，有特定目的、任务，并在特定的规则和范围内实施的某种活动形式和方法的总称。其内容丰富、形式多样、生动活泼、娱乐性强、简明易做，同时带有竞争因素，对学生有较大的吸引力。

有组织地在教学中开展篮球游戏，不仅能协助完成篮球教学任务，而且能够通过游戏培养学生遵守纪律、团结友爱的集体主义精神和机动、勇敢、顽强、果断等优良品质和作风，有利于篮球意识的强化和形成。

二、篮球游戏的作用

根据不同的教学、训练对象，不同的教学、训练目标，篮球游戏的作用可概括如下：

（1）调动学生的学习积极性，促进教学和训练任务的完成。篮球教学、训练是掌握正确的篮球运动技术、技能的过程。在此过程中，适当地安排一些游戏，可以增加学生对训练的投入热情，诱发学生的兴趣和学习的主动性、积极性。这无论从教育学的角度来说，还是从生理学的角度来说，都具有积极的意义。

（2）使学生在教学、训练中保持持久的兴奋性和旺盛的求知欲，减轻疲劳感，进而提高教学、训练质量。篮球教学中的某些身体训练是枯燥乏味的，如一些移动的基本功练习，若这些练习以游戏形式出现，可提高学生中枢神经系统的兴奋性，延缓疲劳的出现，使大脑在良性兴奋状态下学会各种技能，提高教学质量。

（3）篮球游戏是对篮球运动的模拟和改编，它为学习篮球技能和培养篮球意识创造了一个轻松愉快的环境，有助于教学、训练目标的实现。篮球运动是一项兼具时空特征的综合对抗运动项目，参与该运动可以提高人的感觉器官和机能的敏感性、稳定性与思维能力。经过改编后的篮球游戏是对篮球运动环境的模拟，它可以有效地提高这些技能。

（4）有针对性地实施篮球游戏，可以协调和帮助完成每堂课的篮球教学、训练任务。例如，准备部分的游戏可提高学生体温和兴奋性；基本部分的游戏可作为一种练习形式；结束部分的游戏可达到放松和消除疲劳的目的。

三、篮球游戏的创编原则

篮球游戏的内容丰富多彩，形式千变万化，创编游戏教材时，应遵循以下原则：

（一）学、练、玩统一性原则

以篮球游戏的形式进行教学，必须重视把增强体质、掌握技战术、提高应用能力及培养兴趣结合起来。这是提高学生学习篮球运动积极性和掌握技术的重要原则。

篮球运动中有些技术动作或配合，训练时会感到枯燥、单调，但又必须通过无数次的反复练习才能形成。青少年的注意力不易持久集中而造成练习效果不好是常见的现象，因此，以篮球技术动作和战术配合为素材创编成游戏，使学生在游戏中练习这些技术动作和战术配合，可避免枯燥感，在一般性练习中难以弄清的技战术通过游戏往往可以达到目的。

在以篮球运动技战术为素材的游戏中，学生往往会由于兴奋性高或求胜心切而出现不注重动作质量，甚至使动作变形的问题。因此，在创编篮球游戏时尤其要注意从游戏规则上保证动作规格，使学生认真做好这些练习，达到又学又练又提高的目的。

（二）趣味性原则

创编篮球游戏必须遵循趣味性原则。篮球游戏的趣味性更多地表现为具有较强的对抗、竞赛和竞争性。这种使人感到愉快的竞争、竞赛或对抗能有效地激发人的活力，调动人的潜在能力。游戏的成功者在胜利后享受到欢乐，失败者在失败后也会得到启发和激励。正是这种愉快的竞争和竞赛，构成了篮球游戏趣味性的重要来源。一般而言，游戏的竞争性越强，趣味性也就越大。篮球教学、训练中的一些练习，如果运用竞争性的游戏形式来进行，往往能收到意想不到的效果。

篮球游戏的趣味性，不仅在于它的竞争性，还在于创编者要设计和采用一些与日常习惯不同的或相反的动作、难以协调的动作、有惊无险的动作、逐步提高难度的动作，还要设计采用一些有趣的规则，以激发他们跃跃欲试的心理，从而全身心地投入游戏之中，进而获得一种通过自己的努力而取得成功的满足感。

（三）针对性原则

创编篮球游戏要根据教学、训练的内容与任务，学生的具体情况，教学、训练的客观条件如场地、器材设备、人数、天气等，进行创编。

在篮球教学、训练中运用和组织游戏，只是一种手段，其根本目的是提高学生体能，使学生通过篮球游戏掌握篮球技术，发展与篮球有关的各种素质和能力。要全面完成这些任务，就必须遵循针对性原则，使教学、训练任务落到实处。

（四）教育性原则

任何体育教育与教学、训练过程都是一个素质教育的过程。在组织篮球游戏教学活动中，要考虑教育性因素，即从游戏的设计、命名、形式、方法到具体要求和建议，都要立足它的教育价值，避免单一的趣味性。这种教育因素包含集体主义精神、团结协作精神、勇于争先精神、遵守规则、诚信自律等内容。

（五）公平性原则

篮球游戏同其他游戏一样带有竞争性，因此，创编时应有严格的比赛规则和要求，使游戏者在平等的条件下进行公平竞争，对比赛的胜方要给予鼓励，对负方要有相应的惩罚。

四、篮球游戏的创编步骤

（一）明确游戏的目的

每种篮球游戏，必须有其具体的目的，如学习某种技术、战术，提高某项身体素质，培养兴趣等。

（二）选择游戏素材

篮球游戏素材要根据游戏的目的从篮球运动本体内容中来选择。例如，学习或复习某项篮球技术，可以以该技术动作为素材；有时也可以把几项技术动作巧妙地融合到一个游戏中进行，尤其是一些综合性、对抗性较强的篮球技术动作或战术配合更应如此。

（三）确定游戏方法

游戏方法通常包括游戏的准备、进行形式、队形及其变化、活动时间、空间地域范围及路线、接替方法和动作要求等。

（四）制定游戏规则

游戏规则是保证游戏顺利进行、评定游戏胜负的依据。制定规则时，要注意篮球规则的基本要求，要有利于运用技术与战术的规范要求，要明确合理与犯规、成功与失败的界限，制定出对犯规者的处理办法。另外，规则要有利于保护学生的安全，要留有让学生思考、创新的余地。

（五）确定游戏名称

游戏命名要具有教育性、象征性、形象性、激励性，同时要简单易懂，能反映该游戏的主要特征。

（六）进行游戏演示

进行游戏演示，可以检验游戏的可操作性，进一步优化游戏的实际效果。

五、组织篮球游戏教学的要求

（一）紧密配合篮球技术教学

全面发展学生的身体素质，增强体质，提高掌握篮球基本动作的能力，是篮球游戏的重要任务之一。在制订篮球游戏的教学计划时，既要考虑游戏的内容和方法符合学生的年龄特点，适应学生生理和心理发展的需要，还要使游戏紧密配合篮球教学的任务，通过游戏提高学生的技能。这两方面是密切相关的，不能割裂。同样的游戏，由于教法不同，运动量就会不同，锻炼效果也不相同；学生掌握技术的程度不同，完成游戏的质量就会不同，教学效果也不同。游戏的内容太简单或难度太大，不符合学生的身体素质水平和掌握技术的程度，教学效果都会受到很大影响。

（二）发展学生的思维能力

篮球游戏不同于技术教学，有些游戏带有情节和特殊的规则，又反映了该项目的特点和规律。学生通过游戏，可以充分发挥想象力和创造力，发展思维，提高认识能力。要做到这一点，仅凭单纯的说教是不能完成的。例如，为了在游戏时能抢到篮板球，就必须在听教师"叫号"后做出快速的反应和动作，同时还要判断教师投出球的反弹方向。如果教师再加以启发和诱导，那么学生不仅能得到体力和智力上的提高，而且加深了对抢篮板球的重要性和规律性的认识。另外，在篮球游戏中，学生还能获得许多数字的概念，体会时间和空间的关系，学习评定胜负的方法，了解篮球运动的意义和价值以及篮球运动的特点、发展规律和趋势等。

（三）对学生进行思想品德教育

篮球运动区别于其他个人运动项目的重要标志之一，就是集体的协作性。竞争关系往往是集体的，而不是个人的。篮球游戏也能反映出上述特点。在游戏中，各组学生之间需要团结互助、协同配合，加强集体观念，但也容易出现学生因争强好胜而过分表现自己的行为。因此，通过篮球游戏向学生进行思想品德教育是有利的时机。通过篮球游戏进行思想品德教育，一般应注意以下几点：

1. 思想品德教育应因人施教，有计划地进行

教师在备课时，不仅要分析教材内容与教法，而且要了解学生的个性心理和思想状况，制订出有针对性的思想品德教育计划，以便进行游戏时，根据每个学生的特点，因人施教。例如，有的学生胆大泼辣，但团结同学较差，在进行"老鹰抓小

鸡"游戏中，教师安排他担任"老母鸡"的角色，他要为了"小鸡"不被"老鹰"抓住而尽到自己的责任。通过游戏既发挥了他的特长，又融洽了他与同学的关系。又如，有的学生胆小，不够泼辣，在进行带有"冒险"性游戏时，把他安排在各组中间的位置上，根据他的表现再安排到排头等。此外，应当注意多用鼓励性、启发性语言，避免用生硬的批评代替教育，但也不可因此对错误、不良倾向视而不见，迁就放任。

2. 要尊重、关心和热爱学生，成为学生的良师益友

对学生既要严格管理，严格要求，又要耐心说服，循循善诱，切不可生硬粗暴。在进行游戏时，对那些智力和体力较差的学生更应给予热情的帮助和鼓励，使他们把学习知识和技能的过程变成增强信心、勇于进取的过程。要热爱和关心每一个学生，既不冷淡弱者，也不偏袒强者。同时，教师本身要以身作则成为学生的表率，也可参与到游戏当中，和学生同娱同乐。教师在施教的过程中，对于出现的复杂情况，切不可急躁，要耐心细致地了解发生问题的前因后果，做到动之以情晓之以理，要养成独立解决问题的习惯，切不可采取消极、不负责任的"告状"的方法。"告状"的后果不仅会使教师失去威信，还往往会造成师生心理上的对立，使以后的教育工作难以深入。

3. 公正裁判，准确评定成绩

篮球游戏往往带有竞争性和对抗性，符合学生心理发展的需求。他们向往胜利，重视游戏的结果。能否对学生游戏的成绩进行客观、公正的评价，不仅关系到游戏的成败，而且会直接影响学生的思想品德教育。可以由教师担任裁判工作，也可以由教师指定的学生执行裁判工作，但教师应注意以下几点：

（1）必须认真学习规则。篮球游戏中采用的规则，有的是根据游戏的内容特定的，有的则是采用现行的篮球运动规则。在游戏前要认真学习和研究，做到心中有数。

（2）执行规则要公平、公正、公开、准确。

（3）要讲究裁判艺术，赏罚分明，对严格执行规则的学生要及时鼓励和表扬；对故意违反规则的行为要提出批评，但不宜采取停止游戏的处罚办法。

（4）发现学生对规则不十分明确时，应暂停教学，重新讲解规则。

（5）每次游戏课都应认真总结，做到以下几点：

① 每次游戏课都应留出足够的时间做放松整理活动。

② 要公布游戏的成绩和结果。

③ 讲评时，不仅要表扬优胜者，还应对失败者给予鼓励，在指出不足之处时，一般不指名批评。

④ 要帮助学生总结、分析胜利和失败的原因，特别应强调发挥集体的聪明才智。

⑤ 提出对下一次游戏课的要求和希望。

⑥ 对组织教学中出现的问题进行总结，必要时可向学生做自我批评。

第二节　篮球游戏基本方法

　　篮球游戏的基本方法较多，选用、组编时应与本教材基本教学内容对应，通常可以将篮球游戏按发展基本技术和基本技能进行分类。例如，可以按移动、传接球、投篮、运球与持球突破等几类基础性技术动作组编游戏。

一、移动游戏

　　鉴于移动技术练习较为枯燥，以游戏的方式进行移动技术教学训练，就成为篮球教学训练中常用的教学手段。从教学的角度来说，移动技术教学训练中应把握好两点：一要与篮球的专项身体素质训练紧密结合；二要与篮球的对抗技术，如运球与防运球、突破与防突破、传球与防传球、投篮与防投篮、接球与防接球等紧密结合。从移动游戏的素材选择角度来说，更着重于移动的单一技术动作与专项身体素质训练紧密结合。因此，组织移动游戏的目的，一是掌握各种移动技术动作方法，学会在球场上正确的蹬地用力、转移身体重心、保持身体平衡的基本方法；二是掌握移动技术运用方法以及不同技术动作的相互衔接要点，提高脚步移动的速度、突然性和灵活性；三是模拟比赛实战，提高移动技术与其他技术的快速转换能力。

（一）不倒翁

1. 目的

提高学生的反应和快速起动能力。

2. 场地与器材

篮球场 1 块，木棍 1 根。

3. 方法

学生围成圆圈站立，报数并且记住自己的号数。教师在圈中央手扶竖立在地面上的木棍原地跑动，学生绕圆圈跑动，教师随意叫出某一号数，同时将木棍放开跑进圆圈加入学生行列。被叫到号的学生应立即起动跑到中间，将要倒下的木棍扶住并竖直，然后呼叫另一号。游戏继续，未来得及扶住木棍者受罚。

4. 规则

（1）扶木棍者放手时不得有意加速木棍的倾倒速度，放手后要注意躲避下一位扶木棍者的跑动路线。

（2）扶木棍者叫的号不能是上一位扶木棍的同学。

5. 建议

游戏人数以 10 人左右为宜，太多可分组进行，太少可增大跑动半径。

（二）抢三线

1. 目的

提高起动速度，练习急停和转身起跑技术。

2. 场地

篮球场 1 块。

3. 方法

将学生分为人数相等的若干组，每组 10 人为宜。学生成几列横队站于端线后（图 16-2-1），听信号后，第一组起跑，至罚球线及其延长线时急停手触线，然后折回至端线手触端线再次起跑，依次触中线、触另外半场罚球线及延长线。第三次返回端线后此组结束，下一组开始。所有组做完后，每组最后三位到达端线的学生受罚。

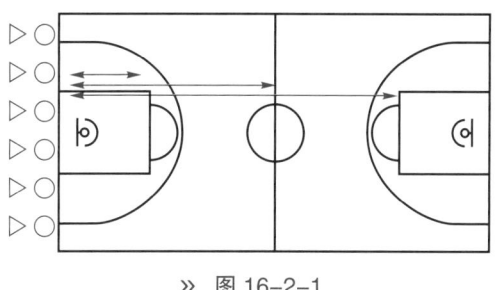

» 图 16-2-1

4. 规则

手没有触及地面的同学应返回原处触及地面后重新起跑。

5. 建议

可让两组学生从两端线同时开始游戏，但要考虑学生之间的间隔距离，以免跑动中发生碰撞。

（三）曲线跑接力

1. 目的

提高学生的侧身跑技术和快速跑动能力。

2. 场地与器材

篮球场或平整的空地 1 块，标志物 6 个。

3. 方法

将学生分为人数相等的两队，成两路纵队站于罚球线后（图 16-2-2）。标志物如图 16-2-2 放于场内。听哨声后，两组排头迅速按图标路线跑动，折回后拍击本组第二位同学的手，第二位同学起跑，以此类推，先轮完的组获胜。

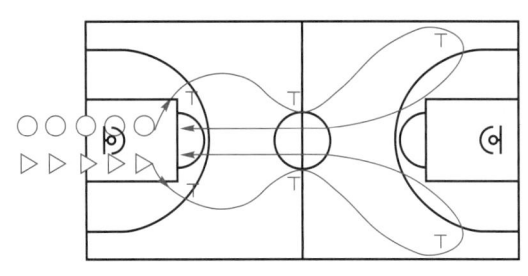

» 图 16-2-2

4. 规则

按图示路线跑动，不得触及标志物。

5. 建议

可通过增加标志物的数量来增加跑动难度。

（四）关门

1. 目的

提高滑步及关门防守技术，培养学生防守中的协同配合意识。

2. 场地与器材

篮球场 1 块，篮球 3 个。

3. 方法

在篮球场的 3 个圆圈内各放一个篮球，每 7 人为一组，防守 4 人和进攻 3 人，各站于圆圈内外。游戏开始，在 2 分钟时间内，进攻方利用身体虚晃、转身及各种脚步动作设法冲进圆圈摸球，而防守方则通过快速的移动和相邻两人的关门配合不让对方进入圆圈内。以 2 分钟内进攻方能否触球判胜负。然后交换位置，游戏重新开始。

4. 规则

防守方只能靠快速地移动、利用身体阻止对方进入圆圈内，不能用手臂拉扯对方；进攻方不能用推的方式强行进入圆圈。

5. 建议

进攻和防守的人数可适当增减，但防守方应至少比进攻方多 1 人。

（五）放、捡球接力比赛

1. 目的

提高起动快跑、急停、转身能力。

2. 场地与器材

篮球场 1 块，篮球 6 个。

3. 方法

把学生分为人数相等的两队，每队 3 个球，成纵队面向场内站立，以场上 3 个圆圈为标志。游戏开始，两队排头抱起 3 个篮球迅速起动，分别跑至 3 个圆圈内各放 1 个球，然后跑至另半场的端线，手摸端线后返回击下一人的手；第二人立即起动跑至另半场手摸端线后，依次把 3 个圆圈内的球捡回并交给本队第三人；第三人再抱球依次放到各圆圈内。如此反复进行，直到全队轮完，先轮完的队获胜（图 16-2-3）。

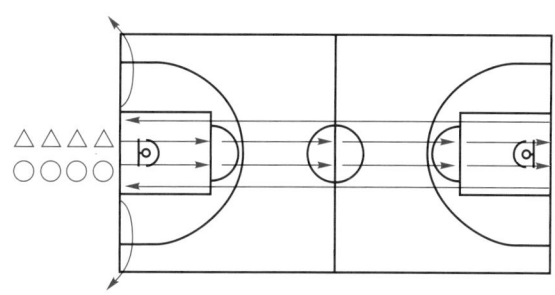

» 图 16-2-3 放、捡球接力比赛

4. 规则

（1）放球者要把球放在圆圈内，若球滚离圆圈，由放球者重放，其他人不得帮助；若对方队员有意把球弄出圆圈，则可立即判该队为负。

（2）捡球者若抱球时漏球，由本人重新捡起，其他人不得帮忙。

（3）无论放球或捡球，都必须手摸另一半场端线后才能返回。

5. 建议

（1）如参加游戏的人数多，可多分几个队进行；也可把每队各分为两组，变为迎面捡放球接力。

（2）为适应篮球专项特点，可在场上画几个相互交错的圆圈供放球用，使捡、放球成为变向跑、急停、转身的综合性游戏。

（六）绕圆圈"8"字跑

1. 目的

提高学生侧身跑技术和快速奔跑能力。

2. 场地

篮球场或平整的空地1块。

3. 方法

把学生分为人数相等的甲、乙、丙3队，成3列横队站立于同一边线外。游戏开始，每队各出1名队员分立于场内3个圆圈（中圈、罚球圈）的线外，3人按同一方向（顺时针或逆时针）绕这三个圆做"8"字跑动，相互追逐，在规定的时间内（每次20~30秒）追到对手者为本队得一分。然后换上各队第二名队员进行同样的追逐，直至游戏结束，得分多的队获胜（图16-2-4）。

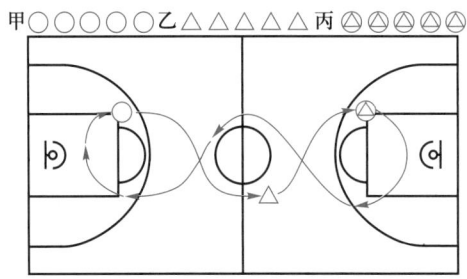

» 图 16-2-4　绕圆圈"8"字跑

4. 规则

（1）绕圈"8"字跑时不得踩圈线，否则即使触拍到对方也无效。

（2）必须按规定路线追拍，3人在交叉时相互触拍到对方无效。

（3）手触及对方即为触拍到。

5. 建议

可采取下列多种跑动形式进行：

（1）侧身跑。

（2）后退跑。

（3）右手搭左肩或左手搭右肩跑。

（4）一手握住脚踝跑。

（5）单手或双手背在身后跑。

（6）听到鸣哨后做转身 360° 后跑。

（7）原地纵跳若干次，听到哨声跑。

（七）急起急停

1. 目的

练习急停技术，提高快速起动能力。

2. 场地

篮球场 1 块。

3. 方法

根据人数将学生分成几列横队站于边线后，第一队学生先做，听教师哨声信号向对面边线跑动。教师再次鸣哨，学生急停；再鸣哨，跑动。如此进行，在最后一次鸣哨跑动后先到达边线的学生为胜。接着第二队开始做。所有队做完后，每队最后 3 名到达边线的同学判负。

4. 规则

听到急停的哨声，学生应马上急停，否则视为犯规，判负。

5. 建议

（1）若第一轮游戏采用跨步急停，第二轮可采用跳步急停。

（2）为延长跑动路线，游戏可改为在两端线之间进行。

（八）送情报

1. 目的

提高滑步及侧身跑技术，培养学生的集体主义精神。

2. 场地与器材

篮球场 1 块，小布条 2 条，标志物 1 个。

3. 方法

将学生分为人数相等的甲、乙两队，每队又分为 A、B 两组（图 16-2-5）。甲队沿直线用横滑步方式送"情报"，乙队沿弧线用侧身跑方式送"情报"，两队均采用迎面接力。两队 A 组排头持布条。游戏开始，两组排头采用各自的移动方式将"情报"送到对面同学手里，站到 B 组队尾，B 组同学接到"情报"后以同样的方式送到 A 组，如此反复，直到两队的最后一名同学将"情报"送到对面目的地，先送到的组为胜。交换场地，游戏重新开始。

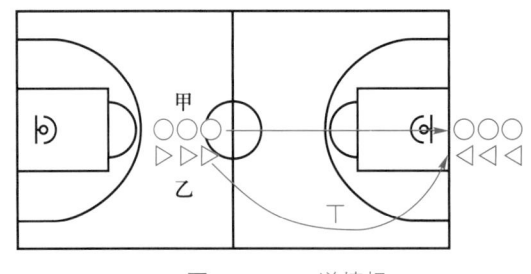

» 图 16-2-5 送情报

4. 规则

每位同学应以规定移动方式在规定路线上移动，否则视为犯规。

5. 建议

（1）移动方式可改变，移动距离做相应增减。

（2）若侧身跑改为后退跑，跑动路线应改为直线。

（九）摸高快跑

1. 目的

综合训练学生快跑、急停、转身、跳跃的能力。

2. 场地

篮球场 1 块。

3. 方法

把学生分为人数相等的两队，各成纵队面向场内站于端线外。游戏开始，两队排头迅速起跑至中线处用手触摸中线后返回，在篮板下单脚起跳，能摸到篮筐的同学连跳 2 次手触篮筐，再拍击本组第二人的手，自己站队尾，能摸到篮板的需连跳 3 次拍篮板再接力，而连篮板高度也无能力达到的同学要在篮下尽力纵跳 5 次后再接力。全队每人轮一次，先轮完的队获胜。

4. 规则

（1）跑到中线后手触地面方能折回，否则返回中线重做。

（2）达到篮筐高度的同学只能手触篮筐，不能抓筐。

5. 建议

（1）一轮游戏后可改为双脚起跳摸高。

（2）起跳前的跑动距离和起跳次数可酌情控制。

（3）摸高方式可改为单手摸、双手摸，或单、双手交替摸。

二、传接球游戏

传接球是篮球运动的重要进攻技术。全面熟练地掌握传接球技术，才能把全队连成一个整体，充分发挥集体的力量，进而争得比赛的主动权。

（一）球追球比赛

1. 目的

练习双手胸前传接球技术，提高学生的快速传接球能力。

2. 场地与器材

篮球场 1 块，篮球 2 个。

3. 方法

以两名传接球技术最好的学生作为队长，其余学生围成圆圈站立，左、右间隔一臂，报数，奇数为一队，偶数为一队。两队长各手持一球背靠背站于圆圈内（图 16-2-6）。游戏开始，两队长均以双手胸前传球方式把球传给自己的队员，队员接球后迅速将球回传给队长，如此进行。两队所传的球互相追逐，以接球队员超越对方的队为胜。

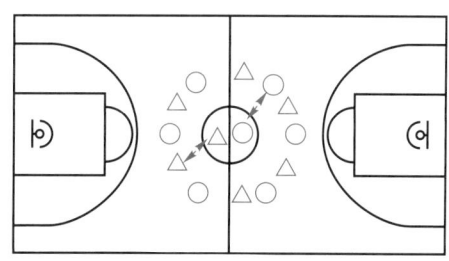

» 图 16-2-6　球追球比赛

4. 规则

（1）只能采用双手胸前传接球动作。

（2）队长只能在中圈内移动逐一把球传给本队队员。

5. 建议

在学生未熟练掌握传球动作时，教师可担任其中一队队长。

（二）迎面传接球比赛

1. 目的

使学生掌握行进间传接球技术。

2. 准备

在篮球场进行，用 2 个篮球，把学生分为人数相等的两队，每队又分为 A、B 两组，间隔 8~10 米站立，两队的 A 组排头各持 1 球（图 16-2-7）。

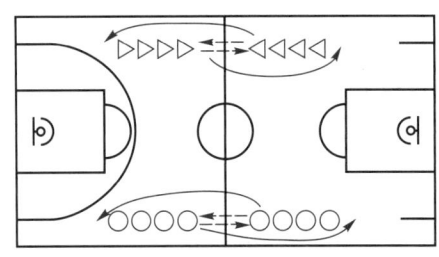

» **图 16-2-7** 迎面传接球比赛

3. 方法

游戏开始，两队 B 组第一人迅速向前跑动接 A 组第一人传来的球，A 组第一人传完球作摆脱动作后从右侧跑向 B 组队尾，B 组第一人遂将球传给跑动前来接球的 A 组第二人，做摆脱跑向 A 组队尾。如此循环，在规定时间内传球失误次数少的队获胜。

4. 规则

（1）传接球动作在跑动中完成。

（2）只能用行进间双手胸前传接球的技术进行比赛。

（三）换位传球

1. 目的

提高移动中传接球的能力及传球后的跑动意识。

2. 场地与器材

篮球场 1 块，篮球若干个。

3. 方法

全班学生按 4 人一组分为若干组，每组 2 球，4 人如图 16-2-8 站立。其中③、④两圆圈相隔 3 米，②、④两圆圈相隔 3~5 米，①、②持球。游戏开始，①、②传球给③、④后跑动换位接③、④的回传球。③、④传球后也跑动换位接①、②的传球。如此进行，在规定时间内传球次数多者获胜。

4. 规则

计算次数以一传一接为一次，失误次数不算。

5. 建议

（1）跑动距离和传球距离可增减。

（2）传球方式可事先规定。

（3）为增加游戏气氛，可要求学生在游戏中大声报出本组的传球次数。

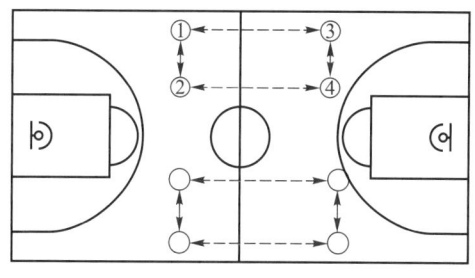

» 图 16-2-8　换位传球

（四）三传两抢

1. 目的

提高学生在对抗中传接球的准确性和动作速度。

2. 准备

在篮球场进行，学生分为 5 人一组，每一组 1 个篮球。5 人中 3 人为传球者，两两相距 3~4 米成等边三角形站立，另两人在 3 人中间防守。

3. 方法

游戏开始，3 个传球者用各种方式传球，不让两防守者抢到球，两防守者则积极防守抢断传球人的球，直到球被防守者抢到，或防守者明显改变了球的运行方向，或接球者接球失误。防守成功者与传接球失误者交换位置，游戏重新开始。

4. 规则

（1）外围 3 个传球者不得拉大相互间的距离，但可以在原地运球躲避防守抢球。

（2）不能用脚踢球的方式进行防守。

（3）用任何方式传球都不能违反篮球的 5 秒违例规则。

（五）胯下绕球走与传球接力

1. 目的

提高控制球能力，练习传接球技术。

2. 场地与器材

篮球场 1 块，篮球 2 个，在中圈处画两条标志线。

3. 方法

把学生分为人数相等的两队，成两路纵队站于边线后，两排头各持 1 球（图

16-2-9）。游戏开始，持球队员左脚向前跨步的同时，右手将球从右脚下绕过交于左手，然后右脚跨步的同时左手以同样方式将球绕过右脚，如此每向前跨一步，左、右手从胯下接球一次，一直走到中圈处的标志线，转身将球传给本队下一位同学，自己站在标志线后。如此进行，全队每人轮一次，先轮完的组获胜。

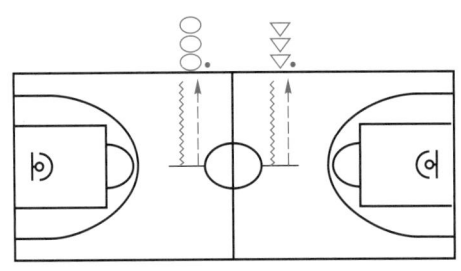

» 图 16-2-9　胯下绕球走与传球能力

4. 规则

若球中途掉地，应从原地捡起再做。

5. 建议

胯下交、接球的行走方式可改为球绕腰走或其他方式。

（六）五角星游戏

1. 目的

提高学生在快速移动中连续传接球的能力。

2. 场地与器材

篮球场 1 块，篮球 2 个，在两半场各分别标出 A、B、C、D、E 5 个点，使这 5 个点相连成五角星（图16-2-10）。

3. 方法

把学生分为人数相等的两队，分别各在一个半场内。如图 16-2-10，把两队的队员平均分配到所属的五角星的 5 个点上，两队在 A 点上的排头各手持 1 球。游戏开

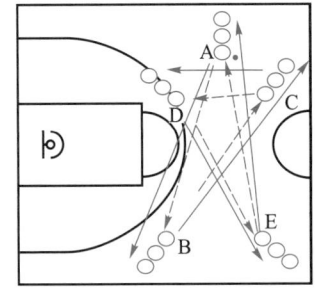

» 图 16-2-10　五角星游戏

始，两队持球队员在跑动中按以下规定方向和路线传球：A—B—C—D—E—A；每传一个点后立即起动跑到该点的队尾。如此反复进行，在规定时间内失误次数少的队获胜。

4. 规则

在游戏过程中，由各种原因造成的传接球中断算失误一次。

5. 建议

（1）在熟练进行游戏的基础上，可增加游戏难度，将传球及跑动路线改为：开始时 A 传 D 后向 B 弧线跑动，途中接 D 的回传球立即传给 B，跑到 B 的队尾，B 传 E，向 C 跑动，中途接 E 的回传球，再传给 C，站 C 队尾，如此循环。

（2）可从 A、B、E 点用两球同时开始进行该游戏。

（七）远传比准

1. 目的

掌握单手肩上传球技术，提高远传的准确性。

2. 场地与器材

篮球场 1 块，篮球 2 个，以篮球场 4 个角顶点为圆心，分别以 1 米和 3 米为半径画两个同心扇形（图 16-2-11）。

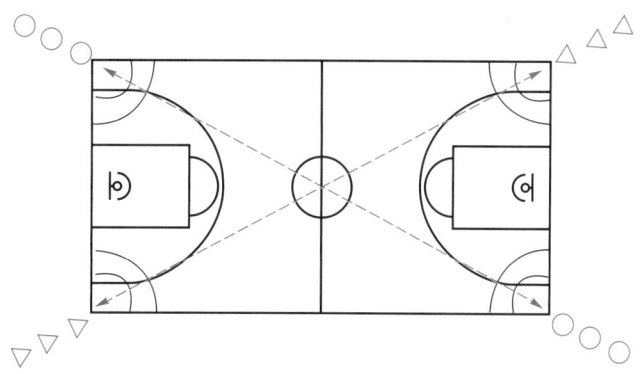

» 图 16-2-11　远传比准

3. 方法

学生分别以纵队站于 4 个场角后，每队两组排头中一人持球站于扇形内，用单手肩上传球方式传给斜对面位于小扇形的同伴，传完后自己站队尾，同时本组第二人准备接对面的传球，规定在小扇形内接到球得 2 分，大扇形接到球得 1 分，在扇形外接球不得分。全队每人轮一次后，得分多的队获胜。

4. 规则

（1）若球着地后才接到球，视为不得分。

（2）传球者不得超出扇形区域传球，否则扣分。

（八）集体跳绳传球

1. 目的

提高学生传接球的动作速度。

2. 场地与器材

篮球场1块，篮球2个，长跳绳4条。

3. 方法

把学生分为人数相等的两队，每队选出4人摇绳，每两人摇一条长绳，其余队员分成两组分别站于两条跳绳旁边，其中一侧排头手持一个篮球。游戏开始，持球队员迅速跑上跳一次绳，立即把球传给对侧准备跳绳队员，然后跑至对侧队尾，对侧同伴接球后同样跳一次绳并把球传给另一跳绳的同伴，如此循环进行。

（1）全队每人轮一次，先完成的队获胜。

（2）在规定时间内跳，传球累加次数多的队获胜。

（3）在规定时间内连续跳，传球次数多的队获胜。

4. 规则

（1）未持球跳绳为失败。

（2）凡被跳绳碰到或缠绕均为失败。

5. 建议

可改为每三人一组，一摇一跳，两组不间断地传接球。

三、投篮游戏

投篮是篮球运动重要的基本技术，是主要的得分手段，也是决定篮球比赛胜负的关键因素。投篮与防投篮构成了篮球比赛中攻防矛盾的焦点。因此，正确掌握和熟练运用投篮技术，不断提高投篮命中率，对于夺取比赛胜利具有重要的意义。

（一）罚篮比赛

1. 目的

提高学生原地投篮技术动作的质量和命中率。

2. 场地与器材

篮球场1块，每人1个篮球。

3. 方法

把学生分为人数相等的两队，每人持 1 球成纵队面向球篮站于罚球线后。游戏开始，各队员从排头开始依次罚球，罚完之后自己抢篮板球并站到本队队尾。如此循环，每投中 1 球得 1 分，以先得到若干分的队为胜（该分数要保证每个队员至少有 2 次投篮机会）。

4. 规则

投篮时不能踩线或越过罚球线。

5. 建议

（1）投篮方式可改变。

（2）可要求学生每投中 1 球大声报出本队的得分数。

（二）投篮晋级赛

1. 目的

改进和提高原地投篮技术动作，提高命中率。

2. 场地与器材

篮球 4 个。在 4 块半场的罚球圈虚线处、罚球线、罚球线弧顶三处各画一标志点，从虚线处标志点算起分别为一级、二级、三级，再把学生分为人数相等的 4 个队，成纵队面向球篮站立于三分线内，排头持球。

3. 方法

游戏开始排头在一级点投篮，无论投进与否，自己抢篮板球并将球传给第二人，自己站队尾。依次进行，每投中 1 球得 1 分，全队累积得 10 分后，升级到二级点位置投篮，在三级点位置先得够 10 分的队获胜。

4. 规则

（1）规定逐级投篮，不可越级。

（2）投篮方式可提前规定。

（三）"1+1" 投篮

1. 目的

提高学生罚球或原地投篮的命中率。

2. 场地与器材

篮球场 1 块，篮球 2 个。

3. 方法

把学生分为人数相等的两队，各成纵队站于罚球线（或设定的投篮点）后，排头各手持1球。游戏开始，从排头起依次进行"1＋1"投篮，即先投第一球，若投中则可投第二球，未中则把球传给下一位同学，自己站队尾。如此进行，全队均投完后，累计所投中的球数多的队为胜。

4. 规则

（1）必须在投篮点按规定方式投篮，否则投中无效。

（2）投篮队员准备时间不得超过5秒，否则投中无效。

5. 建议

胜负方式可改为先得够规定分的队为胜。

（四）跳投接力

1. 目的

提高学生传接球技术和接球急停跳投的命中率。

2. 场地与器材

篮球场1块，标志物2个，各放于两半场三分线与端线相距约2米处。

3. 方法

把学生分为人数相等的甲、乙两队，各成纵队面向球篮站于两半场的三分线外左、右两侧，排头不持球，其余人各持1球。游戏开始，各队排头向标志物处跑，跑至标志物处接同伴传来的球做急停跳投，无论投中与否均去抢篮板球，然后站到队尾。如此连续进行，在规定时间内命中次数多的队获胜，或得分先达到规定分的队获胜（图16-2-12）。

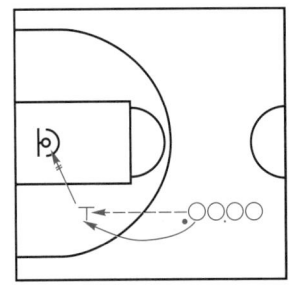

» 图 16-2-12　跳投接力

4. 建议

游戏可采用三局两胜制来判定胜负，每局进行完后要更换一个投篮点。

（五）行进间投篮积分比赛

1. 目的

提高学生接球上篮技术和上篮命中率。

2. 场地与器材

篮球场 1 块，篮球 2 个。

3. 方法

将学生分为两组，各自面对 1 个球篮。在两边线与中线交接处，横排站立。指定每队中的两人站于 3 秒区内，其中一人持球（图 16-2-13）。游戏开始，排头向篮下弧线跑动，接 3 秒区内同学的传球，自己站在该同学后，等待下一次的传球。而传球的同学回到本组的排尾，上篮投中得 2 分，补中得 1 分。在规定时间内，先得到 50 分的队获胜。

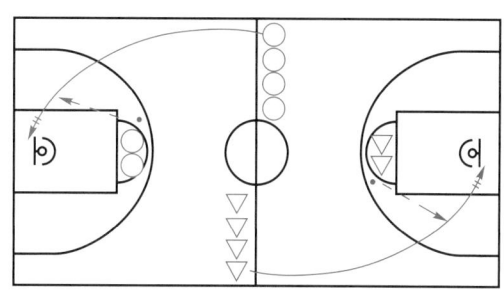

» 图 16-2-13　行进间投篮积分比赛

4. 规则

违例或接球后又运球再投中的算无效。

5. 建议

可规定上篮时的投篮方式。

（六）投、抢、补比赛

1. 目的

提高学生的投篮准确性，培养其投—抢—补意识。

2. 场地与器材

篮球场 1 块，篮球 2 个。

3. 方法

把学生分为人数相等的两队，每队占用一个半场，各按指定的地点站好，排头各持 1 球。游戏开始，投篮者做原地跳投，然后立即冲抢篮板球，如在球未落地之前抢获篮板球，可在抢到球的地点补篮一次，然后把球传给本队下一人。其他队员依次进行，跳投投中得 2 分，补篮命中得 1 分，积分先达 50 分的队获胜。

4. 规则

（1）跳投不能超出规定的范围，否则投中无效。

（2）若球未投中，在球落地后再补篮判得分无效。

5. 建议

每一局比赛结束后可改变一个投篮地点。

（七）3分大赛

1. 目的

锻炼学生的心理承受能力，提高3分投篮命中率。

2. 场地与器材

篮球场1块，篮球2个。

3. 方法

把学生分为人数相等的两队，在两个0°角三分线外投篮，比赛的顺序是甲$_1$、乙$_1$，甲$_2$、乙$_2$，交替进行，直到一方净胜3球为止。

4. 规则

队员按顺序比赛，中途不得更改。

5. 建议

（1）投篮点和投篮方式可改变。

（2）暂时领先的队可大声报出本队的赢球数以给对方增加心理压力，落后的队也可报出自己的输球数（如还差两个）来激发队员斗志。

（八）抢先到中线

1. 目的

提高学生的投篮命中率，培养投篮时的责任感。

2. 场地与器材

篮球场1块，篮球2个。

3. 方法

如图16-2-14所示，在一个半场的两45°角处由限制区从近到远标出三个投篮点。把全班学生分为人数相等的两队，分别成两横队站于另半场的端线后。游戏开始，两队由第一个队员上场，到教师指定的地点投篮，投中的一方其队友前进一步，未投中的队原地不动，两队员投完篮抢篮板球并传球给第二位同学，如此进行，先走到中线的队为胜。

4. 规则

投中的队向前走一步，不得有意加长距离。

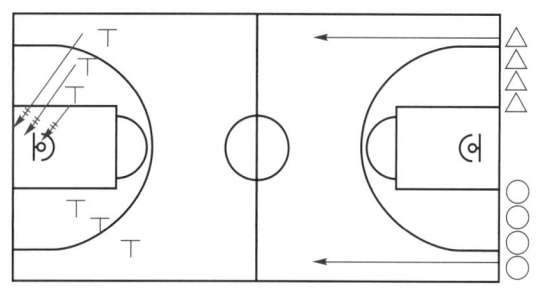

» 图 16-2-14 抢先到中线

5. 建议

（1）可根据学生的水平来增减投篮的距离。

（2）每队以 5~6 人为宜，如果参加的人数太多，可分为几个队采用多种方式进行比赛。

（九）抢球投篮比赛

1. 目的

提高学生在对抗状态下的投篮能力。

2. 场地与器材

篮球场 1 块，篮球 4 个。

3. 方法

把学生按 4 人一组分成若干组，比赛的两组等距离站在两个半场的罚球线及其延长线上，把 4 个篮球等距离放在中线上，听信号，两队分别迅速向前跑动抢球，抢到球的同学运球突破上篮，未抢到球的变为防守。每一局进球多的一组为胜，若进球数相等，换后面两组比赛（图 16-2-15）。

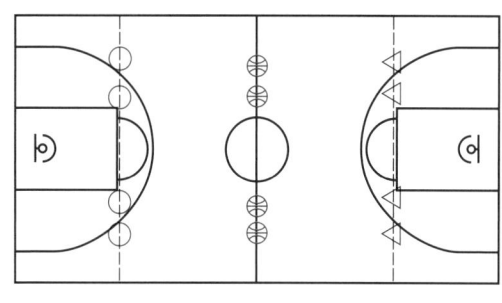

» 图 16-2-15 抢球投篮比赛

抢球投篮比赛

4. 规则

（1）按照篮球规则中有关条例进行。

（2）若出现防守方用犯规方式不让对方投篮，判进攻方进一球。

四、运球与持球突破游戏

运球既是一项单独的个人进攻技术，又是跳投、突破等各种综合性技术动作的重要组成部分；既是直接得分、组织全队进攻的方法，又是衡量球队和队员控制支配能力高低的重要标志。合理运用运球技术，可创造有利的进攻机会。

运用游戏形式进行运球和持球突破技术的教学训练，其目的是让学生在游戏中掌握运球和突破的基本技术，培养勇猛、顽强、果断的作风，提高运用运球和突破技术的意识，学会判断和掌握运球或突破时机，扩大视野，在提高个人实力的同时，提高球队的整体实力。

（一）运球追拍

1. 目的

提高学生的行进间运球技术，发展其运球时手、脚、眼的协调能力。

2. 场地与器材

篮球场 1 块，每人 1 个篮球。

3. 方法

学生甲、乙两人一组各运 1 球分散于球场内任意跑动，约定教师吹第一声哨甲追乙，吹第二声哨乙追甲，如此循环。游戏开始，随着教师的哨声，甲、乙两人在场内反复追逐，追到对方并用手轻拍对方后背算得 1 分。在规定时间内得分多者获胜。

4. 规则

在运球追与逃的过程中，若失去对球的控制算失 1 分。

5. 建议

（1）可在个人得分的基础上累计全队得分来判胜负。

（2）如果参加的人数较多，可分为几队轮流进行。

（二）运球绕圈接力

1. 目的

提高运球切入时重心的控制能力及运球加速能力。

2. 场地与器材

篮球场 2 块，篮球 2 个。

3. 方法

（1）将队员分为人数相等的两队，分别在篮球场两端线外成纵队站好，排头队员手持 1 球，每队对面的端线上各放 1 球。

（2）○组路线如图 16-2-16 所示，×组路线如图 16-2-17 所示。听到口令后，两排头队员迅速运球依次绕两个罚球圈各一周至对面端线，放下球，拿起另一个球快速直线运回交给下一名队员，依次进行，先做完的队获胜。

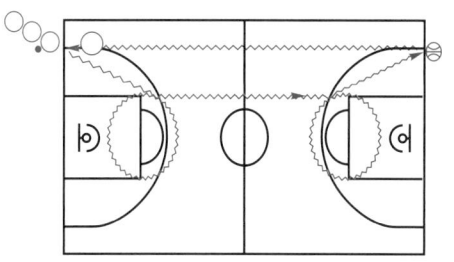

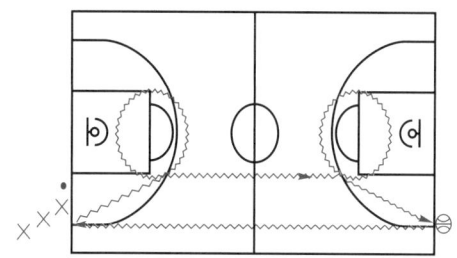

» 图 16-2-16　运球绕圈接力（○组）　　　　» 图 16-2-17　运球绕圈接力（×组）

4. 规则

（1）运球绕罚球圈时可以踩线，但不得踩入圈内。

（2）放下的球必须放稳，如球滚走，须捡回来重新放稳。

（3）运球回来交给下一名队员时不得传球，必须手递手交换。

5. 建议

可通过调整距离和时间来变换游戏方式。

（三）推瓶扶瓶

1. 目的

发展学生在快速运球中变换动作和控制球的能力。

2. 场地与器材

篮球场 1 块，篮球 2 个，灌水的矿泉水瓶 6 个（图 16-2-18），沿一直线放于场内。

3. 方法

把学生分为人数相等的两队位于同一端线后，分别成纵队面向场内站立，排头持1 球。游戏开始，排头向对面端线运球，途中用手依次把 3 个瓶子碰倒，到另一端线

推瓶扶瓶

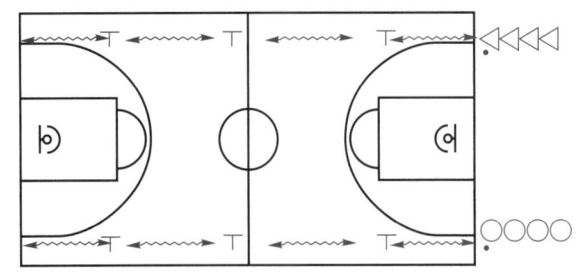

» 图 16-2-18　推瓶扶瓶

脚踩端线后运球返回，再把 3 个矿泉水瓶依次扶起，回到原出发点用手递手的方式把球交给下一个同伴。如此轮流，先轮完的队为胜。

4. 规则

（1）碰倒或扶起瓶子时，必须一手低运球，另一手碰或扶瓶，否则无效。

（2）返回起点时，必须用手递手的方式把球交给下一个队员，否则无效。

（3）被判"无效"的运球必须重跑一次。

（四）对抗出局

1. 目的

提高学生对抗下的运球能力。

2. 场地与器材

篮球场 1 块，每人 1 球，依人数在场地内画一些与中圈等大的圆圈。

3. 方法

根据队员的对抗能力两人分为一组，占一个圆圈。游戏开始，学生在控制运球的情况下，用肩膀互相挤推，力争把对方挤出圆圈。在规定时间内将对方挤出次数多的同学获胜。

4. 规则

（1）只能用身体对抗，不能用手推。

（2）用力对抗过程中，运球失控视为出局一次。

5. 建议

分组时，要遵循两人实力均等的原则。

（五）叫号运球

1. 目的

训练灵敏反应，提高运球速度。

2. 准备

在篮球场上画一直径为 6 米左右的圆圈，以 18 人为一组均匀地分布在圆周上，圆圈内放 6 个篮球。学生 1~3 报数并记住自己的号数。

3. 方法

游戏开始，教师发出数字信号，所有代表该号的同学立即跑至圆圈内拿一球运到圆圈外，然后沿逆时针方向运球一周，再运至圆心将球放回原处，慢者为败。

4. 规则

学生拿到球后必须运球到圆圈外，放回时也必须运球。

5. 建议

圆周的直径和分组人数依全班人数多少而定。

（六）穿越丛林

1. 目的

使学生巩固已学的各种运球突破技术，提高在快速运球中的控制球能力。

2. 场地与器材

篮球场 1 块，篮球 2 个。

3. 方法

把学生分为人数相等的两队，成两路纵队站于两边线外，每两人间隔约 1.5 米，排头持球（图 16-2-19）。游戏开始，排头运球依次突破自己的队友（第二名同学遂站到排头位置，其余类推），至端线后沿端线运球到另一边线，然后沿对角线运球至中圈，传球给第二位同学，自己站队尾。以此类推，先轮完的队获胜。

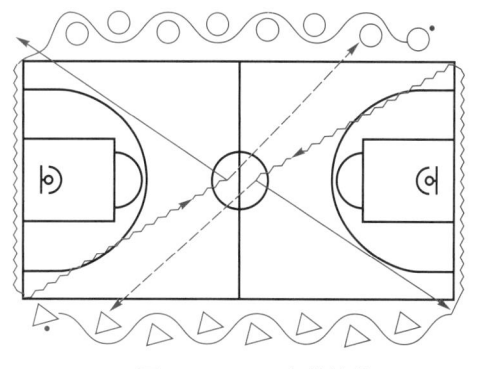

» 图 16-2-19　穿越丛林

4. 规则

突破时至少用 4 种不同的突破方法。

（七）有轨电车

1. 目的
提高学生在快速运球中随意变向的能力。

2. 场地与器材
篮球场 1 块，每人 1 球。

3. 方法
事先约定，球场上所有的线构成"电车轨道"，两线交点为"轨道"的拐弯点，3 个圆圈为"停车场"，但只能各停一辆"电车"。全队每人运 1 球分散于各条"轨道"，其中两人扮演"交警"也各运 1 球。游戏开始，两"交警"运球追逐"电车"，追上后推其后背，"电车司机"与"交警"交换角色，游戏继续。

4. 规则
（1）必须运球沿线追逐。
（2）被追上的同学不能立即返回追"交警"，必须改追其他人。

（八）换球运球投篮

1. 目的
提高运球、投篮技术动作的衔接和应用能力。

2. 准备
在每个半场三分线 45° 角的外侧设两个固定点并各放 1 球，将全体学生分为人数相等的两组成两路纵队站于端线后，每人持 1 球。

3. 方法
游戏开始，排头向前直线运球，到固定点把球与地上的球交换，然后继续运球，第二次换球后运球上篮，不中要补中，投中或补中的同时本队第二名同学开始运球，第一名同学持球回队尾。全队每人轮一次，先轮完的队获胜。下一轮比赛交换位置（图 16-2-20）。

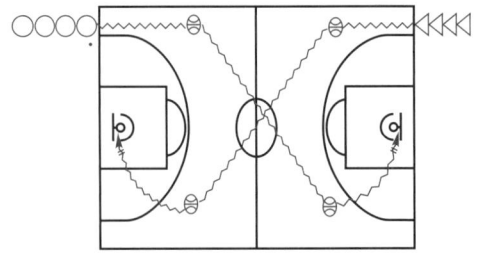

» 图 16-2-20　换球运球投篮

4. 规则

（1）换球时必须将球放置在固定点内。

（2）上一名同学投中或补中后下一名同学才能开始运球。

（九）运球绕圈上篮

1. 目的

强化运球及上篮技术，提高运球速度。

2. 场地与器材

篮球场 1 块，篮球 2 个。

3. 方法

（1）游戏者分为人数相等的两队，分别在篮球场两端线外站成纵队，排头队员手持 1 球（图 16-2-21）。

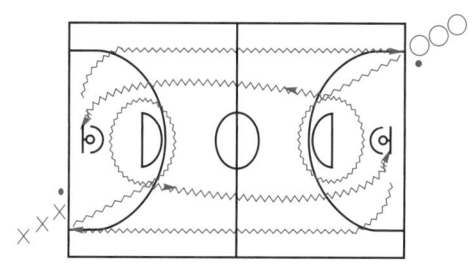

» 图 16-2-21   运球绕圈上篮

（2）听到发令后，两队排头队员分别按图示路线运球向前，绕本方所站半场的罚球圈一周后再快速运球到对面上篮，然后直线运球返回将球交给下一名队员。依次进行，先完成的队获胜。

（3）队伍站于篮下左侧时，要求用左手运球和上篮。

4. 规则

（1）运球绕罚球圈时可以踩线，但不能踩进圈内。

（2）交球给下一名队员时不得传球，必须手递手交球。

（3）上篮时必须投中，不中再投，直至投中。

5. 建议

游戏可以根据学生水平增加绕圈的次数和加大其他技术难度进行。

（十）胯下传球、运球圆周接力赛

1. 目的
培养学生团结协作精神，提高运球能力。

2. 场地与器材
篮球场 1 块，篮球 4 个。

3. 方法
将学生分为人数相等的 4 组（图 16-2-22），等距离地站在篮球场的中圈上，排头持球。游戏开始，各排头迅速把球从胯下传到排尾，排尾开始从所有队员身后运球一周后站到本队排头的位置上，将球从胯下传到排尾，下一位同学开始。如此循环，先轮完的组获胜。

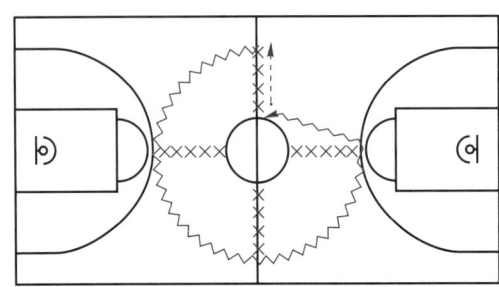

» 图 16-2-22　胯下传球、运球圆周接力赛

4. 规则
（1）运球失误，将球从失误地点持回继续运。

（2）不得以任何方式阻挠其他组队员。

思考题 "

❶　在篮球教学训练中如何运用篮球游戏作为教学手段？

❷　组织教学中采用篮球游戏应注意哪些要求？

❸　如何根据学生的年龄和性别差异运用篮球游戏教学？

❹　试述篮球游戏在篮球教学中的任务、作用和意义。

❺　篮球游戏的选编原则是什么？

❻　请从中学篮球教学实际出发，围绕传接球、运球、投篮各编写出一个游戏。

第十七章 篮球裁判与竞赛组织编排

本章提要

　　《篮球规则》是篮球比赛的法规，《篮球裁判员手册》是篮球裁判员的执裁方法。本章通过介绍五人和三人篮球比赛主要规则、裁判员执裁方法、比赛记录台工作方法和裁判员能力培养 4 方面内容，力图使学生基本掌握《篮球规则》的主要内容和执裁篮球比赛的基本方法，达到三级或二级，乃至一级裁判员的水平，进而更好地完成比赛的裁判任务。

　　篮球竞赛是检查教学训练和管理效果、交流经验、互相学习、增进友谊的重要手段，是推动篮球运动普及、促进篮球运动水平提高的有效方法。本章系统地介绍了篮球竞赛的组织、编排方法与名次排列的具体方法。

第一节　五人篮球比赛主要规则

一、比赛通则及一般规定

（一）比赛的定义、球篮、胜负

五人篮球比赛由 2 个队参加，每队出场 5 名队员。每队的目标是在对方球篮得分，并阻止对方队得分；被某队进攻的球篮是对方的球篮，由某队防守的球篮是本方的球篮；在比赛时间结束时，得分较多的队是比赛的胜者。如果在第 4 节比赛结束时双方比分相等，比赛将要继续若干个 5 分钟的决胜来打破平局。

（二）比赛场地

1. 比赛场地

比赛场地应是一块平坦且无障碍物的硬质地面。从线宽是 5 厘米的白色界线内沿丈量，长 28 米、宽 15 米（图 17-1-1）。

2. 中线、中圈

中线应从两条边线的中点画出并平行于两端线，它向每条边线外延伸 0.15 米。中线是后场的一部分。

中圈应画在比赛场地的中央，从圆周的外沿丈量，其直径为 3.60 米。

3. 三分投篮区

某队的三分投篮区（图 17-1-1，图 17-1-2）是除对方球篮附近被下述条件限制出的区域之外的整个比赛场地的地面区域。这些条件包括：从端线引出的 2 条垂直于端线的平行线，其外沿距离边线的内沿 0.90 米；以对方球篮中心正下方场地上的点为圆点，画一个半径（圆弧外沿）是 6.75 米的圆弧。此圆点距离端线中点的内沿是 1.575 米，且该圆弧与两平行线相交。三分线不是三分投篮区的一部分。

原则上，场地内各条线所标注的尺寸均是要丈量到线的外沿，而边线和端线则要丈量到线的内沿。

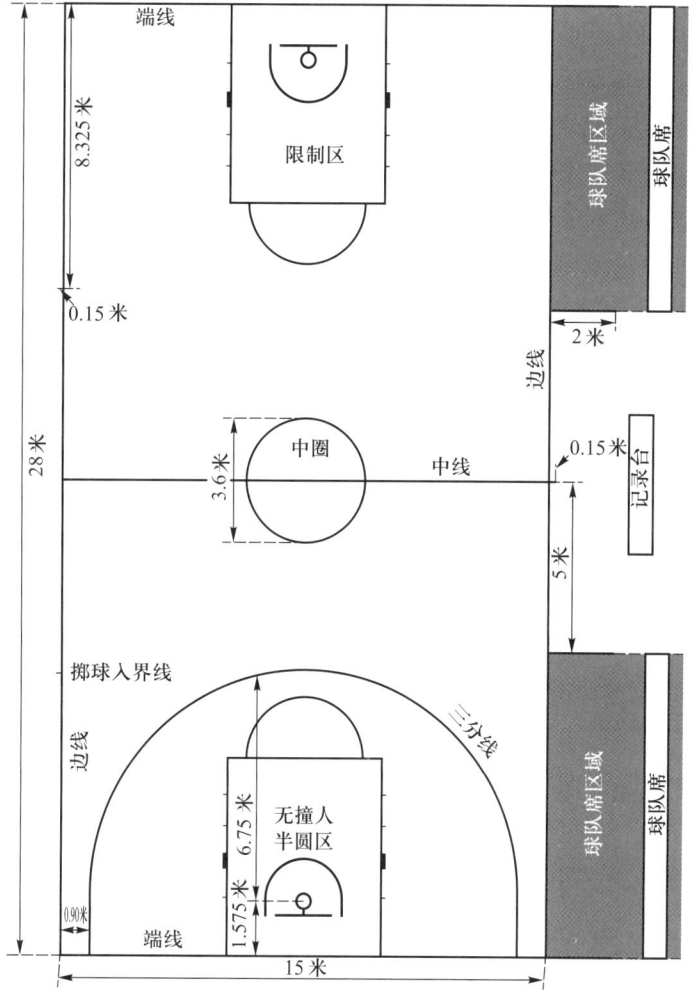

» 图 17-1-1　比赛场地的全部尺寸

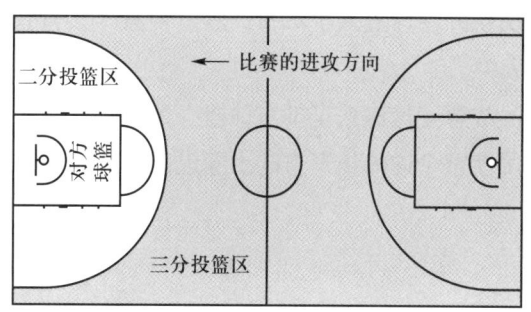

» 图 17-1-2　二分/三分投篮区域

（三）比赛时间

比赛应由 4 节组成，每节 10 分钟，每一决胜期为 5 分钟。第 1 节和第 2 节（上半时）之间，第 3 节和第 4 节（下半时）之间，以及每一决胜期之前，均应有 2 分钟的比赛休息时间，第 2 节和第 3 节（两个半时）之间应有 15 分钟的比赛休息时间。

（四）投篮动作

（1）投（投篮或者罚球）：指队员手中持球，将球掷向对方球篮的动作。此动作开始于：队员已开始将球朝对方的球篮向上运动时；结束于：球已离开该队员的手，或又重新做了一个全新的投篮动作时；对腾起在空中的投篮队员来说，则是其双脚落回到地面时。

（2）拍：指用手将球击向对方球篮的动作。

（3）扣：指用手使球向下进入对方球篮的动作。

（4）在上篮的合法步数和投篮动作之间没有关联。

（五）球中篮和它的得分值

（1）当活球从上方进入球篮并停留其中或完整地穿过球篮时，是球中篮。

（2）活球进入对方的球篮，中篮得分应按下述原则计入进攻队的名下：

① 一次罚球中篮，计 1 分。

② 从二分投篮区投中篮，计 2 分。

③ 从三分投篮区投中篮，计 3 分。

（3）如果一名队员意外使球进入了本方球篮，中篮计 2 分，并作为对方队的场上队长得分，登入记录表中。

（4）如果一名队员故意使球进入了本方球篮，为违例，中篮，不计得分。

（5）如果一名队员使整个球体从下方向上穿过球篮，为违例。

（六）暂停

（1）每次暂停时间为持续的 1 分钟。

（2）全场比赛可准予每队：在上半时（即第 1 节和第 2 节）共 2 次暂停；在下半时（即第 3 节和第 4 节）共 3 次暂停；每一决胜期 1 次暂停。

（3）未用过的暂停不可以转入下一个半时或决胜期。

（七）替换

（1）在一个替换机会期间，每队可以替换 1 名或多名队员。

（2）替换应尽可能快地完成。已发生了 5 次犯规或被取消比赛资格的队员必须在 30 秒内被替换。

（3）除两个半时之间的比赛休息期间外，替补队员在进入比赛前必须向记录台报告。

（八）比赛因弃权告负

（1）比赛中，如果某队发生了在比赛预定的开始时间后 15 分钟未到场，或准备好比赛的队员不足 5 名；或以其他的行为阻碍比赛继续进行；或在主裁判员通知比赛后拒绝比赛，则判该队因弃权告负。

（2）罚则：应判对方队比赛获胜，比分记为 20：0，且弃权的队在名次排列中的积分为 0 分。

（九）比赛因缺少队员弃权告负

（1）比赛中，如果某队在赛场上准备好比赛的队员少于 2 名时，则判该队因缺少队员使比赛弃权告负。

（2）罚则：如果判当时比分领先的球队获胜，则应保持比赛停止时的比分；如果判当时比分落后的球队获胜，则比分应记为 2：0，该缺少队员使比赛弃权告负的球队在名次排列中的积分为 1 分。

二、常见违例

违例是违犯规则的行为，罚则是将球判给对方队员在最靠近发生违例的地点掷球入界。

（一）队员出界、球出界和使球出界的队员

（1）队员出界：当队员身体的任何部分接触界线上方、界线上或界线外的除队员以外的地面或任何物体时。

（2）球出界：当球触及了界外的队员或任何其他人员时；或界线上、界线上方或界线外的地面或任何物体时；或篮板支撑架、篮板背面或比赛场地上方的任何物体时。

（3）使球出界的队员：在球出界、甚至球触及了除队员以外的其他物体而出界之前，最后触及球或被球触及的队员是使球出界的队员；如果球出界是由于触及了界线上或界线外的队员或被他所触及，则是该队员使球出界；在争球期间，如果一名或多名队员移动到界外或他的后场，一次跳球情况发生，违例不究。

（二）运球

（1）一名在场上控制活球的队员将球掷、拍、滚或反弹在赛场上，并在球触及另一名队员前再次触及球时，即为运球开始；当运球队员双手同时触球或使球在一手或双手中停留时，即为运球结束。

（2）运球队员在第一次运球结束后不得再次运球，除非他在场上由于投篮、球被对方队员触及、传球或漏接，然后触及了另一队员或被另一队员触及的原因，而失去了对活球的控制。

（3）当球不与队员的手接触时，对其行进的步数没有限制。

（三）带球走

（1）当队员在场上持着一个活球，其一脚或双脚超出规则所述的限制向任一方向非法移动时是带球走。判断带球走的关键是确定持球队员的中枢脚。

（2）当一名队员持着球跌倒并在场地上滑行，或躺在场地上或坐在场地上的队员获得了控制球，这是合法的；但如果随后该队员持球滚动，或持着球尝试站起来，这是违例。

（四）3秒

（1）当球队在其前场控制着一个活球，并且比赛计时钟正在运行时，该队的队员不得在对方队的限制区内停留超过持续的3秒，否则为违例。

（2）队员为证实其位于限制区外，他必须将双脚都置于限制区外的地面上。

（五）被严密防守的队员

当一名队员在场上正持着一个活球，一名对方队员距离他1米之内并采用积极、合法防守的动作时，该持球队员则被认为是在被严密防守的队员；该持球队员必须在5秒内传球、投篮或运球，否则为违例。

（六）8秒

一名在其后场的队员获得控制活球时、或在掷球入界中，球接触在后场的任何队员、或被后场的任何队员合法触及，并且掷球入界队员的球队仍在它的后场控制球时，该队必须在8秒内使球进入其前场，否则为违例。

（七）24秒

一名队员在场上获得控制活球时，或在一次掷球入界中，球接触了在场上的任何队员，或被场上的任何队员合法触及，并且这名掷球入界队员的球队仍然控制球时，该队必须在24秒内尝试一次投篮，即在进攻计时钟信号响前，球不但要必须离开该队员的手，而且要必须触及篮圈或进入球篮，否则为违例。

（八）球回后场

（1）当该队的队员双脚正接触他的前场并正持球或接住球，或在他的前场运球，或球在位于它的前场的该队队员之间传递，或该队在前场掷球入界时，即是该队在其前场控制一个活球，此后，不得使球非法地回到其后场，否则为违例。

（2）宣判球回后场违例必须符合以下三个条件：

① 该队在其前场已控制球。

② 该队队员在其前场最后触及球。

③ 球触及该队后场后，该队队员首先触及球。

（九）干涉得分和干扰得分

1. 干涉得分发生在一次投篮中

当一名队员触及了完全在篮圈水平面上的球，并且此刻：

（1）球开始下落并飞向球篮时。

（2）球已接触了篮板。

2. 干涉得分发生在一次罚球的投篮中

当一名队员触及飞向球篮但还未接触篮圈的球时。

3. 干扰得分发生在

（1）投篮或是最后一次罚球后，球正接触着篮圈时，队员触及了球篮或篮板。

（2）在还有后续的罚球或掷球入界的一次罚球，在球仍有可能进入球篮时，队员触及球、球篮或篮板。

（3）队员从下方伸手穿过球篮并触及球。

（4）球在球篮中时，防守队员触及球或球篮，且阻止了球穿过球篮。

（5）队员使球篮晃动或抓住球篮，依据裁判员的判断，这种手段已阻碍了球进入球篮，或已使球进入了球篮。

（6）队员抓住球篮并去击球。

4. 罚则

（1）如果进攻队员发生了违例，不判给得分。将球判给对方队员从罚球线的延长部分掷球入界。

（2）如果防守队员发生了违例，则分别判给不同分值的得分：

① 罚球出手的球，则应该判给进攻队得 1 分。

② 从 2 分投篮区出手的球，则应该判给进攻队得 2 分。

③ 从 3 分投篮区出手的球，则应该判给进攻队得 3 分。

④ 上述情况就如同球正常进入球篮一样，继续比赛。

（3）如果防守队员在最后一次罚球中发生了干涉得分违例，则不但要判给进攻队得 1 分，而且随后还要执行该防守队员的技术犯规罚则。

（十）掷球入界

（1）掷球入界队员不得：

① 超过 5 秒才使球离手。

② 球在他的手中时，步入场内。

③ 使球离手后，球未触及场上队员而又直接触及界外。

④ 在球被场上任一队员接触前，他首先触及在场上的球。

⑤ 使球直接进入球篮。

⑥ 在球离手前，从界外指定的掷球入界地点，向一个或双向横移的总距离超过 1 米。但只要情况允许，他可以从界线向后移动。

（2）非掷球入界队员不得：

① 在球被掷过界线前，将他们身体的任何部位越过界线。

② 当掷球入界地点处于界线与任何障碍物之间的距离少于 2 米，非掷球入界队员与掷球入界队员之间的距离少于 1 米。

（3）在第4节或每一决胜期中比赛计时钟显示 $\boxed{2 : 00}$ 分钟或更少时，一名防守队员：

① 将身体的任何部分越过界线去干扰掷球入界。

② 当掷球入界地点处于界线和任何障碍物之间的距离少于2米，他靠近掷球入界的队员不足1米距离。

如有违犯将判其一次技术犯规。

（十一）脚踢球和拳击球

（1）队员不得带球跑、故意用腿的任何部位去接触球、踢球或拦截球，或用拳击球，或用头顶球。

（2）如果球意外地触碰到队员腿的任何部位，或是腿的任何部位意外地触到球，这不是违例。

（十二）罚球

（1）罚球队员应该：

① 在罚球线后面的半圆内站位。

② 可以使用任何投篮的方式，并以这样的方式使球从上方进入球篮或触及篮圈。

③ 在裁判员将球置于他可处理后的5秒内使球离手。

④ 在球进入球篮或接触篮圈前，不得触及罚球线或进入限制区。

⑤ 不得做罚球的假动作。

（2）在分位区站位的队员应该：

① 不得占据无权占据的分位区。

② 在球离开罚球队员的手前，不得进入限制区、中立区域或离开分位区。

③ 不得干扰罚球队员。

（3）未在分位区站位的队员应该：

在球进入球篮或触及篮圈前，不得越过就近的罚球线延长线和三分投篮线。

三、常见犯规

犯规是对规则的违犯，含有与对方队员非法的身体接触和/或违反体育运动精神的举止。每一个犯规都应被登记在记录表中犯规者的名下，并予以处罚。

（一）侵人犯规

（1）侵人犯规是指在活球或死球的情况下，一名队员与对方另一名队员非法身体接触的犯规。

（2）队员不得通过伸展他的手、臂、肘、肩、髋、腿、膝、脚或将他的身体弯曲成超出其圆柱体的"不正常的姿势"与对方队员发生非法身体接触；也不得使用任何粗野或猛烈的动作去拉、阻挡、推、撞、绊对方队员，或阻止对方队员的移动。

（3）当防守正在持着或运着球的控制球队员时，不必考虑时间和距离的因素；当防守不控制球的队员时，应考虑时间和距离的因素。

（4）罚则：

① 应登记该违犯队员1次侵人犯规。

② 如果对非投篮动作的队员发生犯规：

a. 如果犯规的队此时未处于全队犯规处罚状态，则由被侵犯的队在最靠近违犯地点的界外掷球入界重新开始比赛。

b. 如果犯规的队此时已处于全队犯规处罚状态，则由被侵犯的队员执行2次罚球后重新开始比赛，以替代掷球入界。但控制球队犯规、技术犯规、违反体育运动精神的犯规和取消比赛资格的犯规等执行相应的罚则。

③ 如果对投篮队员发生犯规，应按下述原则判给投篮队员若干次罚球：

a. 如果投篮从二分或三分投篮区出手，球中篮：应计2分或3分，并再判给1次罚球。

b. 如果投篮从二分投篮区出手，未中篮：则判给2次罚球。

c. 如果投篮从三分投篮区出手，未中篮：则判给3次罚球。

（二）掷球入界时的犯规

（1）掷球入界时的犯规是指在第4节和每一个决胜期的比赛计时钟上显示 2:00 分钟或更少时，当掷球入界的球在界外并仍在裁判员手中，或球只要被掷球入界的队员可处理但仍在该队员手中时，一名防守队员对场上一名进攻队员发生的侵人犯规。

（2）罚则：仅判给被侵犯的队员1次罚球，无论该违犯的球队是否已到达全队犯规处罚状态，比赛都由被侵犯的队从最靠近此次违犯发生地点的界外掷球入界重新开始。

（三）双方犯规

（1）双方犯规是指两名互为对方队的队员大约同时相互发生侵人或违反体育运动精神或取消比赛资格的犯规的情况。

（2）宣判一起双方犯规必须符合以下 4 个条件：

① 两个犯规都是队员犯规。

② 两个犯规都包含身体接触。

③ 两个犯规都发生在互为对方的两名队员之间。

④ 两个犯规都是侵人犯规，或都是违反体育运动精神的犯规和取消比赛资格的犯规的组合。

（3）罚则：应登记每一名违犯队员 1 次侵人犯规，或违反体育运动精神的犯规或取消比赛资格的犯规，均不判给罚球，且比赛应按下述原则重新开始：

① 一次有效的中篮得分，或最后一次的罚球计得分后：则应将球判给非得分的队从靠近的端线后的任一地点掷球入界。

② 有一队正控制球或拥有着球权：则应将球判给该队从最靠近该违犯发生地点的界外掷球入界。

③ 如任何队都不控制球或不拥有球权：则一次跳球情况发生。

（四）技术犯规

（1）队员技术犯规是无身体接触的犯规。队员如发生以下情况，则应宣判其技术犯规：

① 无视裁判员已给出过该种同类情况的警告。

② 与裁判员、到场的临场代表、记录台人员、对方人员或被允许在球队席就座的人员不礼貌地进行交涉和 / 或沟通。

③ 使用可能冒犯或刺激观众的粗话或手势。

④ 挑逗和戏耍对方队员。

⑤ 将手靠近对方队员的眼睛摇动或遮挡，以妨碍他的视线。

⑥ 过分挥肘。

⑦ 当球穿过球篮后，通过故意地触球、或阻止迅速地开始执行掷球入界或罚球、或在比赛开始或下半时开始时迟到进入赛场等方式来延误比赛。

⑧ 骗取犯规 / 假摔。

⑨ 悬吊在篮圈上，致使篮圈支撑了队员的全部重量；除非队员在扣篮后瞬间抓住了篮圈，或据裁判员判定，他这样做是为了防止自己，或使他人受伤。

⑩ 在最后一次罚球中，防守队员干涉得分。不仅应判给进攻队得 1 分，还应判罚该防守队员一次技术犯规。

（2）罚则：

① 队员技术犯规：应登记在该队员名下 1 次技术犯规，并把它计入全队犯规之中。

② 任何被允许在球队席中就座人员发生的技术犯规：应登记在该队主教练员名下 1 次技术犯规，但它不计入全队犯规之中。

（五）违反体育运动精神的犯规

（1）据裁判员的判定，队员对其对手有如下接触，则应宣判为 1 次违反体育运动精神的犯规。

① 与对方队员发生接触，并且这个接触不是按规则的精神和意图去直接针对球的争抢。

② 一名队员在尽力抢球或在与对方队员的尽力争抢中，造成与对方队员过分的严重接触。

③ 在攻防转换中，防守队员为了中断进攻队的进攻，对进攻队员造成不必要的接触。

④ 当队员正朝其对方球篮行进，并且在该行进的队员和球篮之间没有对方队员。

（2）罚则：

① 应登记该队员 1 次违反体育运动精神的犯规。

② 应判给被侵犯的队员执行相应次数的罚球，并随后：

a. 从该队前场的掷球入界线掷球入界，或

b. 在中圈跳球。

（六）取消比赛资格的犯规

（1）队员、替补队员、主教练员、助理教练员、出局的队员和随队人员的任何明目张胆违反体育运动精神的行为是取消比赛资格的犯规。当一名队员被登记了 2 次违反体育运动精神的犯规或 2 次技术犯规或 1 次技术犯规和 1 次违反体育运动精神的犯规时，他将被取消在该场比赛剩余时间内的比赛资格。

（2）罚则：

① 应登记该违犯者 1 次取消比赛资格的犯规。

② 令其在比赛期间留在该队的休息室或离开体育馆。

③ 如果是一起非身体接触的犯规，则由对方主教练员指定该队任一队员执行 2 次罚球。

④ 如果是一起身体接触的犯规，则由被侵犯的队员执行相应次数的罚球。

（七）打架

（1）打架是指在 2 名或多名双方队员和任何被许可就坐在球队席上的人员之间粗野的互相斗殴。

（2）在打架中或在可能导致打架的任何情况中离开球队席区域的替补队员、出局的队员或随队人员应被取消比赛资格。

（3）在打架中或在可能导致打架的任何情况中只允许主教练员和 / 或第一助理教练员离开球队席区域，去协助裁判员维持或恢复秩序。在这种情况中，他们不应被取消比赛资格。

（4）罚则：不考虑因为离开球队席区域而被取消比赛资格的人员数量有多少，应在该主教练员名下登记 1 次单一的技术犯规。

（八）队员个人 5 次犯规

如一名队员发生侵人犯规（含违反体育运动精神的犯规）和 / 或技术犯规累计已达 5 次时，裁判员应通知该队员，其必须在 30 秒内被替换。

（九）全队累计犯规与处罚状态

（1）如某队在某一节的比赛中，所有队员发生的侵人犯规、技术犯规、违反体育运动精神的犯规、取消比赛资格的犯规的次数总和达 4 次时，则该队就处于全队犯规处罚状态。

（2）罚则：所有随后对未做投篮动作的对方队员的侵人犯规应判给被侵犯的队员执行 2 次罚球，以替代掷球入界；但如果是控制活球的队或拥有球权的队的队员发生了 1 次侵人犯规，这样的犯规应只是判给对方队 1 次掷球入界。

第二节　五人篮球比赛三人执裁技巧

一、三人执裁通则

（一）定义

由三名裁判员共同完成一场篮球比赛的临场裁判工作称为三人执裁，三人执裁成功的关键是同伴之间的相互信任和良好配合。

（二）常用术语、符号和释义

（1）追踪裁判员（T）：是指落位在中线附近的球队席区域边界，且时常与前导裁判员位于同侧，并保持在比赛的后方的裁判员。

（2）前导裁判员（L）：是指落位于前场端线，并尽可能保持在有球的一侧前方的裁判员。

（3）中央裁判员（C）：是指位于前场前导裁判员对侧，罚球线延长线附近的裁判员。

（4）主裁判员（CC）：是指三人执裁团队中，资历最丰富或年龄较长或水平相对较高的那一位裁判员。

（5）副裁判员（U1，U2）：是指三人执裁团队中，资历较浅或年龄较小或水平相对稍低的其余两位裁判员，包含第1副裁判员和第2副裁判员。

（6）执行裁判员：是指把球递交给执行罚球或掷球入界的队员或开场执行跳球的裁判员。

（7）强侧：是前导裁判员和追踪裁判员所在的场地一侧。

（8）弱侧：是中央裁判员所在的场地一侧。

（9）球侧：是当球场被两个球篮假想连线一分为二时，球所在的一侧。

（10）协助侧：是在前场有球一侧的对侧。

（11）记录台侧：是靠近记录台的一侧。

（12）记录台对侧：是远离记录台的一侧。

（13）轮转：是指当球在前场从记录台侧或对侧反向移动并停留在另一侧（弱侧）时，致使前导裁判员根据球在前场的位置变化发动一次占位变化至球侧（强侧），此举致使原中央裁判员成为新的追踪裁判员，原追踪裁判员成为新的中央裁判的位置变化就称之为一次轮转。

（14）换位：是宣判裁判员在向记录台报告犯规之后的位置变化情况。

三人执裁的常用符号和释义，以及在球场上所占据的位置如表 17-2-1 和图 17-2-1 所示。

表 17-2-1　三人执裁常用符号及释义

符号	释义
Ⓣ Ⓛ Ⓒ	T：追踪裁判员（绿色） L：主裁判员（蓝色） C：中央裁判员（红色）
Ⓣ Ⓛ Ⓒ	追踪裁判员、前导裁判员、中央裁判员初始位置
CC U1 U2	主裁判员（CC）、第 1 副裁判员（U1）、第 2 副裁判员（U2）
⟶	比赛方向
⇢⇢⇢	方向：追踪裁判员，前导裁判员，中央裁判员
（哨）	裁判员鸣哨
✸	动作发生点 – 宣判犯规
（扇形）	覆盖区域
（方框人像）	方框颜色表明进行报告的裁判员（追踪＝绿色，前导＝蓝色，中央＝红色）
Ⓐ1 Ⓑ1	队员 A1（进攻队员），B1（防守队员）
∿⟶	运球

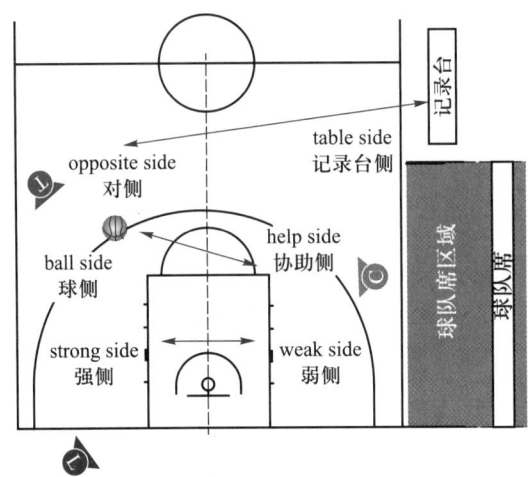

» **图 17-2-1** 裁判员主要站位

（三）临场裁判员赛前主要工作程序

1. 赛前 20 分钟

（1）3 位裁判员应一起进入比赛场地与记录台人员见面，主裁判员要负责检查比赛场地、比赛计时钟和所有技术设备，包括记录表，并挑选一个使用过并达到下述标准的比赛用球：当球从 1 800 毫米的高度（从球的底部量起）落到比赛场上，反弹起来的高度在 960～1 160 毫米之间（从球的底部量起）。一旦比赛用球确定后，主裁判员应在该球上做出明显的标记，随后，任何一队都不得再用它进行练习。

（2）3 位裁判员应站在记录台对面中线附近，仔细观察双方球队的情况，如有任何不良行为，裁判员必须立即警告违犯队的教练员，如再犯，则应宣判违犯者一次技术犯规。

2. 赛前 10 分钟

主裁判员在检查记录员已经填写好的记录表后，要确保双方教练员确认本队队员的姓名、号码以及教练员们的姓名，并督促他们在记录表上签字，然后标出本队首发的 5 名队员。

3. 赛前 6 分钟

主裁判员应鸣哨并令所有队员停止赛前练习并回到各自的球队席区域，3 位裁判员移动到记录台前之后，先介绍秩序册中队名列前的队，通常是主队，且球队席位于记录台左侧并首先进攻记录台左侧球篮的，然后介绍另外一队。

4. 赛前 3 分钟

主裁判员应鸣哨并以手势表示：离比赛开始还有 3 分钟。随后，记录台介绍 3 位裁判员。

5. 赛前 1 分 30 秒

主裁判员应令所有的队员停止赛前练习，并立即回到各自的球队席区域。

6. 赛前 30 秒

主裁判员在确认每一位裁判人员，包括记录台人员都已做好开始比赛的准备，与副裁判员们握手后，进入比赛场地，且以握手的方式，清楚地表明双方各自的场上队长。至此，裁判员们的赛前主要工作即将结束。

（四）赛前和半时休息期间裁判员的基本站位

图 17-2-2 是赛前裁判员的基本站位。裁判员可以进行移动热身，但至少应保留一名裁判员在原地观察场上情况（图 17-2-3）。

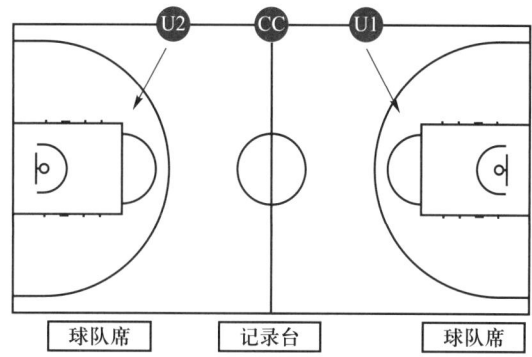

» 图 17-2-2　3名裁判员的基本站位

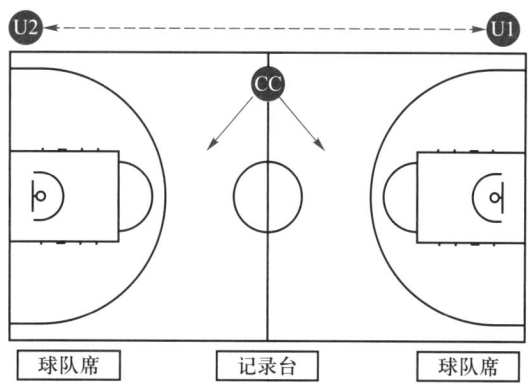

» 图 17-2-3　2名裁判员热身，1名裁判员基本站位

（五）第1节跳球和第2、3、4节掷界外球开始比赛时裁判员的基本站位、职责及移动路线

1. 第1节跳球时裁判员的基本站位与职责

（1）基本站位

① 主裁判员从面对记录台的中线位置负责开始跳球时的抛球。

② 两名副裁判员站在互为相对的两条边线位置，第1副裁判员站在记录台侧靠近中场位置的边线，第2副裁判员站在记录台对侧与其右侧球队席界线相对应的位置。

（2）职责

① 主裁判员的职责：

a. 要确保在跳球队员之间将球垂直抛起。

b. 球的高度要达到跳球队员跳起时所能达到的高度之上。

② 第1副裁判员的职责：

a. 观察跳球时主裁判员抛球是否恰当或跳球队员是否发生违例，如违例，则要宣判重新跳球或违例。

b. 当球被合法拍击时，做出开动比赛计时钟的手势。

③ 第2副裁判员的职责：观察其他8名非跳球队员，是否发生了违例和犯规。

如图17-2-4所示，主裁判员面对记录台负责执行抛球，第1副裁判员位于记录的同侧靠近中线的位置观察可能存在的抛球失误或跳球队员违例，第2副裁判员位于记录台对侧与球队席线相对应处观察非跳球队员可能出现的违例。

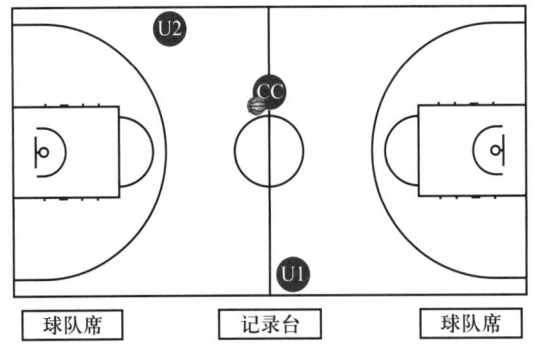

» **图 17-2-4** 第1节跳球时裁判员的基本站位

2. 第1节跳球后裁判员的移动路线

（1）当比赛向主裁判员左侧发展时3位裁判员的移动路线：如图17-2-5所示，第1副裁判员成为前导裁判员，第2副裁判员成为中央裁判员，主裁判员移动到之前第1副裁判员的边线位置成为追踪裁判员。

（2）当比赛向主裁判员右侧发展时3位裁判员的移动路线：如图17-2-6所示，第2副裁判员成为前导裁判员，第1副裁判员成为中央裁判员，主裁判员移动到之前第2副裁判员的位置边线成为追踪裁判员。

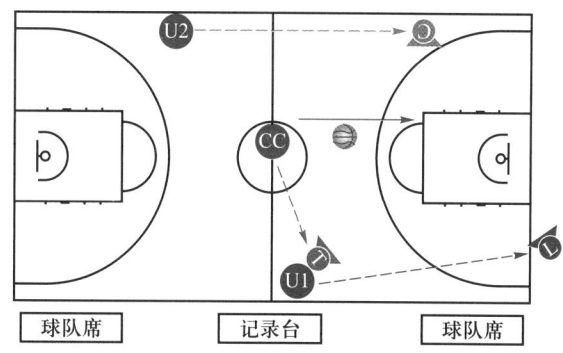

» 图17-2-5　跳球后当比赛向主裁判员左侧发展时裁判的移动路线

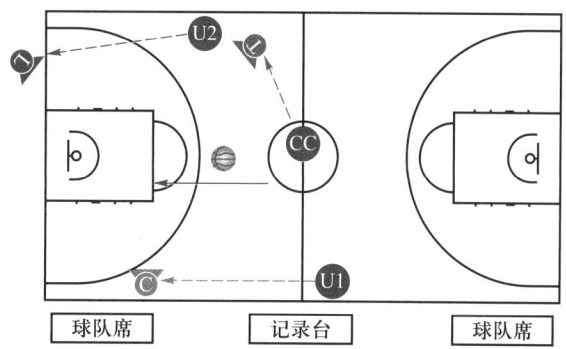

» 图17-2-6　跳球后当比赛向主裁判员右侧发展时裁判员的移动路线

3. 第2、3、4节和决胜期掷界外球开始比赛时裁判员的基本站位

如图17-2-7所示，第2、3、4节和决胜期开始比赛时，由主裁判员负责执行掷球入界，第1副裁判员和第2副裁判员分别在中央裁判员和前导裁判员位置上落位。

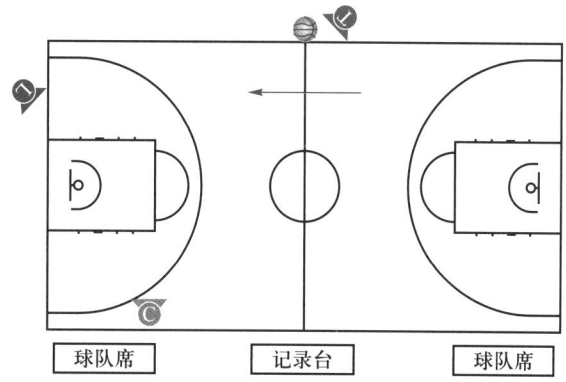

» 图17-2-7　第2、3、4节和决胜期比赛开始时裁判员的基本站位

（六）场上区域的职责分工

三人执裁的基本原则是每位裁判员要对自己的区域负责，并通过建立同伴间的信任来实现这一原则。然而在执裁中必须要尽可能地保持球侧有两名裁判员，以确保在投篮动作发生时有效的视野覆盖。

如图 17-2-8 所示，当前导裁判员落位于记录台侧时，追踪裁判员、前导裁判员、中央裁判员的责任区域。如图 17-2-9 所示，当前导裁判员落位于记录台对侧时，追踪裁判员、前导裁判员、中央裁判员的责任区域。尽管前导裁判员覆盖最小的区域，但分析表明，他仍然会判罚 50%～60% 的违犯情况。大量的比赛情况都发生在该区域，所以当前导裁判员位于此处时，他将拥有最好的角度去观察该区域的比赛。这就是为什么球侧要尽可能有两名裁判员的重要原因。

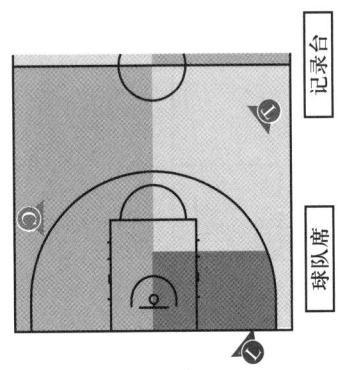

» **图 17-2-8** 前导裁判员在记录台侧时

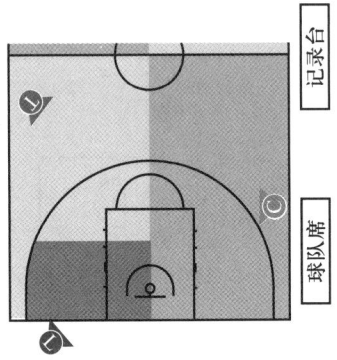

» **图 17-2-9** 前导裁判员在记录台对侧时

（七）基础位置和覆盖区域

1. 前导裁判员位置和覆盖区域

（1）前导裁判员在端线应面向就近处球篮，呈 45° 角站位。站位地点不应该远离端线超过 1 米，并且应当在限制区的外侧。前导裁判员的移动范围应当在近侧三分线与端线的交点处到篮板边缘假想的垂直线之间（图 17-2-10）。

（2）前导裁判员应位于比赛场地外执裁，但切记不能在篮板下方的位置执裁（图 17-2-11）。

（3）前导裁判员的具体站位要根据球的运转来决定，确保他位于比赛的边缘位置。

（4）前导裁判员应当具有很好的开角，并负责判罚位于强侧罚球线以下的所有违犯。

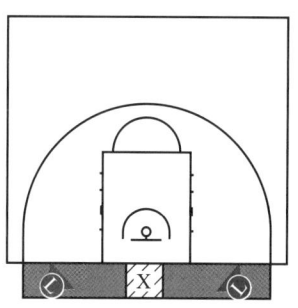

» 图 17-2-10　前导裁判员的工作区域

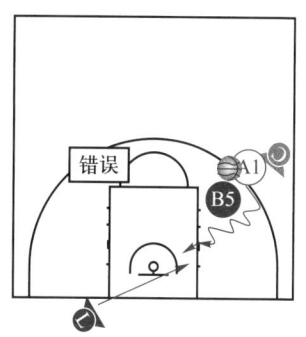

» 图 17-2-11　前导裁判员的错误站位

（5）当球在强侧时，前导裁判员要时刻准备着发生向球篮的运球情况。此时前导裁判员应该向外侧移动几步，这称为"前导裁判员的交叉步"，能帮助前导裁判员看清运球的全过程，更好地观察防守，以及运用"距离和静止"的执裁原则。如图 17-2-12 所示，当球位于强侧低位时，前导裁判员应当为下一个动作做好准备并通过一个交叉步为下一个可能发生的动作获取更宽的视角。如图 17-2-13 所示，前导裁判员做了一个交叉步并向球篮移动少许时，新的视角使得前导裁判员可以执裁突破中的防守并为协防做好准备。

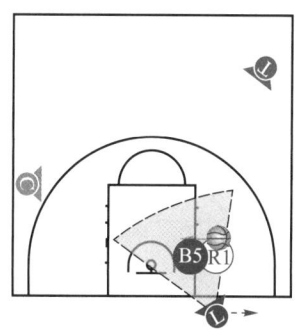

» 图 17-2-12　当球位于强侧低位时

» 图 17-2-13　当前导裁判员做了交叉步
并向球篮移动少许时

2. 追踪裁判员位置和覆盖区域

（1）追踪裁判员的工作区域位于球队席区域界线（含记录台对侧或同侧）到中线之间（图 17-2-14）。

（2）追踪裁判员通常位于比赛场地内执裁。

（3）追踪裁判员在场上要与队员保持适当的距离，保持清醒的头脑对比赛做出预判。因此，追踪裁判员可以监控场上大多数的状况。

（4）当球向追踪裁判员负责的边线运行时，他应该向场内移动，并保持开角观察。

（5）当面前有运球队员时，追踪裁判员应当积极预判运球队员可能前进的方向。当运球队员向一侧移动时，追踪裁判员应当运用交叉步向另一侧移动，这被称为"追踪裁判员的交叉步"（图17-2-15）。当这个比赛片段结束后，追踪裁判员应立即回到他位于边线附近的站位地点。

» 图17-2-14 追踪裁判员工作区域

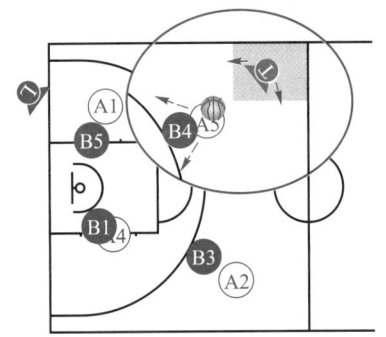

» 图17-2-15 当队员朝向一侧移动，
追踪裁判员则反向移动

3. 中央裁判员位置和覆盖区域

（1）中央裁判员的工作区域位于罚球区半圆的顶端和假想的罚球区内半圆的底端之间（图17-2-16）。

（2）中央裁判员位于比赛场地内执裁。

（3）任何弱侧朝向球篮的动作都属于中央裁判员监控的职责，中央裁判员要准确判罚职责内的违犯。如果中央裁判员漏掉了非法接触或者判罚不积极主动，这将迫使前导裁判即便处于不良的观察视角，但必须更加积极活跃地去观察和判罚相应的违犯，这就将会出现不被提倡的"前导裁判员的越区宣判"的情况。

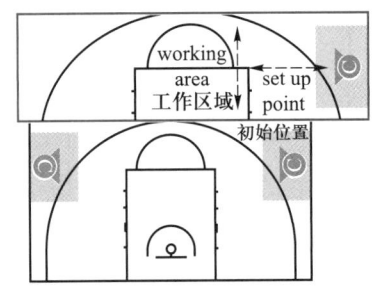

» 图17-2-16 中央裁判员的工作区域

（4）当弱侧有队员突破时，中央裁判员要向上线移动，这同样适用于追踪裁判员。中央裁判员的移动方向应与队员的突破方向相反，这称为"中央裁判员的交叉步"。中央裁判员与队员形成一条线的情况时有发生，这只是短暂的瞬间，可以通过微调脚步来进行调整。如图17-2-17所示，当球位于弱侧时，中央裁判员要做好观察向球篮突破以及交叉步的准备。如图17-2-18所示，当运球队员向左侧移动时，中央裁判员要向右侧做交叉步并保持开角。

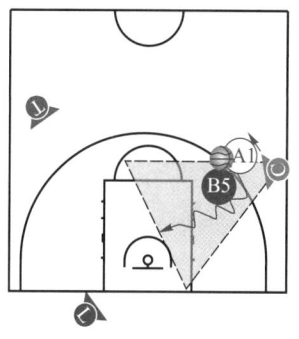
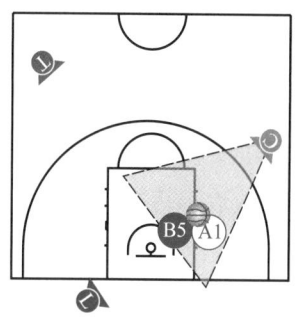

» 图 17-2-17　当球位于弱侧时　　　　» 图 17-2-18　当运球队员向左侧移动时

（5）当出现弱侧区域靠近中线位置的包夹情况时，中央裁判员应当靠近中线以观察比赛（图 17-2-19），即去你该去的地方以监控比赛。包夹结束后，中央裁判员立刻返回罚球线延长线的常规位置（图 17-2-20）。除非在包夹发生时，前导裁判员已经发动了轮转，该情况也可以在包夹发生前发动轮转。

» 图 17-2-19　当靠近弱侧中线出现包夹情况时　　　» 图 17-2-20　包夹结束时

（八）轮转步骤

通常情况下，轮转均由前导裁判员发起。因此，前导裁判员总是在不断寻找发动或中断轮转的时机，只有这样才得以使强侧和球侧能够尽可能多的重合。

（1）当球位于靠近中场的位置时，前导裁判员位于轮转发动点的位置（图 17-2-21）。

（2）当球移动并停留到弱侧时：

① 前导裁判员开始向弱侧轮转随之到达弱侧。

② 追踪裁判员变成新的中央裁判员。

（3）前导裁判员已经完成轮转并做好了执裁比

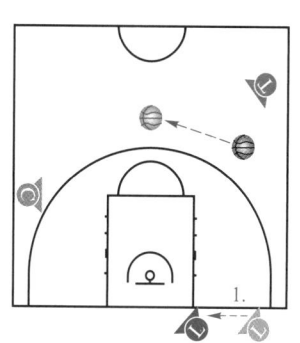

» 图 17-2-21　当球移动到场地中央的区域时

赛的准备，中央裁判员变成新的追踪裁判，轮转完成。

（4）当弱侧有快速投篮和突破时，为了便于观察，前导裁判员则不需要发动轮转。

（5）当前导裁判员发动轮转，他要快走而不要跑。这就可以使他一旦在弱侧出现快速投篮、突破或攻防转换时终止轮转，对迎面而来的比赛做出判罚。

（九）攻防转换中新的前导裁判员的职责分工、移动路线与落位方法

（1）完全结束上一比赛片段后，即投篮的球完全进入球篮或防守队获得篮板球后，再转换位置。

（2）在转身全速跑向端线，整个转换过程中要面向球场，动态观察接下来的比赛和执裁防守，还应对比赛计时钟保持监控。

（3）攻防转换中，新的前导裁判员一般要在 4 秒之内移动到对面端线，并保证有好的位置来进行宣判。

（4）直线跑到端线位置，建立初始位置，并保持与比赛的固定距离和开角（图 17-2-22）。不可以曲线跑向球篮（图 17-2-23）。

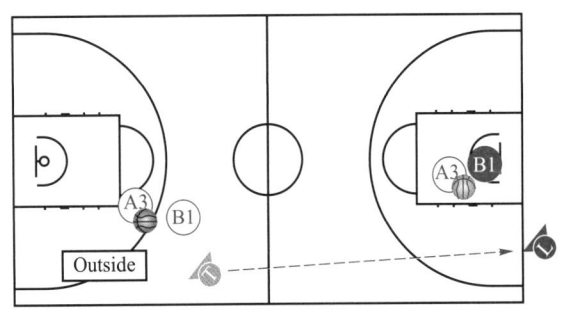

» 图 17-2-22　前导裁判员直线跑到端线位置

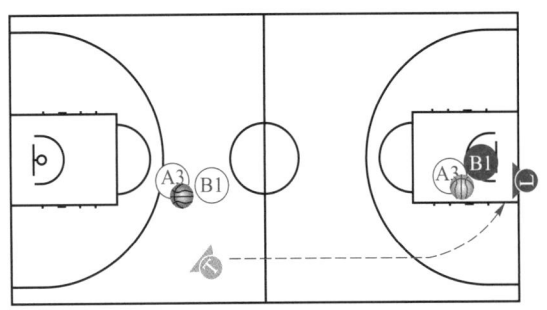

» 图 17-2-23　前导裁判员错误跑动

（5）停在端线的一个静立位置并默数"1、2"，并准备继续执裁接下来的比赛。

（十）攻防转换中新的追踪裁判员的职责分工、移动路线与落位方法

（1）攻防转换中，新的追踪裁判员应始终位于比赛的后方，不要超越或持平最后一名队员，这样追踪裁判员可以轻松监控计时钟并预判比赛接下来的发展。

（2）中篮后或在后场掷球入界中，追踪裁判员应当保持在离球 3 米的位置观察比赛。如图 17-2-24 所示，新的追踪裁判员在球中篮后要停留在端线后，直到掷球入界队员将球传给队友后，再开始向前场移动。

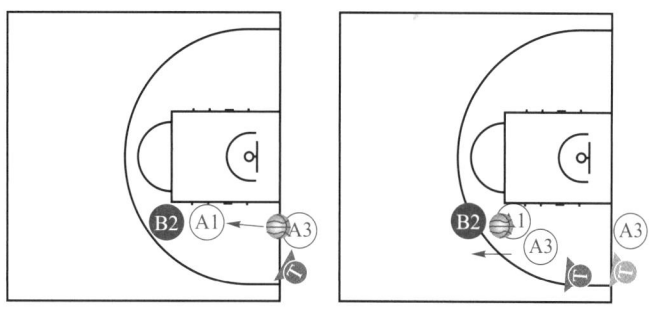

» 图 17-2-24　追踪裁判员移动路线（球中篮后）

（3）总是保持在比赛后方 1~2 步的适当距离，观察比赛。如图 17-2-25 所示，追踪裁判员要始终位于比赛后方，并保持适当的距离以维持固定的开角，且实时监控计时钟和到前场的设置。

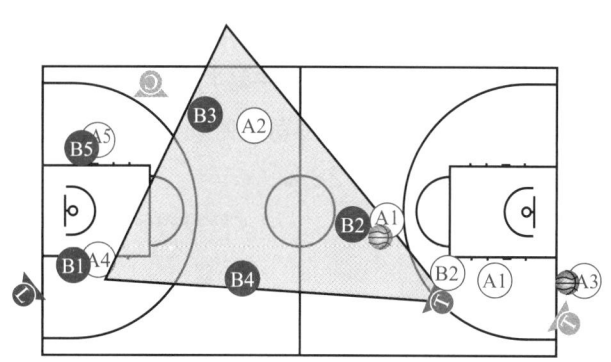

» 图 17-2-25　追踪裁判员移动路线（始终在比赛后方）

（4）当最后一名队员进入前场后，要保持面向球篮呈 45° 角的位置观察比赛，保证所有队员都要包括在其左、右手延长线构成的扇面内。

（十一）攻防转换中新的中央裁判员的职责分工、移动路线与落位方法

（1）完全结束上一比赛片段后，即投篮的球完全进入球篮或防守队获得篮板球后再转换位置。

（2）转换的过程中要始终面向场地，积极观察比赛的发展和执裁防守。

（3）直线跑到前场罚球线延长线的初始位置。

（4）在转换过程中如果球转到弱侧，那么中央裁判员要立即停止移动，通过预判保持与比赛的合适距离，准备判罚。

如图 17-2-26 所示，中央裁判员通常的移动位置是从后场到前场罚球线延长线的位置，应当面向场地监控所有弱侧的攻防转换。

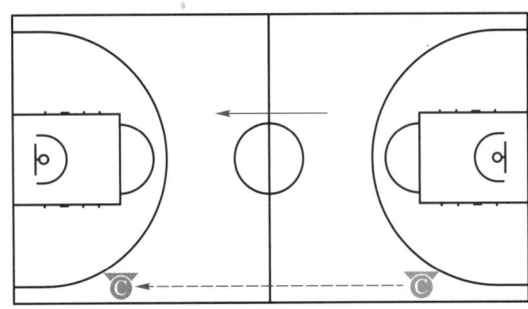

» 图 17-2-26　中央裁判员的移动路线

（十二）投篮时的区域职责分工

（1）前导裁判员负责强侧的任何二分区投篮，追踪裁判员负责几乎所有的三分区投篮以及强侧的二分区投篮，中央裁判员负责弱侧的所有投篮（图 17-2-27）。

（2）当共管区出现投篮时，基本原则都是裁判员们分别对各自的区域负主要责任。在共管区投篮时，相关的两名裁判员都有义务观察整个发展过程，并集中注意对其同侧的防守队员进行监控（图 17-2-28）。

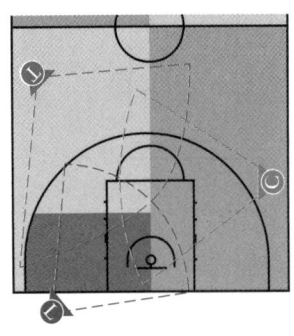

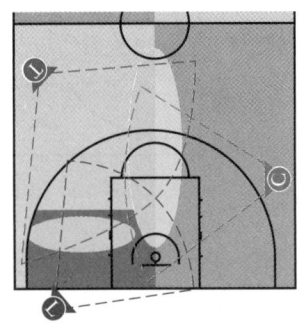

» 图 17-2-27　投篮时裁判员的分工　　» 图 17-2-28　不同裁判员的负责区域
　　　　　　　　　　　　　　　　　　　　　　　　　（共管区出现投篮）

（十三）宣判犯规后换位的基本原则、基本要求

1. 基本原则

（1）宣判犯规，罚则是罚球，球保留在前场时：

① 向记录台报告的裁判员，通常要移动到记录台对侧追踪裁判的位置。

② 另外两名裁判员之一填补其空位。

（2）宣判犯规，罚则是掷球入界，球保留在前场时：

① 向记录台报告的裁判，通常要移动到记录台对侧追踪裁判或中央裁判的位置。

② 另外两名裁判之一填补其空位。

（3）一般情况下，前导裁判和靠近记录台侧的裁判，如未宣判犯规则不换位，但如宣判了犯规，则要和记录台对侧的裁判换位，而记录台对侧的裁判则是如未宣判犯规，却要和宣判犯规的裁判换位，如宣判了犯规，则不换位。

2. 基本要求

（1）宣判犯规的裁判，他只要快步走出人群，就可以向记录台报告犯规。而将要和其换位的那名裁判员，则要逐步移向新的位置并负责掌控球，并选择一个合适的位置，监控所有队员，直到向记录台报告犯规的裁判转身开始重新观察队员时为止。

（2）前导裁判员必须面向记录台执行罚球。

（3）裁判员们始终要知道：球的位置；队员们的位置；其他裁判员的位置。

（4）当未发生犯规的正常攻守转换时，三名裁判员的换位原则是：追踪→前导、中央→中央、前导→追踪。

（5）向记录台报告时要做到以下几点：

① 哨声果断、清晰、洪亮。

② 选择最短的距离，快步走到能与记录台人员建立上目光联系，以及便于移动到下一个地方的位置，双脚着地站稳停步，并平稳呼吸，保持身体平衡，身体挺直。

③ 手势规范、有力并节奏分明，报出号码、与场上发生的情况相一致的犯规性质和罚则（掷球入界或罚球）。

④ 用清楚、洪亮的语言，配合手势。

⑤ 快步走到下一个合适的位置上。

二、裁判手势与宣判程序

在篮球规则中阐明的手势是唯一正式的手势，它们必须被所有的裁判员在所有的比赛中使用。

在向记录台报告时，强烈建议使用口语来支持宣判，在国际比赛中应使用英语。记录台人员也要通晓裁判手势。

（一）裁判手势

1. 比赛计时信号

（1）（违例）停止计时钟：单臂上举，掌心向前，五指并拢，张开手掌（图17-2-29）。

（2）犯规停止计时钟：单臂握拳上举（图17-2-30）。

（3）开启比赛计时钟：单臂上举，五指并拢，用手向下做"砍劈"后再握拳（图17-2-31）。

» 图17-2-29 （违例）停止 » 图17-2-30 犯规停止 » 图17-2-31 开启比赛
计时钟　　　　　　　　　　计时钟　　　　　　　　　　计时钟

2. 得分

（1）1分：单臂上举，出示食指，腕部下屈（图17-2-32）。

（2）2分：单臂上举，出示食指、中指，腕部下屈（图17-2-33）。

（3）3分：三分试投：单臂上举，出示拇指、食指、中指3指（图17-2-34）。

三分投篮成功：双臂上举，分别出示拇指、食指、中指3指（图17-2-35）。

» 图17-2-32 1分　» 图17-2-33 2分　» 图17-2-34 3分　» 图17-2-35 3分
　　　　　　　　　　　　　　　　　　　　　　　试投　　　　　　投篮成功

3. 替换和暂停

（1）替换：两前臂胸前交叉（图 17-2-36）。

（2）招呼入场：单臂前平举，手掌向身体摆动（图 17-2-37）。

（3）要登记的暂停：一手五指并拢，掌心向下，置于胸前，与另一手食指交于掌心，双手呈"T"字形（图 17-2-38）。

（4）媒体暂停：双臂水平张开，紧握双拳（图 17-2-39）。

» 图 17-2-36　替换　　» 图 17-2-37　招呼　　» 图 17-2-38　要登记　　» 图 17-2-39　媒体
　　　　　　　　　　　　　　　入场　　　　　　　　的暂停　　　　　　　　暂停

4. 示意场上发生情况的信息

（1）取消得分或比赛结束：双臂水平在胸前做一次像剪的交叉动作（图 17-2-40）。

（2）可见的计算：横向屈肘摆小臂计数（图 17-2-41）。

» 图 17-2-40　取消得分或比赛结束　　　» 图 17-2-41　可见的计算

（3）裁判员之间的联系（示意准备好了）：单臂平举握拳向上伸出拇指（图 17-2-42）。

（4）进攻计时钟复位：单臂上举，出示食指，转动腕关节（图 17-2-43）。

（5）进攻的方向和 / 或出界：单臂平行于边线，食指、中指水平指向比赛方向（图 17-2-44）。

（6）争球 / 跳球：双臂平举分别出示拇指（图 17-2-45）。

» 图 17-2-42　裁判员　» 图 17-2-43　进攻　» 图 17-2-44　进攻　» 图 17-2-45　争球 /

之间的联系　　　　计时钟复位　　　的方向和 / 或出界　　　跳球

5. 违例

（1）带球走：双手握拳，双臂身前向前转动（图 17-2-46 ）。

（2）非法运球：两次运球。双手掌心向下身前做交替轻拍动作（图 17-2-47 ）。

（3）非法运球：携带球。单臂体侧，手掌做朝前半转，模仿"翻腕"动作（图 17-2-48 ）。

» 图 17-2-46　带球走　　» 图 17-2-47　两次运球　　» 图 17-2-48　非法运球：携带球

（4）3 秒违例：单臂由体侧至前平举，出示拇指、食指、中指（图 17-2-49 ）。

（5）5 秒违例：单臂体前屈，掌心向前，出示 5 指（图 17-2-50 ）。

（6）8 秒违例：双臂体前屈，掌心向前，一手出 5 指，另一手出拇指、食指、中指（图 17-2-51 ）。

（7）24 秒违例：单臂侧屈于肩上方，手指触肩（图 17-2-52 ）。

（8）球回后场：单臂平举，出示食、中指在身前摆动（图 17-2-53 ）。

（9）故意脚踢或拦阻球：一手食指指向脚面（图 17-2-54 ）。

（10）干涉得分 / 干扰得分：一手食指在另一握拳手上方画圆（图 17-2-55 ）。

   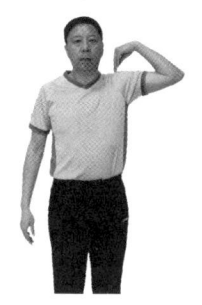

» 图 17-2-49　3秒违例　　» 图 17-2-50　5秒违例　　» 图 17-2-51　8秒违例　　» 图 17-2-52　24秒违例

» 图 17-2-53　球回后场　　　» 图 17-2-54　故意脚踢或阻拦球　　　» 图 17-2-55　干涉得分 / 干扰得分

6. 队员号码

（1）00 号和 0 号：双臂体前屈，双手 5 指各呈 "0" 形（图 17-2-56）；右臂体前屈，右手 5 指呈 "0" 形（图 17-2-57）。

（2）1~5 号：右臂体前屈，右手分别出示 1~5 指。如图 17-2-58 所示，为队员号码 1 的手势。

（3）6~10 号：双臂体前屈，右手出示 5 指，左手分别出示 1~5 指。如图 17-2-59 所示，为队员号码 6 的手势。

» 图 17-2-56　00号　　» 图 17-2-57　0号　　» 图 17-2-58　1号　　» 图 17-2-59　6号

（4）11~15 号：双臂体前屈，右手握拳，左手分别出示 1~5 指。如图 17-2-60 所示，为队员号码 11 号的手势。

（5）16 号：首先右手手背朝外出示食指（代表十位数），然后双手手掌朝外，右手出示 5 指，左手出示食指（分别代表个位数）。如图 17-2-61 所示，为队员号码 16 号的手势。

（6）24 号：首先右手手背朝外出示食指、中指（代表十位数），然后右手手掌朝外出示 4 指（代表个位数）。如图 17-2-62 所示，为队员号码 24 号的手势。

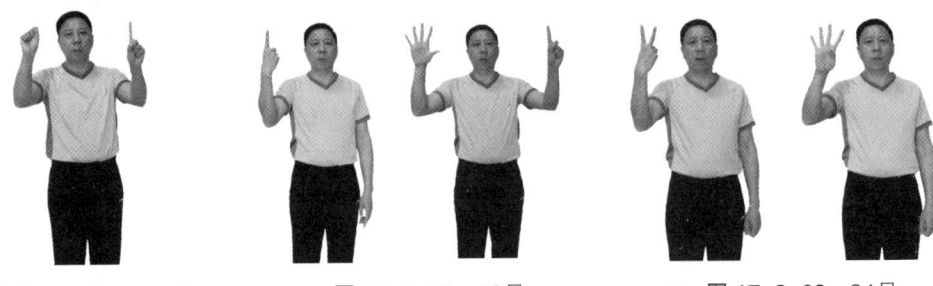

» 图 17-2-60　11 号　　　　» 图 17-2-61　16 号　　　　» 图 17-2-62　24 号

（7）40 号：首先右手手背朝外出示食指、中指、无名指、小指（代表十位数），然后右手呈"0"形（代表个位数）。如图 17-2-63 所示，为队员号码 40 号的手势。

（8）62 号：首先双手手背朝外，右手出示 5 指，左手出示食指（分别代表十位数），然后右手手掌朝外出示食指、中指（代表个位数）。如图 17-2-64 所示，为队员号码为 62 号的手势。

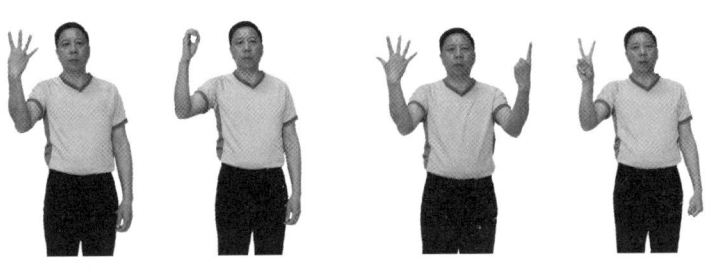

» 图 17-2-63　40 号　　　　　　　» 图 17-2-64　62 号

（9）78 号：首先双手手背朝外，右手出示 5 指，左手出示食指、中指（分别代表十位数），然后双手手掌朝外，右手出示 5 指，左手出示拇指、食指、中指（分别代表个位数）。如图 17-2-65 所示，为队员号码 78 号的手势。

（10）99 号：首先双手手背朝外，右手出示 5 指，左手出示食指、中指、无名指、小指（分别代表十位数），然后双手手掌朝外，右手出示 5 指，左手出示食指、中指、无名指、小指（分别代表个位数）。如图 17-2-66 所示，为队员号码 99 号的手势。

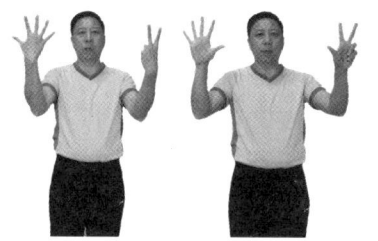

» 图17-2-65　78号

» 图17-2-66　99号

7. 犯规的类型

（1）拉人：一手抓住另一臂腕部（图17-2-67）。

（2）阻挡（防守）、非法掩护（进攻）：双手置于髋部（图17-2-68）。

（3）推人或无球撞人：双手模仿"推"的动作（图17-2-69）。

（4）用手阻挡：一手抓住另一手腕部，向前模仿"推"的动作（图17-2-70）。

» 图17-2-67　拉人　　» 图17-2-68　阻挡　　» 图17-2-69　推人　　» 图17-2-70　用手
　　　　　　　　　　（防守）、非法掩护（进攻）　　或无球撞人　　　　　　阻挡

（5）非法用手：双手握拳，一手击另一臂手腕部（图17-2-71）。

（6）带球撞人：一手握拳撞击另一手掌（图17-2-72）。

（7）对手的非法接触：一手掌击另一前臂（图17-2-73）。

（8）钩人：小臂向后移动（图17-2-74）。

» 图17-2-71　非法　　» 图17-2-72　带球　　» 图17-2-73　对手的　　» 图17-2-74　钩人
　　用手　　　　　　　　撞人　　　　　　　非法接触

（9）非法侵占圆柱体：双臂和手垂直上下移动（图17-2-75）。

（10）过分挥肘：单臂屈肘，水平后摆（图17-2-76）。

（11）击头：单手模仿"拍击头部"（图17-2-77）。

（12）控制球队的犯规：单手臂握拳平举，指向犯规队球篮（图17-2-78）。

» 图17-2-75 非法侵占圆柱体　» 图17-2-76 过分挥肘　» 图17-2-77 击头　» 图17-2-78 控制球队的犯规

（13）对投篮队员犯规：单臂握拳上举（犯规停止计时钟），随后手指出示罚球次数（图17-2-79）。

（14）对非投篮队员犯规：单臂握拳上举（犯规停止计时钟），随后食指、中指指向地面（图17-2-80）。犯规后，由投篮动作改变为传球动作（图17-2-81）。

» 图17-2-79 对投篮队员犯规　» 图17-2-80 对非投篮队员犯规　» 图17-2-81 犯规后将球传出

8. 特殊的犯规

（1）双方犯规：在头上方，双手握拳，双臂交叉摆动（图17-2-82）。

（2）技术犯规：一手五指并拢掌心向下，置于胸前，与另一五指并拢的手交于掌心，双手呈"T"字形（图17-2-83）。

（3）违反体育运动精神的犯规：一手抓住另一握拳手臂的腕部置于头上方（图17-2-84）。

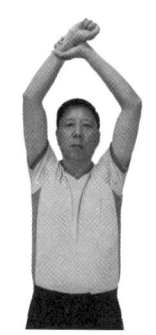

» 图 17-2-82　双方犯规　　» 图 17-2-83　技术犯规　　» 图 17-2-84　违反体育运动
　　　　　　　　　　　　　　　　　　　　　　　　　　　　　　　　精神的犯规

（4）取消比赛资格的犯规：双手握拳双臂上举（图 17-2-85）。

（5）骗取犯规：单臂前臂上抬两次，从高处做起（图 17-2-86）。

（6）掷球入界非法越线：单臂侧举平行于界线摆动手臂（图 17-2-87）。

» 图 17-2-85　取消比赛资格　　» 图 17-2-86　骗取犯规　　» 图 17-2-87　掷球入界
　　　　　　　的犯规　　　　　　　　　　　　　　　　　　　　　　　　　非法越线

9. 即时回放系统

（1）即时回放系统回看：单臂水平前举，出示并转动食指（图 17-2-88）。

（2）主教练申请的挑战：双臂并用食指在胸前空中画一个长方形（图
17-2-89）。

» 图 17-2-88　即时回放系统回看　　» 图 17-2-89　主教练申请的挑战

10. 向记录台报告需执行的罚则（宣判裁判）

（1）犯规后不罚球：单臂水平平行于边线，食指、中指指向比赛方向（图17-2-90）。

（2）控制球队犯规后：单臂握拳水平平行于边线，指向犯规队的球篮（图17-2-91）。

（3）1次罚球：单臂屈肘上举，出示食指（图17-2-92）。

» 图17-2-90 犯规后不罚球　　» 图17-2-91 控制球队犯规后　　» 图17-2-92 1次罚球

（4）2次罚球：单臂屈肘上举，出示食指、中指（图17-2-93）。

（5）3次罚球：单臂屈肘上举，出示拇指、食指、中指（图17-2-94）。

» 图17-2-93 2次罚球　　　　» 图17-2-94 3次罚球

11. 罚球管理——执行裁判（前导裁判员）

（1）1次罚球：单臂水平前平举，出示食指（图17-2-95）。

（2）2次罚球：单臂水平前平举，出示食指、中指（图17-2-96）。

（3）3次罚球：单臂水平前平举，出示拇指、食指、中指（图17-2-97）。

» 图17-2-95 1次罚球　　　　» 图17-2-96 2次罚球　　　　» 图17-2-97 3次罚球
（前导裁判员）　　　　　　　（前导裁判员）　　　　　　　（前导裁判员）

12. 罚球管理——协同裁判（中央裁判员）

（1）1次罚球：单臂屈肘侧上举，使大臂与小臂、躯干保持垂直，出示食指（图17-2-98）。

（2）2次罚球：双臂屈肘侧上举，使大臂与小臂、躯干保持垂直，五指并拢，掌心向前（图17-2-99）。

（3）3次罚球：双臂屈肘侧上举，使大臂与小臂、躯干保持垂直，分别出示拇指、中指、食指（图17-2-100）。

» 图17-2-98　1次罚球（中央裁判员）

» 图17-2-99　2次罚球（中央裁判员）

» 图17-2-100　3次罚球（中央裁判员）

（二）手势宣判程序

1. 发生违例时手势宣判程序

（1）出示停止计时钟。

（2）出示违例性质（当发生球出界时，无须做此手势）。

（3）出示比赛方向。

2. 发生一般性质侵人犯规，罚则是以掷球入界恢复比赛时的手势宣判程序

（1）出示停止计时钟。

（2）单臂侧下举出示食指、中指并指向地面。

（3）快步走出队员群，并在记录员能看清的位置停住。

（4）出示犯规队员号码，并停留几秒。

（5）出示犯规类型。

（6）指出比赛方向。

（7）快步走到比赛将重新开始时自己所应站立的位置。

3. 发生一般性质侵人犯规，罚则是以罚球恢复比赛时的手势宣判程序

（1）出示停止计时钟。

（2）单臂侧上举出示罚球次数。

（3）快步走出队员群，并在记录员能看清的位置停住。

（4）出示犯规队员号码，并停留几秒。

（5）出示犯规类型。

（6）出示罚球次数。

（7）快步走到比赛将重新开始时自己所应站立的位置。

4. 发生一般性质侵人犯规，投球中篮且2分有效时的手势宣判程序

（1）出示停止计时钟。

（2）出示2分投篮成功。

（3）单臂侧上举出示1次罚球。

（4）快步走出队员群，并在记录员能看清的位置停住。

（5）出示2分投篮成功。

（6）出示犯规队员号码，并停留几秒。

（7）出示犯规类型。

（8）出示1次罚球。

（9）快步走到比赛将重新开始时自己所应站立的位置。

5. 发生一般性质侵人犯规，投球中篮且3分有效时的手势宣判程序

（1）出示停止计时钟。

（2）出示3分投篮成功。

（3）单臂侧上举出示1次罚球。

（4）快步走出队员群，并在记录员能看清的位置停住。

（5）出示3分投篮成功。

（6）出示犯规队员号码，并停留几秒。

（7）出示犯规类型。

（8）出示1次罚球。

（9）快步走到比赛将重新开始时自己所应站立的位置。

6. 发生一般性质侵人犯规，投球中篮无效时的手势宣判程序

（1）出示停止计时钟。

（2）出示取消2分或3分投篮的得分。

（3）单臂侧下举出示食指、中指并指向地面。

（4）快步走出队员群，并在记录员能看清的位置停住。

（5）出示取消2分或3分投篮的得分。

（6）出示犯规队员号码，并停留几秒。

（7）出示犯规类型。

（8）指出比赛方向。

（9）快步走到比赛将重新开始时自己所应站立的位置。

7. 发生带球撞人或掩护犯规时的手势宣判程序

（1）出示停止计时钟。

（2）出示控制球队犯规（与犯规队球篮方向一致）。

（3）快步走出队员群，并在记录员能看清的位置停住。

（4）出示犯规队员号码，并停留几秒。

（5）出示带球撞人或掩护犯规。

（6）出示控制球队犯规（与犯规队球篮方向一致）。

（7）快步走到比赛将重新开始时自己所应站立的位置。

8. 发生双方犯规且进攻队正在控制球时的手势宣判程序

（1）出示停止计时钟。

（2）出示双方犯规。

（3）快步走出队员群，并在记录员能看清的位置停住。

（4）一手指向 B 队球队席。

（5）出示 B 队犯规队员号码，并停留几秒。

（6）一手指向 A 队球队席。

（7）出示 A 队犯规队员号码，并停留几秒。

（8）指出比赛方向。

（9）快步走到比赛将重新开始时自己所应站立的位置。

9. 发生双方犯规且双方都未控制球时的手势宣判程序

（1）出示停止计时钟。

（2）出示双方犯规。

（3）快步走出队员群，并在记录员能看清的位置停住。

（4）一手指向 B 队球队席。

（5）出示 B 队犯规队员号码，并停留几秒。

（6）一手指向 A 队球队席。

（7）出示 A 队犯规队员号码，并停留几秒。

（8）出示跳球。

（9）出示依据交替拥有箭头方向指出比赛方向。

（10）快步走到比赛将重新开始时自己所应站立的位置。

10. 发生队员技术犯规时的手势宣判程序

（1）出示停止计时钟。

（2）出示技术犯规。

（3）单臂侧上举出示 1 次罚球。

（4）快步走出队员群，并在记录员能看清的位置停住。

（5）出示犯规队员号码，并停留几秒。

（6）出示技术犯规。

（7）出示1次罚球。

（8）快步走到比赛将重新开始时自己所应站立的位置。

11. 发生队员违反体育运动精神犯规时的手势宣判程序

（1）出示停止计时钟。

（2）出示违反体育运动精神犯规。

（3）单臂侧上举出示2次或3次罚球。

（4）快步走出队员群，并在记录员能看清的位置停住。

（5）出示犯规队员号码，并停留几秒。

（6）出示违反体育运动精神犯规。

（7）单臂侧上举出示2次或3次罚球。

（8）出示单臂用食指、中指指向记录台对侧前场掷球入界线。

（9）快步走到比赛将重新开始时自己所应站立的位置。

12. 发生队员取消比赛资格犯规时的手势宣判程序

（1）出示取消比赛资格犯规。

（2）单臂侧上举出示2次或3次罚球。

（3）快步走出队员群，并在记录员能看清的位置停住。

（4）出示犯规队员号码，并停留几秒。

（5）出示取消比赛资格犯规。

（6）单臂侧上举出示2次或3次罚球。

（7）出示单臂用食指、中指指向记录台对侧前场掷球入界线。

（8）快步走到比赛将重新开始时自己所应站立的位置。

第三节　五人篮球比赛记录台工作规范

　　现代篮球比赛离不开裁判员、技术代表，以及记录台和技术统计人员的密切配合，一个高水平的记录台可以使裁判工作更加完美。一旦记录台工作出现错误会给比赛带来麻烦，甚至还会造成无法挽回的后果，所以，记录台工作的责任重大。

一、记录台人员的组成与座序

为了使记录台人员在比赛中能够协同配合，国际篮球联合会对记录台人员的组成及座序做了如下规定，如图 17-3-1 所示。

(面对比赛场地方向)

进攻 计时员	计时员	技术代表	记录员	助理 记录员

» **图 17-3-1** 国际篮球联合会规定的记录台人员的组成与座序

鉴于我国的具体情况，记录台人员的组成及座序可以按下列方式安排，如图 17-3-2 所示。

(面对比赛场地方向)

进攻 计时员	计时员	技术代表	记录员	助理 记录员	宣告员

» **图 17-3-2** 中国篮球协会要求的记录台人员的组成与座序

二、记录台所需主要设备

（一）供助理记录员使用

操控大屏幕的控制器或电脑。

（二）供记录员使用

（1）比赛专用记录表 4 张。
（2）球权交替拥有指示器 1 个。
（3）队员个人犯规次数标志牌 1—5。
（4）全队累计犯规显示器 2 个。
（5）声音信号控制器 1 个。

（三）供计时员使用

（1）比赛计时钟控制器 1 个。

（2）声音信号控制器 1 个。

（四）供进攻计时员使用

（1）进攻计时控制器 1 个。

（2）声音信号控制器 1 个。

（五）供宣告员使用

（1）麦克风 1 个。

（2）声音信号控制器 1 个。

（六）备用器材

（1）计时钟 1 块及其操控开关。

（2）铜锣 1 面，木槌 1 只。

（3）镜子 1 面。

（4）全队犯规标志牌 2 个或小旗 2 面。

（5）三音哨 1 个。

（6）手提电喇叭 1 个。

（7）秒表 2 块。

（8）手动翻分牌 1 套。

（9）球权交替拥有指示牌 1 个。

三、赛前主要工作程序

（一）赛前 60 分钟

（1）助理记录员开启大屏幕。

（2）计时员启动比赛计时钟开始 60 分钟开始倒计时。

（二）赛前 40 分钟

（1）记录台人员在各自岗位就位。

（2）记录台人员检查各自的操作设备。

（3）记录员根据秩序册上各队队员、教练员、助理教练员名单，填写记录表中的相关内容，以及记录台人员名单。

（三）赛前 20 分钟

临场裁判员进入场地，记录台人员介绍各自的岗位。

（四）赛前 10 分钟

（1）记录员应将填写好的记录表，主动请或等候双方教练员核实。

（2）教练员应指明比赛开始上场的 5 名队员，并在这些队员姓名后面的相应空格内，用蓝笔画"×"，并在记录表上签字确认。

（3）如教练员未按时确认，记录员应请此时前来记录台检查记录表的主裁判员敦促教练员核实并签字确认。

（五）赛前 6 分 30 秒

宣告员发出信号并宣告："请双方运动员停止练习，准备入场。"

（六）赛前 6 分钟

宣告员宣告：

（1）×× 篮球联赛，×× 队对 ×× 队的比赛现在开始。

（2）下面介绍双方运动员、教练员。

①（先介绍 A 队）×× 队，运动员，× 号，××（下面按队员号码顺序依次介绍）；教练员 ××，助理教练员 ××。

②（再介绍 B 队）×× 队，运动员，× 号，××（下面按队员号码顺序依次介绍）；教练员 ××，助理教练员 ××。

（3）请双方运动员相互致意。

（4）运动员向观众致意。

（七）赛前3分钟（只在第1、3节开始前运用此程序）

（1）宣告员发出信号并宣告"距离比赛（或第3节比赛）开始还有3分钟"。

（2）待主裁判员鸣哨后，宣告员宣告"下面介绍裁判员，担任本场比赛的主裁判员是××，××级，第一副裁判员是××，××级，第二副裁判员是××，××级"（只在第1节开始前运用介绍裁判员程序）。

（八）赛前1分30秒

（1）宣告员发出信号（只在第1、3节开始前运用此程序）。

（2）主裁判员鸣哨，并督促队员回到各自球队席区域（只在第1、3节开始前运用此程序）。

（九）赛前30秒

（1）主裁判员持球进入比赛场地，并招呼双方队员进场。

（2）宣告员宣告"介绍首发阵容（先介绍A队），××队，×号；（后介绍B队）××队，×号"（只在第1节开始前运用介绍首发阵容程序）。

（3）随着双方队员进入场地，记录员应迅速对照记录表核对两队首发阵容名单，核实无误后，在这些队员姓名后面的"×"上用红笔画"○"。如核对发现有误，应立即通知就近的第一副裁判员。

（4）计时员迅速调整并设置比赛计时钟显示数为10分钟。

（5）记录员在确保记录台人员全部准备就绪后，迅速用"拇指向上"的手势来回应第一副裁判员的此类询问。

（6）第1、3节比赛开始前，记录台不再发出信号，第2、4节和每一决胜期比赛开始前，记录员才发出信号。

四、助理记录员的主要职责

（1）操控大屏幕显示屏，包括但不限于显示如下内容：

① 该节的节数。

② 比分。

③ 队员的犯规数。

④ 球队在该节全队的累计犯规次数。

⑤ 该半时两队已使用的暂停次数。

（2）经常与记录员核对记录表相关信息，如有差异，及时纠正。

（3）根据记录员的需求，随时协助其工作。

五、记录员主要职责

（1）准确、及时记录比赛中发生的有关情况（第1、3节用红色笔记录；赛前及第2、4节以及每一决胜期用蓝色笔记录）。

（2）正确操控球权交替拥有指示器。

① 跳球后，将交替拥有指示器的箭头方向，指向未在场上首先获得控制球球队的进攻方向。

② 在每次交替拥有掷球入界结束时，立即反转交替拥有指示器的箭头方向。

③ 在第2节结束，并征得主裁判员同意后，立即反转交替拥有指示器的箭头方向。

六、计时员的主要职责

（1）在比赛开始前60分钟开启比赛计时钟倒计时。

（2）准确操控比赛计时钟。

（3）在进入第4节和决胜期的最后2分钟，在投球中篮（球整体穿过球网）时立即停止比赛计时钟。

（4）在第1节和第3节比赛结束后，应迅速将比赛计时钟设定为2分钟并开启倒计时；在第2节比赛时间结束后，应迅速将比赛计时钟设定为15分钟并开启倒计时。在每节和每一决胜期开始时，主裁判员鸣哨招呼队员入场时，应迅速将比赛计时钟设定为10分钟或5分钟。

（5）某队正在控制球，进攻计时钟信号响，但因种种原因比赛仍在继续进行，此时不能开启比赛计时钟。

（6）某队已请求暂停，当对方队投球中篮后，宣告员已发出暂停信号，但因种种原因比赛仍在继续进行，此时不能开启比赛计时钟。

（7）随时观察比赛计时钟上显示的时间，尤其是在停止比赛计时钟时。

（8）在比赛接近终了，当结束比赛的信号响时，确认投篮队员手中的球是否已离手。

（9）身边应放置一面铜锣，以防在比赛每一节时间结束，而比赛计时钟出现故障或未被相关人员听到时，可以及时采取相应措施通知裁判员比赛结束。

七、进攻计时员的主要职责

（1）准确操控进攻计时装置的开启、停止和复位。

（2）熟悉进攻计时钟续计算的几种情况，避免出现过早复位的失误。根据裁判员的手势决定在掷球入界时进攻计时装置是否复位。

（3）进攻计时装置一旦出现故障，应立即报告技术代表，并迅速用秒表计时，在球成死球时立即告知主裁判员。

（4）进攻计时钟临近发出信号时，要注意观察场上围绕球的情况，尤其是要确认在信号发出时，投篮队员手中的球是否已投篮离手。

（5）在进攻计时钟运行中，如果遇到包括但不限于抢断球、球出界、发生犯规、违例等情况时，要先停表，然后迅速判明情况，再决定是复位还是连续计算，避免出现过早复位、过早开表等现象。

（6）一般情况下进攻计时钟装置的信号，不能停止比赛计时钟和比赛，也不使球成死球，除非某队正在控制球。

八、宣告员的主要职责

按篮球规则规定，是不设宣告员的，但根据我国篮球比赛的传统，宣告员负责操控信号，当情况需要时，应发出信号，有时也会加以宣告，实际承担着记录员、计时员、进攻计时员和助理记录员的部分职责。

（一）某队请求暂停时

（1）当其暂停机会开始时，发出信号并宣告"××队请求暂停"，再立即做出暂停手势。

（2）待裁判员鸣哨并做出暂停手势时，开动秒表。

（3）当秒表计时达50秒时，发出第一次信号。

（4）当秒表计时达60秒时，发出第二次信号，并宣告"暂停时间到"。

（二）某队员请求替换时

（1）当其替换机会开始时发出信号，并宣告"××队（或双方）请求换人"，再立即做出替换手势。

（2）如果替换发生在暂停期间，则在暂停结束发出第二次信号后，除宣告"暂停时间到"外，还要宣告"××队换人"，以通知裁判员及相关人员。

（三）队员犯规出局、队员或教练员被取消比赛资格时

（1）当裁判员宣判某队员第5次个人犯规并结束了与记录台的联系时，宣告员应迅速与记录员核实无误后发出信号，并宣告"××队×号队员已达5次犯规，××队换人"。

（2）当裁判员宣判某队员第2次违反体育运动精神的犯规，或队员第2次技术犯规，或1次违反体育精神的犯规和1次技术犯规并结束了与记录台的联系时，宣告员应迅速与记录员核实无误后发出信号，并宣告"××队×号队员违反体育运动精神的犯规（或技术犯规或违反体育运动精神犯规和技术犯规）已达2次（累计），被取消比赛资格，××队换人"。

（3）当裁判员宣判某队教练员（或兼队员）的技术犯规已达到取消比赛资格，在裁判员结束了与记录台的联系时，宣告员应迅速与记录员核实无误后发出信号，并宣告"××队教练员被取消比赛资格，由××担任教练员"，或"××队×号兼教练员被取消比赛资格，由×号队员兼任教练员"。

（四）某队在一节比赛中全队犯规达4次时

在此后的第一次球成活球的瞬间，宣告员宣告"××队第×节全队犯规累计已达4次"。

（五）比赛中当某队3分投篮命中有效时

宣告员宣告"远投3分"。

（六）比赛中如遇一起可纠正的失误，被记录台人员首先发现，并被技术代表确认时

在球第一次成死球时，宣告员发出信号通知裁判员。

（七）在距第 1 节和第 3 节的比赛开始前 3 分钟时

宣告员发出信号并宣告"距离比赛或第 3 节比赛开始还有 3 分钟"。

（八）在距第 1 节和第 3 节的比赛开始前 1 分 30 秒时

宣告员发出信号通知裁判员及相关人员。

（九）在距第 2 节和第 4 节的比赛开始前 30 秒时

宣告员发出信号通知裁判员及相关人员。

（十）每节比赛结束时

宣告员宣告"第 × 节比赛结束，场上比分 × 比 ×，×× 队领先"。

（十一）全场比赛结束时

宣告员宣告"全场比赛结束，比分 × 比 ×，×× 队胜"。

第四节　三人篮球比赛主要规则

一、比赛通则及一般规定

（一）比赛的定义、胜负

三人篮球比赛是在只有 1 个球篮的场地上进行的比赛。有 2 支球队参加，每队出场 3 名队员，且最多 1 名替补队员。每队的目标是进攻球篮得分，并阻止对方队得分。在常规比赛时间结束前，率先得到 21 分或以上的球队获胜。这种"突然死亡"规则仅适用于常规比赛时间，不适用于可能进行的加时赛。如果常规比赛时间结束时两队比分相同，应进行加时赛。在加时赛中，率先得到 2 分的球队获胜。

（二）比赛场地

一个标准的三人篮球比赛场地应该是一块平坦的、无障碍物的硬质地面（图17-4-1）。从界线的内沿丈量，宽 15 米、长 11 米。场地需具有一个标准篮球场尺寸的区域，包括一条罚球线（5.8 米），一条 2 分线（6.75 米）和一个球篮下方的"无撞人半圆区"。

比赛场地应用三种颜色进行标记：限制区和 2 分区域使用同一种颜色，比赛场地的其他区域使用另一种颜色，界外区域使用黑色。

基层比赛可以在任意场地上进行，如果场地带有标线，应根据可用空间做相应调整。但国际篮联官方规定，三人篮球比赛必须完全按照上述标准执行，包括配备一个可安装进攻计时钟的篮架装置。

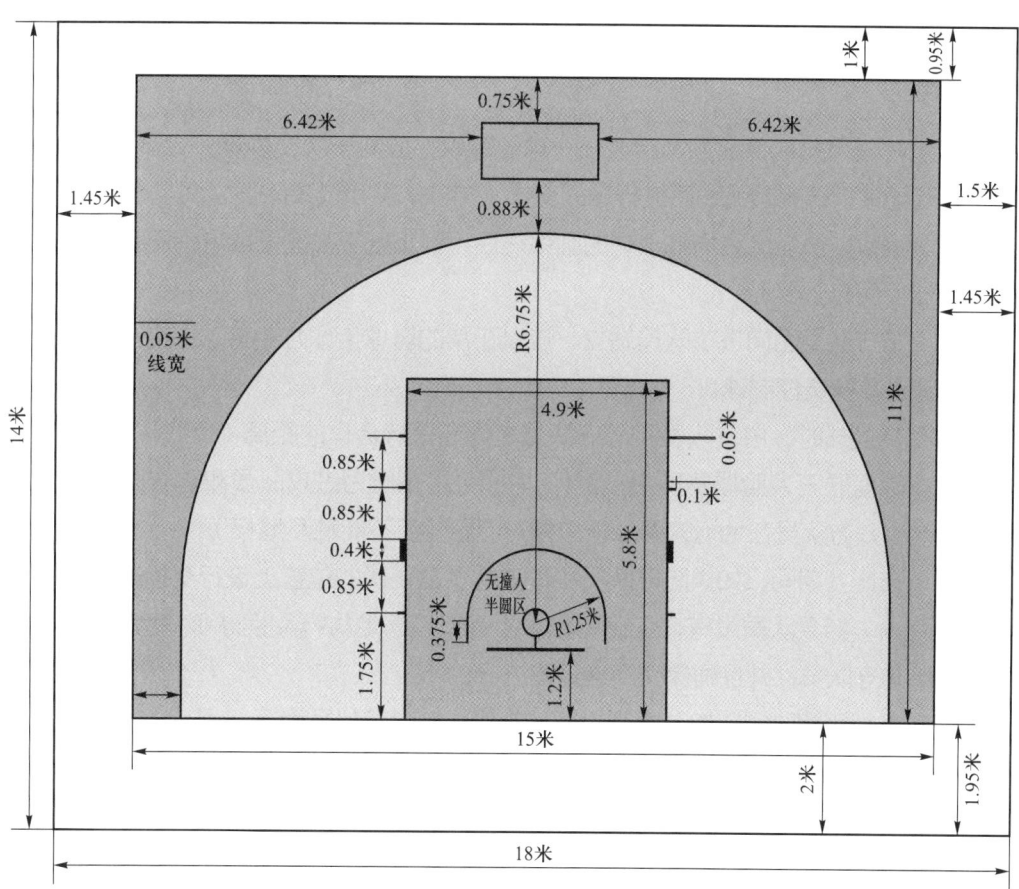

» 图 17-4-1　比赛场地

（三）比赛时间和比赛开始的方式

常规比赛时间应为一节 10 分钟。在死球和罚球时，比赛计时钟应被暂停。常规比赛时间和加时赛之间应有 1 分钟的比赛休息时间。如果常规比赛时间结束时两队比分相同，则应进行加时赛。在加时赛中，率先得到 2 分的球队获胜。双方球队以掷硬币的方式决定第 1 次球权归属。获胜一方可以选择比赛开始时的球权或可能进行的加时赛开始时的球权。

（四）球中篮和它的得分值

（1）一次罚球投中篮，计 1 分。

（2）从圆弧内（1 分投篮区域）投中篮，计 1 分。

（3）从圆弧外（2 分投篮区域）投中篮，计 2 分。

（五）交换球

（1）在任何死球情况下，给予任一球队球权，应从一次交换球开始或恢复比赛，即在比赛场地顶端的圆弧线后进行球的交换（防守队员和进攻队员之间）。

（2）进攻队员在比赛场地顶端的圆弧线后（双脚既不在圆弧线内也不在线上）进行交换球（面向篮板）。

（3）防守队员面向进攻队员站立，应以正常的篮球传球方式将球递交或反弹给对方，允许进攻队员控制球。

（4）交换球时，进攻队员和防守队员之间应保持合理的距离（大约 1 米）。在世界级的国际篮联三人篮球赛事中，3×3 地标可用来作为进攻队员和防守队员之间距离的标准（双方队员在地标的两条长边相对而站，但不能触及地标）。

（5）在比赛期间，如果防守队员和进攻队员在正确的位置上进行交换球，裁判员不需要介入。如果队员没有在正确的位置上（或错误地执行交换球），裁判员应直接将球传给防守队员，并且确保交换球正确进行。

（6）常规比赛时间或加时赛开始时，交换球应由裁判员管理。

（六）暂停

每队可被准予 1 次暂停，所有的暂停应持续 30 秒，未使用的暂停可以挪至加时赛使用。

（七）换人

从球成死球至交换球或罚球前，双方球队都可以请求替换。当球成死球并且比赛计时钟停止时，替补队员可以在不提前通知裁判员或记录台人员的情况下进入比赛。替换只能发生在端线之后，裁判员或记录台人员无须采取任何行动。

二、常见违例

违例是违犯规则的行为，罚则是给对方一次交换球。

（一）清洁球

当新的进攻队获得一次球权后，该队须从圆弧线外开始尝试投篮，否则为违例。当队员的任一只脚都不在圆弧线内或线上时，就被认为是"处于圆弧线外"。

（二）背对球篮

清洁球后，一名进攻队员在圆弧线内，不能背对或侧对球篮运球超过持续的 3 秒，否则为违例。

（三）12 秒

当出现下列情况时，该队必须在 12 秒之内尝试投篮，否则为违例。
（1）一名队员在场上获得控制活球时。
（2）在交换球中，当交换球完成，球已在进攻队员手中时。
（3）每次成功的投篮和最后一次罚球之后，球在非得分队队员的手中时。

三、常见犯规

（一）身体接触犯规

（1）当发生身体接触犯规时，应登记犯规队员的队一次身体接触犯规。

（2）如果对非投篮动作的队员发生犯规，应按下列要求处理：

① 由被侵犯的队执行交换球重新开始比赛。

② 如果犯规的队处于全队犯规被处罚状态，即全队第 7~9 次犯规时，应判给 2 次罚球。

（3）如果对投篮动作的队员发生犯规，应按下列所述判给投篮队员若干次罚球：

① 如果投篮成功：应计得分并追加 1 次罚球，但如犯规队全队已达 7~9 次犯规，则判给 2 次罚球。

② 如果从圆弧线内投篮不成功，应判给 1 次罚球，但如犯规队全队已达 7~9 次犯规，则判给 2 次罚球。

③ 如果从圆弧线外投篮不成功，应判给 2 次罚球。

（二）全队犯规

（1）全队犯规是指该队场上队员或替补队员被判罚的身体接触犯规、技术犯规、违反体育道德的犯规或取消比赛资格的犯规。某队全队犯规已发生 6 次时，该队处于全队犯规处罚状态。

（2）全队累计 7~9 次犯规时，应判给对方 2 次罚球。全队累计第 10 次及随后的犯规，应判给对方 2 次罚球和球权。

（3）如果控制活球的球队的队员或拥有球权的球队的队员发生了一次身体接触犯规，这样的犯规应判对方队执行一次交换球。

四、裁判员、记录台人员、比赛监督和专用手势

（一）裁判员、记录台人员和比赛监督

（1）裁判员应有 2 名，并由记录台人员和比赛监督（如到场）给予协助。

（2）记录台人员应由 1 名记录员、1 名记录屏操作员和 1 名进攻计时钟操作员。

（二）三人篮球裁判员专用手势

1. 媒体暂停

双拳握紧并垂直转动（图 17-4-2）。

2. 未清洁球

一臂上举出示食指、中指并从左到右移动（图17-4-3）。

3. 挑战

一手拇指、食指在肩上呈"C"字形（图17-4-4）。

» 图 17-4-2 媒体暂停　　　» 图 17-4-3 未清洁球　　　» 图 17-4-4 挑战

第五节　篮球裁判员的能力培养

一、篮球裁判员的基本功及其训练

（一）鸣哨

1. 口哨选择

口哨是裁判员临场指挥比赛的武器，哨声是篮球比赛中的主要信号，为了适应激烈比赛的需要，裁判员要选择声大、音尖的口哨。

2. 含哨方法

（1）含哨要正：要把口哨含在上下嘴唇的正中央，否则，既不好吹又不美观。

（2）含哨要紧：除上下嘴唇紧紧贴住外，还要用上下牙咬住口哨。

3. 鸣哨要求

（1）裁判员临场鸣哨时，应短促洪亮，只鸣单声哨。一般情况下，宣判犯规时，哨声略长、略重；宣判违例时，哨声略短、略轻。

（2）鸣哨时，应先吸足气和憋足气，然后突然快速吐气，只有这样，哨声才能洪亮。

4. 注意问题

（1）跳球时，执行抛球的裁判员不要把口哨含在口中，以防受伤。

（2）在活球的任何时候，口哨都要始终含在嘴里，以免急需鸣哨时，措手不及而影响宣判。

（3）鸣哨后，特别是到记录台附近报告犯规时，要把口哨吐掉，切勿含着口哨报告。

（二）抛球

1. 抛球要求

（1）高：球的最高点要超过任一跳球队员跳起时手臂所能达到的高度。一般情况下，男子比赛要达到 3.50 米左右，女子比赛要达到 3.10 米左右。

（2）直：抛出的球不得向前后左右偏离，并确保球在两名跳球队员之间垂直下落。

2. 抛球要领

两脚前后开立与肩同宽，以肩为轴由下向上摆臂，全身协调用力。既可用单手，也可用双手将球垂直抛起。

3. 抛球练习方法

（1）可在篮圈下将球抛起穿过篮圈并使球再落入篮圈。

（2）可在篮板前将球垂直抛到 3.10~4.00 米的高度再落回原处。

（3）可在地上画一圆圈，将球置于圆圈上方后，将球垂直抛起，使球再落入圈内。

（三）默计时间

1. 默计时间要求

（1）默计时间要准确，并与挥臂计算相结合，要使队员、教练员，甚至观众都能看得清楚，这样将增强宣判的说服力。

（2）在默计从后场进入前场的 8 秒时间时，可参看 24 秒计时装置的显示，但还是要以临场裁判员的判断为准。

2. 默计时间练习方法

（1）用秒表测试：开表之后，默计 3 秒、5 秒、8 秒，自认为时间到时关表，然后检查默计的准确性。

（2）在篮球场上模拟练习：当队员进入限制区时开动秒表并默计时间，当自认为 3 秒时间到时鸣哨并停表，然后检查默计的准确性。

（四）移动

移动是裁判员为了改变位置、方向、速度等所采用的各种脚步动作的通称。它是篮球裁判员做好临场工作的基础，移动的目的是寻找判罚角度，扩大视野、监控所有的场上队员，从而减少临场工作中出现的错判、漏判、反判。为了适应当今篮球比赛的需要，裁判员除应具备良好的体能外，还应掌握移动的技巧。常见的裁判员移动技术有起动、变向跑、变速跑、侧身跑、急停、转身、侧滑步、交叉步等。移动技术动作方法和练习方法可以参考本书基本技术中的移动部分内容。

（五）手势

1. 手势要求

手势应规范、美观、大方。出示号码手势时，应与眼睛同高。

2. 手势练习方法

（1）按照裁判员手势图的要求，逐个练习。

（2）对着镜子练习手势，边练习边纠正。

（3）在别人的帮助和纠正下练习手势，当帮助者喊出某种情况时，练习者快速做出相应的手势。

（4）结合鸣哨和宣判违例及犯规程序来练习组合手势。

（5）在临场工作中注意提高运用手势的能力。

二、篮球裁判员能力培养的组织教法

对于学生篮球裁判员来说，最大的困难是，虽然具有一定的理论知识，但由于从事裁判临场实践工作的经验较少，使得他们临场实践能力较差，从而制约了他们整体裁判能力水平的迅速提高。鉴于此，教师应要求学生尽可能多的参加篮球裁判临场实践工作，同时应督促学生多观摩、勤思考、善于发现问题。

（一）篮球裁判理论知识与技能学习流程

对篮球裁判技能的学习是一种特殊的运动技能的形成过程。在教学实践中，根据培养内容的内在联系、培养过程的内在规律、培养方式的内在原则等因素，我们将篮球裁判理论知识与技能学习流程总结归纳为一种模式，并在学生裁判技能的学习中加以运用，如图 17-5-1 所示。

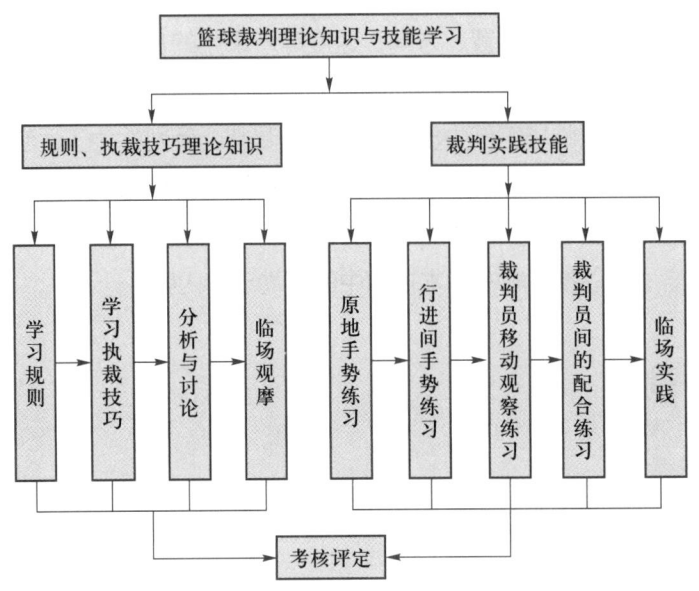

» **图 17-5-1** 篮球裁判理论知识与技能学习流程图

该流程图是一个由多要素构成的多变量的动态系统，以培养篮球裁判员的理论与实践能力为目标，各要素间相互关联、相互依赖、相互作用，通过分解理论知识与实践技能两个子系统中若干要素、循序渐进的教学以及各要素间的不断反馈、调整、强化，达到预期的学习效果。

（二）教法要点提示

（1）在进行规则讲授时，应先给学生讲清楚违例和犯规的定义、种类以及处理原则，然后通过观看比赛中的实际战例，引导、启发学生的思维，从而加深他们对理论知识的正确理解，使他们逐步从感性认识上升到理性认识，从抽象的逻辑思维过渡到具体的形象思维。

（2）在进行执裁技巧讲授时，应采用课堂讲解与临场观摩相结合的方法进行。在课堂通过图示或观看录像，讲解三名裁判员在临场中的分工配合及移动路线，以及发生各种违例、犯规时的手势和宣判程序。

（3）有目的、有重点地进行讨论，以使学生进一步熟悉、理解教师所讲授的理论知识，并加深记忆。教师要根据重点章节提出讨论题目，并由学生准备发言提纲。课上先由学生发言，阐述自己的观点，然后其他学生再针对发言者的观点进行讨论与分析，最后由教师归纳总结。

（4）通过教师的临场示范，或观看国内外比赛中的典型案例，让学生用眼看、用耳听、用脑想、用手做、用口说，调动学生的主观能动性，启发学生的思维，提高学生理论知识的深度和广度，培养他们的观察力、判断力及反应能力，进而提高他们的裁判技能。

（5）在篮球技术、战术教学与训练课中，教师应适时地通过对技术动作的讲解和战术配合的分析、规则和执裁技巧的实践演练，使学生较全面地理解规则并掌握执裁技巧。

第六节　篮球竞赛组织

根据举办篮球运动竞赛的目的和任务，竞赛可分为表演赛、友谊赛、对抗赛、选拔赛、邀请赛、锦标赛、等级联赛等多种形式。无论组织哪种比赛，都要认真做好竞赛的组织工作。

一、赛前主要工作

（一）成立组委会

要成立组委会或竞赛委员会或竞赛小组，讨论并制定组织方案，其主要工作内容包括竞赛名称和目的任务、组织机构、比赛经费预算、各阶段的工作步骤和具体实施程序。

（二）设立组织机构

根据竞赛规模，设立相应的组织机构。通常大型比赛组织机构如图 17-6-1 所示，中型比赛组织机构如图 17-6-2 所示，小型比赛组织机构如图 17-6-3 所示。

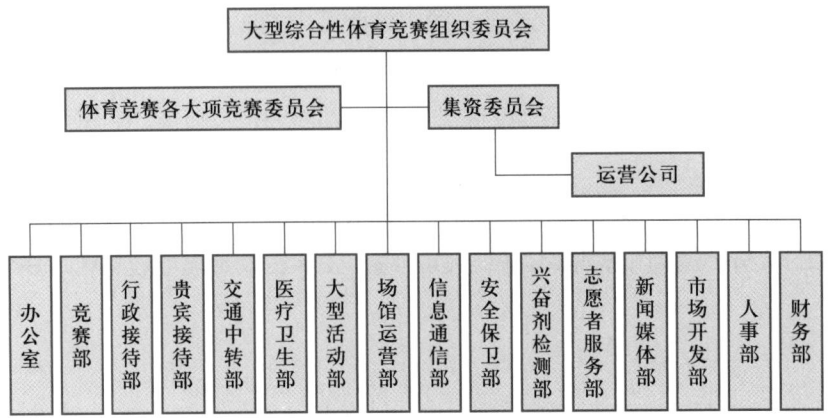

» 图 17-6-1　大型比赛组织机构图

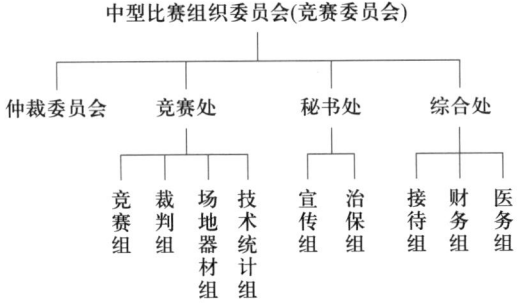

» 图 17-6-2　中型比赛组织机构图

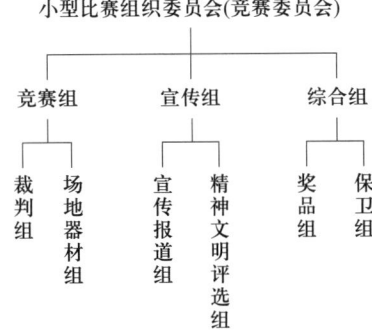

» 图 17-6-3　小型比赛组织机构图

（三）制定竞赛规程

竞赛规程是比赛的指导性文件和比赛的依据，应尽早发给各有关单位，以便参赛队有针对性地做好赛前各项准备工作。

竞赛规程的主要内容有竞赛名称、竞赛目的和任务、主办单位、承办单位、竞赛项目、竞赛日期和地点、参加单位、各单位参加人数、运动员资格、报名和报到日期、竞赛办法、竞赛规则、评定名次和奖励办法、抽签日期和地点、注意事项等。

（四）确定各部门具体工作计划与任务

依据总体组织方案、竞赛规程和竞赛主要工作目标与日程计划，各部门确定具体工作任务与计划，并高效、按时执行。

（1）仲裁委员会的主要工作：解决竞赛中出现的重大问题。

（2）竞赛处的主要工作：做好竞赛的编排工作，印制比赛秩序册；做好裁判员和技术统计团队的组建工作；接收各队报名材料并审查拟参赛运动员的资格；检查场地、器材设备；制作各种表格；召开领队、教练员会议，做好赛前抽签准备工作；安排各队赛前和非比赛日的训练事项。

（3）秘书处的主要工作：做好比赛的宣传报道工作；加强思想教育和体育道德方面的教育；维持好比赛场地和驻地，以及道路交通的安全工作。

（4）综合处的主要工作：做好接待、生活、住宿、交通和票务工作；确定医务人员，备好医疗用品等。

二、赛中主要工作

（1）坚持思想政治教育，严格赛风赛纪，提倡团结协作，赛出风格，赛出水平。

（2）组织裁判员及时总结、改进工作，加强比赛成绩的管理，提高裁判水平。

（3）做好技术统计资料的分析、归类和存档。

（4）进一步检查比赛场地、器材、设备。

（5）医务人员应始终深入比赛场地，预防和及时处理突发伤害事故。

（6）经常了解吃、住、行等方面的情况，积极改善服务质量。

（7）做好住宿地及比赛场地的治安保卫工作。

（8）及时通报和处理有关问题。

（9）出现需要更改比赛场次、场地、日期和时间的情况，及时、准确地通知到相关人员。

（10）如有可能，应组织各队的经验交流。

三、赛后主要工作

（1）组织好闭幕式和颁奖。
（2）办理各队、裁判人员等的离会和交通事宜。
（3）对比赛的各种资料，做好存档。
（4）各部门做好各种总结。

第七节　篮球竞赛编排

目前，篮球竞赛编排方法有淘汰制、循环制和混合制三种。由于这三种编排方法各有利弊，组织者应根据比赛任务，参赛队数、时间、场地、经费等因素，选用较为合适的竞赛编排方法来进行比赛。

一、淘汰制

淘汰制分为单淘汰和双淘汰两种。

单淘汰：在比赛中失败一次者即被淘汰，从而退出比赛，而获胜者则进入下一轮，直到决出冠、亚军为止。

双淘汰：在比赛中失败一次后，仍可与另一失败一次者进行比赛，如再次失败，则被淘汰，从而退出比赛，而获胜队则进入下一轮，直到决出冠、亚军为止。

淘汰制的优点是比赛参加队数可以较多，比赛时间较短，经费使用较少。缺点是比赛场次很少，比赛胜负和名次排列具有一定的偶然性，除第1~2名外，其余各队的名次无法精准排序。

（一）淘汰赛的号码位置选择和场数、轮次计算方法

1. 号码位置选择方法

在淘汰赛中安排参赛者（队）位置的号码称为"号码位置"。由于参赛者的人数不一定恰好是2的乘方数，在确定淘汰赛的号码位置时，应根据参赛队数，选择最接近、较大或较小的2的乘方数作为号码位置数。常用的号码位置数有：$2^4 = 16$、

$2^5 = 32$、$2^6 = 64$、$2^7 = 128$、$2^8 = 256$。例如，123 支队伍参赛，使用较大的 128 个号码位置，则出现轮空号码。129（130）支队伍参赛，选择较小的 128 个号码位置，则出现有的号码要抢号。

2. 比赛场数和轮次的计算方法

（1）单淘汰

比赛场数 = 参加队数 −1

例如，8 个队参赛，需要进行 7 场比赛。

轮次 = 参加队数的 2 的乘方数

例如，2 支参赛队，2^1，轮次 = 1 轮；4 支参赛队，2^2，轮次 = 2 轮；8 支参赛队，2^3，轮次 = 3 轮；16 支参赛队，2^4，轮次 = 4 轮；32 支参赛队，2^5，轮次 = 5 轮；64 支参赛队，2^6，轮次 = 6 轮；128 支参赛队，2^7，轮次 = 7 轮；256 支参赛队，2^8，轮次 = 8 轮。

（2）双淘汰

比赛场数 = 2× 参赛队数 −3

轮次 = 胜方轮次 + 负方轮次

胜方轮次与单淘汰赛相同，即参赛队数对 2 的乘方数；负方轮次 = 参赛队数对 2 的乘方数 ×2-2。

例如，8 支参赛队进行双淘汰赛，需 7 轮 13 场比赛。

（二）淘汰制的编排方法

1. 单淘汰制的编排方法

（1）轮空：当参赛队的队数小于选用的号码位置数时，第 1 轮没有安排参赛的队的号码为轮空号码，轮空数 = 号码位置数 − 参赛队数。

（2）抢号：当两个参赛队用同一个号码位置时，就出现"抢号"。抢号的队实际上是不轮空的队。由于参赛者的人数稍大于 2 的某个乘方，若采用安排轮空的方法会带来很多麻烦，此时，可采用抢号的方法进行编排。抢号的方法是选用最接近、较小的 2 的乘方数作为号码位置数，超过号码位置数的参赛队安排抢号。抢号的号码也可以查轮空位置表。例如，有 34 支队伍参比，则选用 32 个号码位置，则应有 2 个号码位置被抢号（34−32＝2），这 2 个轮空号码可以是 2、31，即为抢号号码。

（3）实例说明：如果参加比赛的队数是 2 的乘方数，就按照图 17-7-1 所示的编排，逐步进行淘汰。如果参赛的队数不是 2 的乘方数，则要根据参赛的队数，选择最接近且大于 2 的乘方数作为号码位置数，号码位置数减去参加队数，即为轮空队数。例如，13 个队参加比赛，选用 16 为号码位置数，16-13＝3，即 3 个轮空位置。轮空位置应在上下半区均匀分布，可选 2、7、15 为轮空的位置号码，且轮空位置必须安排在第一轮。如图 17-7-2 所示，为 13 支队参赛的单淘汰比赛编排图。

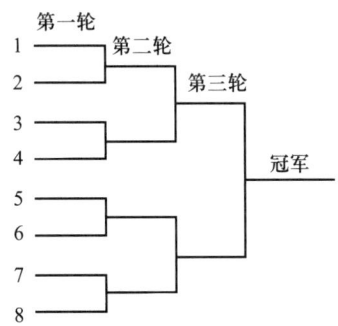

» 图 17-7-1　8支队参赛的单淘汰比赛编排图

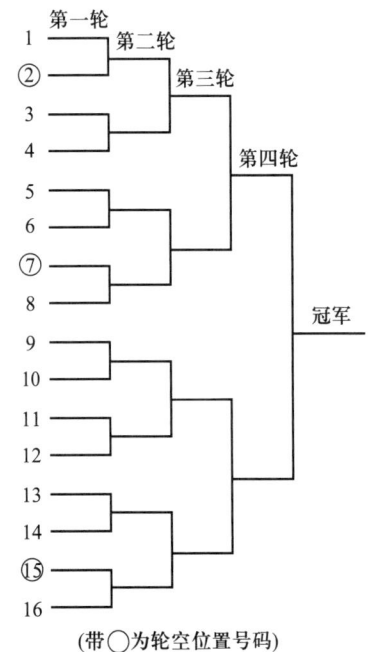

（带○为轮空位置号码）

» 图 17-7-2　13支队参赛单淘汰比赛编排图

有 34 支队伍参赛，则选用 32 个号码位置，则应有 2 个号码位置被抢号（34-32＝2），这 2 个轮空号码可以是 2、31，即为抢号号码（图 17-7-3）。

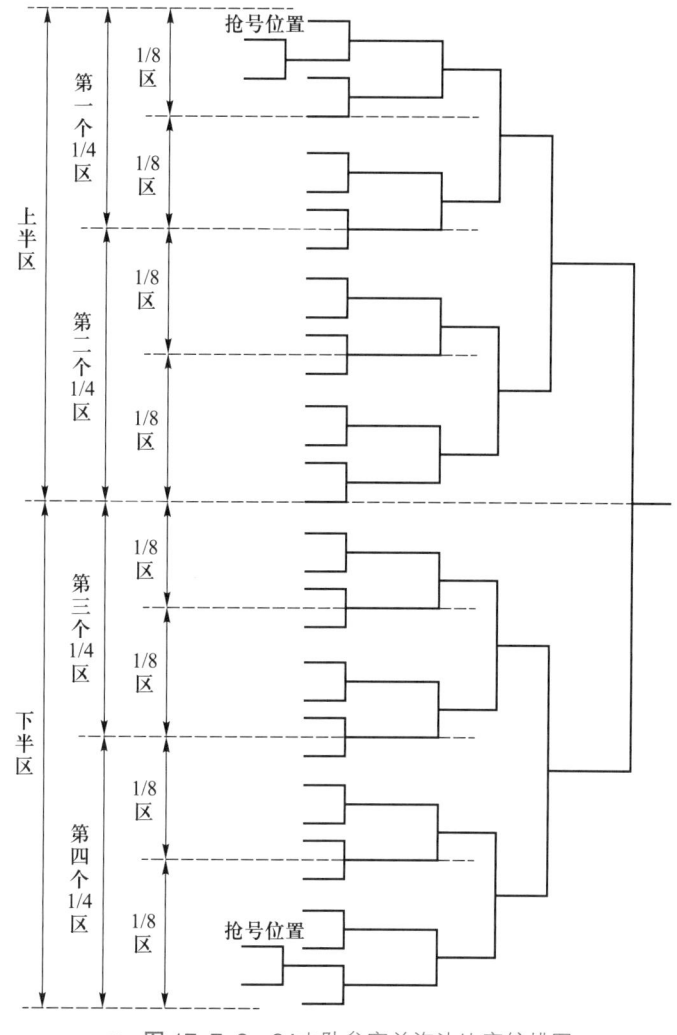

» 图 17-7-3　34支队参赛单淘汰比赛编排图

　　通常情况下，采用抽签的方法确定各队在秩序表上的位置，为了避免水平高的队过早相遇而被淘汰，可设种子队，要把种子队安排在不同的区域位置上，以使其最后相遇。之后，将比赛的日期、轮次、时间、组别、队名、服装颜色、场地等信息汇总整理后，即形成比赛日程表。

　　2. 双淘汰制的编排方法

　　双淘汰制与单淘汰制编排方法的主要不同点在于比赛进入第二轮后，要把首次失败的队再编排起来继续比赛，再次失败的队将被淘汰，而此轮获胜的队继续与其他上一轮只失败一次的队进行比赛，且还有可能夺取冠军（图 17-7-4 ）。

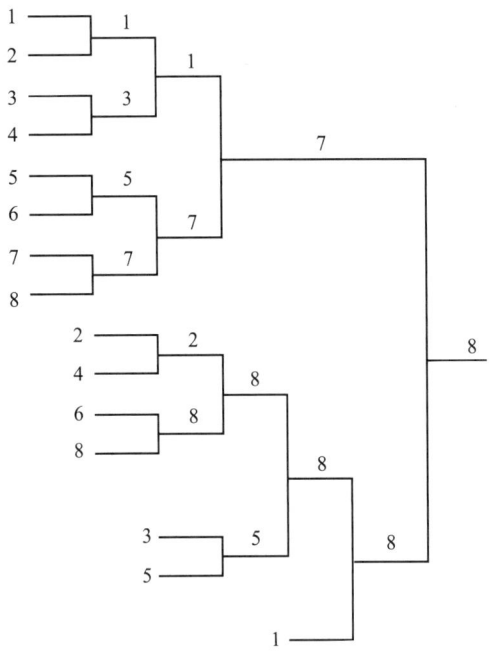

» 图 17-7-4　双淘汰比赛编排图

二、循环制

循环制包括单循环、双循环和分组循环。

单循环：所有参赛队在比赛中均相遇一次，最后按各队在比赛中的积分多少、胜负场数来排定名次。一般在参赛队不多，比赛时间较长时采用。

双循环：所有参赛队在比赛中均相遇两次，最后按各队在全部比赛中的得分多少、胜负场数决定名次。一般在参赛队数较少，比赛时间较长时采用。

分组循环：把参赛队分成若干组，分别进行单循环比赛，决出小组名次后再进行第二阶段的比赛。一般在参赛队较多，比赛时间有限时采用。

（一）单循环制的编排方法

1. 竞赛轮次表编排方法

在编排时，先把参赛队平均分为左、右各一半，左一半号数由序号 1 依次向下排，右一半号数按数序依次自下向上排，然后用横线相连，即构成比赛的第一轮。从第二轮开始，轮转的方法有多种，下面介绍常用的固定轮转编排法。

固定轮转法又称为常规轮转法，是我国传统的编排方法。表 17-7-1 为 8 个队参赛轮次表，它以左边第 1 号为轴固定不动进行逆时针转动，从而逐一排出各轮比赛对阵表。

表 17-7-1　固定轮转编排法轮次表

第1轮	第2轮	第3轮	第4轮	第5轮	第6轮	第7轮
1-8	1-7	1-6	1-5	1-4	1-3	1-2
2-7	8-6	7-5	6-4	5-3	4-2	3-8
3-6	2-5	8-4	7-3	6-2	5-8	4-7
4-5	3-4	2-3	8-2	7-8	6-7	5-6

如果参赛队数是奇数，则应在队数后加上一个 0，使其成为偶数，凡是碰到 0 的队即为轮空。奇数队与偶数队在编排时的方法基本相同，此时最大的不同是轮转要以 0 为轴固定不动进行转动，从而逐一排出各轮比赛对阵表。

为了避免 1 号队始终都是主队，且每轮比赛时间都是在第一场进行的缺憾，可以把 1 号队的主客队位置进行调整，再把 1 号队在每轮比赛中的场序进行调整。

为了避免 2 号队在前三轮比赛中始终是主队，而之后始终又为客队的缺憾，可以将表 17-7-1 轮次表中第 5~7 轮的比赛分别插入第 1~4 轮中。

2. 比赛轮数和场数的计算方法

（1）比赛轮数的计算方法：在循环制的比赛中，各队都参加完一场比赛为一轮。当参赛的队为奇数时，比赛的轮数等于队数。当参赛的队数为偶数时，比赛的轮数等于队数减 1。

（2）比赛场数的计算方法

$$比赛场数 = \frac{队数 \times （队数 -1）}{2}$$

3. 抽签

排好轮次表后，用抽签的方法，将各队抽到的签号填入轮次表中。

4. 比赛日程表编排方法

将比赛的日期、轮次、时间、组别、队名、服装颜色、场地等信息汇总整理后，即形成比赛日程表，见表 17-7-2 所示。

表 17-7-2　比赛日程表

日期	轮次	时间		组别	比赛队	场地	备注
××	××	上午	8：30	女	××（服装颜色）—××（服装颜色）		
			10：00	男	××（　）—××（　）		
		下午	3：00	女	××（　）—××（　）		
			4：30	男	××（　）—××（　）		
		晚上	7：00	女	××（　）—××（　）		
			8：30	男	××（　）—××（　）		

（二）双循环制的编排方法

双循环的编排方法与单循环相同，只是在进行第二轮循环时，是否需要重新抽签要视比赛规程中的规定来执行。

（三）分组循环制的编排方法

1. 分组循环比赛常规编排方法

以 12 个队参加比赛为例。

（1）第一阶段比赛方法：分成两个小组，每个小组 6 个队进行单循环比赛决出各小组的名次。

（2）第二阶段比赛方法

① 同名次比赛：各小组第一名比赛，决总比赛名次的第 1、2 名，各小组第二名比赛决第 3、4 名，依此类推。

② 各小组的前两名编在一组比赛，决总比赛名次的第 1—4 名；各小组的第 3、4 名编在一组比赛，决总比赛名次的第 5—8 名，依此类推。

至于第二阶段如何排定最终名次，请参考混合制编排办法。

2. 分组循环比赛种子队的确定原则和编排方法

（1）种子队的确定原则：由于比赛队伍较多，为避免强队过早相遇，使得比赛结果不客观情况的发生，可以把若干个强队设定为种子队。通常情况下，竞赛组织部门应以上届比赛的名次或公认的竞技水平来确定种子队的资格。种子队的数量一般为拟分组数量的组数或倍数。先将这些种子队按照"蛇形"排列的方法，将它们平均分到各个小组之中，然后以抽签的方法确定其他参赛队的组别及位置。

（2）设定种子队的编排方法：以 12 个队参加比赛为例。

① 第一阶段比赛方法：将确定好的 6 个种子队按"蛇形"排列的办法均匀分到两个小组之中，然后 A4、A5、A6 和 B4、B5、B6 的位置则用抽签的方法来确定它们各自的组别及位置。每个小组 6 个队进行单循环比赛，决出各小组的名次。如表 17-7-3 所示。

表 17-7-3 "蛇形"排列分组表

A 组	B 组
上届比赛第 1 名	上届比赛第 2 名
上届比赛第 4 名	上届比赛第 3 名
上届比赛第 5 名	上届比赛第 6 名
A4	B4
A5	B5
A6	B6

② 第二阶段比赛方法：

a. 同名次比赛：各小组的第一名比赛，决总比赛名次的第 1、2 名；各小组的第二名比赛，决第 3、4 名，依此类推。

b. 各小组的前两名编在一组比赛，决总比赛名次的第 1—4 名；各小组的第 3、4 名编在一组比赛，决总比赛名次的第 5—8 名，依此类推。具体比赛方法参见"混合制"编排办法。

三、混合制

同时采用两种竞赛编排办法进行的比赛称为混合制。在这种赛制中，通常把比赛分为两个阶段，前一阶段采用分组循环制，后一阶段采用淘汰制，或者相反。在决赛阶段采用淘汰制时，大多数采用"交叉赛"或"同名次赛"来决定名次。

（一）交叉淘汰赛

第一阶段若分成两组循环赛，则排出小组名次后进行交叉淘汰赛。通常把两个小组的前两名编在一组比赛，由 A 组的第一名对 B 组的第二名，B 组的第一名对 A 组的第二名，这两场比赛的胜队决总比赛名次的第 1、2 名，负队决第 3、4 名，从而排出总比赛名次的第 1—4 名；两个小组的第 3、4 名编在一组比赛，决总比赛名次的第 5—8 名。依此类推，从而排出所有比赛名次。如图 17-7-5 所示。

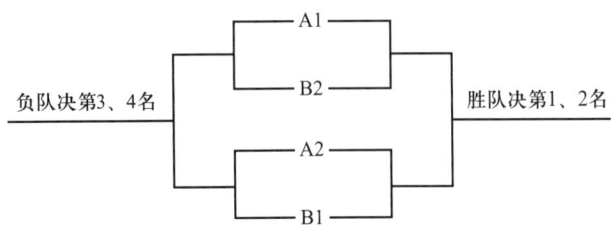

» 图 17-7-5 交叉淘汰赛方法

（二）同名次赛

把第一阶段各组决出的同名次的队编在一起进行比赛，如果第一阶段是分成 4 个小组循环，则由 4 个小组的第一名（A1、B1、C1、D1）决总比赛名次的第 1—4 名，如图 17-7-6 所示。依此类推。

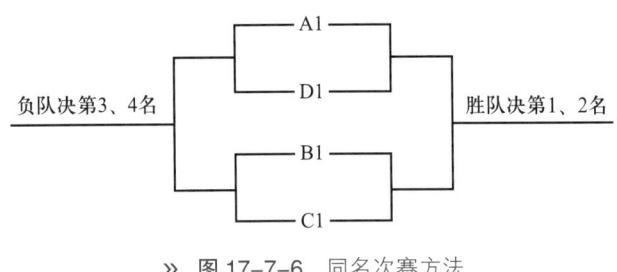

» 图 17-7-6 同名次赛方法

四、名次排列

（1）球队应按他们的胜负记录来排列名次，胜 1 场得 2 分，负 1 场（包括比赛因缺少队员告负）得 1 分，比赛因弃权告负得 0 分。

（2）此程序适用于所有采用循环制的比赛。

（3）如果组内 2 支或多于 2 支球队在所有比赛后有相同的胜负记录，这 2 支或这些球队之间的比赛将决定它们的名次排列。如果这 2 支或多于 2 支球队之间的比赛有相同的胜负记录，将按照下列原则依顺序进行排列：

① 他们之间比赛净胜分的多少。

② 他们之间比赛得分的多少。

③ 组内所有比赛净胜分的多少。

④ 组内所有比赛得分的多少。

如果在该组所有比赛打完之前仍然是相同的，则相同的队并列名次。如果在小组赛结束后采用这些原则仍无法确定，将用抽签进行最终名次排列。

案例：大学篮球赛比赛成绩表

思考题"

❶ 篮球裁判员的基本功包括哪些内容？应如何进行自我训练？

❷ 在哪些情况队员的行为要受 3 秒、5 秒、8 秒、24 秒的限制。

❸ 篮球竞赛规程包括哪些内容？

❹ 篮球竞赛编排方法有哪几种？比赛场数和轮次如何计算？

❺ 采用各种练习方式，熟练掌握单个手势及完整手势的宣判程序。

❻ 参加临场执裁及记录台工作，并做好赛后总结。

篮球裁判员各级别标准

篮球裁判员考试内容及临场工作、身体素质考核标准

××大学2024年度篮球联赛秩序册

篮球裁判理论测试（1）

篮球裁判理论测试（2）

篮球裁判理论测试（3）

第十八章　小篮球运动

本章提要

　　本章主要介绍了小篮球运动起源、发展及价值，小篮球的器材与场地、举行小篮球比赛的方法，以及教学中应注意的问题等内容。

通过本章学习，了解世界与我国小篮球运动的发展及价值，熟悉小篮球器材、场地规格及其比赛办法、教学要求，培养大家对儿童的关心及小篮球的热爱，增强社会责任感与教育事业心。

第一节　小篮球运动概述

　　小篮球运动是一项主要为小学阶段儿童（6~12岁）开展的球类运动项目。它依据儿童的身材、体力和心理特点，使用小型篮球器材和场地进行练习和比赛，便于培养儿童的篮球兴趣，并形成正确的传、接、运、投等篮球技术。

　　小篮球运动不仅有利于培养儿童的兴趣，还有利于篮球后备人才的培养。"求木之长者，必固其根本；欲流之远者，必浚其泉源。"发展小篮球运动，有利于儿童早期技术教学，掌握规范的基本技术、形成正确的动力定型、练就精湛的篮球技艺、打下扎实的篮球基础，更可将篮球项目扎根小学、融入孩子的生活中，是培养我国篮球后备人才的固本清源之策。

一、小篮球运动的起源与传播

　　1948年，美国教师阿切尔采用较小、较轻的篮球和高度较低的球篮，成功地组织了一场8~12岁的儿童篮球比赛，小篮球运动由此诞生。此后，小篮球运动在美国各地及美洲国家逐步开展起来。1962年，西班牙《篮球》杂志对小篮球加以宣传，经洛佩斯的热心倡导和埃斯佩利亚全国俱乐部的积极推动，小篮球运动迅速在西班牙兴盛起来，并很快传到欧洲各国。1967年，在美国斯克顿举行了有10个国家参加的小篮球比赛，促进了小篮球的国际交流。1968年，国际奥委会代表大会确认了小篮球运动的价值，并成立了国际小篮球委员会，作为国际篮球联合会下属的国际性组织，洛佩斯当选为主席，阿切尔为副主席。1970年，在西班牙马德里举行了"第一届世界小篮球学习班"，对小篮球的场地器材和竞赛规则作出了具体规定，从此，小篮球运动便在世界范围内开展起来。1972年7月，在西班牙阿尔梅里亚举行了首届国际小篮球比赛，1973年在秘鲁利马、1974年在巴西里约热内卢分别举行了第二届、第三届比赛，进一步扩大了小篮球的影响。

　　小篮球在欧洲、美洲开展较好，成立了小篮球委员会，定期举行小篮球比赛、举办小篮球夏令营等活动。美国、苏联、南斯拉夫、西班牙、巴西、阿根廷等国家为推动本国的小篮球运动投入了大量人力和资金；不少国家还专门设立了儿童篮球学校，进行小篮球训练。世界篮球强国与小篮球的发展程度是契合在一起的。例如，美国每年都为成千上万的儿童组织各种小篮球夏令营、冬令营活动；小篮球的训练也很正规，6~9岁多为篮球游戏，9岁以后则重视规范化技术训练，并且通过组织经常性的篮球比赛启发兴趣、锻炼能力、培养意识。小篮球运动在大洋洲、非洲也有一定程度的开展，在亚洲开展得较为缓慢。

二、我国小篮球运动的发展概况

1950年教育部颁布的《小学体育课程暂行标准（草案）》中规定：篮球场地可缩小，篮高可降低（球可利用大型球或排球）。20世纪50年代初，天津曾有过非正规的小篮球活动，当时儿童用小橡皮球向钉在墙上的小篮圈进行投掷游戏。20世纪50年代末，哈尔滨等地开始有了较正规的小篮球活动。1960年9月，哈尔滨举办了首届全市性的小篮球比赛。1972年9月，国家体委在吉林省四平市召开了五省（四川等）两市（北京、天津）三小球会议，并拟定了小篮球场地、器材规格和竞赛计划。1973年6月，人民体育出版社出版了《小篮球竞赛规则》。1974年8月，全国首次小学生篮球分区赛分别在辽宁抚顺等5个地区举行，比赛采用国家体委审定的小篮球规则。1978年颁布的《小学体育教学大纲（试行草案）》选用教材中出现了有关小篮球的内容。1979年，辽宁省分别在锦西市（现葫芦岛市）、新民市举办了小学男、女篮球邀请赛。1980年8月，在沈阳市和平区举办了辽宁省小学儿童篮球比赛，并进行了基本技术和身体素质测验。1984年，在北京和哈尔滨两地分别举行了全国男、女小篮球比赛。1990年《全国青少年、儿童篮球教学训练大纲》正式出版。1991年12月，北京市举办的中小学篮球比赛首次增设了小学乙组（四年级以下学生），采用小篮球竞赛规则，场地长26米、宽14米，篮圈高2.55米，球周长为71~73厘米。1999年10月，在江苏省无锡市召开的"全国体育卫生工作会议"现场观摩会上，一些小学展示了小篮球运动。

2001年12月，全国"苗苗杯"小学生小篮球比赛（以下简称"苗苗杯"）成为国家体育总局篮球运动管理中心认可的全国性小篮球正式比赛。从2003年开始，教育部组织专家研制适合中小学生身心发展特点的体育器材、设施规格标准（包括篮球），并于2005年经国家有关部门批准发布、教育部办公厅下发通知在全国实施。2007年1月，中国中学生体育协会篮球分会小篮球工作委员会成立。在2015年武汉第27届"苗苗杯"上，已有46支小学篮球队的规模。2017年11月，中国篮球协会主席姚明发布中国小篮球发展计划并启动 2018 中国小篮球联赛，中国篮球协会审定的《小篮球规则》同步发布。2018 年 11 月，中国篮球协会举办了首届中国小篮球发展论坛。2019 年 4 月，中国篮球协会联合世界杯组委会举办书画世界杯暨 2019 中国小篮球联赛启动仪式，推广世界杯和小篮球；同年 5 月在上海宝山实验小学，小篮球女孩项目训练营正式启动。2020 年 1 月，中国小篮球梦想训练营（西部大区）在云南昆明海埂训练基地举行；同年 12 月，教育部发布了《教育部关于发布〈普通高中音乐教学器材配备标准〉等八个教育行业标准的通知》，其中包括《小篮球场地建设与器材配备规范》。2024 年 8 月，中国篮球协会举办小篮球训练营，全国分为 5 个大区（西北大区、东南大区、西南大区、华中大区和东北大区），邀请各大赛区 11~12 岁的优秀小球员参加。

我国小篮球运动的发展历程可大致分为三个阶段，即酝酿起步阶段（1950—1979 年）、研究扩展阶段（1980—1999 年）和全面推广阶段（2000 年至今）。主要表现为：① 小篮球经历了从原始无序、零星偶发到制定统一规则、组织全国比赛的过程，逐步创立了我国的小篮球运动，但其"成人化"现象严重、科研基础薄弱。② 研制了小篮球适宜的场地器材并制定了包含儿童篮球的全国篮球训练大纲，民间组织的小篮球比赛渐成规模，但训练大纲及适宜形式的落实不够。③ 研制并颁布了小篮球器材国家标准及行业标准，全国小篮球比赛由民间走向官方，小篮球运动在全国范围内全面推广，但标准的检查督促不够、比赛成人化依然存在。

三、小篮球运动的价值

（一）健身价值

发展学生的基本活动能力是小学体育的主要任务之一。小篮球运动可以发展儿童的走、跑、跳、投等基本活动能力。同时，儿童时期是速度、协调、灵敏、柔韧等身体素质发展的敏感期，经常参加小篮球活动，可以综合提高儿童的身体素质及身体机能水平，从而提高体质健康水平。

（二）教育价值

党的十八大报告明确提出把立德树人作为教育的根本任务，党的十九大、党的二十大都强调落实立德树人根本任务。体育是立德树人的重要载体，小篮球运动具有较强的竞争性和对抗性，在学练和比赛过程中学生会遇到困难和挫折，经常参加小篮球活动，有利于提高儿童的抗挫折能力、应变能力和综合分析能力，对磨炼意志可起到积极的作用。同时，小篮球运动是一种集体性项目，通过游戏或比赛活动，有助于培养学生相互鼓励、相互信任、团结协作等意识。此外，从事小篮球运动有助于增强学生的责任意识、体育道德行为规范以及奉献精神等。

（三）娱乐价值

篮球运动最初是作为一种游戏而存在的，娱乐性是篮球运动中的原始特征。对于儿童而言，参与篮球活动的主要目的是缓解学习压力，宣泄情绪，追求愉悦的身心体验，获得运动的快乐。对于儿童的娱乐需要，应积极加以引导和满足。小篮球运动的场地器材与儿童的身心特点相适应，这为满足儿童的身心需要提供了保障。同时，小篮球的各项技术性要求，应结合娱乐性来实现，寓技于乐。

第二节　小篮球器材与场地

由教育部组织制订的小篮球器材与场地规格共有两种标准，即国家标准与行业标准。中华人民共和国国家标准《中小学体育器材和场地》（国家标准）经国家质量监督检验检疫总局、国家标准化管理委员会批准发布（GB/T 19851—2005），自 2005 年 10 月 1 日起在全国实施。《小篮球场地建设与器材配备规范》（JY/T 0627—2020）于 2020 年 12 月 18 日由中华人民共和国教育部发布，经全国教育装备标准化技术委员会审查通过的行业标准自 2021 年 3 月 1 日起实施。国家标准是行业标准的基础，此行业标准是国家标准的细化。

"小篮球"国家标准

"小篮球"行业标准

一、小篮球器材与场地国家标准

（一）器材规格

1. 篮板

（1）篮板长 1 200 毫米，高度不小于 800 毫米，外形如图 18-2-1 所示。

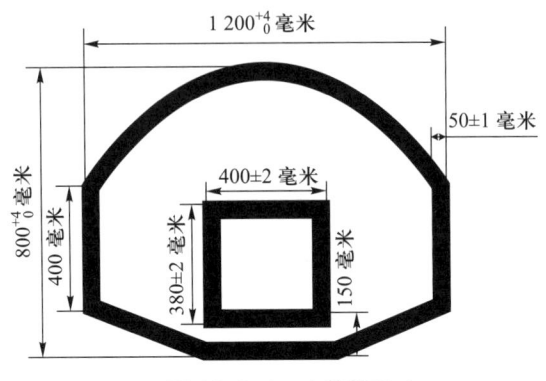

» 图 18-2-1　小篮板尺寸

（2）篮板上应印有内、外边框线，框线颜色应与篮板颜色有明显差异。内边框的尺寸为 400 毫米 ×380 毫米，边框线宽 50 毫米。

2. 球篮

（1）篮圈上沿面距地面高度有两个规格，小学 1~3 年级为 2 050 毫米，4~6 年级为 2 350 毫米。

（2）篮圈用实心钢材制成，圈条直径最小为 16 毫米，最大为 20 毫米。

3. 篮架

篮球架适用于小学的篮球竞赛和日常的教学与训练。篮球架按年级分为小学 1~3 年级使用和小学 4~6 年级使用两种；按质量要求分为竞赛型和练习型两种。

竞赛型篮架要求：篮板面距立柱距离为 1 200 毫米。

练习型篮架要求：篮板面距立柱距离不得小于 600 毫米（图 18-2-2）。

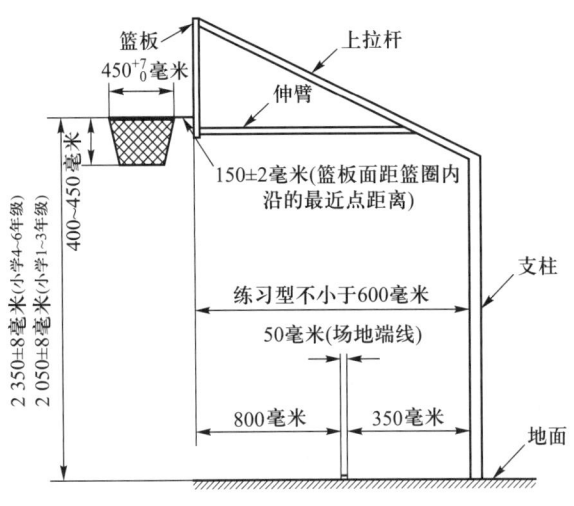

» 图 18-2-2　小篮球球架的放置规格

4. 篮球

小篮球按规格分为小学 1~3 年级使用、4~6 年级使用两种（表 18-2-1）。

表 18-2-1　小篮球规格

年级	球周长 / 毫米	球质量 / 克
小学 1~3 年级	570~595	330~379
小学 4~6 年级	645~670	420~480

为简单易行、便于推广，小篮球通常采用 4~6 年级一种规格（1~3 年级的篮球规格未写入国家标准）。

（二）场地规格

1. 标准型（竞赛型）（图 18-2-3，图 18-2-4）

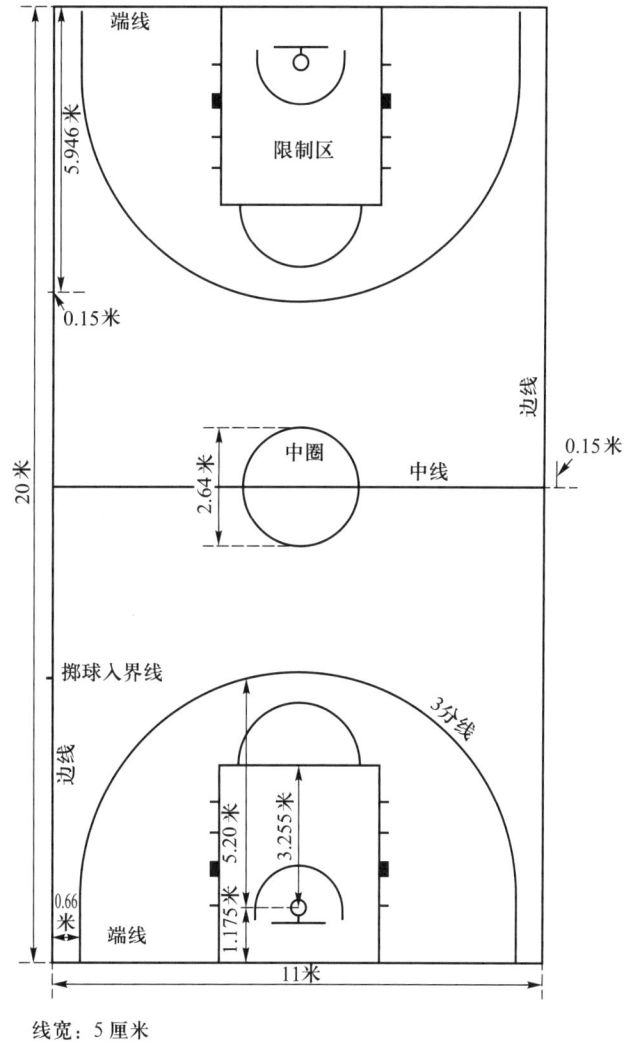

线宽：5 厘米

» 图 18-2-3　小篮球比赛场地的全部尺寸

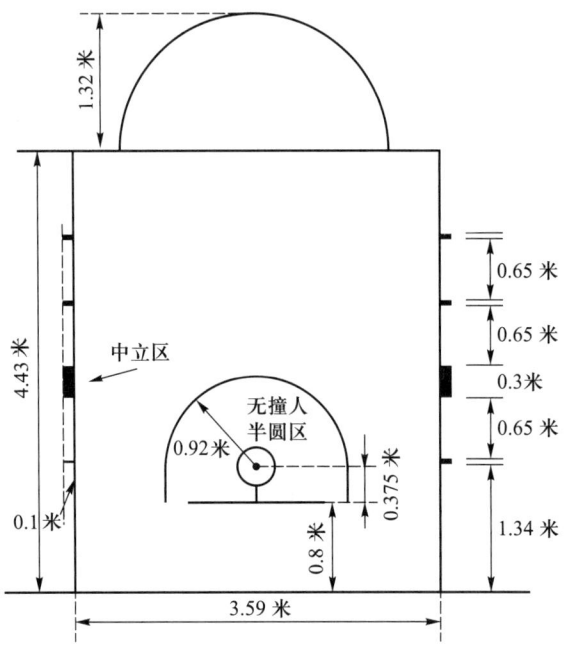

» 图 18-2-4　小篮球比赛场地的限制区

（1）球场长 20 米，宽 11 米。

（2）中圈及罚球半圆半径是 1.32 米。

（3）罚球距离（罚球线外沿中点与篮圈中心投影点之间的线段长）为 3.255 米，罚球线长 2.64 米，限制区长（即罚球线距端线）4.43 米、宽 3.59 米，抢篮板球分位区长 0.65 米、中立区长 0.3 米、端线内沿至第一分位区距离为 1.34 米。

（4）三分线圆弧半径为 5.20 米、三分线直线部分与边线距离为 0.66 米。

（5）掷球入界线外沿距离最近端线内沿的长度为 5.946 米。

（6）无撞人半圆区半径为 0.92 米。

上述小篮球场地规格与国家标准器材相配套，尚未发布实施。

2. 简易型（练习型）

对于一般的非正式比赛，可采用简易比赛场地，即由一片成人球场横向（长 15 米）分成两片儿童球场（可将小篮架放置在边线外），在不影响成人场地使用的前提下，解决目前小学篮球场地紧缺的问题。

二、小篮球器材与场地行业标准

（一）器材规格

1. 篮球架

（1）篮圈：按照不同年龄使用划分，篮圈高度设置为以下三种：

6~8 岁使用的篮圈高度为 2.350 米 ±0.008 米；

9~10 岁使用的篮圈高度为 2.600 米 ±0.008 米；

11~12 岁使用的篮圈高度为 2.750 米 ±0.008 米。

篮圈高度 2.750 米 ±0.008 米的篮球架应配置于 28 米 ×15 米的小篮球场地上；篮圈高度 2.600 米 ±0.008 米和 2.350 米 ±0.008 米的篮球架应配置于 15 米 ×12 米的小篮球场地上。

（2）篮板：篮板的规格长为 1 200 毫米，宽 900 毫米。内沿边框规格长为 590 毫米，宽 450 毫米（图 18-2-5）。

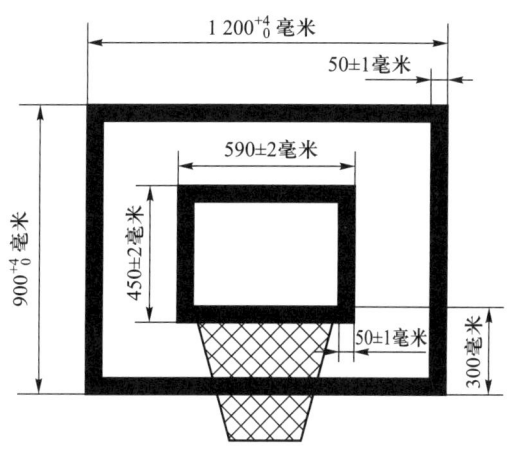

» 图 18-2-5　篮板平面

篮板正平面与水平面保持垂直，篮板明显位置应设置危险警示标识。

2. 篮球

篮球的规格与质量应符合表 18-2-2 的要求。

表 18-2-2　篮球的规格与质量

序号	年龄 / 岁	球号	圆周长 / 毫米	圆周差 / 毫米	球的质量 / 克
1	≤ 8	4	620~660	≤ 3.0	430~460
2	9~12	5	690~710	≤ 3.0	470~500

（二）场地规格

6~10 岁儿童使用的小篮球场地应为 15 米 × 12 米。

11~12 岁儿童使用的小篮球场地应为 28 米 × 15 米。

宜在 28 米 × 15 米场地上画出两块 15 米 × 12 米的场地（图 18-2-6）。

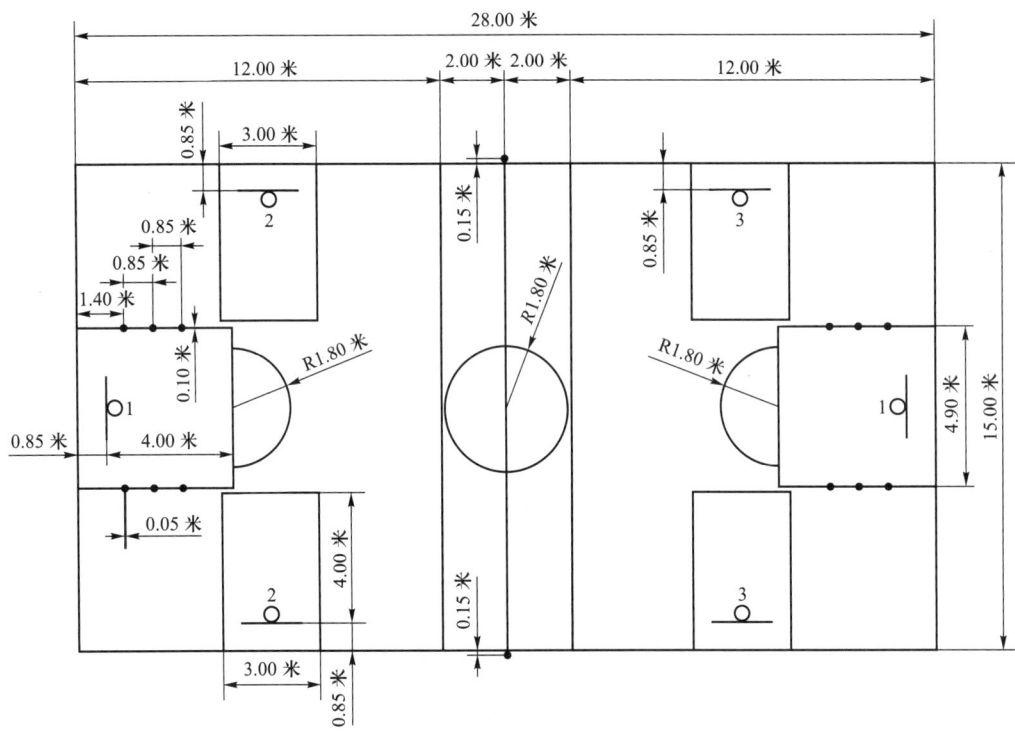

说明：1 表示篮球架篮圈距离地面高度 2.75 米的篮球架；2 表示篮球架篮圈距离地面高度 2.60 米的篮球架；3 表示篮球架篮圈距离地面高度 2.35 米的篮球架。

» **图 18-2-6**　小篮球场地平面示意图

第三节　小篮球比赛与教学

　　小篮球比赛应是比赛开始当年周岁年龄 12 岁或 12 岁以下男孩和女孩参加的篮球比赛，也可以是男孩和女孩混合编组参加的篮球比赛。小篮球比赛是两个球队参加，每个球队的目的是将球投入对方球篮得分，并且阻止对方球队得分。

一、小篮球规则

在 2017 年中国篮球协会审定的《小篮球规则》中，对于 5 对 5 比赛，主要有以下特殊规定。

（1）比赛时间：比赛由两个半时组成。

10 岁和 10 岁以下：每半时 10 分钟，半时之间休息 5 分钟。每半时分为两节，每节 5 分钟，节间休息 1 分钟。

11~12 岁：每半时 12 分钟，半时之间休息 5 分钟。每半时分为两节，每节 6 分钟，节间休息 1 分钟。

教学比赛（便于体育课开展）由两节组成，每节 10 分钟，节间休息 2 分钟。

（2）胜负得分：如果第 4 节结束时，比分相等，应保持该比分且不进行加时赛。

建议：对于以小组积分多少晋级或一场定胜负的淘汰赛，如果第 4 节比赛时间结束时比分相等，则由每队第 4 节参赛的 5 名队员依次进行罚球（客队先），累积分多的队胜。如果两队罚完球后比分依然相等，则采用一对一罚球方式，直至决出比赛胜负。

（3）替换：教练员应将本队的 12 名队员分成两组阵容，在比赛开始前报告给记录员。每组 6 名队员，其中 5 名场上队员，1 名替补队员，分别参加第 1 节比赛和第 2 节比赛。半时结束，教练员可重新调配两组阵容，分别参加第 3 节和第 4 节比赛。

由于队员受伤、取消比赛资格犯规或宣判队员个人 5 次犯规必须被替换下场，造成某一组场上队员不足 5 人时，则由对方教练员在另一组阵容中挑选队员替补上场。

（4）暂停：在 7~10 岁孩子的比赛中，没有可登记的暂停。在 11~12 岁孩子的比赛中，上、下半时分别有一次可登记的暂停，时长 30 秒。

（5）防守：小篮球比赛中不允许区域联防，人盯人防守是小篮球比赛中唯一的防守方式。

二、小篮球训练教学大纲

在 2012 年发布的《中国青少年篮球训练教学大纲》中，规定了 9~10 岁及 11~12 岁两个年龄组的考核内容与比例，考核内容皆为比赛成绩、身体素质与基本技术达标、技术动作评定三项，比例分别为 20%、40%、40% 及 30%、35%、30%。两个年龄组身体素质、基本技术与技术动作评定指标见表 18-3-1，测试方法及评价标准参照大纲执行。

表 18-3-1　测试指标一览表

类别		9~10 岁	11~12 岁
身体素质	速度类	5.80 米 ×3 折返跑	5.80 米 ×3 折返跑
		全场 3/4 加速跑	全场 3/4 加速跑
	耐力速度类	15 米 ×5 折返跑	15 米 ×9 折返跑
	力量类	立定跳远	立定跳远
		30 秒仰卧起坐	30 秒仰卧起坐
		30 秒背起	30 秒背起
	弹跳类	原地双脚跳摸高	原地双脚跳摸高
			助跑单脚跳摸高
	灵敏类	单足交替跳绳	双摇跳绳
		30 秒髋旋转（内外）	30 秒髋旋转（内外）
		肩回环	肩回环
	柔韧类	体前屈	体前屈
	专项感知	限制区周边多向移动	限制区周边多向移动
		原地跳起转体双手头上传球	原地跳起转体双手头上传球
基本技术	投篮类	左、右手行进间高手、低手、双手投篮	左、右手运球行进间高手、低手、双手投篮
			0°、45°、90° 角 5 步后退投篮
	传球类	半场移动传接球	半场移动传接球
	运球类	半场左、右手运球见线折返	全场左、右手运球见线折返
	移动类	梯形滑步	梯形滑步
技术动作评定		限制区周边多向移动	限制区周边多向移动
		左、右手行进间高手、低手、双手投篮	左、右手运球行进间高手、低手、双手投篮
			0°、45°、90° 角 5 步后退投篮
		半场移动传接球	半场移动传接球
		半场左、右手运球见线折返	全场左、右手运球见线折返
		梯形滑步	梯形滑步

三、小篮球一般比赛方法

1. 小篮球四对四比赛

（1）球场

① 正式比赛场地宽 12 米、长 15 米，如利用现有标准尺寸场地比赛时，距离中线处需要有 2 米缓冲区（图 18-3-1）。

② 基层比赛可以使用宽 14 米、长 15 米的半个标准篮球场地。

③ 罚球线距离端线内沿 4 米。

（2）球队

① 每支球队应由 6 名队员组成（其中 4 名为场上队员，2 名为替补队员）。

② 比赛开始前，球队必须保证 4 名队员在场上，比赛预定开始时间 5 分钟以后，仍不足 4 名队员的一方按照弃权处理。

（3）得分

① 每次投篮中篮，计 2 分；每次罚球中篮，计 1 分。

② 友爱规则：在比赛中，某队领先对方 20 分或 20 分以上，裁判员将宣布该队获胜，并保持比分。比赛应继续，可以选择下列方法之一完成比赛。

a. 比赛继续进行，违例、犯规宣判和替换照常，两队后续的得分不再累加。

b. 两队互换球员继续完成比赛。

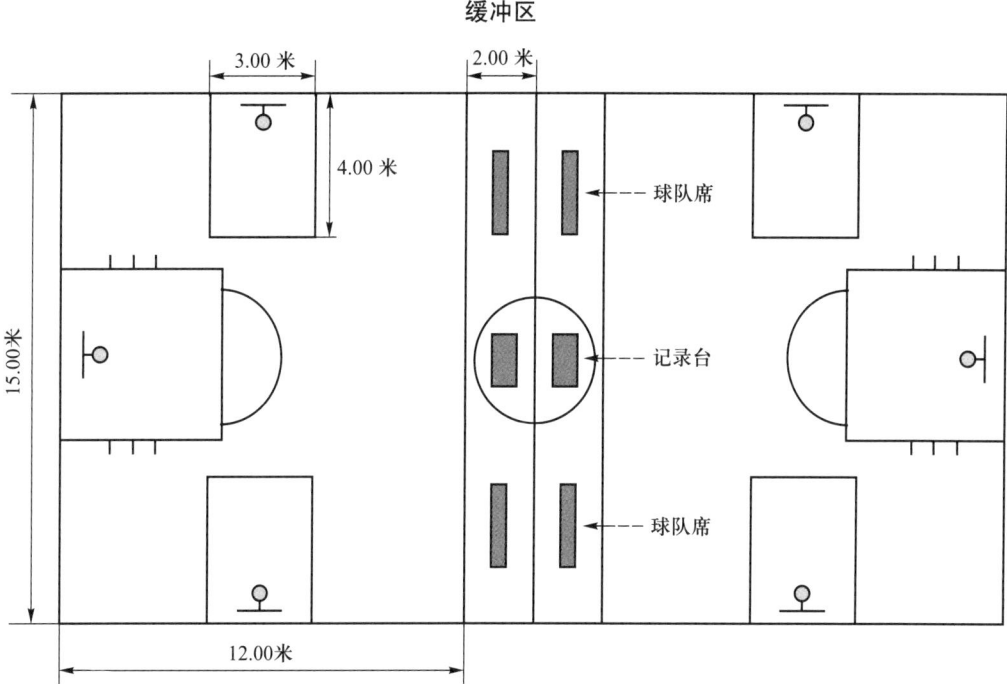

» 图 18-3-1　小篮球四对四比赛场地尺寸图

c. 继续比赛但改变分值，即增加落后球队或减少获胜球队每次投篮得分的分值。

（4）比赛时间／比赛胜者

① 比赛时间分为两节，每节 6 分钟，在死球状态下和罚球期间应停止计时钟。

② 第 1 节比赛结束，两队互换球篮。

③ 如果常规比赛时间结束时，比分相等，则进行一对一罚球，先领先 1 分的球队获胜。

（5）犯规／罚球

① 对正在做投篮动作的队员犯规，应判给 2 次罚球。

② 对正在做投篮动作的队员犯规，如果球中篮，应计得分，不再追加罚球。

③ 一名队员发生了 4 次侵人犯规和技术犯规，裁判员应通知其本人立即离开比赛，他必须被替补队员替换。

此外，比赛没有球回后场违例限制，比赛中不允许暂停。其他方面详见小篮球四对四比赛规则。

2. 小篮球三对三比赛

（1）球场

① 小篮球三对三标准场地，长 15 米，宽 11 米（图 18-3-2）。

② 使用传统小篮球场的半个比赛场地。

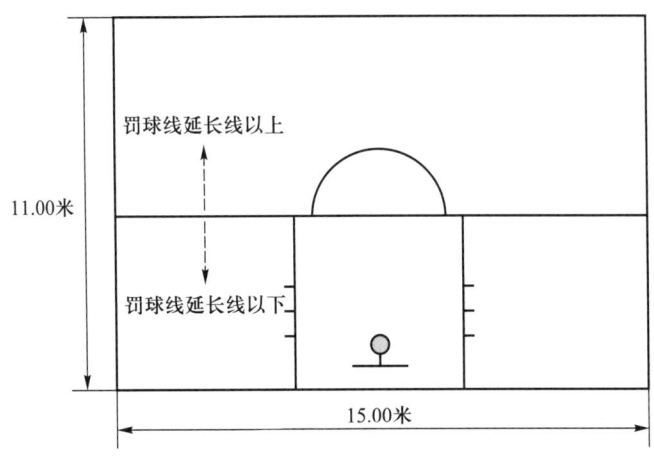

» 图 18-3-2　小篮球半场三对三比赛场地

（2）球队

① 每支球队应由 4 名队员组成，其中 3 名为场上队员，1 名为替补队员。

② 比赛开始前，球队必须保证 3 名队员在场上，比赛预定开始时间 5 分钟以后，仍不足 3 名队员一方按照弃权处理。

③ 比赛期间，教练员不可进入比赛场地，可以在观众席进行指导。

（3）得分

① 每次投篮中篮，计1分。

② 每次罚球中篮，计1分。

（4）比赛时间／比赛胜者

① 常规的比赛时间为5分钟，在死球状态下和罚球期间应停上计时钟。

② 如果在常规比赛时间结束之前，某队率先得到11分（也可根据年龄采用7分、9分）则获胜。

③ 如果常规比赛时间结束时，比分相等，则进行决胜期比赛，在决胜期中率先取得1分的球队获胜。

（5）犯规／罚球

① 对正在做投篮动作的队员犯规，应判给1次罚球。

② 对正在做投篮动作的队员犯规，如果球中篮应计得分，不再追加罚球。

（6）如何打球

① 在每一次投篮中篮或最后一次罚球中篮后（除非某队拥有随后的球权）：非得分队的一名队员在场内球篮下方（而非端线以外）将球运或传至场地罚球线延长线以上的任意位置继续进行比赛。此时，防守队不得在球篮下方的"限制区"内抢断球。

② 在每一次投篮没有中篮或最后一次罚球没有中篮后（除非某队拥有随后的球权）：如果进攻队抢到篮板球，则可以继续投篮。如果防守队抢到篮板球，则必须将球转移到罚球线延长线以上（通过运球或传球的方式）。

③ 如果防守队通过抢断或者封盖获得控制球，则必须将球转移至罚球线延长线以上（通过运球或传球的方式）。

此外，比赛中不允许暂停。其他方面请见《小篮球半场三对三比赛规则》。

3. 小篮球其他比赛形式

在学校的年级或班级内，在课堂教学或课外活动中，可采用简易比赛场地进行三对三、四对四或五对五的小篮球比赛，也可组织小篮球单项技术的游戏接力比赛。如1~2年级学生可进行运球接力比赛，3~4年级学生可增加投篮接力比赛，5~6年级学生可增加半场运球上篮接力比赛等。

此外，可组织由家庭成员参加的"家庭篮球三对三"比赛，为保护妇女与儿童，可规定父亲不准进限制区；为鼓励妇女与儿童积极参与，可规定孩子、母亲投进一球计3分、父亲投进一球计2分等。

四、小篮球教学中的注意事项

（一）在教学中培养儿童兴趣

学习兴趣在巩固和鼓舞儿童的学习动机、激发儿童学习的积极性上起着重要作用。托尔斯泰说过："成功的教学所需要的不是强制，而是激发学习的兴趣。"我国古代教育家孔子说过："知之者不如好之者，好之者不如乐知者。"一个人只有对某事发生兴趣，注意力才能对该事物具有恒定的指向和集中。兴趣是在一定社会生活和教育影响下发展起来的，小篮球器材与场地适合儿童的身心特点，容易使其产生兴趣，在小篮球教学中（如内容的选择、方法手段的采用）亦要注意对儿童兴趣的培养，提高运动参与能力。

（二）在教学中运用游戏手段

喜欢游戏是儿童的天性，篮球运动本质是游戏，小篮球更是降低了"玩"的难度，使儿童得以驾驭篮球、篮架与球场，变得爱玩、爱练，并在玩、练中施展才能，培养兴趣。同时，对儿童而言，枯燥的脚步动作及难学的基本技术，也需要通过游戏化的方法与手段进行教材化改造，将其用"情节"串联成游戏，并强化协同和竞争要素，以提高练习兴趣、增强练习效果。

（三）在教学中熟悉球性、球感

球性是指儿童手指、手腕及手臂对球旋转的感知能力与支配能力，即通常所讲的手上支配球的能力。儿童利用手指、手腕及手臂围绕身体的不同方向与不同部位，运用传、递、挥、摆、绕、抛、接、捏、举、抓、点和拨等方式，感知球的性能，体会球的方位，控制球的旋转，同时强化手指、手腕及肢体的本体感受，改善神经系统的调节功能，提高支配球的能力。球感是指儿童手指、手腕及手臂对球落点的感知能力与控制能力，即通常所讲的手上控制球的能力。儿童利用手指、手腕及手臂原地围绕身体或在行进间移动，通过按、拍、提、拉、推、拨、运和转等方式感知球的弹性，体会球的空间，控制球的落点，强化人球一体的体验，提高控制球的能力。在小篮球教学中，要让学生经常进行熟悉球性、球感的练习，可安排在每次课的准备部分。

（四）在教学中抓好技术规范

篮球技术规范是指人们在进行篮球技术练习时必须遵从的标准，这些标准既满足人体解剖学特点，又符合运动生物力学原理。儿童时期是打基础的关键阶段，一旦从小形成错误的动力定型、形成不正确的篮球技能，将严重影响后期篮球技术水平的提高。研究表明，越是在年龄小和最初学习时掌握的运动技术，越是难以改变。所以，在小篮球教学中要注意抓好基本技术规范，奠定扎实基础。

（五）在教学中提高身体素质

在抓好技术规范的同时，要注意儿童身体素质发展的敏感期，并结合小篮球运动的特点，发展学生的走、跑、跳、投等基本活动能力及速度、协调、灵敏、柔韧等身体素质。

（六）在教学中注重德育教育

在小篮球基本技术的学练及教学比赛过程中，要结合技术特点、教法特征及比赛情境等，对学生进行德育教育。如通过传接球技术的学练，可以培养学生与同伴合作的意识等。

在小篮球教学中要按照《义务教育体育与健康课程标准（2022 年版）》的课程理念及课程目标要求，注重学生运动能力、健康行为和体育品德等方面核心素养的培养。同时，小学阶段篮球教学及比赛中所采用的器材、场地规格要与"国家标准""行业标准"相一致。

思考题"

❶ 什么是小篮球运动？其价值有哪些？

❷ 简述我国小篮球运动的发展历史。

❸ 小篮球与成人篮球的规格有哪些区别？

❹ 在小篮球教学中应注意哪些问题？

参 考 文 献

［1］李辅材，文福祥，董尔智等. 中国篮球运动史［M］. 武汉：武汉出版社，1991.

［2］张雄，徐济成. NBA50 年［M］. 北京：人民体育出版社，1997.

［3］叶国雄，陈树华. 篮球运动研究必读［M］. 北京：人民体育出版社，1998.

［4］孙民治. 球类运动——篮球［M］. 3 版. 北京：高等教育出版社，2001.

［5］王家宏，胡红，张宏成. 篮球［M］. 桂林：广西师范大学出版社，2003.

［6］王家宏. 球类运动——篮球［M］. 3 版. 北京：高等教育出版社，2015.

［7］吴志超，刘绍增，曲宗湖. 现代教学论与体育教学［M］. 北京：人民体育出版社，1993.

［8］中华人民共和国教育部. 义务教育体育与健康课程标准（2022 年版）［M］. 北京：北京师范大学出版社，2022.

［9］潘绍伟，于可红. 学校体育学［M］. 3 版. 北京：高等教育出版社，2015.

［10］中华人民共和国教育部. 普通高中体育与健康课程标准（2017 年版 2020 年修订）［M］. 北京：人民教育出版社，2020.

［11］于振峰，吴燕波，陈金英. 篮球：体育系普修［M］. 北京：北京体育大学出版社，2007.

［12］于振峰. 现代篮球技术学练设计［M］. 北京：高等教育出版社，2013.

［13］于振峰，李国岩. 现代篮球教学［M］. 北京：人民体育出版社，2005.

［14］孙民治. 篮球运动高级教程［M］. 北京：人民体育出版社，2001.

［15］练碧贞. 现代篮球教学方法［M］. 北京：北京体育大学出版社，2006.

［16］胡惕，李笋南. 篮球基本技术教程［M］. 北京：北京体育大学出版社，2021.

［17］孙民治. 篮球运动教程［M］. 北京：人民体育出版社，2007.

［18］国家体育总局科教司. 篮球教练员岗位培训教材（高级）［M］. 北京：人民体育出版社，2019.

［19］［美］杰里·V. 克劳斯，［美］唐·迈耶，［美］杰里·迈耶. 篮球技术与训练精要［M］. 张明，译. 北京：人民邮电出版社，2017.

［20］［美］赫伯·布朗. 论篮球防守——提高防守能力的要点、技术和练习［M］. 孙欢，译. 北京：人民体育出版社，2007.

［21］［美］摩根·伍腾，［美］大卫·吉尔伯特. 篮球成功教学［M］. 2版. 潘祥，译. 北京：北京体育大学出版社，2007.

［22］［美］凯西·麦基. 篮球技术与战术的执教技巧［M］. 霍笑敏，胡法信，胡雁宾，译. 李颖川，译审. 北京：人民体育出版社，2008.

［23］李笋南，齐光涛. 体能训练原理与实践［M］. 北京：北京体育大学出版社，2012.

［24］田麦久. 运动训练学［M］. 2版. 北京：高等教育出版社，2017.

［25］胡亦海. 竞技运动训练理论与方法［M］. 北京：人民体育出版社，2014.

［26］千少文. 篮球［M］. 武汉：华中科技大学出版社，2022.

［27］余丽华，张月英，高瞻. 篮球［M］. 北京：北京体育大学出版社，2007.

［28］孙民治，王家宏，姜立嘉. 篮球——运动系普修［M］. 北京：北京体育大学出版社，2007.

［29］孙民治，陈钧，孙凤武. 现代篮球运动科学化探索［M］. 北京：北京体育大学出版社，2009.

［30］佟晖. 篮球［M］. 北京：北京体育大学出版社，2010.

［31］王磊. 当代篮球教学理论与科学化训练研究［M］. 北京：新华出版社，2019.

［32］康菲. 篮球运动［M］. 北京：人民体育出版社，2022.

［33］于振峰，赵宗跃，孟刚. 体育游戏［M］. 3版. 北京：高等教育出版社，2016.

［34］李颖川，于振峰，高松山. 篮球游戏理论与方法：篮球运动经典游戏［M］. 北京：北京体育大学出版社，2007.

［35］姚维国. 新版体育游戏［M］. 北京：人民体育出版社，2021.

［36］［英］凯文·A. 普赛克. 少儿篮球训练游戏3～12岁［M］. 单曙光，冯媛媛，李帅，译. 北京：人民邮电出版社，2020.

［37］中国篮球协会. 2022篮球规则［M］. 北京：北京体育大学出版社，2022.

［38］中国篮球协会. 国际篮联裁判员手册：3人执裁基础［M］. 北京：北京体育大学出版社，2021.

［39］闫育东，孙卫兵. 篮球裁判教程［M］. 北京：北京体育大学出版社，2016.

［40］国家体育总局青少年体育司，国家体育总局篮球运动管理中心. 中国青少

年篮球训练教学大纲［M］. 北京：北京体育大学出版社，2012.

［41］中国篮球协会. 小篮球规则［M］. 北京：北京体育大学出版社，2017.

［42］梁建平，李敦杰，汤悟先. 对我国篮球职业化改革的思考［J］. 北京体育大学学报，1999，（02）：24-27.

［43］孙民治. 21世纪世界篮球运动发展的趋势与特征［J］. 体育学刊，2000，（06）：26-29.

［44］徐建华，黄汉升. 美国大学篮球教练成长历程及启示［J］. 成都体育学院学报，2013，39（12）：45-50.

［45］刘晓英，刘玉. 我国篮球运动科学研究的发展趋势［J］. 天津体育学院学报，1997，（03）：89-92.

［46］谭朕斌. 对我国篮球理论研究现状的思考［J］. 北京体育师范学院学报，1999，（03）：69-72.

［47］王家宏，李燕领. 中国竞技篮球运动风格发展的反思与把握［J］. 上海体育学院学报，2009，33（06）：83-86.

［48］王家宏，茅鹏. 关于儿童、少年篮球适宜形式的研究［J］. 中国体育科技，1997，（Z2）：44-47.

［49］张元文，王家宏. 中、小学篮球器材和场地规格国家标准的研究［J］. 体育科学，2006，（03）：80-85.

读者意见反馈

为收集对教材的意见建议，进一步完善教材编写并做好服务工作，读者可将对本教材的意见建议通过如下渠道反馈至我社。

咨询电话　400-810-0598

反馈邮箱　gjdzfwb@pub.hep.cn

通信地址　北京市朝阳区惠新东街4号富盛大厦1座

　　　　　高等教育出版社总编辑办公室

邮政编码　100029

防伪查询说明

用户购书后刮开封底防伪涂层，使用手机微信等软件扫描二维码，会跳转至防伪查询网页，获得所购图书详细信息。

防伪客服电话　（010）58582300